Toegang tot het milieurecht

Toegang tot het milieurecht

Een inleiding voor niet-juristen

prof.mr. R. Uylenburg
mr.drs. E.M. Vogelezang-Stoute

Kluwer - Deventer - 2005

Hogeschool van Amsterdam
Mediatheek Leeuwenburg
Weesperzijde 190
1097 DZ Amsterdam
Tel 020-5951133

Omslagontwerp: Bert Arts, bNO

Deze uitgave is gedrukt op chloorvrij papier.

© 2005 Kluwer Deventer

ISBN 90 13 02694-X
NUR 823/309

Inhoudsopgave

Lijst van gebruikte afkortingen

AB	Administratiefrechtelijke Beslissingen
ABRvS	Afdeling bestuursrechtspraak van de Raad van State
AG	Afdeling voor de geschillen van bestuur van de Raad van State
ALARA	as low as reasonably achievable
amvb	algemene maatregel van bestuur
APV	Algemene Plaatselijke Verordening
AR	Afdeling rechtspraak van de Raad van State
art.	artikel(en)
Awb	Algemene wet bestuursrecht
bijv.	bijvoorbeeld
BIM	bedrijfsintern milieuzorgsysteem
BMP	bedrijfsmilieuplan
Bmw	Bestrijdingsmiddelenwet 1962
B en W	burgemeester en wethouders
BW	Burgerlijk Wetboek
CBB	College van Beroep voor het bedrijfsleven
CFK's	chloorfluorkoolwaterstoffen
CITES	Convention on International Trade in Endangered Species of wild flora and fauna
CO_2	kooldioxide
CTB	College voor de toelating van bestrijdingsmiddelen
DGM	Directoraat-Generaal Milieu
EG	Europese Gemeenschap
EEG	Europese Economische Gemeenschap
EHRM	Europees Hof voor de Rechten van de Mens
EGKS	Europese Gemeenschap van Kolen en Staal
EHS	Ecologische Hoofdstructuur
EPER	European Pollutant Emission Register
EU	Europese Unie
EVOA	Europese Verordening voor de overbrenging van afvalstoffen
EVRM	Europees Verdrag voor de Rechten van de Mens
EZ	Economische Zaken
Ffwet	Flora- en faunawet
GATT	General Agreement on Tariffs and Trade
GEA	Gerecht van eerste aanleg
GS	Gedeputeerde staten

Gst.	Gemeentestem
Gw	Grondwet
Gww	Grondwaterwet
HR	Hoge Raad
HvJEG	Hof van Justitie van de Europese Gemeenschappen
IMO	International Maritime Organization
IPPC	Integrated Pollution and Prevention Control
IPO	Interprovinciaal Overleg
ITTO	International Tropical Timber Organization
Ivb	Inrichtingen- en vergunningenbesluit milieubeheer
JB	Jurisprudentie Bestuursrecht
JM	Jurisprudentie Milieurecht
Jo	Juncto
Jur.	Jurisprudentie Hof van Justitie van de Europese Gemeenschappen
KB	Koninklijk Besluit
Kew	Kernenergiewet
KG	Kort Geding
LAP	Landelijk Afvalbeheersplan
LJN	Landelijk Jurisprudentie Nummer
LNV	Landbouw, Natuurbeheer en Voedselkwaliteit
MDW	marktwerking, deregulering en wetgevingskwaliteit
M en R	Tijdschrift voor Milieu en Recht
MER	milieu-effectrapport
m.e.r.	milieu-effectrapportage
m.nt.	met noot
MvT	Memorie van toelichting
Nbwet	Natuurbeschermingswet 1998
NEC	National Emission Ceilings
NGO	non-gouvernementele organisatie
NJ	Nederlandse Jurisprudentie
NMP	nationaal milieubeleidsplan
NOx	stikstofoxiden
nr(s).	nummer(s)
NTER	Nederlands tijdschrift voor Europees recht
OESO	Organisatie voor Economische Samenwerking en Ontwikkeling
OM	Openbaar Ministerie
OvJ	officier van justitie
p.	pagina('s)
PAK's	polycyclische aromatische koolwaterstoffen
PbEG	Publicatieblad van de Europese Gemeenschappen
PCB's	polychloorbifenylen
PKB	planologische kernbeslissing
Pres.	President

PRTR	Pollutant Release and Transfer Register
Rb.	Rechtbank
RIVM	Rijksinstituut voor Volksgezondheid en Milieu
RIZA	Rijksinstituut voor Integraal Zoetwaterbeheer en Afvalwaterbehandeling
RMC	Regionaal milieucentrum
rwzi	rioolwaterzuiveringsinrichting
SO_2	zwaveldioxide
Sr	Wetboek van Strafrecht
Stb.	Staatsblad
Stcrt.	Nederlandse Staatscourant
Sv	Wetboek van Strafvordering
SZW	Sociale Zaken en Werkgelegenheid
TMA	Tijdschrift voor Milieuschade en Aansprakelijkheidsrecht
Trb.	Tractatenblad
UNCED	United Nations Conference on Environment and Development
UNECE	United Nations Economic Commission for Europe
UNEP	United Nations Environment Programme
V en W	Verkeer en Waterstaat
VN	Verenigde Naties
VNG	Vereniging van Nederlandse Gemeenten
VOS	Vluchtige organische stoffen
VROM	Volkshuisvesting, Ruimtelijke Ordening en Milieubeheer
VWS	Volksgezondheid, Welzijn en Sport
VzABRvS	voorzitter Afdeling bestuursrechtspraak van de Raad van State
VzAG	voorzitter Afdeling geschillen van bestuur van de Raad van State
VzAR	voorzitter Afdeling rechtspraak van de Raad van State
Wabm	Wet algemene bepalingen milieuhygiëne
Wav	Wet ammoniak en veehouderij
Wbb	Wet bodembescherming
Wed	Wet op de Economische Delicten
Wgh	Wet geluidhinder
WHO	World Health Organization
Wlv	Wet inzake de luchtverontreiniging
Wm	Wet milieubeheer
Wms	Wet milieugevaarlijke stoffen
Wob	Wet openbaarheid van bestuur
WRO	Wet op de Ruimtelijke Ordening
WTO	World Trade Organization
Wvo	Wet verontreiniging oppervlaktewateren
Wvz	Wet verontreiniging zeewater
WWF	World Wide Fund for Nature
Wwh	Wet op de waterhuishouding

Voorwoord bij de vierde druk

In deze vierde verbeterde druk is dit boek aangevuld met een beschrijving van de recente ontwikkelingen in wetgeving en beleid op het terrein van het milieurecht. Waar mogelijk zijn meer voorbeelden toegevoegd om de behandelde stof toe te lichten. In hoofdstuk 6 is een paragraaf toegevoegd inzake de emissiehandel in broeikasgasemissierechten en NOx-emissierechten. Het Verdrag van Aarhus inzake openbaarheid van milieu-informatie, en de (voorstellen tot) implementatie daarvan in Europa en Nederland, komen in verschillende hoofdstukken aan de orde.

Waar relevant zijn ook belangrijke voornemens tot wijzigingen in de milieuregelgeving vermeld. In deze druk is de – nog niet in werking getreden - regeling voor de voorbereiding van besluiten en de beroepsbevoegdheid ten aanzien van milieubesluiten, zoals neergelegd in de Wet uniforme openbare voorbereidingsprocedure van de Algemene wet bestuursrecht en de aanpassingswet daarvoor, als uitgangspunt genomen. Datzelfde geldt voor de Natuurbeschermingswet 1998 die op het moment van het schrijven van dit voorwoord al wel door de Eerste Kamer is aangenomen, maar nog niet in werking is getreden.

Aan deze vierde druk is niet langer meegewerkt door Natasja Teesing. Wij hebben de hoofdstukken die zij voor de vorige druk heeft herzien, bewerkt. Wij danken haar en Karin Nijenhuis, medeauteur van de tweede druk van deze uitgave, voor de inzet voor dit boek in het verleden.

Voor deze vierde druk hebben wij van verschillende collega's commentaar op conceptteksten gekregen. Wij danken daarvoor Marlon Boeve, Rose-Marie Dammen, Jos Janssen, Rik Mellenbergh en Annemarie Polman. Bijzonder veel dank zijn wij tenslotte verschuldigd aan Laura Schiesswald-Corduwener. Zij verzorgde de opmaak van dit boek.

Wij hopen dat dit boek zowel voor het onderwijs als in de praktijk een hulpmiddel kan zijn voor niet-juristen om hun weg te vinden in het milieurecht. Voor commentaar en suggesties houden wij ons aanbevolen.

Amsterdam, april 2005

Rosa Uylenburg
Liesbeth Vogelezang-Stoute

1. Recht en milieu

1.1 Inleiding

In de afgelopen decennia heeft het milieurecht zich voortvarend ontwikkeld. Ter bescherming van de milieucomponenten bodem, water en lucht is een grote hoeveelheid regels op nationaal en internationaal niveau vastgesteld. Het milieurecht omvat alle regels die bepalen welke handelingen in de samenleving wel of niet worden toegestaan met het oog op de bescherming van het milieu. Uit deze omschrijving blijkt dat het begrip milieurecht een ruime betekenis heeft. Het is, voor zowel juristen als 'niet-juristen', niet eenvoudig om een duidelijk overzicht te krijgen van deze regels, hun onderlinge verhouding en de wijze waarop ze moeten worden toegepast. Voor niet-juristen is dit nog eens extra moeilijk, omdat het voor hen niet geheel duidelijk is op welke wijze milieurechtelijke vragen in het gehele rechtssysteem te plaatsen zijn.

De regels van het milieurecht zijn te vinden in vrijwel alle rechtsgebieden, zoals het internationale recht, het bestuursrecht, het strafrecht en het privaatrecht. Voor een goed begrip van het milieurecht is het daarom noodzakelijk kennis te nemen van de basisbeginselen van de verschillende rechtsgebieden.

Dit hoofdstuk beginnen we in § 1.2 en 1.3 met een inleiding in het recht (wat is recht, hoe wordt het ingedeeld en waar moet het milieurecht worden geplaatst?). In § 1.3 wordt ook aangegeven welke onderdelen van het recht in de verdere hoofdstukken van dit boek worden behandeld. Vervolgens wordt in § 1.4 de indeling en ontwikkeling van de milieuwetgeving beschreven. Daarna wordt op de relatie tussen het milieurecht en het milieubeleid ingegaan (§ 1.5).

1.2 Wat is recht?

Het recht is te beschouwen als een reeks afspraken. Het doel van deze afspraken kan zijn het behartigen en waarborgen van verschillende belangen in de samenleving, zoals gelijkheid en individuele vrijheid van de burgers of de bescherming van gezondheid, veiligheid en milieu. Een definitie van het recht zou als volgt kunnen luiden: 'het geheel van regels en voorschriften, dat ter bescherming en bevordering van de in de samenleving aanwezige belangen van overheidswege wordt vastgesteld of erkend en zo nodig door sancties wordt gehandhaafd.'

Functies van recht

Het recht kan verschillende functies vervullen. In de eerste plaats kan het recht normen stellen of waarborgen bieden. Het recht geeft aan welk gedrag in de samenleving wel of niet geoorloofd wordt geacht. Vaak zijn die normen een weergave van het rechtsbewustzijn van de samenleving, bijvoorbeeld het verbod te doden. Met behulp van het recht kunnen conflicten in de samenleving worden opgelost. Voor de burgers van de samenleving biedt het recht de mogelijkheid om naleving van deze normen te vragen.

In de tweede plaats kan het recht worden beschouwd als een instrument voor de overheid, bijvoorbeeld om milieubeleid uit te voeren. De overheid kan alleen dwingende regels opleggen aan de burgers, indien daar een wettelijke regeling aan ten grondslag ligt. Dit wordt het legaliteitsbeginsel genoemd (zie § 4.2, § 5.3 en § 7.1.1).

Bronnen van recht

Wanneer we spreken over het recht, wordt daar meer onder verstaan dan alleen de regels die zijn neergelegd in wetgeving. De (juridische) normen van een samenleving kunnen ook worden afgeleid uit rechtspraak en gewoonte. Dit noemen we de rechtsbronnen. Wetgeving en rechtspraak zijn de twee belangrijkste rechtsbronnen.

Wetgeving omvat de geschreven regels die van overheidswege zijn vastgesteld. Dat kunnen internationale of nationale regels zijn. Nationale regelgeving kan afkomstig zijn van zowel rijks-, provinciaal, regionaal als gemeentelijk niveau. Internationale afspraken, bijvoorbeeld neergelegd in verdragen, staan boven de regelgeving op nationaal niveau. Europese verordeningen zijn rechtstreeks van toepassing in de lidstaten. Europese richtlijnen moeten worden omgezet in nationale wetgeving (zie § 3.2).

De rechtspraak geschiedt door rechters. Zij kunnen worden geraadpleegd wanneer regelgeving ontbreekt of wanneer onenigheid bestaat over de uitleg of toepassing van wetgeving. Het geheel van rechterlijke uitspraken heet jurisprudentie.

De gewoonten die in de loop der tijd zijn ontstaan in een samenleving kunnen een deel van het recht vormen. Ze bestaan uit maatschappelijk aanvaarde normen, die niet in een wet zijn neergelegd. Men spreekt van codificatie wanneer ongeschreven (gewoonte)regels in een wet worden vastgelegd.

Rangorde van regelgeving

Het recht is steeds in ontwikkeling. Het bevat normen die in de loop van de tijd kunnen veranderen, bijvoorbeeld door veranderende maatschappelijke opvattingen over bepaalde problemen. Daarnaast kan het noodzakelijk zijn wetten vast te stellen op grond waarvan de overheid weer nieuwe bevoegdheden mag uitoefenen. Om vast te stellen welke regelgeving op een bepaald geval van toepassing is, zullen steeds de verschillende rechtsbronnen moeten worden geraadpleegd.

Het is van belang te weten dat binnen wetgeving een rangorde bestaat:

- een hogere regeling gaat boven een lagere regeling;

- een bijzondere regeling gaat boven een algemene regeling;
- een jongere regeling gaat boven een oudere regeling.

In het volgende schema wordt aangegeven in welke hiërarchische verhouding wettelijke regelingen ten opzichte van elkaar staan. De lagere overheidsorganen mogen de hogere regelgeving van het rijk aanvullen. Daarbij geldt dat de lagere regelgeving niet in strijd mag zijn met de hogere regelgeving. Als dat wel het geval is, gaat de hogere regelgeving voor.
Evenmin mogen de lagere overheden bij het stellen van aanvullende regels de grenzen, die in een hogere regeling zijn gesteld, overtreden. Een nadere uitwerking van de verschillende regelingen en hun wijze van totstandkoming wordt gegeven in § 4.4.

Rangorde van regelgeving

```
┌─────────────────────────────────────────────────┐
│                                                   │
│                 INTERNATIONAAL                    │
│                                                   │
│         Verdragen en Europese regelgeving         │
│                                                   │
│                   NATIONAAL                       │
│                                                   │
│                   Grondwet                        │
│         Regelingen van de centrale overheid       │
│         Regelingen van de lagere overheid         │
│                                                   │
└─────────────────────────────────────────────────┘
```

1.3   Indeling van het recht

Het recht kan op verschillende manieren worden ingedeeld. Hier worden drie verschillende indelingen gemaakt die betrekking hebben op het onderscheid tussen het objectieve recht en een subjectief recht, de indeling naar rechtsgebieden en het verschil tussen materieel recht en formeel recht. Aan het eind van de paragraaf wordt de plaats van het milieurecht binnen deze indelingen besproken.

Het objectieve recht en een subjectief recht

Het geheel van regels en voorschriften wordt aangeduid als het objectieve recht. Dat recht geldt in het algemeen. Voor personen kan uit het objectieve recht een bevoegdheid of een aanspraak voortvloeien. In dat concrete geval is er sprake van een subjectief recht.

> Een voorbeeld is de algemene regel van objectief recht dat een koper een koopprijs moet betalen. Hieruit vloeit voor de verkoper het subjectieve recht voort op ontvangst van de koopprijs.

Het objectieve recht kan worden ingedeeld in verschillende rechtsgebieden. Een eerste onderscheid is de verdeling in internationale en nationale regelgeving.

Internationaal recht

De internationale regelgeving is af te leiden uit onder meer verdragen tussen twee of meer staten, algemeen erkende rechtsbeginselen, jurisprudentie, gewoonterecht en doctrine (de visie van gezaghebbende juristen). De internationale regels die de betrekkingen tussen staten onderling regelen, behoren tot het internationale publiekrecht. Het gaat daarbij om regels van het volkenrecht, zoals bijvoorbeeld het Klimaatverdrag (1992). Een bijzonder onderdeel van het internationale publiekrecht wordt gevormd door het recht van de Europese Unie. De grondslagen daarvan zijn opgenomen in het EG-verdrag. Het EG-verdrag bevat een aantal bepalingen die specifiek op milieubescherming zien. Bij de wijziging van dit verdrag in 1997 (via het Verdrag van Amsterdam) is het juridisch kader voor milieubescherming sterker in het verdrag verankerd.

Op internationaal niveau kunnen ook afspraken worden gemaakt over de wijze waarop de rechtsbetrekkingen tussen burgers van verschillende staten worden geregeld. Dan spreken we over het internationale privaatrecht. De afspraken op internationaal niveau zijn in een aantal gevallen rechtstreeks bindend voor bijvoorbeeld staten of burgers, maar moeten soms op nationaal niveau worden vertaald in wetgeving en vervolgens worden uitgevoerd. De behandeling van het internationale recht en de betekenis daarvan voor het milieurecht in Nederland vindt plaats in de hoofdstukken 2 en 3.

Nationaal recht

De nationale regelgeving bestaat onder meer uit een groot aantal wetten, jurisprudentie en gewoonterecht. In het nationale recht wordt het onderscheid gemaakt tussen publiekrecht en privaatrecht. Het publiekrecht regelt de betrekkingen tussen de overheid en haar burgers en tussen overheden onderling. Het is in te delen in de volgende rechtsgebieden:
- staatsrecht;
- bestuursrecht;
- strafrecht.

Staatsrecht
Het staatsrecht regelt de organisatie van de Staat, zoals de instelling van het parlement, en de verdeling van zijn bevoegdheden. Ook bevat het staatsrecht regels voor de verhouding tussen de Staat en de burgers, zoals de grondrechten. Een deel van het staatsrecht is te vinden in de Grondwet. In hoofdstuk 4 zal nader op het staatsrecht worden ingegaan.

> Eén van de grondrechten is neergelegd in art. 21 Grondwet: 'De zorg van de overheid is gericht op de bewoonbaarheid van het land en de bescherming en verbetering van het milieu'. Dit is een zogenaamd sociaal grondrecht, dat wil zeggen dat het is te beschouwen als een instructienorm voor gewenst overheidsoptreden (zie hierover uitgebreider § 4.5).

Bestuursrecht
Het bestuursrecht, ook wel administratief recht genoemd, betreft de bestuurshandelingen van de overheid. Het geeft regels over de wijze waarop bestuursorganen hun bevoegdheden kunnen of moeten gebruiken (instrumenten) en op welke wijze de burgers invloed kunnen uitoefenen op het bestuursoptreden (waarborgen).

> Het bestuursrecht regelt bijvoorbeeld in welke gevallen en op welke wijze burgemeester en wethouders een milieuvergunning kunnen verlenen en hoe een belanghebbende daartegen in beroep kan gaan.

Bestuursrechtelijke regelgeving is te vinden in een groot aantal wetten. Gedurende de laatste decennia is het aantal bestuursrechtelijke wetten enorm toegenomen. De overheid heeft steeds meer taken naar zich toegetrokken, zoals de sociale zekerheid, de verdeling van woonruimte en milieubescherming. Een groot deel van het milieurecht bestaat uit bestuursrechtelijke regels. In het milieurecht wordt veel gebruik gemaakt van *raam-* of *kaderwetgeving*. Dat betekent dat door de rijksoverheid procedurele en normatieve randvoorwaarden worden vastgesteld. De inhoudelijke invulling binnen die randvoorwaarden wordt overgelaten aan het lagere orgaan dat tot regelgeving bevoegd is. Deze vorm van regelgeving heeft een flexibel karakter. Een voorbeeld van een kaderwet is de Wet milieubeheer (Wm).

> Zo bepaalt artikel 1.2 Wm dat provinciale staten een verordening moeten vaststellen ter bescherming van het milieu en staan in de artikelen 1.2 – 1.4 Wm allerlei randvoorwaarden genoemd waaraan deze provinciale milieuverordening moet voldoen.

In de hoofdstukken 5 en 6 zal worden ingegaan op het bestuursrecht en de betekenis daarvan voor het milieurecht.

Strafrecht

In het strafrecht wordt aangegeven welke gedragingen strafbaar worden gesteld in onze samenleving en op welke wijze strafbare feiten kunnen worden opgespoord, vervolgd en bestraft. Strafrechtelijke bepalingen zijn te vinden in het Wetboek van Strafrecht (Sr) en het Wetboek van Strafvordering (Sv), maar ook in andere wetten. Voor het milieurecht zijn strafbepalingen met name neergelegd in de Wet op de economische delicten (Wed) en het Wetboek van Strafrecht. In hoofdstuk 7 behandelen we het strafrecht en de betekenis daarvan voor het milieurecht.

> Een voorbeeld van een strafbare gedraging is het oprichten van een inrichting die vergunningplichtig is, zonder dat daarvoor een vergunning is verleend (art. 1a Wed juncto art. 8.1 Wm).

Privaatrecht

Het privaatrecht bevat bepalingen die de rechtsbetrekkingen tussen burgers onderling regelen, zoals bijvoorbeeld de verkoop van een fiets of het sluiten van een huwelijk. De privaatrechtelijke regels bieden de basis voor de ene burger om zich te verzetten tegen schadelijke handelingen van de andere burger. Dit doet zich bijvoorbeeld voor in de situatie dat A een schuur in zijn tuin zet waardoor het uitzicht van buurman B wordt belemmerd. Ook in het geval van milieuverontreiniging kunnen burgers zich soms tegenover elkaar op het privaatrecht beroepen.

> Een voorbeeld is de vordering van een koper op de verkoper van een huis wanneer blijkt dat het huis op verontreinigde grond staat.

In hoofdstuk 8 beschrijven we de privaatrechtelijke regels en hun betekenis in het milieurecht.
Om een overzicht te krijgen over het geheel van de bestaande regelgeving, het objectieve recht, is het onderstaande schema opgesteld.

Indeling van het recht

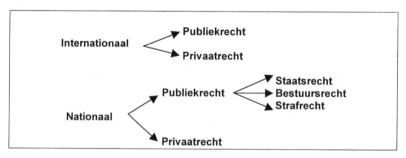

Materieel recht en formeel recht
Binnen elk rechtsgebied wordt onderscheid gemaakt tussen formeel en materieel recht. Het materiële recht betreft de inhoudelijke bepalingen. Het formele recht bevat daarentegen de regels die de vorm en de procedure regelen. Het formele recht wordt ook wel het procesrecht genoemd.

Met een voorbeeld uit het rechtsgebied strafrecht kan het onderscheid duidelijk worden gemaakt. Het Wetboek van Strafrecht bevat regels van materieel recht, bijvoorbeeld artikel 310 dat diefstal strafbaar stelt. Wanneer iemand een diefstal heeft gepleegd, kan hij vervolgd worden. De regels met betrekking tot de vervolging en de procedure om tot het opleggen van een straf te komen, zijn te vinden in het Wetboek van Strafvordering en maken onderdeel uit van het formele recht.

Plaats van het milieurecht
Het bijzondere van het milieurecht is dat het een dwarsdoorsnede vormt van de klassieke rechtsgebieden. Alhoewel het grootste deel van het milieurecht bestuursrechtelijk van aard is, strekt het milieurecht zich ook uit over de terreinen strafrecht en privaatrecht. Het milieurecht is voorts niet alleen nationaalrechtelijk, maar ook internationaalrechtelijk van aard. Het milieurecht wordt wel een functioneel rechtsgebied genoemd: het omvat al het recht dat kan worden ingezet voor de bescherming van het milieu.

Bij de beantwoording van een concrete milieurechtelijke vraag zullen dus vaak verschillende rechtsgebieden geraadpleegd moeten worden.

Stel, een chemisch bedrijf in Arnhem loost verontreinigd afvalwater in de Rijn. Boeren stroomafwaarts ondervinden hiervan schade, omdat zij het Rijnwater gebruiken bij het besproeien van het land. Hoe kan tegen het bedrijf worden opgetreden? Verschillende aspecten spelen hierbij een rol. Is het bedrijf aansprakelijk voor de schade die de boeren hebben geleden en zo ja, kunnen zij schadevergoeding eisen (*privaatrecht*)? Heeft het bedrijf een vergunning om te lozen heeft en zo ja, overtreedt het bedrijf met die lozing de vergunningvoorschriften (*bestuursrecht*)? Ingeval van overtreding kan dan niet alleen via het bestuursrecht, maar ook via het *strafrecht* tegen het bedrijf worden opgetreden. Tot slot: zijn rechtstreeks werkende *internationale bepalingen* van toepassing?

1.4 Milieuwetgeving

In de vorige paragraaf werd al gezegd dat de milieuwetgeving voornamelijk uit bestuursrechtelijke wetgeving bestaat. Milieuwetten zijn wetten die betrekking hebben op het verminderen en tegengaan van de verontreiniging of aantasting van

7

het natuurlijke milieu. De milieuregelgeving is eigenlijk pas in de afgelopen decennia ontwikkeld. In deze paragraaf wordt beschreven welke regelingen in de loop der jaren tot stand zijn gekomen en welke weer zijn vervangen. Ten eerste is dit van belang omdat veel elementen uit oudere regelingen in de huidige regelgeving zijn opgenomen. Daarnaast zijn er in de praktijk nog veel bedrijven met vergunningen die zijn gebaseerd op de oudere wetgeving. Allereerst zal worden ingegaan op de indeling van de milieuwetgeving.

1.4.1 Indeling van de milieuwetgeving

In dit boek zal voor de behandeling van de milieuwetgeving worden uitgegaan van de indeling in milieubeschermingsrecht, natuurbeschermingsrecht en aanleunende rechtsgebieden. De indeling is in het onderstaande schema aangegeven.

Indeling milieuwetgeving

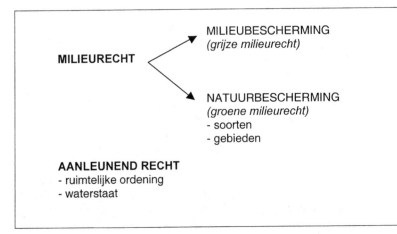

Natuurbeschermingsrecht en milieubeschermingsrecht

Een eerste onderscheid wordt gemaakt tussen het natuurbeschermingsrecht en het milieubeschermingsrecht.

Het natuurbeschermingsrecht (het 'groene milieurecht') is gericht op de bescherming van soorten en gebieden in ons land. Veel van de wetgeving op het gebied van de natuurbescherming is gebaseerd op internationale verdragen. Het nationale natuurbeschermingsrecht wordt bovendien sterk beïnvloed door het Europees recht, in het bijzonder de Vogelrichtlijn en de Habitatrichtlijn. De belangrijkste wet met betrekking tot de bescherming van soorten is de Flora- en Faunawet. In deze wet zijn de voormalige Vogelwet 1936, de Jachtwet, de

Visserijwet en de Wet bedreigde uitheemse diersoorten geïntegreerd. Op het terrein van de bescherming van gebieden is de Natuurbeschermingswet 1998 de belangrijkste wet.

Het milieubeschermingsrecht (het 'grijze milieurecht') omvat het geheel van wetten gericht op enerzijds de bescherming van de milieucompartimenten als water, bodem en lucht en anderzijds het reguleren van vormen van milieubelasting als geluid, afval en stoffen. Belangrijke wetten gericht op de bescherming van de milieucompartimenten zijn: de Wet bodembescherming, de Wet inzake de luchtverontreiniging, de Wet verontreiniging oppervlaktewateren, de Wet verontreiniging zeewater en de Wet voorkoming verontreiniging door schepen.
Regulering van verschillende vormen van milieubelastingen is te vinden in de volgende wetten: de Wet geluidhinder, de Wet milieugevaarlijke stoffen, de Bestrijdingsmiddelenwet 1962, de Meststoffenwet en de Kernenergiewet.

Aanleunende rechtsgebieden
Naast de specifieke wetgeving op het gebied van de natuurbescherming en de milieubescherming kunnen ook een aantal aanleunende rechtsgebieden voor de bescherming van het milieu worden ingezet. Te denken valt aan de wetgeving op het gebied van de ruimtelijke ordening en de wetgeving op het gebied van de waterstaat. Milieubescherming is niet het eerste doel van deze wetten, maar bij de toepassing van de instrumenten op grond van deze wetten speelt het milieu een belangrijke rol.

Omgevingsrecht
Het milieurecht wordt ook als onderdeel gezien van het omgevingsrecht. Het omgevingsrecht omvat terreinen van recht en beleid die zijn gericht op de kwaliteit van de fysieke leefomgeving. Als relevante terreinen worden gezien naast de milieubescherming: de ruimtelijke ordening, de natuurbescherming, de waterhuishouding en het vervoer.

1.4.2   Ontwikkeling van de milieuwetgeving

De ontwikkeling van de milieuwetgeving wordt in vijf periodes beschreven: de milieuwetgeving van vóór de jaren zeventig, de jaren zeventig, de jaren tachtig, de jaren negentig en de periode na 2000.

De periode vóór 1970
De eerste wet die was gericht op de bescherming van het milieu, is de Hinderwet. Deze wet dateert van meer dan een eeuw geleden (1875). Oorspronkelijk was de Hinderwet bedoeld om overlast voor omwonenden te voorkomen, die werd veroorzaakt door fabrieken. In de loop der jaren is de wet een aantal keren ingrijpend

veranderd en ontwikkelde de wet zich tot een meer algemene milieuwet, op grond waarvan de overheid in meer gevallen dan alleen in overlastsituaties kon optreden. De Hinderwet had tot doel het voorkomen en het beperken van gevaar, schade of hinder door inrichtingen voor de omgeving. Alleen onder de voorwaarden van een vergunning konden de activiteiten in een inrichting plaatsvinden. De Hinderwet had vooral betrekking op kleinere activiteiten met gevolgen op gemeentelijke schaal, zoals bakkerijen, slagerijen, drukkerijen en horeca-inrichtingen. Het ging om zo'n 320.000 vergunningplichtige bedrijven! In de loop van de jaren is voor veel van deze bedrijven de vergunningplicht vervallen en vervangen door algemene regels. De Hinderwet bestaat niet meer; toch is er nog steeds een aantal bedrijven dat over een Hinderwet-vergunning beschikt.

Naast de Hinderwet gold in de periode vóór de jaren zeventig ook een aantal wetten ter bescherming van natuur en landschap en ter bescherming van het milieu (water, bodem en lucht). De natuurbeschermingswetgeving, die uiteenvalt in gebieds-gerichte en soortgerichte regelgeving, kwam tot stand als gevolg van internationale verdragen waarbij Nederland partij was. Een aantal wetten uit deze periode zijn de Vogelwet (1936), de Natuurbeschermingswet (1959) en de Boswet (1961). Op het gebied van de milieuhygiëne bestonden in die periode onder meer de Wet oliever-ontreiniging zeewater (1958), de Bestrijdingsmiddelenwet (1962) en de Kernener-giewet (1963).
Naast regelingen van de centrale overheid hadden provincies en gemeenten in een groot aantal verordeningen regelingen op milieugebied vastgesteld. Er bestonden bijvoorbeeld gemeentelijke verordeningen waarin de opslag van brandstoffen was geregeld.

De jaren zeventig
Aan het eind van de jaren zestig stelde de wetgever twee wetten vast: de Wet verontreiniging oppervlaktewateren (1969) en de Wet inzake de luchtverontrei-niging (1970). Deze wetten zouden het begin van een geheel nieuwe reeks milieu-wetten gaan vormen. Met deze wetten werd een eerste aanzet gegeven voor de aanpak van milieuproblemen per milieucompartiment.
In 1972 werd deze aanpak verder uitgewerkt in de Urgentienota Milieuhygiëne, afkomstig van het toen net opgerichte ministerie van Volksgezondheid en Mi-lieuhygiëne. Deze nota bevatte een beschrijving van de milieuproblematiek en een voorstel voor de indiening van een aantal wetten op het milieugebied.
Eén van de genoemde mogelijkheden was overgaan tot de herziening van de Hinderwet, zodanig dat daarmee meer milieuproblemen zouden kunnen worden gereguleerd. Een andere mogelijkheid was een snelle totstandbrenging van speci-fieke regelingen waarmee direct deelproblemen konden worden aangepakt. Gekozen werd voor deze laatste aanpak. Daarmee werd het startsein gegeven voor de totstandkoming van een groot aantal zogenoemde *sectorale milieuwetten*, die zich ieder richtten op een onderdeel van de milieuproblematiek.

De grootste zorg was in die tijd de vervuiling van het oppervlaktewater, de luchtverontreiniging, de geluidhinder en belasting van het milieu met chemische afvalstoffen. Als antwoord hierop ontstonden in de jaren zeventig in hoog tempo de Wet verontreiniging zeewater (1975), de Wet aansprakelijkheid olietankschepen (1975), de Wet chemische afvalstoffen (1976), de Afvalstoffenwet (1977), en de Wet geluidhinder (1979). Elke wet had zo zijn eigen instrumenten, procedures en beroepstermijnen. Als gevolg daarvan ontstond een onoverzichtelijk en weinig samenhangend stelsel van milieuwetgeving.

In de meeste wetten stond wel het instrument van de vergunning centraal. Vaak viel een activiteit echter onder de werking van verschillende wetten en waren dus verschillende vergunningen nodig waar verschillende overheidsorganen bij betrokken waren.

Voor de oprichting van een inrichting was bijvoorbeeld een Hinderwet-vergunning nodig van burgemeester en wethouders van een gemeente. Wanneer het bedrijf op het oppervlaktewater ging lozen had het ook een Wvo-vergunning nodig van bijvoorbeeld het bestuur van een waterschap. Als er afvalstoffen ontstaan in het productieproces was een Afvalstoffenwet-vergunning vereist van gedeputeerde staten van een provincie, enz.

Een afstemming tussen deze vergunningen bestond niet. Voor de handhaving van de vergunningen bestond evenmin coördinatie tussen de verschillende overheidsorganen. De nadelen van de sectoraal opgezette milieuwetten zijn overigens niet alleen van procedurele aard. In elke wet wordt steeds aan een deelprobleem aandacht besteed, bijvoorbeeld alleen lucht of geluid. Het gehele milieueffect van een activiteit wordt op deze wijze niet integraal beoordeeld.

Al met al zorgde het grote aantal milieuwetten dat in de jaren zeventig werd vastgesteld voor een onoverzichtelijke brij van procedures, bevoegdheden en uitvoeringsinstanties. Het was zeer ingewikkeld voor de overheidsorganen om de milieuwetten uit te voeren en voor de burgers om bij de besluitvorming invloed te kunnen uitoefenen.

Met de ontwikkeling van de sectorale milieuwetgeving in de jaren zeventig werd de functie van de Hinderwet uitgebreid bediscussieerd. Voor een aantal activiteiten ontstonden in die periode immers eigen regelingen, waardoor de noodzaak voor de algemeen geldende Hinderwet niet altijd meer duidelijk was. Het bleek nodig, als gevolg van de ontwikkeling van het milieubewustzijn in de jaren zeventig, de reikwijdte van de Hinderwet te herzien. Men realiseerde zich dat het milieu meer omvatte dan alleen de omgeving van de mens. Ook de dieren, planten, goederen, water, bodem en lucht dienden beschermd te worden. De werking van de Hinderwet werd in 1981 uitgebreid tot de bescherming van de landschappelijke, ecologische, recreatieve en natuurwetenschappelijke aspecten van activiteiten, en tevens werden bij de beoordeling de toekomstige ontwikkelingen, de visuele hinder, de

11

indirecte gevolgen en de cumulatieve effecten van milieubelastingen betrokken.

Vrij snel na de beslissing om de sectorale milieuwetgeving te ontwikkelen, ontstond de behoefte aan de ontwikkeling van een meer gecoördineerde en geïntegreerde aanpak. De eerste voorstellen daartoe dateren al van 1974. In eerste instantie was de aandacht gericht op het verruimen van de mogelijkheden van inspraak en beroep. Het uitgangspunt daarbij was dat dit de kwaliteit van de milieu-vergunningen ten goede zou komen. Met de voorstellen zijn de eerste bouwstenen gelegd voor de ontwikkeling van de Wet algemene bepalingen milieuhygiëne (Wabm), die in 1979 in werking trad en waarbij uniformering van de procedures van de verschillende milieuwetten centraal stond.

De jaren tachtig
In de jaren tachtig zijn verschillende tendensen te signaleren die een duidelijk stempel hebben gedrukt op de ontwikkeling van de milieuwetgeving. Deze ontwikkelingen zijn aan te duiden met de termen 'deregulering, harmonisatie en integratie'.
In 1983 werd gestart met een dereguleringsoperatie. Het doel van deze operatie was de wetgeving op het gebied van de ruimtelijke ordening en het milieubeheer door te lichten, zodat overbodige voorschriften konden worden geschrapt. Deze operatie leidde voor de milieuwetgeving tot vereenvoudiging en bundeling van de verschillende juridische instrumenten.
Met de Wabm werd een eerste aanzet gegeven tot een uniformering van de procedures uit de verschillende milieuwetten. In de sectorale wetten werd verwezen naar de bepalingen van de Wabm die van toepassing waren op de verschillende besluiten, zoals bepalingen over het instellen van beroep tegen besluiten (wie kan beroep instellen, bij welke instantie moet beroep worden ingesteld, hoe lang is de beroepstermijn, enz.).
De Wabm was te beschouwen als een aanbouwwet, dat wil zeggen dat in de wet ruimte was gereserveerd voor de opname van nieuwe hoofdstukken. Onderwerpen die gemeenschappelijk zijn aan de verschillende milieuwetten, konden in deze algemene wet worden verankerd, waardoor harmonisatie van regelingen werd bereikt. In de loop der jaren zijn verschillende regelingen aan de wet toegevoegd. De eerste toevoeging aan de Wabm was een regeling voor de samenstelling en werkwijze van de Centrale Raad voor de Milieuhygiëne (1981). Een andere belangrijke uitbreiding van de Wabm was de toevoeging van de regeling voor de milieu-effectrapportage (m.e.r.) in 1986. Het doel van dit instrument was om van voorgenomen besluiten de gevolgen voor het milieu in kaart te brengen en te beoordelen.
Met de uitbouw van de Wabm veranderde de wet van karakter. Er werd meer nadruk gelegd op het vaststellen en handhaven van inhoudelijke eisen aan maat-schappelijke activiteiten in het belang van de bescherming van het milieu. Daarmee ontstond een samenhangender milieuwetgeving, waardoor ook de

handhavingsmogelijkheden werden vergroot. Met de Wabm werd de afstemming en coördinatie binnen het milieubeleid en met andere beleidsterreinen aanzienlijk verbeterd en werd aldus een begin gemaakt met de integratie van de milieuregelgeving.

Naast de ontwikkelingen in het kader van de Wabm, gericht op harmonisatie en integratie van de bestaande milieuwetten, ontstonden in de jaren tachtig ook nieuwe wetten die betrekking hadden op een sector van de milieuproblematiek. Twee belangrijke wetten uit die periode zijn de Wet milieugevaarlijke stoffen (1985) en de Wet bodembescherming (1986). Deze wetten beoogden een regeling te bieden voor een samenhangend beleid voor de problematiek van milieu-gevaarlijke stoffen respectievelijk voor de bescherming van de bodem. Het uit-gangspunt van beide regelingen lag niet bij de vergunning, maar bij de 'algemene regels'. Beide wetten zijn aan te duiden als zogenaamde kader- of raamwetten. Het proces van totstandkoming van deze wetten was langdurig. Een effectieve aanpak van de stoffenproblematiek en de bodemsaneringsproblematiek bleek moeilijk te realiseren te zijn (zie § 9.5 en 9.3).

De jaren negentig
De overheid richtte zich vervolgens op het maken van wetgeving ter bescherming van het milieu als geheel. Naast procedurele harmonisatie van de verschillende wetten werd integratie van de inhoudelijke aspecten van de wetgeving nagestreefd. Een algemeen geldende regeling was aantrekkelijker dan regelingen die slechts dienden ter bescherming van bepaalde onderdelen of bepaalde aspecten van het milieu. Als belangrijkste doelen van de ontwikkeling van een algemene milieu-kaderwet werden genoemd:
– integrale bescherming van het milieu;
– overzichtelijkheid en inzichtelijkheid voor de burgers;
– verbetering van de afstemming en van de uitvoering en handhaving.

In 1993 werd een aantal belangrijke hoofdstukken aan de Wabm toegevoegd die een eerste stap vormden op weg naar de ontwikkeling van een algemene milieuwet. De Wabm kreeg een nieuwe naam: de Wet milieubeheer (Wm). In de Wm werden grote delen van de Hinderwet opgenomen, zodat deze wet na een volle eeuw trouwe dienst kon vervallen. Per 1 januari 1994 zijn ook de Afvalstoffenwet en de Wet chemische afvalstoffen vervallen en opgegaan in de Wet milieubeheer. De Wm werd de belangrijkste milieuwet in Nederland. De overige bestaande sectorale wetten, zoals bijvoorbeeld de Wet luchtverontreiniging, bleven hun betekenis houden, voor die delen van de wetten die niet door de Wet milieubeheer werden overgenomen. De Wet milieubeheer werd, net zoals voorheen de Wet algemene bepalingen milieuhygiëne, voortdurend geëvalueerd. Naar aanleiding van onderzoeken naar de uitvoering van onderdelen van de Wet milieubeheer werden voorstellen voor aanpassing gedaan.

De Wet milieubeheer bevat sinds 1993 een regeling voor een integrale milieuver-gunning. In deze vergunning zijn aspecten opgenomen die voorheen geregeld waren in de Hinderwet, de Afvalstoffenwet, de Wet chemische afvalstoffen, de Wet inzake de luchtverontreiniging, Wet geluidhinder en de Mijnwet 1903 (voor zover het de bovengrondse inrichting betreft die bij een mijn hoort). Daarmee is nog geen sprake van een complete integratie van de milieuvergunningen. De vergunning die op basis van de Wet verontreiniging oppervlaktewateren wordt ver-leend, is apart blijven bestaan. Wel bestaat er een afstemmingsregeling tussen de Wvo- en de Wm-vergunning.

De Wet milieubeheer bevat sindsdien onder meer ook een regeling voor het opstel-len van milieubeleidsplannen, milieuprogramma's en milieukwaliteitseisen.

Snel na de totstandkoming van de Wet milieubeheer is in 1994 een volgende dereguleringsactie gestart, dit maal onder de naam Marktwerking, deregulering en wetgevingskwaliteit. Een voor het milieurecht belangrijk gevolg van deze operatie is de uitbreiding van de al bestaande mogelijkheid om algemene regels voor groepen bedrijven te maken die de vergunningplicht voor de betrokken bedrijven vervangen. Vanaf eind jaren 90 zijn meer bedrijven onder algemene regels gebracht, waarbij ook meer bedrijven onder één regeling kwamen te vallen. De algemene regels zijn bovendien globaler van aard.

> Een voorbeeld daarvan is het Besluit detailhandel en ambachtsbedrijven milieubeheer 1998 dat het Besluit detailhandel, het Besluit brood- en banketbakkerijen, het Besluit doe- het zelfbedrijven en het Besluit slagerijen vervangt. Onder de verschillende oude amvb's vielen ongeveer 35.000 inrichtingen. Het Besluit detailhandel en ambachtsbedrijven milieubeheer reguleert ongeveer 65.000 inrichtingen.

Een andere ontwikkeling van de jaren 90 is die van zelfregulering. De idee is dat wanneer bedrijven zelf meer betrokken zijn bij de regulering van de milieugevolgen van de bedrijven, zij ook meer betrokken zijn bij de naleving daarvan, als gevolg waarvan een effectiever milieubeleid mogelijk is. In de loop der jaren zijn daarvoor verschillende instrumenten ontwikkeld zoals de conve-nanten, bedrijfsmilieuzorg, de afvalbeheersbijdrage en milieuverslaglegging. Ook deed de vergunning op hoofdzaken haar intrede (zie § 6.7.4) en kwam discussie op gang over een 'marktconform' instrument: de handel in emissierechten.

De periode na 2000
In de eerste jaren van de 21ste eeuw werd de (al langer bestaande) invloed van het Europese recht op het Nederlandse milieurecht, als gevolg van een aantal incidenten, sterk gevoeld. Door uitspraken van het Hof van Justitie van de EG in Luxemburg, maar ook steeds vaker van de Nederlandse bestuursrechter, wordt de milieupraktijk er op gewezen dat besluiten met gevolgen voor het milieu, moeten

voldoen aan Europese regelgeving. Dat betreft vele terreinen zoals natuur-bescherming, beheer van afvalstoffen, luchtkwaliteit, omgaan met meststoffen en waterbeheer.

De samenhang tussen milieurecht, natuurbeschermingsrecht, ruimtelijk ordeningsrecht en water(staats)recht komt de eerste jaren na 2000 op verschillende manieren tot uiting in regelgeving en praktijk. Provincies maken omgevingsplannen, waarin zij plannen op de verschillende deelterreinen (milieu, natuur, ruimtelijke ordening, verkeer en vervoer, water) integreren. In het voorstel voor een nieuwe Wet op de ruimtlijke ordening (Kamerstukken II, 2002/03, 28 916) wordt de mogelijkheid gegeven om milieukwaliteitseisen te stellen in bestemmingsplannen. In de Experimentenwet Stad en milieu (tot 1 januari 2004 in werking) en in het voorstel voor een Interimwet stad-en-milieubenadering (Kamerstukken II, 2004/05, 29 871) wordt de mogelijkheid gegeven om in bepaalde gevallen, indien dat wenselijk is op grond van het ruimtelijk concept van de 'compacte stad', af te wijken van bepaalde milieunormen.

In 2004 wordt een nieuwe dereguleringsoperatie gestart – nu herijking of modernisering van regelgeving – genoemd. Belangrijke voorstellen die daaruit voortkomen zijn het voorstel voor een VROM-vergunning (een integrale vergunning waarin de vergunning op grond van de Wet milieubeheer, de bouwvergunning, monumentenvergunning en wellicht ook de ontheffingen en vrijstellingen op grond van de natuurbeschermingswetgeving geïntegreerd zullen worden), en het voorstel tot het (opnieuw) uitbreiden van de regulering van bedrijven bij algemene regels in plaats van bij vergunning.
De aanbouw van de Wet milieubeheer gaat voort. Per januari 2005 is de regeling in hoofdstuk 16 van de Wm voor een nieuw instrument (de handel in broeikasgasemissierechten) in werking getreden. Voorstellen voor de integratie in de Wet milieubeheer van bestaande regelgeving met betrekking tot bijvoorbeeld stoffen, luchtkwaliteit, geluid en bodembescherming zijn aangekondigd. Een uitgebreide behandeling van de Wet milieubeheer vindt plaats in hoofdstuk 6 van dit boek.

1.4.3 Beginselen van milieurecht

Aan de milieuwetgeving liggen een reeks beginselen of uitgangspunten ten grondslag. Sommige van deze beginselen zijn in de wetgeving terug te vinden, andere zijn in beleidsstukken opgenomen. Beginselen van milieurecht liggen, geschreven of ongeschreven, ten grondslag aan het milieubeleid, vertaald in regelingen van milieurecht. De meeste van deze beginselen zijn in eerste instantie geformuleerd op internationaal niveau: in verdragen en in het Europese milieu-

15

beleid. Codificatie van deze beginselen in het milieurecht is wel overwogen, maar besloten is de beginselen voorlopig niet wettelijk vast te leggen, onder meer vanwege onzekerheden over extra lasten tengevolge van deze codificatie (Kamerstukken II 2003/04, 29 540, nr. 57, p. 7). Hieronder bespreken we kort een aantal beginselen van milieurecht.

Beginsel van voorzorg
Het voorzorgbeginsel houdt in dat men niet moet wachten met het nemen van maatregelen ter bescherming van het milieu tot de gevolgen van bepaalde handelingen voor 100% duidelijk zijn. Ook wanneer nog niet volkomen zeker is dat bepaalde milieugevolgen zich zullen voordoen, maar wanneer er wel zwaarwegende aanwijzingen zijn voor die gevolgen, moeten maatregelen worden genomen. Het voorzorgbeginsel staat niet expliciet in de Nederlandse milieuwetgeving. Wel is dit beginsel opgenomen in EG-regelgeving en in nationale beleidsstukken, bijvoorbeeld inzake de Waddenzee.

Beginsel van preventie
Het preventiebeginsel hangt nauw samen met het voorzorgbeginsel. Het voorzorgbeginsel heeft betrekking op het moment waarop maatregelen moeten worden genomen. Het preventiebeginsel houdt in dat, wanneer maatregelen worden genomen, die maatregelen in de eerste plaats gericht moeten zijn op het voorkomen van milieuverontreiniging en niet op het herstellen of ongedaan maken van de verontreiniging nadat deze zich heeft voorgedaan. Dat laatste is immers niet altijd meer mogelijk. Dit beginsel staat ook niet expliciet in de Nederlandse milieuwetgeving, maar kan wel als een uitgangspunt worden beschouwd voor de meeste milieuregelingen.

Beginsel van bestrijding aan de bron.
Dit beginsel houdt in dat milieubeschermende maatregelen het best kunnen worden gericht op de bron van de verontreiniging in plaats van op de ontvanger van de verontreiniging. Zo is het ter voorkoming van geluidhinder eerder aangewezen om maatregelen te nemen tot het afschermen van bronnen van geluid dan het isoleren van de woningen van degenen die hinder ondervinden van de geluidsbron.

Beginsel de vervuiler betaalt
Dit beginsel houdt in dat de vervuiler verantwoordelijk is voor de kosten die gemoeid zijn met het voorkomen en beperken van de door hem veroorzaakte verontreiniging. Die kosten moeten niet door de gehele gemeenschap gedragen worden. Allerlei financiële instrumenten, zoals milieuheffingen, en regels voor aansprakelijkheden voor verontreiniging voor degene die speciale milieugevaarlijke handelingen verrichten, zijn op dit beginsel gebaseerd.

Stand-still beginsel
Dit beginsel houdt in dat in de gevallen waarin de feitelijk bestaande milieu-kwaliteit beter is dan de milieukwaliteit die wordt voorgeschreven, de bestaande milieukwaliteit als norm geldt. Wanneer dat niet het geval zou zijn, zou de bestaande kwaliteit immers verslechteren als gevolg van toepassing van de voorgeschreven milieukwaliteitseis. Dit stand-still beginsel is neergelegd in de regeling voor het stellen van milieukwaliteitseisen in de Wet milieubeheer (zie § 6.5).

ALARA-beginsel
ALARA is een afkorting voor 'as low as reasonably achievable'. Dit beginsel houdt in dat, indien milieugevolgen van een bepaalde activiteit niet kunnen worden voorkomen (preventiebeginsel), die regels moeten worden gesteld die de grootst mogelijke bescherming bieden, tenzij dit redelijkerwijs niet kan worden gevergd. In dit beginsel zijn twee beginselen samengevoegd: het beginsel van 'best bestaande technieken' (best technical means) en het beginsel van 'best toepasbare technieken' (best practicable means). Bij toepassing van het beginsel van de 'best bestaande technieken' kan geen financiële afweging worden gemaakt, terwijl dit bij toepassing van het beginsel van 'best toepasbare technieken' wél mogelijk is. Het ALARA-beginsel moet worden toegepast bij de verbinding van voorschriften aan de vergunning op grond van de Wet milieubeheer (zie § 6.7.3).

1.5   Milieubeleid en milieurecht

Tussen milieubeleid en milieurecht bestaat een wederkerige relatie: enerzijds vormt het recht de grondslag om beleid te maken en uit te voeren, anderzijds worden in het milieubeleid doelen geformuleerd die met onder meer juridische instrumenten moeten worden bereikt. In het laatste geval heeft het recht dus een instrumentele functie. Over deze tweezijdige relatie gaat deze paragraaf. Eerst zullen we kijken wat milieubeleid inhoudt en hoe het tot stand komt.

Wat is milieubeleid?
De overheid maakt milieubeleid. Dat houdt in dat de overheid de prioriteiten in het milieubeleid vaststelt en vervolgens de middelen kiest die voor de uitvoering nodig zijn. Het milieubeleid richt zich op het beschermen en verbeteren van de kwaliteit van het fysieke milieu. De doelen zijn:

a. een goede kwaliteit van het milieu als voorwaarde voor de gezondheid en het welbevinden van de mens van nu en van toekomstige generaties;
b. de zorg voor ecosystemen, natuur en landschap, ten behoeve van de mens, maar ook uit respect voor het milieu als een waarde op zich.

17

Met het fysieke milieu wordt bedoeld het systeem van samenhangende compartimenten van het milieu als lucht, bodem, water (niet-levende milieu) en organismen (levende milieu). De milieudoelstellingen die de overheid nastreeft, zijn geformuleerd in verschillende plannen. Voorheen gebeurde dat in de Meerjarenprogramma's, waarin per deelgebied van het milieubeleid werd aangegeven welke resultaten er waren behaald en welke plannen er werden voorbereid. De minister van VROM is verplicht om, samen met de ministers van V en W, LNV en EZ, ten minste een keer per vier jaar een nationaal milieubeleidsplan (NMP) vast te stellen (art. 4.3 Wm). In 1989 verscheen het eerste NMP, waarin een overzicht van de stand van zaken van het gehele milieubeleid was opgenomen. Daarop volgde een aanscherping in 1990 in het nationaal milieubeleidsplan-plus (NMP-plus). In 1993 is het tweede nationaal milieubeleidsplan (NMP 2) verschenen, waarin de rijksoverheid aangeeft langs welke lijnen het milieubeleid in de komende jaren zal worden uitgevoerd. In het derde nationale milieubeleidsplan (NMP3) uit 1998 is de strategie opgenomen voor het milieubeleid voor de daaropvolgende vier jaren met een doorkijk tot 2010. De strategie richt zich op het scheppen van voorwaarden voor een duurzame ontwikkeling in vervolg op de lijnen die in het NMP1 en NMP 2 zijn uitgezet. Duurzame ontwikkeling houdt in dat voorzien wordt in de behoeften van de huidige generatie zonder daarmee voor toekomstige generaties de mogelijkheden in gevaar te brengen om ook in hun behoefte te voorzien. Het vierde nationaal milieubeleidsplan (NMP4) verscheen in 2001. Dit plan, dat vooruitblikt tot 2030, is geen vervanging van, maar een aanvulling op het NMP3. Dit eerdere plan blijft dan ook van kracht. In de NMP's wordt de milieuproblematiek in een aantal thema's verdeeld, zoals klimaatverandering, verzuring, vermesting, verwijdering en verstoring. Een belangrijk onderdeel van de uitvoering van het milieubeleid is het bereiken van verschillende doelgroepen die aan de uitvoering van het milieubeleid moeten meewerken, zoals de industrie, de bouw, de raffinaderijen en de landbouw. Voor het bereiken van deze medewerking worden verschillende instrumenten ingezet, zoals het maken van meerjarenafspraken, het sluiten van convenanten of het stellen van verboden of geboden.

Milieurecht als grondslag voor milieubeleid
Wanneer de overheid bepaald gedrag wil afdwingen van de burgers, is vereist dat daarvoor een wettelijke grondslag bestaat. Alleen met die grondslag is de overheid bevoegd een sanctie op te leggen als de wettelijke norm wordt overtreden. Dit beginsel uit het staatsrecht wordt het legaliteitsbeginsel genoemd (zie § 4.2). Uit het oogpunt van milieubescherming dient de overheid bevoegdheden te creëren om dwingende maatregelen op te kunnen leggen. De eerste planning voor de ontwikkeling van de milieuwetgeving in Nederland is te vinden in de Urgentienota Milieuhygiëne uit 1972. In de afgelopen drie decennia is vervolgens een groot aantal milieuwetten ontwikkeld. In de vorige paragraaf is deze ontwikkeling geschetst. In 2001 zijn, in de discussienota 'Met recht verantwoordelijk', nieuwe lijnen uitgezet voor de toekomst van de milieuwetgeving.

Uitvoering van milieubeleid met behulp van milieurecht
In de afgelopen decennia heeft de overheid een grote hoeveelheid aan goede voornemens voor de bescherming van het milieu ontwikkeld. Realisering van deze voornemens geschiedt voor een deel door de overheid zelf, maar voor een groot deel is de medewerking en inzet van anderen nodig. Om die medewerking en inzet van de anderen te bereiken, zijn maatregelen of instrumenten nodig die gedragsverandering stimuleren of afdwingen. De instrumenten zijn te onderscheiden in:
1. directe regulering;
2. indirecte regulering;
3. zelfregulering.
De directe regulering omvat verboden en geboden, de indirecte regulering bestaat uit prikkels die bepaald gedrag onaantrekkelijk of juist aantrekkelijk maken (bijvoorbeeld door het opleggen van een heffing of het verlenen van een subsidie), en zelfregulering heeft het doel de burgers vanuit hun eigen verantwoordelijkheid hun gedrag te laten bijstellen.
In het Nederlandse milieubeleid wordt de kern van het milieu-instrumentarium tot nog toe gevormd door de regelgeving, omdat daarmee rechtstreeks het gedrag van burgers of bedrijven kan worden beïnvloed. In de ontwikkeling van het milieubeleid is te zien dat de overheid steeds meer nadruk legt op de eigen verantwoordelijkheid van de burgers. Daarbij wordt gekozen voor de inzet van financiële instrumenten en middelen uit het privaatrecht.
Deze drie typen regulering zullen nu nader onder de loep worden genomen.

Directe regulering
De term directe regulering geeft aan dat er sprake is van rechtstreekse voorschriften, die worden gesteld ten aanzien van bepaalde milieubelastende handelingen van bedrijven en burgers. De regels bevatten verboden of geboden op grond waarvan die handelingen niet mogen of juist moeten plaatsvinden. De meeste milieuwetten bevatten de mogelijkheid om van de gestelde verboden een ontheffing te verlenen, zodat de handeling toch kan worden verricht. Aan die ontheffing zijn vaak gedetailleerde voorschriften verbonden.

Belangrijke onderdelen van de milieuregelgeving zijn de normstelling, vergunningverlening en bepalingen over de uitvoering en handhaving.
De normstelling geeft aan welke bescherming voor het milieu wordt verlangd. Een belangrijk uitgangspunt van de normstelling is dat zolang het gewenste kwaliteitsniveau nog niet is bereikt, de normstelling steeds zal worden bijgesteld, tot de gewenste streefwaarde is bereikt. De norm zal dan steeds een voortschrijdend karakter hebben. Er zijn twee soorten normstelling, effectgerichte en brongerichte normstelling. Effectgerichte normstelling geeft aan welke kwaliteit van het fysieke milieu wordt nagestreefd. Deze eisen geven aan in welke toestand een bepaald

19

onderdeel van het milieu moet verkeren op een bepaald tijdstip. Deze effectgerichte eisen worden milieukwaliteitseisen genoemd (zie § 6.5).

Met de brongerichte normstelling worden eisen gesteld aan handelingen met potentieel nadelige gevolgen voor het milieu. Deze normen zijn gericht op de regulering van de emissies van stationaire of mobiele bronnen, het procédé van bepaalde handelingen of regulering van de eigenschappen van een product. De eisen hebben rechtstreeks betrekking op de activiteiten van de bron.

In de meeste milieuwetten is een algemeen verbod opgenomen tot het verrichten van bepaalde handelingen. De verboden handeling kan slechts worden verricht, als daarvoor een *vergunning* is verleend. De vergunning is een toestemming van een bestuursorgaan van het rijk, een provincie of een gemeente. De vergunning richt zich direct op de activiteiten van de veroorzaker van de milieubelasting. Dit instrument is bij uitstek aan te merken als een middel van brongericht milieubeleid. Het vereiste van de vergunningverlening maakt het mogelijk bij iedere activiteit na te gaan in welke mate deze activiteit belastend is voor het milieu en onder welke voorwaarden deze mag worden verricht. Daarbij wordt met de milieuhygiënische en bedrijfseconomische aspecten van de te reguleren activiteit en de specifieke eigenschappen van de omgeving rekening gehouden. Vergunningverlening is een activiteit die veel inspanning vergt en is daardoor niet altijd de snelste en meest efficiënte wijze voor het uitvoeren en realiseren van milieubeleid. Steeds vaker wordt dan ook gebruik gemaakt van *algemene regels*, die gelden voor een bepaalde categorie van activiteiten die worden verricht. Op de activiteiten zijn dan bepaalde standaardvoorschriften van toepassing. Dit geldt bijvoorbeeld voor benzinestations, detailbedrijven en horecabedrijven. In § 6.8.1 zal uitgebreider op deze vorm van regulering worden ingegaan.

Bij de uitvoering van de regelgeving zijn verschillende partijen betrokken: lagere overheden (provincie, regionale openbare lichamen en gemeenten), bedrijven en consumenten. De overheid zal voor een goede uitvoering voldoende voorzieningen moeten scheppen, waardoor de uitvoering niet ingewikkeld of onmogelijk is. Onder handhaving wordt verstaan het door controle of opleggen van sancties bereiken dat rechtsregels en voorschriften worden nageleefd.

Naast de specifiek geldende verboden, geboden en vergunningplichten zijn nog een aantal instrumenten aan te duiden als vormen van directe regulering. Bijvoorbeeld de *gebiedsaanwijzing*, waarbij een speciaal regime op een gebied van toepassing wordt verklaard. Dit instrument vloeit voort uit de Wet geluidhinder (bijvoorbeeld de vaststelling van geluidszones rond industrieterreinen), maar ook uit de natuurbeschermingswetgeving, zoals de aanwijzing van een gebied als beschermd natuurmonument. Op het gebied van stoffen zijn het toelatingsinstrument (voor bestrijdingsmiddelen) en het kennisgevingsinstrument (voor milieugevaarlijke stoffen) te beschouwen als vormen van directe regulering.

Een ander middel van directe regulering is de *zorgplicht*, die kan worden beschouwd als een gebod tot het nemen van alle maatregelen, die redelijkerwijs voor het voorkomen van bepaalde milieuverontreiniging noodzakelijk zijn. In art. 1.1a van de Wet milieubeheer is een algemene zorgplicht opgenomen.

Indirecte regulering
Een andere vorm van regulering is de indirecte regulering. Met deze vorm van regulering probeert de overheid door prikkels milieuvriendelijk gedrag van producent en consument te stimuleren. Mogelijkheden daarvoor bieden in eerste instantie de financiële instrumenten, zoals de regulerende heffingen, de subsidies, de statiegeldsystemen of het heffen van belastingen op bepaalde milieubelastende activiteiten (§ 6.10). Ook regelingen die burgers meer bewust maken van milieubelastende effecten van hun handelingen, kunnen bijdragen aan preventie.

> Hierbij kan gedacht worden aan certificeringsstelsels, zoals het milieukeur. Andere voorbeelden zijn de verplichting tot informatieverstrekking, de verhoging van de aansprakelijkheid voor schade aan het milieu of de plicht tot het sluiten van een verzekering bij de uitvoering van milieugevaarlijke activiteiten.

Zelfregulering
De derde categorie instrumenten die kan worden ingezet voor de verwezenlijking van de doelstellingen van het milieubeleid, is zelfregulering. Met zelfregulering wordt meer nadruk gelegd op het eigen verantwoordelijkheidsgevoel van burgers en bedrijven. Voorbeelden van zelfregulerende instrumenten zijn voorlichting en educatie. Deze instrumenten leggen geen directe verplichtingen op aan de burgers, maar beogen door overdracht van informatie verbetering van het gedrag te bereiken.
Steeds vaker worden voor de realisering van het milieubeleid convenanten, overeenkomsten en andere afspraken gebruikt. Waar de keuze bestaat tussen het maken van afspraken en het inzetten van regelgeving, heeft de overheid uitgesproken een voorkeur te hebben voor het laatste. Daarbij is bepaald dat het convenant of andere afspraken alleen dienen te worden ingezet, indien een tijdelijke oplossing nodig is, vooruitlopend op andere in te zetten instrumenten, of indien een verandering in de omvang van de milieuproblematiek is te verwachten. Een convenant als zelfstandig instrument zal alleen worden ingezet, indien daarvan een grotere effectiviteit of doelmatigheid kan worden verwacht.
Een ander voorbeeld van zelfregulering is de ontwikkeling van de bedrijfsinterne milieuzorg. Dit instrument is erop gericht de gehele bedrijfsvoering milieuvriendelijker te maken. Het uitgangspunt is dat bedrijven milieumaatregelen in hun investeringen opnemen. De nadruk ligt op de eigen verantwoordelijkheid van het bedrijfsleven, aangezien zij zelf de informatie over hun milieubelasting in kaart brengen en daarover rapporteren aan de overheid. Het is niet verplicht voor bedrijven om bedrijfsinterne milieuzorg toe te passen.

2. Internationaal milieurecht

2.1 Inleiding

Milieuproblemen komen op verschillende schaalniveaus voor, lokaal, regionaal en mondiaal. Voor de beteugeling van mondiale milieuproblemen, zoals het broeikaseffect en het uitsterven van dier- en plantensoorten, worden internationale afspraken tussen staten gemaakt. Gezien de omvang van de problemen en de betrokken belangen, bevatten de internationale afspraken over milieuproblemen veelal algemene beginselen en weinig concrete doelstellingen. Desalniettemin spelen deze afspraken een belangrijke rol bij de verdere ontwikkeling van het internationale en nationale milieubeleid en -recht.

De internationale regelingen staan in rangorde boven de nationale regelingen (zie § 1.2 en 1.3). Als internationale regels bovendien een rechtstreekse werking hebben, kunnen de nationale regels door de internationale regels opzij worden gezet. Als men het gehele milieurecht wil leren kennen, zal men dan ook niet kunnen volstaan met kennis van het nationale milieurecht. Voor een goed begrip van de betekenis van het internationale milieurecht is het van belang dat duidelijk is op welke wijze het internationale recht in het nationale recht kan doorwerken.

Binnen het internationale milieurecht moet onderscheid worden gemaakt tussen het recht betreffende het milieu dat is gevormd binnen de Europese Unie (EU) en het internationale milieurecht dat geen deel uitmaakt van het Europese recht. Het Europese milieurecht heeft een verdergaande doorwerking in de Nederlandse rechtsorde dan andere internationale afspraken. In het volgende hoofdstuk zal het Europese recht apart worden behandeld

In dit hoofdstuk behandelen we een aantal aspecten van het internationale recht. Eerst komen aan de orde: het begrip internationaal recht, de bronnen en vindplaatsen en de verhouding tussen het nationale en internationale recht (§ 2.1.1-2.1.3). Vervolgens bespreken we de ontwikkeling van de beginselen van het internationale milieurecht (§ 2.2) en beschrijven we op hoofdlijnen de internationale organisaties (§ 2.3) en een aantal milieuverdragen (§ 2.4). Tot slot besteden we aandacht aan de wijze waarop internationale geschillen worden beslecht (§ 2.5).

2.1.1 Wat is internationaal recht?

Het internationale recht omvat een heel breed terrein. Het heeft betrekking op de verhouding tussen verschillende staten, tussen individuen van verschillende staten en tussen internationale organisaties. De rechtsregels in het internationale recht zijn van uiteenlopende aard.

Het internationale recht is in te delen in internationaal privaatrecht en internationaal publiekrecht. Voor de behandeling van het milieurecht is voornamelijk het internationale publiekrecht van belang. In een aantal gevallen waarin sprake is van grensoverschrijdende milieuschade, is ook gebruik gemaakt van het internationale privaatrecht. We gaan eerst kort in op de betekenis van het internationale privaatrecht voor het milieurecht.

Internationaal privaatrecht

Met het internationaal privaatrecht worden de rechtsbetrekkingen geregeld tussen burgers uit verschillende landen. Het internationale privaatrecht bevat regels over de keuze van de rechter, het toepasselijke recht en de tenuitvoerlegging van gewezen vonnissen. Aan de hand van het internationale privaatrecht kan bijvoorbeeld worden vastgesteld welk recht moet worden toegepast als twee mensen van verschillende nationaliteit met elkaar trouwen.

Bij het milieurecht speelt het internationale privaatrecht een rol wanneer milieuschade optreedt tengevolge van activiteiten die een grensoverschrijdende verontreiniging veroorzaken. Een aantal internationale verdragen bevat speciale regelingen over aansprakelijkheid bij grensoverschrijdende verontreiniging (§ 2.4). Binnen de EU zijn de regels over de rechterlijke bevoegdheid en tenuitvoerlegging van beslissingen te vinden in Verordening 44/2001 (PbEG 2001, L 12/1). Op grond van art. 5 lid 3 van deze verordening is, in het geval van een onrechtmatige daad, de rechter bevoegd van de plaats waar het schadebrengende feit zich heeft voorgedaan. In het volgende geval was deze regel (die voorheen was opgenomen in het EEG-Executieverdrag) aan de orde.

> Nederlandse kwekers in het Westland spanden een geding aan bij de Nederlandse rechter, omdat ze door besproeiing met Rijnwater schade aan hun gewassen hadden opgelopen. De schade bleek te worden veroorzaakt door de Franse Kalimijnen, die in de Elzas hun afvalzouten loosden op de Rijn. Het Europese Hof van Justitie heeft zich in 1976 uitgelaten over de vraag of de Nederlandse rechter in dit geval bevoegd was. Het ging om de interpretatie van de regel dat de rechter bevoegd was van 'de plaats waar het schadebrengende feit zich heeft voorgedaan'. Bij milieuverontreiniging kan het dan gaan om de plaats waar fabriek X loosde, maar ook om de plaats waar de verontreinigende stoffen schade veroorzaakten. Het Hof heeft deze bepaling als volgt uitgelegd: de rechter is bevoegd van de plaats waar de schade is ingetreden, òf van de plaats waar de schadeveroorzakende gebeurtenis plaatsvond die aan de schade ten grondslag ligt. De Nederlandse rechter was derhalve bevoegd (HR 23 september 1988, NJ 1989, 743).

Internationaal publiekrecht

Het internationale publiekrecht bevat rechtsregels van zeer uiteenlopende aard. Het gaat hierbij om regels die hun oorsprong vinden in een besluit van internationaal recht, zoals een verdrag of een besluit van een internationale organisatie.

Binnen het internationaal publiekrecht kan onderscheid worden gemaakt tussen enerzijds normen die rechtstreeks bindend zijn, voor staten en internationale organisaties en soms ook voor burgers, en anderzijds 'soft law' met een (zeer) beperkte juridische betekenis. Binnen het internationale milieurecht is vooral veel 'soft law' te vinden, zoals verklaringen, richtlijnen en beginselen die niet direct kunnen worden ingeroepen tussen staten onderling.

> Daaronder vallen de niet-bindende verklaringen en richtlijnen van staten en internationale organisaties, zoals de hierna te bespreken verklaring van Stockholm (1972), de verklaringvan de Rio de Janeiro (1992) en de verklaring van Johannesburg (2000).

In de volgende paragrafen komen enkele aspecten van het internationale publiekrecht aan de orde die van belang zijn voor het internationale milieurecht.

2.1.2 *Waar is het internationale recht te vinden?*

Het internationale recht wordt gevormd door de staten. De staten zijn tevens onderworpen aan dat internationale recht, doordat ze die regels tot stand brengen of hun instemming met die regels tot uiting brengen, of doordat ze deelnemen in een internationale organisatie.
De bronnen van het internationale recht zijn af te leiden uit artikel 38 van het Statuut van het Internationaal Gerechtshof.
Als primaire bronnen worden genoemd:
- de verdragen,
- het internationale gewoonterecht,
- de algemene rechtsbeginselen.
Als subsidiaire bronnen worden genoemd:
- de rechterlijke beslissingen,
- de doctrine,
- andere bronnen.

Gewoonterecht en verdragen zijn de meest veelvuldig toegepaste bronnen van internationaal recht. De subsidiaire bronnen zijn aan te merken als hulpmiddel en zijn daarmee niet-bindend.

Behalve de bronnen uit artikel 38 van het hiervoor genoemde Statuut zijn ook andere bronnen door het Internationaal Gerechtshof als zodanig erkend: besluiten van internationale organisaties en eenzijdige handelingen en eenzijdige verklaringen van staten. Achtereenvolgens behandelen we de verschillende bronnen van het internationale recht.

Verdrag

Een verdrag is een overeenkomst tussen meerdere staten en/of intergouvernemen-tele organisaties, waarbij die partijen elkaar rechten toekennen en/of verplichtingen jegens elkaar aangaan. Verdragen worden ook wel Handvest, Akte, Conventie of Statuut genoemd. Men spreekt van een bilateraal verdrag wanneer een verdrag tus-sen twee landen wordt gesloten. Een verdrag waarbij meerdere staten partij zijn heet een multilateraal verdrag.

> Voorbeelden van bilaterale verdragen zijn de overeenkomsten die Nederland in 1996 heeft gesloten met respectievelijk Costa Rica, Benin en Bhutan, ten behoeve van het bereiken van een duurzame ontwikkeling. Een multilateraal verdrag is bijvoorbeeld het Biodiversiteitsverdrag (1992).

De benaming en de vorm van een verdrag is niet van groot belang, maar wel is bepalend of uit het document de wil van partijen blijkt om gebonden te zijn. Een verdrag is bindend voor alle staten die partij zijn bij een verdrag. Wanneer men een reeds van kracht zijnd verdrag wil uitwerken of aanvullen spreekt men vaak van een protocol.

De internationale regelingen waarbij Nederland partij is, zijn meestal te vinden in het Tractatenblad (afgekort Trb.). Waar mogelijk wordt in dit hoofdstuk aange-geven in welk jaar en in welk nummer van het Tractatenblad de regelingen te vinden zijn.

Internationaal gewoonterecht

Het internationale gewoonterecht is ontstaan doordat bepaalde ongeschreven regels in de praktijk worden nageleefd. Het handelen in strijd met deze ongeschreven afspraken vormt een inbreuk op gewoonterecht. Omdat gewoonterecht moeilijk kenbaar, onduidelijk en dus moeilijk bewijsbaar is, is men ertoe overgegaan om delen van het internationale gewoonterecht te codificeren. Dat wil zeggen dat de regels van internationaal gewoonterecht zijn vastgelegd in bijvoorbeeld bindende (verdragen) en niet-bindende instrumenten (bijvoorbeeld verklaringen of richt-lijnen). De vastlegging van gewoonterecht in verklaringen en richtlijnen kan er niet aan in de weg staan dat deze kunnen worden ingeroepen tussen staten onderling.

Ook normen van dwingend recht ('ius cogens') vallen onder het internationaal gewoonterecht. Bij normen van dwingend recht moet gedacht worden aan normen die van zo groot belang zijn voor de bescherming van de internationale gemeen-schap als geheel, dat iedere staat daar apart door gebonden wordt.

> Voorbeelden van dwingend recht zijn het verbod op volkerenmoord en het verbod op slavernij.

Algemene rechtsbeginselen

Een andere bron van recht zijn de door de staten erkende algemene rechtsbeginselen. Er bestaat geen eenduidige opvatting over wat precies tot die algemene rechtsbeginselen moet worden gerekend en wat niet. Deze bronnen van internationaal recht zijn niet altijd te onderscheiden van het internationale gewoonterecht. In de praktijk wordt onder de algemene rechtsbeginselen verstaan de beginselen die in vrijwel alle rechtsstelsels op de wereld voorkomen en die noodzakelijk zijn voor een goede toepassing van het recht. Daarnaast vallen de beginselen er onder die zich in de internationale samenleving hebben ontwikkeld.

Bij de eerste categorie rechtsbeginselen hoort het beginsel van goede trouw en het beginsel dat men niet terug mag komen op wat is gedaan of gezegd, indien dat schade voor de ander oplevert. Bij de tweede categorie kan worden gedacht aan het beginsel dat elke staat het recht heeft zelf te beslissen op welke wijze hij zijn natuurlijke rijkdommen gebruikt. Dit laatste beginsel wordt het soevereiniteitsbeginsel genoemd. Het is in veel milieuverdragen vastgelegd.

Rechtspraak
Tot de subsidiaire bronnen van het internationale recht worden in de eerste plaats gerekend de uitspraken van internationale rechters en arbitragetribunaals. Wanneer ter uitleg van een verdrag een internationaal tribunaal wordt opgericht, kunnen de uitspraken van het tribunaal strikt genomen alleen de partijen bij het verdrag binden. Wanneer een uitspraak echter afkomstig is van een gezaghebbend college, zoals het Internationaal Gerechtshof (zie § 2.5), dan heeft de uitspraak ook daarbuiten invloed. Wanneer het Internationaal Gerechtshof een uitleg geeft van een internationale rechtsregel, dan zullen andere internationale en nationale rechterlijke organen zich in veel gevallen aan die interpretatie houden.
De juridische betekenis van gewoonterechtelijke bepalingen kan worden versterkt wanneer ze door de internationale rechters of arbiters worden toegepast en erkend. Dat is bijvoorbeeld gebeurd bij de Trail Smelter zaak uit 1941, die in § 2.2 zal worden besproken.

Doctrine
De doctrine is de literatuur van gezaghebbende juristen over het internationale recht. De literatuur speelt op zichzelf geen belangrijke rol, maar kan bijdragen aan het bewijs dat sprake is van een rechtsregel van gewoonterecht. Staten kunnen bij een geschil over een regel van gewoonterecht een beroep doen op de beschrijving van een gewoonte in de literatuur.

Andere bronnen van internationaal recht
Behalve de bronnen van internationaal recht genoemd in artikel 38 van het Statuut van het Internationaal Gerechtshof, bestaan er ook andere bronnen die door het Internationaal Gerechtshof als zodanig zijn erkend: besluiten van internationale organisaties en eenzijdige handelingen en eenzijdige verklaringen van staten.

Besluiten van internationale organisaties kunnen de nationale staten binden. Het belangrijkste voorbeeld van zo'n overdracht van bevoegdheden is die van de Europese lidstaten aan de Europese Unie (zie § 3.3).

Bij een eenzijdige handeling gaat het om een verklaring van een staat dat deze een bepaalde verplichting op zich zal nemen of zal afzien van een bepaalde bevoegdheid.

Een voorbeeld van een bindende eenzijdige handeling was de verklaring van Frankrijk dat geen kernproeven meer zouden worden uitgevoerd in de Stille Oceaan (1972).

2.1.3   Verhouding tussen het internationale en het nationale recht

In Nederland wordt de verhouding tussen verdragen en besluiten van internationale organisaties enerzijds en het nationale recht anderzijds geregeld door de artikelen 90 tot en met 95 van de Grondwet (Gw). In de eerste plaats is daar aangegeven dat Nederland alleen aan verdragen wordt gebonden en deze niet worden opgezegd dan nadat het parlement daaraan goedkeuring heeft gegeven, tenzij de wet bepaalt dat geen goedkeuring vereist is (art. 91 Gw). Meestal wordt een verdrag eerst ondertekend door een regeringsdelegatie. Later volgt dan de bekrachtiging ofwel de ratificatie, doorgaans na de – al of niet stilzwijgende – goedkeuring door het parlement. In de periode tussen de ondertekening en de ratificatie kunnen staten nog eens overwegen welke aanpassingen ze op nationaal niveau moeten aanbrengen om aan het verdrag te voldoen. Pas na de ratificatie en inwerkingtreding kunnen rechten en plichten aan het verdrag ontleend worden. In veel gevallen treedt een verdrag in werking na ratificatie door een bepaald aantal partijen.

Het internationale recht maakt deel uit van de Nederlandse rechtsorde. De volkenrechtelijke milieunormen richten zich in eerste instantie tot de staten en niet tot de burgers. Niet alle bepalingen van de verdragen en besluiten van internationale organisaties werken direct door in het Nederlandse recht. Dat geldt alleen voor de bepalingen en besluiten van internationale organisaties die naar hun inhoud een ieder kunnen verbinden (art. 93-94 Gw). Alleen bij deze normen kunnen burgers een beroep doen op de verdragsbepalingen. Deze rechtsreeks werkende bepalingen kunnen worden toegepast zonder omzetting in nationaal recht. Bepalingen die geen rechtstreekse werking hebben, moeten eerst in het nationale recht worden omgezet.

Steeds vaker past de Nederlandse rechter verdragsbepalingen toe of legt hij een nationale norm uit conform een verdragsbepaling. Behalve de wetgever moeten ook bestuursorganen zich bewust zijn van de verplichtingen die voortvloeien uit de toepasselijke internationale verdragen.

De bepalingen in het Europees Verdrag van de Rechten van de Mens (EVRM) bieden duidelijke voorbeelden van rechtstreeks werkende bepalingen. Daarin wordt bijvoorbeeld geregeld het recht op leven en het verbod op onmenselijke behandelingen en dwangarbeid (art. 2, 3 en 4 EVRM).

Als de rechtstreeks werkende bepalingen in strijd komen met regels van nationaal recht, worden de regels van nationaal recht buiten toepassing gelaten (art. 94 Gw). Dat betekent dat de Nederlandse rechter de nationale wetten mag toetsen aan verdragen en besluiten van internationale organisaties. De nationale rechter mag niet toetsen aan de regels van ongeschreven volkenrecht.
Een rechtstreeks werkende bepaling van internationaal recht kan bij de nationale rechter worden ingeroepen door de burger om rechten tegenover de overheid veilig te stellen. Als een burger een rechtstreeks werkende bepaling van internationaal recht kan inroepen tegenover een andere burger is er sprake van horizontale werking van de internationale rechtsregel.

In het internationale milieurecht is tot nog toe geen internationaal erkende en rechtstreeks afdwingbare bepaling opgenomen waarin het recht op bescherming van het leefmilieu is verankerd. Dat betekent dat het vooralsnog niet mogelijk is voor burgers zich voor de nationale rechter te beroepen op een dergelijk recht. Wel heeft het Europese Hof voor de rechten van de mens (EHRM) een aantal malen een beroep op mensenrechten geaccepteerd in zaken waarbij van milieuvervuiling sprake was. Zo is in milieuzaken met succes enkele malen een beroep gedaan op het recht op toegang tot de rechter (art. 6 EVRM), recht op privacy en een ongestoord gezinsleven (art. 8 EVRM) of het recht op ongestoord genot van de eigendom (art. 1 Eerste Protocol EVRM).

> Een afvalverwerkingsfabriek in Spanje veroorzaakte onaanvaardbare gezondheidsproblemen bij omwonenden. Het EHRM stelde vast dat het bestuursorgaan inbreuk maakte op het recht op privacy (art. 8 EVRM), omdat aan de belangen van de omwonenden om niet door de stankhinder te worden gehinderd onvoldoende gewicht was toegekend bij de besluitvorming door de Spaanse overheid (EHRM 9 december 1994, M en R 1995/7-8, nr. 82 m.nt. Kamminga (Lopez Ostra)).

> In een zaak over geluidhinder ten gevolge van nachtvluchten op het vliegveld Heathrow oordeelde het EHRM dat geen sprake was van schending van art. 8 EVRM nu de autoriteiten op dit terrein een ruime beleidsvrijheid genieten en nu een acceptabele afweging was gemaakt (EHRM 8 juli 2003, M en R 2003/9, nr. 88 m.nt. Kamminga). Alleen bij extreme gevallen van bestuurlijk wangedrag zal dus sprake zijn van schending van art. 8 EVRM.

2.2 Ontwikkeling van het internationale milieurecht

Door het groeiend milieubewustzijn hebben staten over de hele wereld de afgelopen decennia bijgedragen aan de vormgeving van het internationale milieurecht. Het merendeel van de normen is opgenomen in verklaringen, richtlijnen en beginselen. Deze normen kunnen bijvoorbeeld een rol spelen bij de interpretatie van ander internationaal recht en nationale staten kunnen de beginselen een belangrijke rol toekennen in hun nationale recht. Kort staan we stil bij de ontwikkeling van het internationale milieurecht en de verschillende beginselen die in de loop der jaren zijn verwoord.

Verklaring van Stockholm 1972
In 1972 vond een aantal gebeurtenissen plaats die een belangrijke rol hebben gespeeld bij de ontwikkeling van het internationale milieurecht. In dat jaar verscheen het rapport van de Club van Rome: 'De grenzen aan de groei'. Dit rapport schetst een somber beeld van de toekomst van onze planeet bij de doorgang van de groei van de wereldbevolking, de industrialisatie, de vervuiling en uitputting van grondstoffen. Tevens werd in 1972 een grote milieuconferentie van de Verenigde Naties gehouden in Stockholm (the United Nations Conference on the Human Environment), waarbij 114 delegaties uit de gehele wereld vaststelden dat gezamenlijke maatregelen ter bescherming van het milieu noodzakelijk waren. Deze conferentie heeft geleid tot een niet-bindende Slotverklaring en een Actieplan. De conferentie gaf de aanzet tot de oprichting van het Milieuprogramma van de Verenigde Naties (UNEP), een orgaan dat later bij mondiale milieu-vraagstukken een belangrijke initiërende en coördinerende rol zou spelen.
In de slotverklaring van Stockholm (1972) werd een aantal algemene principes neergelegd voor de internationale aspecten van milieuverontreiniging. In de Nuclear Test Cases had het Internationaal Gerechtshof de beginselen kunnen toepassen, zodat de betekenis van de beginselen versterkt had kunnen worden. Het Gerechtshof heeft zich echter niet over de beginselen hoeven uitlaten.

> In de Nuclear Test Cases heeft het Internationaal Gerechtshof Frankrijk gelast tot het opschorten van bovengrondse nucleaire tests boven de Stille Oceaan. Door Australië en Nieuw-Zeeland is op grond van de Verklaring van Stockholm (1972) gevraagd de proeven stop te zetten. Frankrijk had echter al in een eenzijdige verklaring aangegeven het houden van de bovengrondse kernproeven te stoppen. Daardoor heeft het Internationaal Gerechtshof nooit een uitspraak hoeven doen over de beginselen uit de Verklaring van Stockholm (International Court of Justice Reports 1973 – 99, 35 / 1974 – 253, 457). Het Hof heeft zich ook niet uitgesproken over de beginselen toen in 1995 Nieuw-Zeeland om heropening van de zaak vroeg vanwege nieuwe Franse kernproeven (ICJ Reports 1995, 288).

Van de beginselen uit de slotverklaring van Stockholm (1972) is beginsel 21 het bekendst. Het wordt aangeduid als het soevereiniteitsbeginsel. Dit principe houdt in dat staten de soevereiniteit hebben om eigen natuurlijke hulpbronnen naar eigen inzicht te gebruiken en dat ze bovendien de verantwoordelijkheid hebben dat activiteiten op hun eigen grondgebied niet mogen leiden tot milieuschade in een andere staat. Dit algemene rechtsbeginsel was al langer bekend uit de Trail Smelter-zaak, maar is pas in de Verklaring van Stockholm vastgelegd.

> De Canadese lood- en zinksmelterij Trail Smelter veroorzaakte door de emissie van zwaveldioxide schade aan landbouwbedrijven in de Verenigde Staten. Deze zaak werd voorgelegd aan een Arbitraal Gerechtshof, dat aangaf dat: 'under the principles of international law (...) no state has the right to use or permit the use of its territory in such a manner as to cause injury by fumes in or to the territory of another or the properties or persons therein when the case is of serious consequence and the injury is established by clear and convincing evidence' (11 maart 1941, UN Reports of International Arbitral Awards, vol. 3, p. 1938). Deze uitspraak is later bevestigd in de uitspraak over de Corfu Channel (9 april 1949, ICJ Reports 1949, p. 35) en werd daarmee een erkend algemeen beginsel van internationaal recht.

Deze Trail Smelter-doctrine houdt in dat staten niet onbeperkt van hun grondgebied gebruik mogen maken wanneer dat gebruik schadelijke gevolgen heeft voor andere staten. Dit beginsel speelt een belangrijke rol in het internationale milieurecht en is in veel milieuverdragen terug te vinden.

Wereldhandvest voor de natuur 1982
In het Wereldhandvest voor de Natuur van de Verenigde Naties (VN), uit 1982, zijn beginselen opgenomen voor natuurbescherming, onder meer over een respectvolle benadering van de natuur en de bescherming van de integriteit van de natuur. Ook bevat dit handvest eisen waaraan milieubeleid moet voldoen.

Commissie Brundtland 1987
In 1983 besloot de Algemene Vergadering van de VN een commissie in te stellen die strategieën zou moeten ontwikkelen voor een duurzame ontwikkeling in het jaar 2000 en verder. Deze 'World Commission on Environment and Development' werd voorgezeten door de Noorse premier Brundtland. Het eindrapport van de commissie, 'Our common future', verscheen in 1987. Een deel van het werk van de commissie-Brundtland was gericht op de versterking van het wettelijke en institutionele kader van de milieubescherming en duurzame ontwikkeling. Door een Experts Group on Environmental Law (EGEL) zijn bestaande rechtsbeginselen van milieurecht beschreven en nieuwe beginselen ontwikkeld. De beginselen van de Stockholm-verklaring uit 1972 maken deel uit van deze beginselen. Het werk van de groep heeft geresulteerd in het rapport 'Environmental protection and sustainable development'. In dit rapport zijn 22 beginselen opgenomen die gaan

over natuurlijke rijkdommen en milieuhinder, grensoverschrijdende milieuproblemen, de aansprakelijkheid van staten voor milieuschade en de beslechting
van geschillen over milieuverontreiniging. De beginselen hebben geen juridische
status gekregen.

Verklaring van Rio de Janeiro 1992
Hoogtepunt van de jaren negentig voor het internationale milieurecht vormde de
United Nations Conference on Environment and Development (UNCED), die in
1992 werd gehouden in Rio de Janeiro. De Rio-Conferentie kan gezien worden als
de follow-up van de twintig jaar eerder gehouden Stockholm-Conferentie. De
verklaringen van beide conferenties worden gezien als een overgangstekst naar een
'Earth Charter' dat door de Verenigde Naties zou moeten worden aangenomen.
Tijdens de Rio-Conferentie is overeenstemming bereikt over de Rio-Declaratie en
is een aantal verdragen en verklaringen ondertekend, zoals het Biodiversiteitsverdrag (Trb. 1992, 164), het Raamverdrag inzake klimaatverandering (Trb.
1994, 63) en de Bossenverklaring. Naast deze verdragen kwam 'Agenda 21' tot
stand, waarin het milieubeleid voor de 21ste eeuw is aangegeven.
De Rio-Declaratie bevat 27 beginselen, waarvan vele niet eerder door zo'n grote
groep van landen (± 175) werden aanvaard. De verklaring gaat in op de relatie
tussen milieu en ontwikkeling, waarbij onder meer wordt aangegeven wat nodig is
om een duurzame ontwikkeling te bereiken. De beginselen van de Rio-Verklaring
zijn niet afdwingbaar. Hun betekenis kan wel worden versterkt wanneer ze door
internationale rechters worden toegepast en erkend. Een aantal beginselen verdient
hier de aandacht omdat ze ook in het Nederlandse milieubeleid zijn terug te vinden
(zie ook § 1.4.3).

In beginsel 1 is vastgelegd dat de mens recht heeft op een duurzaam bestaan: 'They
are entitled to a healthy and productive life in harmony with nature.' Dit beginsel
lijkt op een recht op een leefbaar milieu, maar het is niet afdwingbaar.
Een beginsel dat in vrijwel alle milieuverdragen is terug te vinden, is het soevereiniteitsbeginsel. In de Rio-Verklaring is dit beginsel 2. Dit beginsel houdt in dat
iedere staat onaantastbare integriteit op zijn eigen territorium heeft. Een staat heeft
het soevereine recht zijn hulpbronnen volgens het eigen milieu- en ont-
wikkelingsbeleid te exploiteren en heeft de verplichting geen schade toe te brengen
aan het milieu van andere staten. De soevereiniteit kan enigszins worden beperkt
doordat een staat partij is bij verdragen en zich moet houden aan de algemene
rechtsbeginselen zoals bijvoorbeeld voortvloeiend uit de Trail Smelter-zaak.
Beginsel 3 van de Verklaring van Rio vereist een duurzame ontwikkeling, gericht
op de ontwikkelings- en milieueisen van huidige en toekomstige generaties. Dit
beginsel is naast het Verdrag van Rio in veel documenten neergelegd, zoals in het
Kyoto-protocol bij het Klimaatverdrag (Trb. 1999, 110) en in het Verdrag inzake de
bescherming van de Noord-Atlantische oceaan (Trb. 1993, 141).
In beginsel 4 is vastgelegd dat milieubescherming een integraal onderdeel moet

uitmaken van besluitvormingsprocessen rond economische, sociale en ruimtelijke processen. Dit wordt het beginsel van externe integratie genoemd.
Beginsel 10 stelt vast dat burgers toegang moeten hebben tot milieu-informatie en moeten kunnen deelnemen aan besluitvormingsprocedures. Tevens is vastgelegd dat een effectieve rechtsbescherming moet worden verleend.
Een laatste beginsel dat we hier noemen is het voorzorgsbeginsel (beginsel 15). Bij dreiging van serieuze of onomkeerbare schade mogen maatregelen ter voorkoming van achteruitgang van het milieu niet worden uitgesteld met als argument dat er geen volledige wetenschappelijke zekerheid bestaat. Als moet worden gewacht tot die wetenschappelijke zekerheid er is, kan de schade zodanig zijn dat die niet meer kan worden hersteld.

Verklaring van Johannesburg 2000
De wereldconferentie inzake duurzame ontwikkeling, die in 2000 in Johannesburg werd gehouden, was gericht op de uitvoering en uitwerking van de in Rio overeengekomen doelen en acties van Agenda 21. De uitkomsten van de conferentie, zoals neergelegd in een politieke verklaring en in een implementatie-plan, zijn door velen als teleurstellend ervaren. Hoewel deze uitkomsten slechts beperkt lijken bij te dragen aan de ontwikkeling van het internationale milieurecht, vormen diverse punten uit het implementatieplan een versterking van eerder ingezette ontwikkelingen, bijvoorbeeld op het gebied van biodiversiteit en klimaatverandering.

Extraterritoriale wetgeving
Bij de ontwikkeling van nationale milieuwetgeving moet rekening worden gehouden met het feit dat de nationale regelgeving van invloed kan zijn op het milieu in andere landen. Voorbeelden zijn de beperking van de import van tropisch hout of de beperking van de handel in bedreigde dier- en plantensoorten. Het is niet zonder meer toegestaan regelingen te treffen die invloed hebben buiten de landsgrenzen. Deze wetgeving, aangeduid als extraterritoriale wetgeving, kan in strijd komen met de soevereiniteit van andere landen. Meestal zal het gaan om maatregelen met een belemmerend effect op de in- en uitvoer van producten.
De mogelijkheden tot het treffen van dergelijke maatregelen worden beperkt door de afspraken gemaakt in het kader van de World Trade Organisation (WTO), met name de General Agreements on Tariffs and Trade (GATT). In dit verdrag zijn kwantitatieve in- en uitvoerbeperkingen opgenomen. Artikel XX van het GATT-verdrag maakt het mogelijk dat dergelijke maatregelen worden gerechtvaardigd als ze dienen ter bescherming van de gezondheid en het leven van personen, dieren en planten. In de Tuna Fish Case (GATT panel 16 augustus 1991, M en R 1992, 127) werd, zonder succes, voor een GATT-panel een beroep gedaan op de rechtvaar-digingsgronden van artikel XX.

De VS hadden een importverbod vastgesteld voor tonijn die was gevangen volgens een vangstmethode waarbij veel dolfijnen omkomen. Het GATT-panel oordeelde dat geen beroep op de rechtvaardigingsgronden mocht worden gedaan, omdat een staat op deze wijze aan andere staten een milieumaatregel oplegde. In 1995 heeft een ander GATT-panel zich opnieuw uitgelaten over het importverbod van de VS voor tonijn en andere producten. In deze uitspraak lijkt het panel meer ruimte te geven voor de interpretatie dat nationale milieumaatregelen met extraterritoriale reikwijdte mogelijk zijn. Daarbij geldt echter wel dat andere staten niet gedwongen mogen worden hun wetgeving of beleid aan te passen (GATT-panel 20 mei 1994, M en R 1995, 69). In het concrete geval werd het importverbod nog steeds in strijd met het GATT-verdrag geacht te zijn, omdat andere staten gedwongen werden hun beleid aan dat van de Verenigde Staten aan te passen.

In 1998 sprak het beroepsorgaaan van de WTO zich in een andere zaak expliciet uit en erkende de mogelijkheid om via een beroep op art. XX van het GATT-verdrag import te berperken vanwege het in het exportland gevoerde beleid. De VS had een importverbod uitgevaardigd voor garnalen die werden gevangen met apparatuur waarbij ook zeeschildpadden werden gedood. Het importverbod werd overigens om andere redenen toch ontoelaatbaar geacht.

2.3 Internationale organisaties

In deze paragraaf geven we een globale indeling van de verschillende internationale organisaties die in het leven zijn geroepen.

Intergouvernementele organisaties
Internationale organisaties die uitsluitend door staten zijn opgericht, worden ook wel aangeduid als interstatelijke of intergouvernementele organisaties. Deze organisaties zijn bijna altijd bij verdrag opgericht. Het verdrag heeft dan de betekenis van een grondwet voor de intergouvernementele organisatie. In het verdrag staan de doelstellingen van de organisatie genoemd, is aangegeven uit welke organen of instellingen de internationale organisatie bestaat en zijn regels opgenomen voor de besluitvorming. Het verdrag waarbij de organisatie is opgericht, wordt vaak uitgewerkt in nadere regels. Alle regels die betrekking hebben op het functioneren van de organisatie vormen samen het institutionele recht.
Bij de uitvoering van de taken van de intergouvernementele organisatie ontstaat ook weer recht. De organisatie zal verdragen sluiten en besluiten nemen ten aanzien van de partij-staten. Dit recht is het materiële recht van de intergouvernementele organisatie.
Intergouvernementele organisaties komen in zeer gevarieerde vorm voor. Van sommige organisaties, zoals bijvoorbeeld de Benelux, kan slechts een beperkt aantal

staten lid zijn. Voor een andere organisaties geldt dat elke staat die aan de eisen voor toetreding voldoet, lid kan worden van de organisatie. Dit is het geval bij de VN. Deze organisatie is een voorbeeld van een mondiale organisatie. De Algemene Vergadering van de VN heeft in 1992 de 'Commission on Sustainable Development' in het leven geroepen, die gericht is op de uitvoering van de resultaten van de UNCED en Agenda 21. Een voorbeeld van een niet met de VN verbonden regionale organisatie is de Raad van Europa.

Er zijn algemene en functionele intergouvernementele organisaties. Een algemene organisatie houdt zich met een groot aantal verschillende zaken bezig, zoals bijvoorbeeld de Raad van Europa en de Europese Unie. Functionele organisaties hebben betrekking op een beperkt terrein. Voorbeelden op het terrein van milieu zijn: de WHO (World Health Organization), de IMO (International Maritime Organization) en de ITTO (International Tropical Timber Organization).

Een ander onderscheid kan worden gemaakt tussen zuiver intergouvernementele organisaties en organisaties met een supranationaal element. Met zuiver intergouvernementele organisaties wordt bedoeld dat de organisaties bedoeld zijn als een vorm van samenwerking, waarbij de staten hun soevereine bevoegdheden volledig behouden. Een supranationale organisatie kan bindende besluiten nemen voor de lidstaten, eventueel bij meerderheid van stemmen, en kan besluiten nemen die de onderdanen van de lidstaten rechtstreeks binden. Ook heeft een dergelijke organisatie de bevoegdheid de besluiten zelfstandig ten uitvoer te leggen. Het bekendste voorbeeld van een organisatie met supranationale elementen is de Europese Unie (zie hoofdstuk 3).

Non-gouvernementele organisaties
De intergouvernementele organisaties moeten worden onderscheiden van de internationale organisaties die niet door staten, maar door particulieren zijn opgericht. Deze organisaties noemt men non-gouvernementele organisaties (NGO's). De belangrijkste op het gebied van de milieubescherming zijn de World Conservation Union (vroeger genaamd IUCN), het World Wide Fund for Nature (WWF) en Greenpeace international. Deze organisaties kunnen invloed uitoefenen op de ontwikkelingen op internationaal niveau. Door rapporten te schrijven, door lobbywerk of door publieksacties kunnen de organisaties een bijdrage leveren aan de aanpak van milieuproblemen.

2.4 Milieuverdragen

Overeenkomsten op het terrein van het internationale milieurecht worden steeds in een ander verband gesloten. Soms is een bilateraal verdrag een middel om een internationaal milieuprobleem aan te pakken, soms zijn wereldwijde of regionale verdragen nodig, afhankelijk van de aard van het milieuprobleem. Zo zal een verdrag gericht tegen de aantasting van de ozonlaag in wereldwijd verband gesloten moeten worden, terwijl een verdrag om de verzuringsproblemen van Europa aan te pakken in Europees verband gesloten kan worden.

Behalve staten kan ook de EG als internationale organisatie soms partij zijn bij een verdrag. Ter implementatie van een verdrag komt daarom ook wel EG-regelgeving tot stand, zoals bij het hierna genoemde Verdrag van Aarhus. Later in dit boek geven we, waar relevant, aan hoe internationale verdragsverplichtingen in Europese of Nederlandse wetgeving zijn vertaald.

In dit boek kan alleen op een beperkt aantal verdragen worden ingegaan. Een behandeling van alle internationale milieuverdragen zou te ver voeren. Recente informatie over milieuverdragen is te vinden op de websites van de betreffende internationale organisaties, zoals van de VN: www.unece.org/env, www.unep.org, de Raad van Europa: www.coe.int en het OSPAR-Verdrag: www.ospar.org .

We bespreken hierna verdragen op het gebied van water, lucht, (afval)stoffen, flora en fauna en aansprakelijkheid. Daaraan voorafgaand vermelden we enkele verdragen die niet bij deze gebieden zijn onder te brengen.

Veel verdragen worden gesloten in het kader van de VN. Binnen de VN-Economische Commissie voor Europa (UNECE) is in 1991 het verdrag inzake de milieu-effectrapportage in grensoverschrijdend verband (Verdrag van Espoo, Trb. 1991, 104 en 174) tot stand gekomen. Dit verdrag is in 1994 in werking getreden. Het bevat een regeling voor de informatieverstrekking en consultatie bij activiteiten met mogelijk grensoverschrijdende effecten. In dit verdrag is onder andere opgenomen dat burgers uit het aangrenzende land op dezelfde voet als de burgers van het eigen land kunnen deelnemen aan procedures. In 2003 kwam in Kiev een protocol bij dit verdrag tot stand, over strategische milieubeoordeling in grensoverschrijdende situaties (Trb. 2003, 154).

In 1998 kwam, eveneens in UNECE-verband, het Verdrag van Aarhus tot stand (Trb. 1998, 289 en Trb. 2001, 73). In 2001 trad dit verdrag in werking. Het bestaat uit drie pijlers. De eerste pijler gaat over het recht op toegang tot milieu-informatie, de tweede over de inspraak bij milieubesluitvorming en de derde over de toegang tot de rechter in milieuaangelegenheden. Milieu-informatie is in dit verdrag een breed begrip en verzoeken om toegang daartoe mogen door verdragspartijen slechts beperkt worden geweigerd. De toegang tot gegevens over emissies naar het milieu mag, ook als het bedrijfsgeheimen zou betreffen, helemaal niet worden beperkt. Het verdrag bevat voor de verdragspartijen ook verplichtingen om actief informatie te verspreiden, onder meer door een voor het publiek toegankelijk register met gegevens over emissies van chemische stoffen naar water, lucht en bodem. Over dit register werd in 2003 in Kiev het PRTR-protocol (Pollutant Release and Transfer Registers) gesloten.

De tweede pijler bij het Aarhus-verdrag gaat over de inspraak bij bepaalde plannen en programma's en bevat voor die inspraak een aantal vereisten.

De derde pijler betreft de toegang tot de rechter, zowel voor leden van 'het betrokken publiek', die een voldoende belang moeten hebben bij de milieubesluiten in kwestie. Wat een 'voldoende belang' is, laat het verdrag over aan de lidstaten, maar wel vereist het verdrag een ruime toegang tot de rechter. Milieuorganisaties worden geacht voldoende belang te hebben zodra ze aan enkele formele vereisten voldoen.

Op nationaal niveau kwam in 2004 een wet tot goedkeuring van het Aarhus-verdrag tot stand (Stb. 2004, 518). Ter uitvoering van het verdrag werden de Wet openbaarheid van bestuur, de Wet milieubeheer en enkele andere wetten gewijzigd (Stb. 2004, 519). Deze wetgeving trad op 14 februari 2005 in werking (Stb. 2005, 66). Ook de EG is partij bij het Aarhus-verdrag. Ter uitvoering van de eerste en tweede pijler van het verdrag kwamen richtlijnen tot stand. Voor de derde pijler is begin 2005 EG-regelgeving in voorbereiding (zie § 3.7 en § 5.1).

Ook de Raad van Europa heeft verdragen op milieugebied opgesteld, zoals de kaderovereenkomst inzake grensoverschrijdende samenwerking tussen territoriale gemeenschappen of autoriteiten (1980). In 2000 kwam te Florence een Europees Landschapsverdrag tot stand. Dit verdrag wil maatregelen stimuleren ter bescherming en beheer van landschappen die de kwaliteit van de menselijke leefomgeving bepalen. Nederland is geen partij bij dit verdrag, dat in 2004 in werking trad.

Verdragen over water
De verdragen op het gebied van water zijn in te delen in zee- en zoetwater-verdragen. Daarbinnen zijn mondiale en regionale verdragen te onderscheiden.

Een mondiaal, niet specifiek op milieu gericht, zeeverdrag is het VN-Verdrag inzake het recht van de zee dat in 1994 in werking trad (Trb. 1983, 83 en 1994, 233). Dit verdrag bevat bepalingen waarin de preventie van de vervuiling, en de bescherming en het beheer van het mariene milieu wordt geregeld. Het verdrag heeft niet alleen betrekking op de territoriale wateren maar ook op de volle zee.

Een belangrijk verdrag van de Internationale Maritieme Organisatie (IMO) is het Internationaal verdrag ter voorkoming van verontreiniging door schepen uit 1973 (Marpol, Trb. 1975, 147 en Trb. 1978, 187 en 188). Dit verdrag heeft tot doel bij normale exploitatie van schepen lozingen van schadelijke stoffen tegen te gaan en scheepsongevallen te beperken. Daartoe worden voorschriften gesteld over de bouw, inrichting en uitrusting van schepen. Een schip dat voldoet aan die voorschriften krijgt een certificaat.

Een ander IMO-verdrag is het verdrag ter beperking van de schadelijke effecten op het mariene milieu van aangroeiwerende verven op basis van organotin-verbindingen. Dit AFS-verdrag (anti-foulingsystemen) kwam in 2001 tot stand (Trb. 2004, 44) en is begin 2005 nog niet in werking getreden.

Het Verdrag van Londen (Trb. 1973, 172 en Trb. 2000, 27) stelt regels inzake het storten van afval en andere schadelijke stoffen in de zee. Dit verdrag wijst zwarte-lijststoffen aan die niet mogen worden geloosd en grijze-lijststoffen die niet mogen worden geloosd zonder vergunning.

De verdragen van Oslo (1972) en Parijs (1974) zijn in 1992 opgegaan in het regionale OSPAR-verdrag inzake de bescherming van het mariene milieu in het noordoostelijk deel van de Atlantische Oceaan (Trb. 1992, 16, 141 en Trb. 1993, 16). Dit verdrag bevat regels ter voorkoming van verontreiniging van de zee door het storten uit schepen en luchtvaartuigen en ter voorkoming van verontreiniging van de zee vanaf het vasteland, voornamelijk door pijpleidingen en rivieren. Het verdrag verbiedt ook het verbranden van afval op zee en stelt regels voor de vervuiling vanaf booreilanden.

Ter bestrijding van de verontreiniging van de zee door olie(tankers) en andere schadelijke stoffen zijn er diverse verdragen met afspraken over samenwerking tussen staten, kostenverdeling en toezicht. Er zijn op dit gebied zowel regionale verdragen, voor de staten rond de Noordzee (Trb. 1983, 159, Trb. 1989, 125 en Trb. 1990, 100) als mondiale IMO-verdragen. Een IMO-verdrag uit 1990 inzake samenwerking bij olieverontreiniging (Trb. 1995, 40) werd verbreed tot gevaarlijke en schadelijke stoffen (Trb. 2001, 167).

De waterverdragen voor het zoete water zijn veelal regionale verdragen tussen de staten die deel uitmaken van één stroomgebied. In 1992 werd in Helsinki een verdrag gesloten over het gebruik van wateren dat grensoverschrijdende gevolgen heeft voor het milieu (Trb. 1992, 199). Dit verdrag, dat uitgaat van een stroomgebiedsbenadering, biedt een kader voor de bi- en multilaterale samen-werking bij de preventie en beheersing van grensoverschrijdende water-verontreiniging. Op mondiaal niveau kwam in 1997 in New York het verdrag tot stand inzake het recht betreffende het gebruik van internationale waterlopen anders dan voor de scheepvaart (Trb. 2000, 41).

Voor Nederland zijn vooral de verdragen en overeenkomsten ter bescherming van de Rijn van belang. De Rijn vormt een belangrijke bron voor de drinkwa-tervoorziening en voor industriële activiteiten. Door de ministers van de Rijnoever-staten zijn in 1976 overeenkomsten gesloten ter bescherming van de Rijn tegen verontreiniging door chemische stoffen en door chloriden. In 1987 is door deze ministers een 'Rijnaktieplan' opgesteld, met als doelen de sanering van de rivier, de terugkeer van hogere diersoorten, goed drinkwater en de bescherming van de Noordzee. Dit actieplan was het gevolg van de ernstige verontreiniging van de Rijn die in 1986 was veroorzaakt door een brand bij Sandoz, een chemiebedrijf uit Basel. In 1999 kwam een verdrag tot stand waarin beginselen zijn vastgelegd voor afspraken tussen Rijnoeverstaten over de bescherming van de Rijn (Trb. 1999, 139). Dit verdrag bevat de basis voor de Internationale Commissie ter bescherming van de Rijn. Deze commissie onderzoekt het ecosysteem van de Rijn en stelt maatregelen voor ter verbetering.

Ook ter bescherming van de Maas en de Schelde zijn verdragen tot stand gekomen, gericht op de bescherming en verbetering van de kwaliteit van de twee rivieren door integraal beheer van de stroomgebieden. Deze verdragen voorzien in een Commissie, bestaande uit vertegenwoordigers van de partijen bij het verdrag, die actieplannen opstelt en de uitwisseling van gegevens verzorgt. Met het oog op de samenwerking die de Europese Kaderrichtlijn water vereist binnen de stroomgebieden van deze rivieren, kwamen in 2002 een nieuw Maasverdrag (Trb. 2003, 75) en een nieuw Scheldeverdrag (Trb. 2003, 76) tot stand.

Voor het stroomgebied van de Eems-Dollard kwamen in 1996 en 1998 protocollen tot stand bij het Eems-Dollard Verdrag (Trb. 1996, 258 en Trb. 1998, 143). Op basis van dit verdrag werken Nederland en Duitsland samen ter bescherming van het milieu in de Eemsmonding.

Verdragen over luchtverontreiniging
Voor de bestrijding van de grensoverschrijdende luchtverontreiniging zijn in internationaal verband afspraken gemaakt. Wanneer luchtverontreiniging wordt geconstateerd, is het vaak moeilijk vast te stellen waar die vandaan komt en of de verontreiniging van één of meerdere bronnen afkomstig is. Het is van belang dat staten samenwerken op technisch en wetenschappelijk gebied en elkaar informatie verschaffen. Een belangrijk verdrag over deze samenwerking is het in 1979 in Genève gesloten UNECE-verdrag ter bestrijding van de luchtverontreiniging over de lange afstand (Trb. 1980, 21 en 159). Protocollen bij dit VN-verdrag bevatten concrete normen voor onder meer de stoffen SO_2, NO_x en ammoniak. (Trb. 1999, 212). Voor deze stoffen zijn in het protocol van Göteborg emissieplafonds vastgesteld, die per 2010 bereikt moeten zijn (Trb. 2000, 66). Voor de zogenoemde POP's (persistent organic pollutants) kwam in 1998 een protocol tot stand. Dit protocol beoogt het beheersen, terugdringen of elimineren van deze persistente, toxische en bioaccumulerende stoffen. In 2001 kwam, in vervolg op de wereldconferentie over duurzame ontwikkeling van Johannesburg, te Stockholm een mondiaal POP-verdrag tot stand, met maatregelen voor 12 POP's. Meer POP's kunnen worden toegevoegd. Dit UNEP-verdrag trad in 2004 in werking (Trb. 2001, 171 en Trb. 2004, 169).

Een belangrijk onderdeel van de atmosfeer dat tegen luchtverontreiniging beschermd moet worden, is de ozonlaag. In 1985 heeft de UNEP in Wenen het Verdrag tot bescherming van de ozonlaag tot stand gebracht (Trb. 1985, 144). Ook in dit verdrag staat de samenwerking en informatie-uitwisseling centraal. In 1987 werden ter uitwerking van dit verdrag in het Protocol van Montreal doelstellingen vastgelegd voor de reductie van stoffen die de ozonlaag afbreken, zoals chloorfluorkoolwaterstoffen (CFK's) (Trb. 1988, 11). In latere bijeenkomsten van de verdragspartijen zijn deze doelstellingen aangescherpt. Aanpassingen van dit protocol gaan vooral over de nog toegestane uitzonderingen op de productie en het gebruik van deze stoffen (bijvoorbeeld Trb. 2002, 89). Over het aanvankelijk per

2005 voorziene verbod op methylbromide hebben partijen in 2004 nog geen harde afspraken kunnen maken.

Tijdens de Rio-Conferentie is een verdrag tot stand gekomen over klimaatverandering. Dit Klimaatverdrag is gericht op het stabiliseren van concentraties broeikasgassen (zoals kooldioxide) in de atmosfeer om een door de mensen veroorzaakte klimaatverstoring tegen te gaan. In 1997 zijn in het Protocol van Kyoto (Trb. 1999, 110) afspraken gemaakt over reductiemaatregelen. Dit protocol, dat begin 2005 in werking is getreden, biedt een basis voor emissiereducties door middel van emissiehandel (Trb. 2005, 1). Al eerder - in 2003 - kwam een EG-richtlijn voor de handel in broeikasgasemissierechten tot stand. Ter implementatie daarvan werd in 2004 de Wet milieubeheer gewijzigd (zie § 6.11).

Verdragen over afvalstoffen, gevaaarlijke stoffen en industriële ongevallen
Een ander belangrijk milieuprobleem is het transport en de verwijdering van gevaarlijke afvalstoffen. Het is voor de geïndustrialiseerde landen aantrekkelijk deze stoffen te transporteren naar andere landen waar minder strenge eisen worden gesteld en minder kosten zijn verbonden aan de verwerking of verwijdering van afvalstoffen. In 1989 werden in het UNEP-Verdrag van Basel regels gesteld voor de beheersing van de grensoverschrijdende overbrenging van gevaarlijke afvalstoffen en de verwijdering ervan (Trb. 1990, 12). Het verdrag beoogt de import en export van afvalstoffen zoveel mogelijk terug te dringen. In het verdrag is het nabijheidsbeginsel vastgelegd, hetgeen inhoudt dat afval in principe moet worden verwijderd in het land waar het is ontstaan. Ter uitvoering van dit verdrag kwam de Europese Verordening Overbrenging Afvalstoffen (EVOA) tot stand (zie § 6.9.3).

Voor de uitvoer van bepaalde gevaarlijke stoffen was er lange tijd een vrijwillige FAO/UNEP-regeling 'Prior Informed Consent' (PIC, voorafgaande geïnformeerde toestemming). Deze regeling, die inhoudt dat het land van ontvangst eerst geïnformeerd moet worden en toestemming moet geven voordat uitvoer plaatsvindt, is nu vastgelegd in het Verdrag van Rotterdam (Trb. 1999, 202) en is daarmee bindend geworden voor de partijen bij dit verdrag. De regeling geldt voor enkele tientallen bestrijdingsmiddelen en een aantal industriële chemicaliën. Binnen de EU is er voor dergelijke stoffen een in- en uitvoerverordening die op onderdelen verder gaat dan dit verdrag.

In 1992 is het Verdrag over de grensoverschrijdende gevolgen van industriële ongevallen (Trb. 1992, 143) gesloten. In dit verdrag is vastgelegd dat staten maatregelen moeten treffen om ernstige grensoverschrijdende gevolgen van industriële ongevallen zoveel mogelijk te voorkomen. De EG heeft dit verdrag pas in 1998 goedgekeurd, waarbij een voorbehoud is gemaakt voor bepaalde stoffen. De normen voor deze stoffen in de EG-regelgeving (de 'Seveso-II'-richtlijn) verschillen van die uit het verdrag.

Verdragen over flora en fauna

Ter bescherming van de flora en fauna zijn er een aantal verdragen. Op grond van de Wetlands-Conventie (Ramsar, 1971) moeten de bij het verdrag aangesloten staten watergebieden van internationale betekenis aanwijzen, in het bijzonder ter bescherming van watervogels (Trb. 1975, 84). Het Paris-protocol uit 1982 bevat een procedure voor wijziging van het verdrag. Aangewezen gebieden moeten volgens het beginsel van 'wise use' worden beheerd, dat wil zeggen dat exploitatie geoorloofd is zolang de natuurlijke eigenschappen niet worden aangetast.

In 1975 is de Washington CITES-Conventie in werking getreden (Trb. 1975, 23). CITES staat voor Convention on International Trade in Endangered Species of wild flora and fauna. Dit verdrag tracht de internationale handel in bedreigde in het wild levende dier- en plantensoorten aan te pakken. Bij het verdrag zijn lijsten opgesteld waarop de soorten zijn genoemd en de normen die voor de handel in die soorten gelden. Hoewel de EG geen partij is bij dit verdrag, zijn de verdragsvereisten wel in EG-regelgeving neergelegd (zie § 3.7).

In 1979 werd in Bern het Verdrag van de Raad van Europa, inzake het behoud van wilde dieren en planten en hun natuurlijke leefmilieu in Europa, opgesteld (Trb. 1979, 175, Trb. 1980, 60). Dit verdrag regelt de samenwerking tussen verschillende staten en de verplichting van iedere staat om de wilde dieren en planten te beschermen. Het vormt daarmee de basis voor de Europese vogel- en habitatrichtlijn.

Eveneens in 1979 werd het Verdrag van Bonn opgesteld inzake de bescherming van trekkende wilde diersoorten (Trb. 1980, 145, Trb. 1981, 6). Dit verdrag beoogt de trekkende diersoorten te beschermen en hun habitats in stand te houden.

Voor de flora en fauna is ook van belang het VN-Biodiversiteitsverdrag van 1992 (Trb 1992, 164). Dit verdrag heeft een ruimere doelstelling dan het behoud van flora en fauna. Het beoogt het behoud van de biologische diversiteit, een duurzaam gebruik van de elementen hiervan en een evenwichtige verdeling van de voordelen uit de exploitatie van genetische bronnen. In 2000 kwam het Cartagena-Protocol inzake biotechnologie, ook 'Biosafety Protocol' genoemd, tot stand (Trb. 2000, 100). Daarin wordt staten toegestaan te beslissen over de toelaatbaarheid van biotech-producten op de nationale markt. Het protocol beoogt een veilige overdracht en behandeling en een veilig gebruik te waarborgen van genetisch veranderde organismen. Het voorzorgbeginsel neemt daarbij een belangrijke plaats in. Dit protocol trad in 2003 in werking.

Ter bescherming van Antarctica is een aantal verdragen gesloten. In het Milieuprotocol bij het Antarctica-verdrag is de natuur- en milieubescherming voor dit gebied erkend (Trb. 1992, 110). Dit protocol bevat afspraken over de bescherming en het behoud van de flora en fauna in het hele gebied en over de mogelijkheden van het verrichten van wetenschappelijk onderzoek. Zo moet een milieu-effectrapport worden gemaakt voor alle activiteiten op Antarctica, inclusief wetenschappelijk toezicht en toerisme. Ter uitvoering van dit protocol trad in 2001 in Nederland de Wet bescherming Antarctica (Stb. 1998, 220) in werking.

Verdragen over aansprakelijkheid voor milieuschade
In het internationale milieurecht bestaan afspraken over aansprakelijkheid voor milieuaantasting en over vergoeding van schade aan slachtoffers. We noemen enkele verdragen, die veelal in specifieke nationale wetten en soms in het BW geïmplementeerd zijn.

Voor schade door ongevallen met olietankers is er een internationaal schade-vergoedingssysteem. De basis wordt gevormd door een verdrag uit 1969 over de wettelijke aansprakelijkheid voor schade door olieverontreiniging (CLC-verdrag, Trb. 1970, 196) en een verdrag uit 1971 inzake een fonds voor vergoeding van deze schade (Trb. 1973, 101). Deze verdragen kwamen tot stand als reactie op het destijds opzienbarende ongeval met de 'Torrey Canyon'. Ze werden vervangen door het Aansprakelijkheidsverdrag 1992, met een (gelimiteerde) risicoaansprake-lijkheid voor de geregistreerde scheepseigenaar, en het Fondsverdrag 1992 (Trb. 1994, 229 en 228). Dit Fonds is een intergouvernementele organisatie die schade vergoedt die niet op basis van het Aansprakelijkheidsverdrag wordt vergoed. Een protocol uit 2003 over olieverontreiniging door tankers bevat een verdere aanvulling op het Fondsverdrag waardoor de vergoeding aan slachtoffers van olieverontreiniging sterk is uitgebreid. Een lacune is dat het in deze verdragen gaat om olie als lading en niet om de stookolie van andere schepen.

In 1996 kwam een verdrag tot stand dat, op vergelijkbare wijze als voor de olieverontreiniging, de aansprakelijkheid (voor de reder) en vergoeding van schade regelt in samenhang met het vervoer over zee van gevaarlijke en schadelijke stoffen (HNS-verdrag (hazardous and noxious substances), Trb. 1997, 302).

In verband met aansprakelijkheid voor schade door kernenergie zijn er onder meer de verdragen van Parijs, Brussel en Wenen, betreffende schade die het gevolg is van incidenten in nucleaire installaties of bij het vervoer van radioactieve stoffen (Trb. 1962, 27, Trb. 1963, 171 en Trb. 1964, 177). Nadien kwamen protocollen met wijzigingen tot stand, onder meer ter verhoging van uit te keren bedragen.

In 1993 kwam een algemeen verdrag tot stand over de civiele aansprakelijkheid voor milieuschade. Zie over dit 'milieuschadeverdrag' § 8.2.3.

2.5 Internationale geschillenbeslechting

Wanneer internationale betrekkingen worden onderhouden, kunnen ook interna-tionale geschillen ontstaan. Hiermee wordt gedoeld op geschillen tussen staten. Voor de oplossing van die geschillen biedt het internationale recht ook regels. Opvallend daarbij is dat in het internationale recht de neiging bestaat geschillen 'buiten de rechter om' op te lossen. In dit internationale recht vinden we naast rechtspraak vele andere manieren van geschilbeslechting, zoals bemiddeling of onderzoek.

Niet-bindende en bindende geschilbeslechting

Wanneer een geschil ontstaat, zal eerst geprobeerd worden het geschil op te lossen door daarover te onderhandelen. Wanneer partijen er samen niet uitkomen, kan er een derde partij bijgehaald worden. Een derde kan ertoe bijdragen de communicatie tussen de partijen weer op gang te brengen of compromisvoorstellen te formuleren. Kenmerkend voor de hier genoemde wijzen van geschilbeslechting is dat het resultaat daarvan niet-bindend is. De staten tussen wie het geschil bestaat, beslissen in laatste instantie of ze zich bij het resultaat van de geschilbeslechting zullen neerleggen.

Partijen kunnen hun geschil ook voorleggen aan een instantie die een beslissing neemt waaraan partijen zijn gebonden. Er is dan sprake van bindende geschilbeslechting. Nadat de instantie een beslissing heeft genomen, bestaat geen ruimte meer voor een partij om te beslissen of men zich bij het resultaat zal neerleggen of niet.

Een ander verschil tussen beide vormen is dat bij bindende geschilbeslechting het geschil wordt beslist op basis van het geldende recht. Bij onderhandelingen echter zal het resultaat, behalve door het recht dat op het geschil van toepassing is, ook worden bepaald door de politiek. Bindende geschilbeslechting kan geschieden door arbitrage of door een rechterlijke instantie. Bij arbitrage wordt door partijen besloten de beslissing in hun geschil over te laten aan een bepaalde persoon of een bepaalde commissie (arbitragetribunaal), waarbij partijen zich bij het resultaat van de beslissing in hun geschil neerleggen. Men kan besluiten om over een bepaald onderwerp alle eventuele toekomstige geschillen aan een bepaald arbitragetribunaal voor te leggen. Meestal is dat in een verdrag opgenomen.

Het enige permanente rechterlijke orgaan dat wereldwijd bevoegd is, is het Internationaal Gerechtshof. Daarnaast bestaan ook andere internationale rechters, zoals het Hof van Justitie van de Europese Gemeenschappen. Deze rechterlijke instantie komt aan de orde in § 3.3.1. Hier wordt kort ingegaan op de geschilbeslechting door het Internationaal Gerechtshof.

Het Internationaal Gerechtshof

Het Internationaal Gerechtshof van de VN heeft haar zetel in 's-Gravenhage, waar het gevestigd is in het Vredespaleis. Een geschil bij het Internationaal Gerechtshof kan alleen door een staat aanhangig worden gemaakt. Niet-statelijke instanties worden niet-ontvankelijk verklaard. Bepaalde internationale organisaties kunnen het Internationaal Gerechtshof wel om advies vragen. Het Hof moet vervolgens beoordelen of het wel bevoegd is om in het geschil te oordelen. Dat is alleen het geval wanneer beide partijen in het geschil de rechtsmacht van het Internationaal Gerechtshof hebben erkend.

43

De uitspraken van het Internationaal Gerechtshof zijn bindend. In artikel 94 lid 1 van het Handvest van de VN staat dat elk lid zich verbindt de beslissing van het Internationaal Gerechtshof na te leven in iedere zaak waarbij het partij is. Op grond van het tweede lid van artikel 94 kan bij niet-nakoming van een vonnis van het Gerechtshof de andere partij een beroep doen op de Veiligheidsraad. De Veiligheidsraad kan dan aanbevelingen doen of maatregelen treffen om de nalatige partij het vonnis te doen uitvoeren.

3.   Europees milieurecht

3.1   Inleiding

Het Europese milieurecht heeft doorgaans een verdergaande doorwerking in de nationale rechtsorde dan het in hoofdstuk 2 besproken internationale milieurecht. Binnen het verband van de Europese Unie (EU) kunnen besluiten worden genomen die direct bindend zijn voor de lidstaten. In dit hoofdstuk behandelen we eerst wat Europees recht is en waar het te vinden is (§ 3.2). Daarna gaan we in op de instellingen en doelstellingen van de EU (§ 3.3). Vervolgens geven we de rechtsgrondslagen aan van het Europese milieurecht (§ 3.4). In § 3.5 bespreken we een aantal criteria waaraan moet zijn voldaan bij de vertaling van de Europese regelgeving in nationale regelgeving. In § 3.6 komt de betekenis van het Europese uitgangspunt van het vrij verkeer van goederen voor de nationale wetgeving aan de orde.De ruimte voor eigen wetgeving van de lidstaten wordt beperkt doordat het handelsverkeer tussen de lidstaten niet mag worden belemmerd. Er zijn echter ook rechtvaardigingsgronden voor deze belemmeringen, op basis waarvan beperkingen van het vrije handelsverkeer wel geoorloofd kunnen zijn. In § 3.7 behandelen we een aantal Europese richtlijnen en verordeningen. Tot slot bespreken we in § 3.8 de mogelijkheden tot rechtsbescherming tegen Europese besluiten en regels.
De Europese regelgeving is te vinden op: http://europa.eu.int/eur-lex. Uitspraken van het Europese Hof van Justitie zijn te vinden op: www.curia.eu.int.

3.2   Wat is Europees recht en waar is het te vinden?

Het Europese recht wordt ook wel gemeenschapsrecht genoemd. Het gemeen- schapsrecht kan worden onderscheiden in primair en secundair gemeenschapsrecht. Met het primaire gemeenschapsrecht wordt gedoeld op drie Verdragen: het EU- verdrag, het Verdrag van de Europese Gemeenschap (EG) en het Verdrag van de Europese Gemeenschap voor Atoomenergie (Euratom), inclusief alle verdragen waarbij deze verdragen zijn gewijzigd en aangevuld, zoals de verdragen van Amsterdam (1997) en Nice (2001). Dit primaire gemeenschapsrecht heeft binnen de Gemeenschap de hoogste rang. Al het overige – secundaire – gemeenschaps- recht kan hieraan worden getoetst. Met het secundaire gemeenschapsrecht wordt gedoeld op de regelgeving en de besluiten van de EG-instellingen. Art. 249 EG- verdrag noemt:
–   verordeningen;
–   richtlijnen;
–   beschikkingen;

- aanbevelingen;
- adviezen.

Aanbevelingen en adviezen zijn niet bindend. De verordeningen, richtlijnen en beschikkingen binden de lidstaten wel. Op deze bindende regelgeving en besluiten gaan we hieronder in.

Verordening
Over een verordening bepaalt art. 249 EG-verdrag: 'Een verordening heeft een algemene strekking. Zij is verbindend in al haar onderdelen en is rechtstreeks toepasselijk in elke lidstaat.' De algemene strekking van een verordening betekent dat het gaat om bepalingen die van toepassing zijn op een in principe onbeperkt aantal gevallen en personen. Hiermee onderscheiden verordeningen zich van beschikkingen. Meer dan de richtlijn is de verordening geschikt om uniformiteit te bewerkstelligen. De verordeningen zijn rechtstreeks van toepassing in de lidstaten van de EU. De burgers van een lidstaat kunnen aan een verordening rechten en plichten ontlenen, zonder tussenkomst van de nationale lidstaat.

> Voorbeelden van milieuverordeningen zijn de verordening gericht op maatregelen betreffende de internationale handel in bedreigde in het wild levende dier- en planten-soorten (CITES-verordening, 1997) en de verordening inzake ozonlaag afbrekende stoffen (2000).

Hoewel omzetting van een verordening in nationale wetgeving in beginsel niet nodig is, kunnen toch bepaalde nationale regels vereist zijn voor de toepassing van de verordening in het nationale recht, met name in de sfeer van de strafbaarstelling, handhaving en het aanwijzen van uitvoeringsautoriteiten.

> Een voorbeeld van een verordening die nader moet worden uitgewerkt op nationaal niveau is de verordening betreffende toezicht en controle op de overbrenging van afvalstoffen (zie § 3.7 en § 6.9.4).

Richtlijn
Over een richtlijn bepaalt art. 249 EG-verdrag het volgende: 'Een richtlijn is verbindend ten aanzien van het te bereiken resultaat voor elke lidstaat waarvoor zij bestemd is, doch aan de nationale instanties wordt de bevoegdheid gelaten vorm en middelen te kiezen.' Uit deze omschrijving blijkt dat richtlijnen zijn gericht tot lidstaten. De lidstaten wordt opgedragen een bepaald resultaat te verwezenlijken. Een richtlijn kan tot alle of tot bepaalde lidstaten zijn gericht. In de richtlijn wordt een termijn genoemd waarbinnen uitvoering moet zijn gegeven aan de richtlijn. De omzetting van richtlijnverplichtingen in het nationale rechtsstelsel wordt implementatie genoemd. De meeste milieubesluiten van de Gemeenschap worden in de vorm van richtlijnen genomen.

Richtlijnen worden vaak gebruikt om harmonisatie van wetgeving van de lidstaten tot stand te brengen, dat wil zeggen deze nationale wetten onderling aan te passen. Harmonisatie is een middel om handelsbelemmeringen weg te nemen en de interne markt tot stand te brengen. Met richtlijnen wordt bewerkstelligd dat de nationale wetgeving aangepast wordt aan wat de richtlijn voorschrijft. Via deze aanpassing gaat dan in 25 lidstaten het EG-regime gelden. Richtlijnen zijn dus, anders dan de naam doet vermoeden, niet vrijblijvend!

Er kunnen verschillende methoden van harmonisatie worden onderscheiden, die variëren van totale harmonisatie tot minimumharmonisatie. In hoeverre lidstaten de vrijheid hebben strengere maatregelen te nemen dan in een richtlijn is voorgeschreven, is afhankelijk van de wijze van harmonisatie die de richtlijn beoogt. Bij totale harmonisatie hebben lidstaten met betrekking tot het onderwerp van de richtlijn, niet de mogelijkheid afwijkende maatregelen te nemen. Bij milieu-productnormen, die voorwaarden bevatten voor het op de markt brengen van milieubelastende producten, is veelal sprake van totale harmonisatie. Bij minimumharmonisatie geeft de richtlijn slechts aan welke maatregelen in ieder geval genomen moeten worden, maar staat het de lidstaten vrij om strengere normen te hanteren. Bij richtlijnen die de bescherming van een bepaalde milieucomponent beogen, is meestal sprake van minimumharmonisatie, zoals bijvoorbeeld bij de richtlijnen met emissie- en kwaliteitsnormen voor water en lucht.

> Zo bepaalt de Kaderrichtlijn water (art. 11 lid 4) dat lidstaten met het oog op extra bescherming of verbetering van de betreffende wateren nog andere aanvullende maatregelen kunnen vaststellen.

Beschikking
Een beschikking is verbindend in al haar onderdelen voor degene(n) tot wie zij uitdrukkelijk is gericht. De beschikking heeft geen algemene strekking. Dit betekent dat een beschikking doorgaans gericht is tot één bepaalde lidstaat, of tot een bepaalde natuurlijke persoon of rechtspersoon, dan wel tot een beperkt aantal, aanwijsbare lidstaten of personen. Voor de beschikking is geen bepaalde vorm voorgeschreven. Een beschikking kan dus bijvoorbeeld in een brief zijn 'verbor-gen'. Voor het onderscheid met een advies of aanbeveling is van belang dat een beschikking voor de adressant bindend is.

> Een voorbeeld van een beschikking is de toekenning van een subsidie door de Europese Commissie aan een bedrijf voor de uitvoering van een project met bijvoorbeeld milieudoelstellingen.

3.3 De Europese Gemeenschap en milieu

Op 1 januari 1958 trad het Verdrag tot instelling van de Europese Economische Gemeenschap (EEG) in werking. Op dat moment waren België, Nederland, Luxemburg (Benelux), Frankrijk, Italië en West-Duitsland partij bij dat verdrag. Tegelijk met het EEG-verdrag werd ook het Euratom-Verdrag van kracht. Al eerder, in 1951, was door dezelfde zes landen de Europese Gemeenschap voor Kolen en Staal (EGKS) opgericht. Met Euratom en EGKS werd een integratie bereikt van een deel van de economie van de deelnemende landen. De EEG was gericht op de economie in zijn geheel. De EEG, Euratom en de EGKS vormden samen de Europese Gemeenschappen.

Het overkoepelende Verdrag van de Europese Unie, dat in 1993 van kracht werd, is gegrond op de Europese Gemeenschappen. Het biedt daarnaast ook de basis voor nieuwe, politieke samenwerking op andere terreinen, zoals buitenlands- en veiligheidsbeleid. Met dit Unie-verdrag werd het EEG-verdrag gewijzigd. Sindsdien moet in plaats van het verdrag van de Europese Economische Gemeenschap worden gesproken van het verdrag van de Europese Gemeenschap (EG-verdrag). Dit EG-verdrag vormt de basis voor de Europese (milieu)richtlijnen en -verordeningen. Het EG-verdrag is opnieuw gewijzigd na de inwerkingtreding van het Verdrag van Amsterdam in 1999. Dit Verdrag bracht enkele belangrijke veranderingen in het juridisch kader van het Europees milieubeleid. Deze wijzigingen komen aan de orde in § 3.3.2 en 3.4, waar de beginselen en rechtsgrondslagen van het Europees milieurecht worden behandeld. Met de inwerkingtreding van dit Verdrag zijn de artikelnummers van het EG-verdrag gewijzigd. Wij houden hierna de huidige artikelnummers aan. In 2001 volgde het Verdrag van Nice, dat in 2003 in werking trad en waarbij onder meer de weging van de stemmen werd aangepast, met het oog op de toetreding van nieuwe lidstaten.

Het EGKS-verdrag eindigde in 2002. In 2004 werd met het Verdrag van Rome de wijziging in gang gezet voor een Europese grondwet. Ratificatie van dit verdrag door alle lidstaten is vereist alvorens dit verdrag in werking kan treden. Het ratificatieproces is in 2005 gaande.

In 2005 zijn 25 landen lid van de EU. Dit zijn de landen van de Benelux, Duitsland, Frankrijk, Italië, Groot-Brittannië, Ierland, Denemarken, Griekenland, Spanje, Portugal, Zweden, Finland en Oostenrijk en, sinds 2004: Cyprus, Estland, Hongarije, Letland, Malta, Polen, Roemenië, Slowakije, Slovenië en de Tsjechische Republiek. Al deze lidstaten samen stellen de verdragen vast.

3.3.1 *Instellingen van de Europese Gemeenschap*

In het EG-verdrag is een aantal instellingen aangewezen dat de taken van de Gemeenschap moet vervullen. We bespreken hier het Europees Parlement, de

Raad, de Commissie en het Hof van Justitie van de Europese Gemeenschappen (kortweg: Hof van Justitie). Tot slot geven we aan welke instellingen een rol spelen bij de totstandkoming van besluiten.

EG-instellingen en hun taken

Europees Parlement
De regeling voor het Europees Parlement is opgenomen in de art. 189-201 EG-verdrag. Dit Parlement bestaat volgens art. 189 uit vertegenwoordigers van de volkeren van de staten die in de Gemeenschap zijn verenigd.
Op grond van art. 190 wordt het Europees Parlement samengesteld door rechtstreekse algemene verkiezingen in alle lidstaten. In het Parlement zijn de zetels verdeeld over politieke partijen. De eerste verkiezingen voor het Parlement vonden plaats in 1979. Het Parlement houdt zijn plenaire zittingen in Straatsburg, maar de parlementaire commissies vergaderen in Brussel. De website van het Europees Parlement is te vinden via : www.europarl.eu.int.
De bevoegdheden van het Europees Parlement zijn met het Verdrag van Maastricht uitgebreid. Deze bevoegdheden zijn onder meer: deelneming aan de besluitvorming, uitoefening van het enquêterecht en het benoemen van een ombudsman. Op grond van art. 192 EG-verdrag is het Europees Parlement bevoegd deel te nemen aan de besluitvorming. Bij de totstandkoming van milieurichtlijnen en -verordeningen is in beginsel de 'codecisieprocedure' van toepassing, op basis waarvan het Parlement medebeslist. Deze procedure biedt het Parlement de mogelijkheid het standpunt van de Raad over een voorstel van de Commissie te verwerpen. In dat geval kan het betreffende besluit niet tot stand komen
De instemming van het Parlement is vereist voor de toetreding van nieuwe leden tot de Europese Unie. Op grond van de laatste volzin van art. 192 EG-verdrag kan het Europees Parlement ook het initiatief nemen tot besluitvorming. Met meerderheid van stemmen kan het Parlement de Commissie verzoeken passende voorstellen te doen over onderwerpen waarvoor naar het oordeel van het Parlement besluiten van de Gemeenschap noodzakelijk zijn.
Het enquêterecht maakt deel uit van de controlerende bevoegdheden van het

49

Parlement. Ook de mogelijkheid vragen te stellen is als een controlemiddel aan te merken. Het Europees Parlement oefent zijn controlerende bevoegdheden uit ten opzichte van het beleid van de Commissie (dus niet ten opzichte van de Raad). Het Parlement heeft de bevoegdheid de Commissie door middel van een motie van afkeuring tot aftreden te dwingen op grond van art. 201 EG-verdrag. Van die mogelijkheid is tot nu toe nooit gebruik gemaakt. Wel heeft in 1999 het initiëren door het Parlement van een onderzoek naar het functioneren van de Commissie uiteindelijk geleid tot het aftreden van de Commissie. Ook bij de samenstelling van een nieuwe Commissie, in 2004, heeft het Parlement zijn tanden laten zien bij de benoeming van nieuwe commissieleden, met als gevolg een wijziging van de aanvankelijk voorziene samenstelling van de Commissie.

Raad van Ministers van de Europese Unie
De Raad van Ministers wordt gevormd door vertegenwoordigers van de regeringen van de lidstaten. Elke lidstaat heeft één lid in de Raad, zodat de Raad inmiddels uit vijfentwintig leden bestaat. Wie de lidstaten vertegenwoordigen, is afhankelijk van het onderwerp dat in een Raadsvergadering wordt besproken. De vertegenwoordigers moeten deel uitmaken van de regering van het land, dus dat kunnen ministers of staatssecretarissen zijn. Het algemene beleid wordt door de Raad van Ministers van Buitenlandse zaken bepaald, maar de Ministers van Landbouw vergaderen over het landbouwbeleid en de Ministers van Milieu over zaken die het milieu aangaan.
De lidstaten leveren bij toerbeurt de voorzitter van de Raad. Om de zes maanden wordt het voorzitterschap gewisseld. De Raad heeft zijn basis in Brussel, maar de 'Europese Top' kwam tot nu toe ook vaak elders in Europa bij elkaar. De website van de Raad is te vinden via: ue.eu.int.

De bevoegdheden van de Raad staan in art. 202 EG-verdrag. Uit die bepaling blijkt dat de Raad tot taak heeft het economische beleid van de lidstaten te coördineren, maar vooral dat de Raad bij uitstek het regelgevende orgaan van de EG is. Uit art. 300 EG-verdrag blijkt dat verdragen met landen buiten de EG door de Raad worden gesloten.

De EG is partij bij een aantal belangrijke milieuverdragen, zoals het Verdrag van Wenen (1985) en het Protocol van Montreal (1987) over de bescherming van de ozonlaag, het Verdrag van Basel (1989) over exportbeperkingen voor afvalstoffen, het Klimaatverdrag (1992) en het Biodiversiteitsverdrag (1992) (zie § 2.4).

De werkzaamheden van de Raad worden voorbereid door het Comité van Permanente Vertegenwoordigers (Coreper) van de lidstaten (art. 207 lid 1 EG-verdrag).

Deze Permanente Vertegenwoordigers zijn vertegenwoordigers van de lidstaten bij de EG. De hoofden van de vertegenwoordigingen hebben de rang van ambassadeur en maken deel uit van het Comité van Permanente Vertegenwoordigers.

De besluitvorming door de Raad bij de totstandkoming van regelgeving gebeurt in de regel met een gekwalificeerde meerderheid van stemmen.

Dit houdt in dat er een telsysteem is waarbij het aantal stemmen per lidstaat verschilt en waarbij, sinds 1 januari 2005 een drempel van 73,4% van de stemmen geldt. Met de toetreding van de nieuwe lidstaten per 2005 is de, in art. 205 EG-verdrag vastgelegde, verhouding van stemmen per lidstaat gewijzigd. De vier grote landen hebben nu bijvoorbeeld ieder 29 stemmen. Nederland heeft 10 stemmen.

Europese Commissie
De Commissie bestaat, sinds de commissiewijziging van 2004, uit vijfentwintig leden, die door de lidstaten gezamenlijk worden benoemd voor een termijn van vijf jaar. Het betreft personen die zijn benoemd vanwege hun algemene bekwaamheid en die alle waarborgen bieden voor onafhankelijkheid, aldus art. 213 lid 1 EG-verdrag.
Ondanks de portefeuilleverdeling gaan besluiten uit van de Commissie als geheel. De Commissie neemt besluiten met gewone meerderheid van stemmen. De taken van de Commissie zijn beschreven in art. 211 EG-verdrag. Het gaat om de volgende bevoegdheden en taken:
– toezicht houden op de toepassing door de lidstaten van de bepalingen van het EG-verdrag en van de besluiten van de instellingen van de Gemeenschap;
– aanbevelingen doen of adviezen geven over de in het Verdrag behandelde onderwerpen als het Verdrag dit voorschrijft of als de Commissie het zelf noodzakelijk vindt;
– eigen beslissingsbevoegdheid uitoefenen en meewerken aan totstandkoming van handelingen van de Raad en het Parlement;
– bevoegdheden uitoefenen die de Raad verleent, ter uitvoering van regels van de Raad.
Wanneer een lidstaat zich niet houdt aan verplichtingen uit het gemeenschapsrecht, kan de Commissie op grond van art. 226 EG-verdrag een advies uitbrengen. Voorafgaand aan het formeel uitbrengen van het advies wordt die lidstaat in de gelegenheid gesteld daarop te reageren. Wanneer de betrokken lidstaat het advies niet opvolgt, kan de Commissie de zaak aan het Hof van Justitie voorleggen. Deze ingebrekestelling door de Commissie vormt de eerste fase van de verdrags-inbreukprocedure (zie ook hierna onder Hof van Justitie). Hiermee heeft de Commissie een belangrijke functie als 'waakhond'. De website van de Europese Commissie is te vinden via: europa.eu.int/comm.

Totstandkoming van besluiten
Bij de totstandkoming van besluiten is de Raad vanouds het belangrijkste

51

besluitvormende orgaan. Sinds de instelling van de codecisieprocedure heeft het Parlement hierbij ook een belangrijke rol. Verordeningen, richtlijnen en beschikkingen komen nu veelal tot stand door besluiten van Raad en Parlement tezamen. De bevoegdheid tot besluitvorming kan gedelegeerd zijn aan de Commissie. De Commissie speelt een belangrijke rol bij de besluitvorming omdat deze het recht van initiatief heeft. De Raad kan geen besluiten nemen wanneer daarvoor op grond van het EG-verdrag een voorstel van de Commissie vereist is en dat voorstel er niet is. Bij de voorbereiding van commissiebesluiten spelen lidstaten een centrale rol in de zogenoemde 'comitéprocedures'. De rol van het Parlement is afhankelijk van de besluitvormingsprocedure die gevolgd moet worden (art. 250-252 EG-verdrag).

Hof van Justitie

Het Hof van Justitie is een onafhankelijke rechterlijke instantie, bestaande uit in totaal vijfentwintig rechters, één per lidstaat. De bevoegdheden en organisatie van het Hof zijn geregeld in het Verdrag (art. 220-245) en in het Statuut v•n het Hof van Justitie. Het Hof houdt niet altijd in voltallige samenstelling zitting. De rechters worden door de regeringen van de lidstaten benoemd voor zes jaar. Om de drie jaar vindt een gedeeltelijke vervanging plaats van de rechters. Het Hof heeft tot taak toe te zien op de eerbiediging van het recht bij de uitlegging en toepassing van het EG-verdrag (art. 220 EG-verdrag). Het Hof heeft door de uitleg van het Gemeenschapsrecht een belangrijke rol gespeeld bij de vorming van dat recht. In § 3.8 wordt ingegaan op de procedures bij het Hof.

Bij het Hof zijn acht advocaten-generaal aangesteld. De advocaten-generaal stellen geschriften op over de zaken die ter beslissing aan het Hof zijn voorgelegd. In deze 'conclusies' wordt aangegeven hoe de advocaat-generaal meent dat op de zaak beslist moet worden.

Sinds 1988 is het Gerecht van eerste aanleg (het Gerecht) als EG-rechter toegevoegd. Het Hof heeft daaraan een aantal rechterlijke taken overgedragen. Het Gerecht is bijvoorbeeld bevoegd in het geval van directe beroepen, ingesteld door natuurlijke personen of rechtspersonen. (Website HvJEG: www.curia.eu.int).

Wanneer een lidstaat niet voldoet aan een verdragsverplichting kan de Commissie dit, na een ingebrekestelling (zie hiervoor), via een verzoek aanhangig maken bij het Hof. Het Hof kan een verdragsinbreuk vaststellen (art. 226 EG-verdrag) .

Zo veroordeelde het Hof Nederland in 2003 vanwege het niet voldoen aan de verplichtingen van de Nitraatrichtlijn. Onder meer acht het Hof het in Nederland gehanteerde 'Minassysteem' in strijd met de richtlijn. Ook is het hanteren van fosfaatnormen, in plaats van de stikstofnormen die de richtlijn vereist, onjuist (HvJEG 2 oktober 2003, zaak C-322/00, M en R 2003/11, nr. 115 m.nt. Van Rijswick, AB 2004, 38 m.nt. Backes).

Wanneer de lidstaat daarna in gebreke blijft bij het nemen van maatregelen ter uitvoering van het arrest van het Hof, kan het Hof, nadat de Commissie daarover heeft geadviseerd, een boete of dwangsom opleggen (art. 228 EG-verdrag).

Zo legde het Hof in 2003 aan Spanje een dwangsom op wegens schending van de Zwemwaterrichtlijn. Door niet de nodige maatregelen te treffen ter voldoening aan de grenswaarden die ingevolge deze richtlijn vastgesteld zijn, heeft Spanje niet de noodzakelijke maatregelen genomen ter uitvoering van het arrest van het Hof over deze zaak, uit 1998 (HvJEG 25 november 2003, zaak C-278/01, M en R 2004/1, nr. 1 m.nt. Jans; J.M.P. Janssen, 'Europees milieurecht laat zijn tanden zien', NTER 2004/4, p. 92-97).

3.3.2   *Milieubeleid en milieubeginselen in de Europese Gemeenschap*

Milieubeleid heeft niet van meet af aan onderdeel uitgemaakt van het beleid van de Gemeenschap. Het Europese milieubeleid is ontwikkeld vanaf 1972. Toen werd op een topconferentie van regeringsleiders van de lidstaten van de EG verklaard dat economische expansie geen doel op zichzelf vormt, maar tot uiting moet komen in zowel de kwaliteit van het bestaan als in de levensstandaard. Hierbij zou ook aandacht geschonken moeten worden aan de bescherming van het leefmilieu. De instellingen van de Gemeenschap werden uitgenodigd een actieprogramma op te stellen met een tijdschema om het milieubeleid van de Gemeenschap vorm te geven.
Sinds 1973 zijn zes Milieuactieprogramma's tot stand gebracht. In deze programma's zijn steeds de beleidsplannen voor komende jaren opgenomen. Uit deze programma's is af te leiden op welke terreinen richtlijnen en verordeningen kunnen worden verwacht.
Het eerste actieprogramma werd in 1973 door middel van een verklaring aangenomen tijdens de eerste EG-milieuraad. Deze verklaring heeft tot gevolg gehad dat vanaf dat moment, ook al werd de bescherming van het milieu toen niet als doelstelling van de Gemeenschap in het Verdrag genoemd, de milieubescherming onderwerp kon zijn van gemeenschapsbesluiten.
Begin 2001 heeft de Europese Commissie een voorstel aangenomen voor een nieuwe milieustrategie waarin het Europees milieubeleid voor de komende tien jaar is geschetst: 'Milieu 2010: onze toekomst, onze keuze'. In dit zesde Milieuactieprogramma benadrukt de Commissie de noodzaak voor de lidstaten om de bestaande milieuwetgeving beter uit te voeren. Het plan spitst zich toe op vier prioritaire gebieden: klimaatverandering, biodiversiteit, chemische stoffen en gezondheid, en het beheer van de natuurlijke hulpbronnen en afvalstoffen. De duurzame ontwikkeling in de nieuwe lidstaten zal worden bevorderd door bij de externe contacten van de Gemeenschap milieu en duurzaamheid te integreren in andere activiteiten, aldus het zesde Milieuactieprogramma.

Het milieubeleid van de Gemeenschap heeft, aldus art. 174 lid 1 EG-verdrag, tot doel:
- behoud, bescherming en verbetering van de kwaliteit van het milieu;
- bescherming van de gezondheid van de mens;
- behoedzaam en rationeel gebruik van natuurlijke hulpbronnen;
- bevordering op internationaal vlak van maatregelen om het hoofd te bieden aan regionale en mondiale milieuproblemen.

Het tweede lid van art. 174 bepaalt dat de Gemeenschap bij haar milieubeleid streeft naar een hoog beschermingsniveau en dat dit beleid berust op de volgende beginselen:
- het voorzorgbeginsel en het beginsel van preventief handelen;
- het beginsel van bestrijding van de milieuaantasting bij voorkeur bij de bron;
- het beginsel dat 'de vervuiler betaalt'.

In het derde lid van art. 174 is aangegeven waarmee de Gemeenschap rekening moet houden bij het bepalen van het milieubeleid. Behalve met de beschikbare wetenschappelijke en technische gegevens, de milieuomstandigheden in de verschillende regio's en de voordelen en lasten die kunnen voortvloeien uit optreden en niet-optreden, moet ook rekening worden gehouden met de economische en sociale ontwikkeling van de Gemeenschap als geheel en de evenwichtige ontwikkeling van haar regio's.

In 1992 is aan het Hof van Justitie de vraag voorgelegd of ook de lidstaten aan de doelstellingen van art. 130R (thans art. 174) EG-verdrag gebonden zijn. Het Hof oordeelde dat de doelstellingen alleen voor de Gemeenschap zelf gelden (HvJEG 14 juli 1994, zaak C-379/92, Peralta, Jur. 1994, I-3453).

Met het Verdrag van Amsterdam is in art. 2 van het EG-verdrag de grondslag voor het milieubeleid sterker verankerd. In het artikel is aangegeven dat de Gemeenschap tot taak heeft het bevorderen van een 'harmonische, evenwichtige en duurzame ontwikkeling van de economische activiteit binnen de gehele gemeenschap'. Daarnaast is als taak genoemd het bevorderen van een 'hoog niveau van bescherming en verbetering van de kwaliteit van het milieu'. Eén van de instrumenten voor het bereiken van deze doelstellingen is het opstellen van een beleid op het gebied van het milieu, aldus art. 3 lid 1 onder *l*.

Van groot belang voor het milieubeleid is het in art. 6 van het EG-verdrag neergelegde integratiebeginsel. Dit beginsel formuleert de plicht om milieudoelstellingen in andere beleidssectoren te integreren. Dit wordt aangeduid als 'externe' integratie. Een voorbeeld van integratie van milieudoelstellingen in de transportsector biedt de uitspraak in de zaak Concordia bus Finland.

Bij een openbare aanbesteding voor een openbaar-vervoerscontract in Finland speelde de vraag of milieuoverwegingen (inzake emissies van de bussen) mochten meewegen bij het bepalen van de in economisch opzicht meest voordelige aanbieder. De richtlijnen in kwestie bepaalden niets over milieuvereisten. Het Hof oordeelde dat deze richtlijnen niet uitsluiten dat milieuoverwegingen bij de afweging worden betrokken (HvJEG 17 september 2002, zaak C-513/99, Jur. 2002 p I-7213, (Concordia bus Finland).

3.4 De rechtsgrondslagen van het Europese milieurecht

Voor een richtlijn of verordening moet er een rechtsgrondslag zijn in het EG-verdrag. Het vinden van de juiste rechtsgrondslag is van belang, met name omdat die grondslag bepaalt welke bevoegdheid de Gemeenschap terzake heeft.
Voor richtlijnen of verordeningen op het terrein van het milieu bieden de art. 174-176 van het EG-verdrag een specifieke grondslag. Een andere belangrijke rechtsgrondslag is art. 95 EG-verdrag. We beschrijven kort de betekenis van deze rechtsgrondslagen

Artikelen 174-176 EG-verdrag
In de art. 174-176 van het EG-verdrag zijn de bevoegdheden van de Gemeenschap op het terrein van het milieu beschreven. Voor het totstandkomen van de maatregelen ter realisering van het milieubeleid van art. 174 geldt, sinds de inwerkingtreding van het Verdrag van Amsterdam, de codecisieprocedure (zie § 3.3.1). Art. 175 bepaalt dat deze besluitvormingsprocedure, die in art. 251 EG-verdrag is neergelegd, hier van toepassing is. Uitgezond daarvan zijn de in art. 175 lid 2 genoemde maatregelen. Daarover adviseert het Parlement en beslist de Raad in beginsel met eenparigheid van stemmen. Het gaat hier onder meer om maatregelen betreffende de ruimtelijke ordening en het kwantitatieve waterbeheer, en maatregelen die van aanzienlijke invloed zijn op de keuze van een lidstaat tussen verschillende energiebronnen. Tenslotte worden algemene actieprogramma's op milieuterrein vastgesteld volgens de codecisieprocedure, aldus art. 175 lid 3.

> Voorbeelden van regelgeving op basis van art. 175 bieden de Kaderrichtlijn water en verordening 2037/2000, inzake ozonlaagafbrekende stoffen (zie § 3.7).

De op grond van art. 175 genomen milieumaatregelen beletten niet dat een lidstaat verdergaande, dat wil zeggen strengere, beschermingsmaatregelen handhaaft en treft. Zulke maatregelen moeten verenigbaar zijn met het EG-verdrag en worden ter kennis van de Commissie gebracht, aldus art. 176. Dit betekent dat bij regelgeving op grond van art. 175, ook als deze regelgeving zelf daarover niets bepaalt, sprake is van minimumharmonisatie. In hoeverre art. 176 werkelijk aan lidstaten de mogelijkheid laat om strenger te zijn dan de Gemeenschap op een terrein waarop een verordening of richtlijn bestaat, is afhankelijk van de ruimte die het EG-verdrag daarvoor laat. De verdergaande beschermingsmaatregelen mogen immers niet in strijd zijn met het Verdrag. Van belang daarbij is vooral in hoeverre de nationale strengere maatregelen verenigbaar zijn met de bepalingen over het vrij verkeer van goederen in het Verdrag. Daarop zal in § 3.6 in worden gegaan.

Artikel 95
Een belangrijke rechtsgrondslag voor Gemeenschapsmaatregelen is art. 95 EG-verdrag. Dit artikel biedt de grondslag voor de Raad tot het treffen van harmonisatiemaatregelen die zijn gericht op de instelling en de verwezenlijking van de interne markt. Ook deze maatregelen komen tot stand op basis van de codecisieprocedure. Ook bepaalde milieumaatregelen worden gebaseerd op art. 95 EG-Verdrag. Daarbij gaat het om maatregelen met een marktintegrerende werking, zoals productregelgeving.

> Zo hebben bijvoorbeeld richtlijn 76/769/EEG, inzake de beperking van het op de markt brengen en het gebruik van bepaalde gevaarlijke stoffen, en de richtlijnen voor specifieke stoffen die op richtlijn 76/769 zijn gebaseerd, als rechtsgrondslag art. 95.

Voor de lidstaten bevat art. 95 een procedure om nationale maatregelen die afwijken van de EG-maatregel in kwestie, te handhaven (lid 4) of dergelijke maatregelen te treffen (lid 5). De lidstaten moeten hiervan kennis geven aan de Commissie, waarna de Commissie de maatregelen volgens de criteria van art. 95 lid 6 binnen zes maanden goedkeurt of afwijst. Deze criteria houden voor het treffen van maatregelen onder meer in dat er nieuwe wetenschappelijke gegevens moeten zijn en dat het om een specifiek probleem in de betreffende lidstaat gaat.

> Nederland volgde deze afwijkingsprocedure onder meer verschillende malen voor de stof creosoot. Op een kennisgeving van Nederland uit 2001 met het oog op verscherping van de regelgeving voor gecreosoteerd hout, concludeerde de Commissie dat Nederland nieuwe wetenschappelijke gegevens had geleverd die bij de vaststelling van de EG-richtlijn voor creosoot (94/60) niet bekend waren. Ook betrof het een specifieke situatie, gezien de blootstelling in Nederland aan dit gecreosoteerde hout. De strengere regelgeving werd goedgekeurd. Daarop volgde nog een afwijkingsprocedure omdat vlak voor de goedkeuring een nieuwe EG-richtlijn voor creosoot tot stand kwam. Ook die afwijking werd goedgekeurd door de Commissie.

Grondslag artikel 95 of 175 EG-verdrag?
Veel milieubesluiten van de Gemeenschap hebben niet alleen de milieubescherming tot doel, maar zijn ook gericht op het wegnemen van nationale verschillen in wetgeving ter verwezenlijking van de interne markt. Voor dergelijke besluiten moet worden bepaald of ze op art. 95 of op art. 175 moeten worden gebaseerd.

Wanneer de verwezenlijking van de interne markt voorop staat, zal art. 95 de aangewezen basis zijn.

Zo oordeelde het Hof indertijd in een zaak over titaandioxide-afval, dat een maatregel ter vermindering van dit industrie-afval binnen de werkingssfeer van art. 95 viel (HvJEG 11 juni 1991, zaak C-300/89, M en R 1991/12, nr. 140, titaandioxide).

Maar wanneer een maatregel in hoofdzaak gericht is op milieubescherming en het effect op de interne markt een bijkomstig gevolg is, zal deze buiten de reikwijdte van art. 95 EG-verdrag vallen. Bovendien biedt art. 95 geen algemene bevoegdheid om de interne markt te reguleren. Dat zou, aldus de rechtspraak van het Hof, in strijd zijn met art. 5 EG-verdrag dat bepaalt dat de gemeenschapsbevoegdheden *toegekende* bevoegdheden zijn.

Het Hof maakte dit duidelijk in een uitspraak over de Tabaksreclame-richtlijn, die ten onrechte op art. 95 gebaseerd was (HvJEG 5 oktober 2000, zaak C-376/98, Jur. 2000, p. I-8419, tabaksreclame-richtlijn).

Met het oog op de rechtsgrondslag werd EG-regelgeving voor elektrische en elektronische apparatuur verdeeld over twee richtlijnen, waarbij de productnormen gebaseerd zijn op art. 95 en de verwijderings- en hergebruikbepalingen op art. 175:

- richtlijn 2002/96/EG, inzake afgedankte elektrische en elektronische apparatuur, is gebaseerd op art. 175; lidstaten mogen op grond hiervan strengere eisen stellen.
- richtlijn 2002/95/EG, inzake het gebruik van bepaalde gevaarlijke stoffen in deze apparatuur, is gebaseerd op art. 95; met deze grondslag is het afwijken van de normen voor deze producten meer ingeperkt.

Subsidiariteit en evenredigheid
In art. 5 EG-verdrag is het subsidiariteitsbeginsel neergelegd. Dit beginsel houdt in dat de milieubevoegdheden alleen dan door de Gemeenschap moeten worden uitgeoefend wanneer de milieudoelstellingen beter op het niveau van de Gemeenschap dan op dat van de lidstaten afzonderlijk kunnen worden verwezenlijkt. In de voorstellen van de Commissie voor wetgeving wordt aangeven in welke mate Europees optreden noodzakelijk is. Daarnaast bevat art. 5 een evenredigheids-toetsing: 'Het optreden van de Gemeenschap gaat niet verder dan wat nodig is om de doelstellingen van dit verdrag te verwezenlijken.' Dit beginsel houdt in dat communautaire maatregelen in een redelijke verhouding moeten staan tot het te bereiken doel en dat de lasten van deze maatregelen voor de nationale en lokale overheden, het bedrijfsleven en de burgers tot een minimum moeten worden beperkt.

3.5   Implementatie van Europese richtlijnen

Voor de uitvoering van het milieubeleid wordt meestal gebruik gemaakt van richtlijnen (zie § 3.2). De lidstaten moeten deze richtlijnen omzetten in hun nationale wetgeving. Zij zijn in beginsel vrij te bepalen op welke wijze ze aan de richtlijnen uitvoering geven maar ze dienen wel het resultaat te bereiken dat de richtlijn vereist (art. 249 EG-verdrag). In de loop der jaren is in de rechtspraak wel een aantal criteria geformuleerd waaraan bij implementatie moet worden voldaan.

Uit uitspraken van het Hof van Justitie is af te leiden dat een richtlijn moet worden omgezet in dwingende bepalingen van nationaal recht op een wijze die voldoet aan de eisen van duidelijkheid en rechtszekerheid. De nationale wetgeving moet voldoende duidelijk en nauwkeurig zijn om daadwerkelijk de volledige toepassing van de richtlijn te verzekeren. Als de richtlijn rechten voor particulieren in het leven beoogt te roepen, wordt aan de implementatie de eis gesteld dat de begunstigden al hun rechten kunnen kennen en deze zo nodig voor de nationale rechter kunnen doen gelden.

De implementatie van richtlijnen behoort in het algemeen te geschieden via omzetting in formele wetgeving, algemene maatregelen van bestuur of ministeriële regelingen. De omzetting door middel van beleidsregels wordt doorgaans niet geaccepteerd, en van convenanten alleen onder zeer beperkende voorwaarden.

Het is niet nodig dat de implementatie steeds plaatsvindt door wetgeving van de centrale overheid. Ook door regelingen van lagere overheden (van bijvoorbeeld provincies, gemeenten of waterschappen) kan een richtlijn geïmplementeerd worden, bijvoorbeeld door middel van provinciale, gemeentelijke of waterschapsverordeningen.

Uit de rechtspraak van het Hof van Justitie blijkt dat het instrument dat voor implementatie wordt gekozen, voldoende dwingend moet zijn. Met het opnemen van normen uit een richtlijn in een niet-bindend plan wordt bijvoorbeeld geen juiste uitvoering gegeven aan de verplichtingen uit de richtlijnen.

> In 1982 veroordeelde het Hof van Justitie Nederland wegens het niet nakomen van de Zwemwaterrichtlijn. De richtlijn bevatte kwaliteitsnormen voor het zwemwater. De Nederlandse overheid had de normen opgenomen in een Indicatief Meerjaren-programma (een voorloper van het Nationale Milieubeleidsplan). Het Hof vond het juridisch dwingende karakter van dit programma onvoldoende (HvJEG 25 mei 1982, zaak 96/81, Jur. 1982, p. 1791).

De uitvoering van verplichtingen uit richtlijnen door middel van vergunningen of ontheffingen vormt evenmin een juiste implementatie. Wanneer bepaalde normen die volgens een richtlijn moeten worden gehanteerd, niet in de nationale wetgeving opgenomen zijn, maar in de praktijk wel bij de vergunningverlening worden gehanteerd, is dat toch onvoldoende. Voor de zekerheid van volledige uitvoering is niet alleen nodig dat er geen vergunningen worden verleend die in strijd zijn met de richtlijn, maar moet de wet de verlening van vergunningen in strijd met de richtlijn onmogelijk maken. Bovendien moet, ook wanneer een in een richtlijn verboden handeling in een lidstaat feitelijk niet plaatsvindt, in de nationale wetgeving die handeling toch worden verboden.

Nederland werd veroordeeld door het Hof van Justitie omdat de wetgeving geen verbod bevatte voor de jacht op bepaalde vogelsoorten. Op grond van de Vogelrichtlijn was de jacht op de betreffende soorten verboden, tenzij werd voldaan aan de voorwaarden van art. 9 van de Vogelrichtlijn. De criteria om de jacht toch toe te kunnen staan, moesten in dwingende bepalingen in het Nederlandse recht zijn verankerd. Dat de jacht in de praktijk door de minister niet werd toegestaan, was geen voldoende vorm van implementatie (HvJEG 15 maart 1990, zaak C-339/87, M en R 1990/7/8, nr. 49).

De implementatie van milieurichtlijnen in de Nederlandse wetgeving vindt, zoals in zovele andere lidstaten, vaak niet op tijd plaats. Oorzaken die daarvoor worden genoemd, zijn de lange procedures voor wijziging van nationale wetgeving, het feit dat de implementatie van richtlijnen vaak wordt aangegrepen om een deel van het Nederlandse milieurecht in zijn geheel te veranderen, maar ook dat de Europese richtlijnen vaak zeer moeilijk te implementeren zijn. Met welke instrumenten en binnen welk kader het beste uitvoering kan worden gegeven aan een richtlijn, is vaak een ingewikkelde kwestie omdat de structuur, de opzet en de wijze van wetgeving op EG-niveau anders is dan in Nederland. Zo staat bijvoorbeeld in de Wet milieubeheer het begrip 'inrichting' centraal, terwijl in de IPPC-richtlijn (Integrated Prevention and Pollution Control) het begrip 'installatie' centraal staat. Hiervoor is al ingegaan op de eisen die het Hof van Justitie stelt aan de middelen van implementatie. Hier moet er nog op worden gewezen dat het correct uitvoering geven aan milieurichtlijnen niet alleen door omzetting van de verplichting in de nationale wetgeving moet plaatsvinden. De naleving van de verplichting moet ook feitelijk plaatsvinden, zoals blijkt uit de in § 3.3.1 genoemde Spaanse zwem-waterzaak, waar het niet realiseren van de vereisten via een ingebrekestelling uitloopt op een dwangsom van het Hof.

Rechtstreekse werking bij gebreken in de implementatie
Wanneer een richtlijn niet of niet juist is omgezet in nationale wetgeving, ontstaan problemen. Bij de vraag hoe de nationale rechter moet reageren op gebreken in de implementatie van richtlijnverplichtingen, wanneer een burger zich beroept op een richtlijnbepaling, is van belang:

– het beginsel van richtlijnconforme interpretatie, en
– de al of niet rechtstreekse werking van een richtlijnbepaling.

59

Met richtlijnconforme interpretatie wordt bedoeld dat de nationale rechter de plicht heeft het nationale recht zoveel mogelijk uit te leggen in het licht van de richtlijn, om de naleving van de richtlijn zoveel mogelijk te verzekeren. Op deze wijze kan, wanneer in een nationale regeling de richtlijnverplichtingen niet helemaal juist zijn weergegeven, de nationale regeling zo geïnterpreteerd worden dat de betreffende richtlijnbepaling toch doorwerkt in het nationale recht.

Een bepaling uit een richtlijn kan ook in het nationale recht doorwerken doordat deze bepaling rechtstreekse werking heeft. De bepaling is dan inroepbaar voor de nationale rechter. Dat kan indien de verplichting die daarin aan de lidstaat wordt opgelegd naar inhoud voldoende nauwkeurig en onvoorwaardelijk is, en indien de implementatietermijn voor de richtlijn is verstreken. Wanneer de lidstaat ter uit-voering van een bepaling uitvoeringshandelingen moet verrichten, kan die bepaling alleen rechtstreeks werken als de lidstaat bij die uitvoeringshandelingen geen, of een beperkte, beoordelingsmarge heeft, dan wel als duidelijk is dat de lidstaat buiten de grenzen van deze beoordelingsmarge is getreden.

Wanneer er rechtstreekse werking is, heeft dat gevolgen voor het bestuursrecht, het strafrecht en het privaatrecht. Voor het bestuursrecht heeft het niet of niet juist implementeren tot gevolg dat vergunningen die in strijd zijn met rechtstreeks werkende bepalingen van de richtlijn, door de rechter vernietigd kunnen worden. De Nederlandse bestuursrechter heeft herhaaldelijk milieuvergunningen vernietigd die in strijd komen met bepalingen uit EG-milieurichtlijnen.

> Er zijn veel uitspraken gedaan over de implementatie in Nederland van de Vogelrichtlijn. In 1986 vernietigde de rechter een vergunning voor jacht op rotganzen wegens strijd met de Vogelrichtlijn. De Nederlandse jachtwetgeving bevatte ruimere mogelijkheden voor de verlening van vergunningen dan de Vogelrichtlijn (AR 6 maart 1986, M en R 1987/1, nr. 6).

Uit privaatrechtelijk oogpunt is van belang dat de overheid onrechtmatig handelt wanneer de overheid rechtstreeks werkende bepalingen uit een richtlijn niet naleeft. In dat geval kan de overheid veroordeeld worden tot de vergoeding van schade die uit dat onrechtmatig handelen voortvloeit.

> In de Francovich-zaak is door het Hof van Justitie bepaald dat particulieren, indien aan een aantal voorwaarden wordt voldaan, een schadevergoeding kunnen vorderen wanneer hun rechten worden aangetast door schending van het gemeenschapsrecht door een lidstaat (HvJEG 19 november 1991, zaken C-6/90 en C-9/90, Jur. 1991, p. I-5357).

Voor het strafrecht geldt dat, wanneer een burger in strijd met de nationale wetgeving handelt, maar in overeenstemming met een rechtstreeks werkende bepa-ling uit een richtlijn, hij niet strafrechtelijk vervolgd kan worden.

Het Hof Den Haag bepaalde in 1989 dat de overtreding van een residunorm voor een bestrijdingsmiddel op citrusvruchten niet strafbaar is, omdat de overtreding niet in strijd is met de betreffende - soepelere - EG-residunorm, (Hof Den Haag 3 februari 1989, NJ 1989, 541).

Ook wanneer een richtlijn niet direct rechten voor particulieren bevat, maar de bescherming van het algemeen belang betreft, zoals de bescherming van de natuur, is er een mogelijkheid dat burgers zich bij de rechter op de rechtstreekse werking van een richtlijnbepaling beroepen.

Dit was in 2004 aan de orde in een zaak over de kokkelvisserij. Het Hof van Justitie bepaalde, op basis van de Habitatrichtlijn, dat een beroep van burgers op een richtlijnverplichting niet principieel mag worden uitgesloten in de gevallen waarin het gemeenschapsgezag de lidstaat verplicht een bepaalde gedragslijn te volgen. De nationale rechter mag daarbij nagaan of de lidstaat binnen de grenzen van de beoordelingsmarge van de betreffende bepaling is gebleven (HvJEG 7 september 2004, AB 2004, 365 m.nt. ChB).

Uit de voorgaande uitspraak blijkt ook dat het bestaan van een zekere 'beoordelingsmarge' een beroep op de richtlijn niet uitsluit.

Verticale en horizontale rechtstreekse werking richtlijnen
Hiervoor is de situatie besproken dat burgers bij gebrekkige implementatie van richtlijnen tegenover een overheidsorgaan een beroep kunnen doen op rechtstreeks werkende bepalingen van richtlijnen. Het gaat dan om de *verticale* werking voor de burger, ten opzichte van het overheidsorgaan. Anders ligt dat voor het in gebreke blijvende overheidsorgaan. Deze zal zich niet tegenover de burger kunnen beroepen op de rechtstreekse werking van een nog niet in nationale wetgeving omgezette EG-bepaling. Dit wordt wel het verbod van omgekeerde verticale rechtstreekse werking genoemd.
In het milieurecht doet zich ook de vraag voor of er sprake kan zijn van *horizontale* rechtstreekse werking van richtlijnen. Daarbij gaat het erom of een derde-belanghebbende zich kan beroepen op een richtlijnbepaling wanneer deze bepaling negatieve gevolgen voor andere particulieren meebrengt. In de Nederlandse rechtspraak kwam deze vraag een aantal malen aan de orde.

Een jagersvereniging had opgeroepen op kraaien te jagen. Door een milieuorganisatie werd gesteld dat de vereniging handelde in strijd met de Vogelrichtlijn. Deze richtlijn was echter nog niet goed geïmplementeerd in de nationale wetgeving. De rechter gaf aan dat de richtlijn zich tot de lidstaten richt om de nationale wetgeving aan te passen. Naar het oordeel van de rechter ging het te ver òm te doen alsof de aanpassing reeds had plaatsgevonden, terwijl de lidstaat nog in gebreke was (Pres. Rb. Assen 11 april

61

1989, M en R 1989/9, nr. 58 m.nt. van Acht en Jans).

In 2004 heeft het Hof van Justitie deze horizontale werking verduidelijkt door te bepalen dat het beroep op een rechtstreeks werkende richtlijnbepaling voor een particulier ten opzichte van een lidstaat niet onmogelijk gemaakt mag worden louter omdat dit negatieve gevolgen zou kunnen hebben voor een andere particulier. Dat gebeurde in de Wells-zaak.

Mevrouw Wells woont in een ecologisch waardevol gebied naast een in onbruik zijnde steengroeve. De vergunning voor de groeve dateert uit 1946. In 1999 worden nieuwe exploitatievoorwaarden vastgesteld. Een milieu-effectrapportage ontbreekt. Het beroep in kwestie betreft het ontbreken van een milieu-effectbeoordeling. De derde-belanghebbende in kwestie kon zich beroepen op het richtlijnvereiste inzake milieu-effectbeoordeling, aldus het Hof. Het Hof voegt daar wel aan toe dat de negatieve gevolgen voor de vergunninghouder niet zozeer uit de richtlijn voortvloeien, maar uit de te late uitvoering van verplichtingen door de lidstaat (HvJEG 7 januari 2004, M en R 2004/11, nr. 2 m.nt. Jans, zaak C-201/02).

3.6 Vrij verkeer van goederen en nationaal milieurecht

De lidstaten kunnen eigen nationale milieuwetgeving ontwikkelen naast het gemeenschapsrecht. Dat is bijvoorbeeld mogelijk wanneer het gemeenschapsrecht daartoe de ruimte biedt omdat in een richtlijn sprake is van minimumharmonisatie. Ook wanneer er geen gemeenschapsrecht is ontwikkeld, bestaat er ruimte voor eigen nationale milieuwetgeving.
Die wetgeving mag echter het vrije verkeer van goederen tussen de lidstaten niet negatief beïnvloeden. Allerlei milieubesluiten hebben invloed op het handelsverkeer.

Het handelsverkeer wordt bijvoorbeeld beïnvloed door het vereisen van in- en uitvoervergunningen voor gevaarlijke stoffen. De invoer van producten wordt beïnvloed door het voorschrijven van milieukeuringen of het stellen van milieueisen voor het op de markt brengen van producten.

Vrij verkeer van goederen
De algemene beginselen van het vrije verkeer van goederen zijn te vinden in de art. 28 en 29 van het EG-verdrag (oud: artikelen 30 en 34 EG-Verdrag*).*
Art. 28 heeft betrekking op de invoer: 'Kwantitatieve invoerbeperkingen en alle maatregelen van gelijke werking zijn, onverminderd de volgende bepalingen, tussen de lidstaten verboden.'
Wat bedoeld wordt met een 'maatregel van gelijke werking' heeft het Hof in het Dassonville-arrest aangegeven: 'Elke nationale maatregel die de intracommunau-

taire handel al dan niet rechtstreeks, daadwerkelijk of potentieel kan belemmeren'
(HvJEG 11 juni 1974, zaak 8/74, Jur. 1974, p. 851). Het verbod van art. 28 is dus
heel ruim. Niet alleen maatregelen aan de grens, zoals douaneverplichtingen, vallen
onder het verbod, maar ook maatregelen die niet speciaal gericht zijn op buitenlandse producten. Bij een emissienorm voor auto's of een norm voor het
geluidsniveau van autobanden, die zowel voor auto's en banden van Nederlandse
herkomst geldt als voor die van andere herkomst, spreken we van een 'maatregel
zonder onderscheid'. Ook een maatregel zonder onderscheid kan als gevolg van de
definitie in het Dassonville-arrest als een verboden maatregel van gelijke werking
in de zin van art. 28 worden beschouwd.
Wanneer een maatregel alleen de binnenlandse handel en niet de invoer betreft, zal
deze niet onder het verbod van art. 28 vallen.

In art. 29 lid 1 EG-verdrag zijn uitvoerbeperkingen verboden: 'Kwantitatieve
uitvoerbeperkingen en alle maatregelen van gelijke werking zijn tussen de lidstaten
verboden.'
Het Hof van Justitie heeft aan art. 29 een minder ruime betekenis gegeven dan aan
het verbod van art. 28. Onder het verbod van art. 29 vallen niet alle belemmeringen
voor de uitvoer, maar alleen 'de nationale maatregelen die een specifieke beperking
van het uitgaand goederenverkeer tot doel of tot gevolg hebben en dus altijd tot een
ongelijke behandeling van de binnenlandse handel en de uitvoerhandel van lidstaten leiden.' Bepalingen die zowel voor binnenlandse als voor uit te voeren
producten gelden, zijn dus toegestaan.

Gerechtvaardigde beperking van het vrije goederenverkeer
Niet elke nationale milieumaatregel die in strijd komt met het verbod van art. 28 of
art. 29 EG-verdrag, is ongeoorloofd. Belemmeringen van het vrijhandelsverkeer
zijn mogelijk, indien sprake is van een rechtvaardiging van die belemmering in art.
30 EG-verdrag. Art. 30 bepaalt dat verboden en beperkingen van invoer, uitvoer en
doorvoer toch mogelijk zijn als daarvoor een rechtvaardiging bestaat 'uit hoofde
van de bescherming van de openbare zedelijkheid, de openbare orde, de openbare
veiligheid, de gezondheid en het leven van personen, dieren of planten, het
nationaal artistiek historisch en archeologisch bezit of uit hoofde van bescherming
van industriële en commerciële eigendom.' Deze rechtvaardigingsgronden van art.
30 mogen niet worden gebruikt als middel tot willekeurige discriminatie of als
verkapte beperking van de handel.

De bescherming van het milieu is niet als zodanig als rechtvaardigingsgrond in art.
30 genoemd. Wel kunnen bepaalde milieumaatregelen die het vrije handelsverkeer
belemmeren, worden gerechtvaardigd, omdat zij nodig zijn ter bescherming van het
leven of de gezondheid van mensen, dieren of planten. Verboden ten aanzien van
gevaarlijke stoffen die een bedreiging voor de volksgezondheid of de gezondheid

van dieren en planten vormen, kunnen bijvoorbeeld door art. 30 worden gerechtvaardigd.

Uit de Waalse-stortzaak (HvJEG 9 juli 1992, zaak C-2/90, M en R 1992/10, 113) blijkt dat beperkingen van de handel in *on*gevaarlijke afvalstoffen niet door art. 30 EG-verdrag kunnen worden gerechtvaardigd.

Behalve door toepassing van art. 30 EG-verdrag, kunnen beperkingen van het vrije verkeer van goederen geoorloofd worden geacht op grond van een uitspraak van het Hof van Justitie, aangeduid als Cassis de Dijon (HvJEG 20 februari 1979, zaak 120/78, Jur. 1979, p. 649). Daarin heeft het Hof bepaald dat er naast art. 30 ook andere dwingende redenen van gemeenschapsbelang kunnen zijn die een beperking rechtvaardigen. Dit wordt de 'rule of reason' genoemd. Later heeft het Hof van Justitie in de Deense flessen-zaak bepaald dat milieubescherming een 'dwingende reden' is die als zodanig voorrang behoort te krijgen boven de eisen van het vrije goederenverkeer.

In de Deense flessen-zaak speelde het volgende. In de Deense wetgeving was de bepaling opgenomen dat water, limonade, frisdrank en bier alleen in voor hergebruik geschikte verpakkingen op de markt mochten worden gebracht. De fabrikant of importeur van de dranken moest zorgen voor een systeem van terugname van de verpakkingen die het hergebruik zou moeten garanderen. Deze terugnameregeling vormde een beperking van het goederenverkeer, zo constateerde het Hof. Voor buitenlandse producenten was het immers moeilijker een statiegeldsysteem in Denemarken op te zetten dan voor nationale producenten. De invoer van buitenlandse dranken werd daardoor beperkt. Het Hof kwam evenwel tot de conclusie dat milieubescherming een dwingende eis is die deze beperking van het goederenverkeer kon rechtvaardigen (HvJEG 20 september 1988, zaak 302/86, Jur. 1988, p. 4607, NJ 1990, 557).

Bij de formulering van de criteria sloot het Hof aan bij de criteria uit het Cassis de Dijon-arrest. Aan de volgende eisen moet zijn voldaan, voordat milieubescherming een rechtvaardiging kan vormen voor de inbreuk op het vrije handelsverkeer:
– er mag geen sprake zijn van harmonisatie;
– er mag geen onderscheid worden gemaakt tussen nationale en ingevoerde producten;
– de nationale maatregel moet noodzakelijk zijn voor de bescherming van het milieu;
– er moet evenredigheid bestaan tussen de nationale maatregel en het daarmee nagestreefde doel;
– de nationale maatregel moet zo gekozen worden dat het handelsverkeer zo min mogelijk wordt belemmerd.

Extra-territoriale werking

Niet duidelijk is of de mogelijkheid om milieubeschermende maatregelen te nemen die het vrije handelsverkeer belemmeren, beperkt is tot maatregelen ter bescherming van het *eigen milieu*. Steeds vaker bestaat de behoefte om nationale regelgeving te maken ter bescherming van het milieu buiten het eigen grondgebied. Gedacht kan worden aan verboden van de invoer en het gebruik van tropisch hardhout ter bescherming van het tropisch regenwoud en maatregelen ter beperking van de export van gevaarlijke afvalstoffen. Het Hof van Justitie heeft zich over de mogelijkheid van toepassing van art. 30 en het Cassis de Dijon-arrest bij externe milieubescherming nog niet duidelijk uitgesproken. Ook in de Schotse sneeuwhoender-zaak is daarover geen uitspraak gedaan, terwijl daarvoor wel de mogelijkheid bestond.

> In die zaak was een weigering van een invoervergunning voor Schotse sneeuwhoenderen uit het Verenigd Koninkrijk aan de orde. De Schotse sneeuwhoender komt in Nederland niet voor, zodat bij een Nederlandse maatregel tot de bescherming van die vogel sprake is van extern milieubeleid. Het Hof ging echter niet in op de vraag of externe milieubescherming onder de reikwijdte van art. 36 *(thans art. 30 EG-Verdrag)* of onder de 'rule of reason' valt. De bepaling in de Vogelrichtlijn, dat lidstaten strengere maatregelen ter bescherming van vogels mogen nemen, werd door het Hof beperkt uitgelegd. Omdat volgens het Hof voor Nederland geen ruimte bestond voor het nemen van een strengere maatregel, hoefde het Hof van Justitie niet in te gaan op de vraag of een rechtvaardiging voor de inbreuk op het vrije verkeer van goederen bestond. (HvJEG 23 mei 1990, zaak C-169/89, Jur. 1990, blz. I-2143, M en R 1991/2, nr. 17).

Naarmate milieuproblemen meer mondiaal worden, zoals de broeikasproblematiek, zal de behoefte aan het combineren van intern beleid met extern beleid waarschijnlijk toenemen. In de ontwerp-Grondwet (versie 18 juli 2003) voor de Europese Unie wordt dan ook, met het oog op de betrekkingen van de Unie met het buitenland, gesproken over het bijdragen aan een 'duurzame ontwikkeling van de aarde' (art. I-4).

Beperkingen van het gebruik van financiële instrumenten

Voor financiële instrumenten ter bescherming van het milieu, zoals heffingen en subsidies, stelt het EG-verdrag ook een aantal beperkingen. Deze financiële instrumenten kunnen immers ook het vrije handelsverkeer negatief beïnvloeden. Het EG-verdrag kent:
- een verbod van douanerechten en heffingen van gelijke werking;
- een verbod van discriminerende belastingheffing;
- een verbod van steunmaatregelen.

De art. 23 e.v. EG-verdrag verbieden in- en uitvoerrechten en heffingen van gelijke werking tussen de lidstaten. Wanneer een milieuheffing alleen betrekking zou hebben op ingevoerde producten en niet op dezelfde nationale producten, zou sprake zijn van een heffing van gelijke werking als een invoerrecht.

Art. 90 EG-verdrag verbiedt een discriminerende belastingheffing. Op producten afkomstig uit andere lidstaten mag geen hogere belasting worden geheven dan op gelijksoortige nationale producten. Ook is het verboden om binnenlandse belastingen te heffen op producten uit andere lidstaten, waardoor de nationale producten zijdelings worden beschermd. Het is dus niet zo dat art. 90 het zwaarder belasten van milieuonvriendelijke producten verbiedt. De belastingvoordelen voor de milieuvriendelijke producten moeten dan echter zowel de binnenlandse als de buitenlandse producten ten goede kunnen komen.

> In de zaak Outokumpu Oy overwoog het Hof dat voor elektriciteit uit waterkracht een lager tarief dan voor conventionele elektriciteit is toegestaan, mits dit tarief zich ook uitstrekt tot ingevoerde elektriciteit uit waterkracht (HvJEG 2 april 1998, zaak 213/96, Jur. 1998 p. I-1777).

Bovendien verbiedt art. 90 niet het zwaarder belasten van het nationale product als daardoor de ingevoerde producten niet worden geraakt (de zogenaamde 'omgekeer-de discriminatie').

Art. 87 EG-verdrag verbiedt 'steunmaatregelen van de Staten of in welke vorm ook met staatsmiddelen bekostigd, die de mededinging door begunstiging van bepaalde ondernemingen of bepaalde producties vervalsen of dreigen te vervalsen.' Onder bepaalde omstandigheden kunnen steunmaatregelen echter in overeenstemming met de gemeenschappelijke markt worden beschouwd. De Commissie kan dan onder voorwaarden ontheffing verlenen, onder meer voor steun aan projecten met een gemeenschappelijk Europees belang en voor steunmaatregelen die bijdragen aan de economische ontwikkeling van bepaalde regio's (art. 87 lid 3).

3.7 De materiële milieuwetgeving van de EG

In de voorgaande paragrafen is voornamelijk ingegaan op het primaire gemeen-schapsrecht, dat wil zeggen het recht dat voortvloeit uit de bepalingen van het EG-verdrag. Op milieugebied hebben de instellingen van de Europese Unie een groot aantal richtlijnen en aanbevelingen vastgesteld en in mindere mate verordeningen. In deze paragraaf behandelen wij van dit secundaire of materiële gemeenschaps-recht enige milieuregelgeving. Achtereenvolgens komen aan de orde de Europese regelgeving inzake de integrale preventie en bestrijding van verontreiniging, de milieu-effectrapportage, de vrije toegang tot milieu-informatie en een aantal richtlijnen en verordeningen over water- en luchtverontreiniging, afvalstoffen en natuurbescherming.

Integrale preventie en bestrijding van verontreiniging
In 1996 is een richtlijn vastgesteld met regels ter voorkoming of beperking van milieuverontreiniging door industriële activiteiten (96/61, PbEG 1996 L 257/26). Deze richtlijn wordt aangeduid als de IPPC-richtlijn (Integrated Pollution and Prevention Control). De richtlijn heeft als doel een geïntegreerde aanpak van afval en emissies naar lucht, water en bodem door industriële activiteiten. Beoogd wordt te voorkomen dat verontreinigingen van het ene naar het andere compartiment worden overgeheveld. De richtlijn voorziet in een geïntegreerde procedure voor vergunningverlening voor bepaalde installaties. De emissies moeten worden beperkt door toepassing van de best beschikbare technieken. De richtlijn bestrijkt activiteiten van de energie-industrie, metaalindustrie, minerale industrie en chemische industrie, zoals aardolieraffinaderijen en hoogovens en afvalbeheer.
Na een ingebrekestelling door de Europese Commissie vanwege het niet juist in de Nederlandse wetgeving omzetten van de richtlijn, is in 2004 een aanpassing – de Nederlandse regering spreekt over een verduidelijking - van de Wet milieubeheer in gang gezet (Kamerstukken II 2004/05, 29 711; zie § 6.7).

Milieu-effectbeoordeling
De richtlijn inzake de milieu-effectbeoordeling (85/338, PbEG 1985 L 175/40, gewijzigd richtlijn 97/11/EG, PbEG 1997 L 73/5) heeft tot doel dat bij bepaalde openbare en particuliere projecten die aanzienlijke milieueffecten kunnen hebben, deze effecten in de besluitvorming worden betrokken. De richtlijn beoogt hoofdpunten van de milieu-effectbeoordeling te harmoniseren, waarbij lidstaten strengere voorschriften kunnen vaststellen ter bescherming van het milieu. Er zijn twee categorieën projecten. De eerste categorie betreft projecten waarvoor altijd een milieu-effectbeoordeling gemaakt moet worden (Bijlage I bij de richtlijn).

> Voorbeelden van deze projecten zijn kerncentrales en kernreactoren, thermische en andere verbrandingsinstallaties, afvalverwijderingsinstallaties voor toxische en gevaarlijke afvalstoffen, en aanleg van auto(snel)wegen, spoorlijnen en vlieghavens.

De tweede categorie (Bijlage II) omvat de projecten waarvoor een milieu-effect-beoordeling wordt gemaakt indien de lidstaten menen dat dit noodzakelijk is. Relevante selectiecriteria hiervoor zijn vastgelegd in Bijlage III.
Het doel van milieu-effectrapportage (m.e.r.) is gegevens te verzamelen over de milieueffecten van een activiteit en aan te geven welke maatregelen getroffen kunnen worden om belangrijke nadelige milieueffecten van het project te voorkomen of zoveel mogelijk te verhelpen. De verzamelde informatie moet voor het publiek beschikbaar worden gesteld. Het publiek moet in de gelegenheid worden gesteld de mening over het project te geven. Onder 'publiek' kan ook grensoverschrijdend publiek worden verstaan, aldus de Commissie. Dat wil zeggen dat de ingezetenen van een land ook het recht hebben hun mening te geven over

67

een project dat in het aangrenzende land zal plaatsvinden. In Nederland bestaat deze mogelijkheid voor ingezetenen van een buurstaat om aan de besluitvormingsprocedure deel te nemen.

> Zo heeft het Hof Den Haag in 1990 aangegeven dat bij de procedure over de uitbreiding van Vliegveld Beek ook de Belgische gemeente Lanaken in het overleg moest worden betrokken (Hof Den Haag 3 mei 1990, M en R 1991/9, nr. 105).

De m.e.r.-regeling is in 1986 in de Nederlandse wetgeving geïmplementeerd. Deze wetgeving, die werd voorbereid voordat de richtlijn tot stand kwam, bevat strengere voorschriften dan de richtlijn. Zo bepaalt art. 7.10 van de Wet milieubeheer dat ook de zogenaamde nul-optie moet worden beschreven, dat wil zeggen een beschrijving van milieueffecten als het project niet wordt uitgevoerd. Begin 2005 is een wijziging van de regelgeving in voorbereiding ter vereenvoudiging en bekorting van de m.e.r.-procedures (zie § 6.6 over de Nederlandse m.e.r.-regeling).

De m.e.r.-verplichting voor besluiten wordt aangevuld met een m.e.r.-verplichting voor bepaalde plannen en programma's. De richtlijn strategische milieubeoordeling (2001/42/EG, PbEG 2001, L 197/30) vereist deze 'plan-m.e.r.s'. Het gaat daarbij onder meer om plannen en programma's die wettelijk zijn voorgeschreven en om plannen en programma's die gevolgen kunnen hebben voor gebieden die zijn aangewezeh op grond van de Vogel- en Habitatrichtlijn. Deze m.e.r.-procedure zal beperkter zijn dan die voor besluiten. De regering wil de richtlijn strategische milieubeoordeling zo strikt mogelijk implementeren. Hoewel de termijn voor implementatie is verlopen, is begin 2005 de wetswijziging ter implementatie nog in behandeling (Kamerstukken II, 2004/05, 29 811, nrs. 1-3).

De toegang tot milieu-informatie, participatie in de besluitvorming en toegang tot de rechter
Richtlijn 2003/4/EG (PbEG 2003 L 41/26) geeft regels voor de toegang van het publiek tot milieu-informatie. Deze richtlijn, die de opvolger is van richtlijn 90/313/EEG, omvat de toegang tot milieu-informatie op verzoek (dit wordt passieve openbaarheid genoemd) en de verplichtingen voor de overheid om op eigen initiatief milieu-informatie te verspreiden (actieve openbaarheid). De richtlijn, die gebaseerd is op art. 175 EG-verdrag, bevat minimumvereisten voor de openbaarheid. 'Milieu-informatie' is in de richtlijn een ruim begrip.
Lidstaten mogen de toegang tot milieu-informatie beperken, bijvoorbeeld als er sprake is van een staatsgeheim of een handels- of industriegeheim. Deze uitzonderingen op het verstrekken van informatie moeten echter beperkt worden toegepast, aldus de richtlijn. Een belangrijk verschil met richtlijn 90/313 is dat de toegang tot gegevens over emissies naar het milieu niet geweigerd mag worden om redenen van vertrouwelijkheid van die gegevens. Voor deze gegevens geldt een zogenoemde absolute openbaarheid, zowel voor vertrouwelijke bedrijfsgegevens

als voor overheidsgegevens. Uitgezonderd zijn alleen situaties van openbare veiligheid en dergelijke. De richtlijn gaat op dit punt iets verder dan het Verdrag van Aarhus, dat de openbaarheid vereist van emissiegegevens ingeval van vertrouwelijke bedrijfsgegeven (zie § 2.4). Richtlijn 2003/4 geeft uitvoering aan een deel van dit verdrag.

Het Verdrag van Aarhus heeft meer EG-regelgeving tot gevolg. De bepalingen van het verdrag moeten ook worden toegepast op de milieubesluitvorming van de EG-instellingen. Voor de toegang tot deze informatie komt er een aanvulling op verordening 1049/2001, inzake de toegang van het publiek tot documenten van Parlement, Raad en Commissie (PbEG 2001 L 145). Een voorstel van de Commissie voor een aanvullende verordening is begin 2005 in behandeling (COM(2003) 622 def.). Daarmee wordt voldaan aan de 'eerste pijler' van het Aarhus-verdrag.
Ter uitvoering van de 'tweede pijler', die handelt over de inspraak van het publiek bij het opstellen van bepaalde plannen en projecten, is richtlijn 2003/35/EG totstandgekomen. Deze richtlijn wijst diverse plannen aan waarvoor de inspraak van het publiek geregeld moet worden, zoals de actieprogramma's van de Nitraatrichtlijn en de luchtkwaliteitsrichtlijn. Bovendien bevat richtlijn 2003/35 algemene bepalingen over de inspraak.
Voor de uitvoering van de 'derde pijler' van het verdrag, die handelt over de toegang tot de rechter inzake milieuaangelegenheden, is begin 2005 een EG-richtlijn in voorbereiding (COM(2003) 624 def.). De EG-ratificatie van het verdrag heeft begin 2005 plaatsgevonden.
Op nationaal niveau worden de 'Aarhus-verplichtingen' en de richtlijn-verplichtingen inzake openbaarheid en inspraak opgenomen in de Wet openbaarheid van bestuur en in hoofdstuk 19 Wet milieubeheer (zie § 5.7.1).

Waterverontreiniging
In 2000 is de EG-Kaderrichtlijn water gepubliceerd (PbEG 2000 L 327/1). Deze richtlijn heeft tot doel een kader te scheppen voor geïntegreerd waterbeheer (zie § 9.2.2). Deze richtlijn geeft ook uitvoering aan het Verdrag van Helsinki over de bescherming van grensoverschrijdende waterlopen en internationale meren (zie § 2.4). De aanpak van de Kaderrichtlijn is stroomgebiedsgericht. In 2015 moeten de lidstaten een goede toestand van het oppervlaktewater bereikt hebben, zowel chemisch als biologisch. Daartoe vereist de richtlijn onder andere maatregelen-programma's, monitoring, gebiedsaanwijzing en specifieke maatregelen voor prioritaire en prioritaire gevaarlijke stoffen Deze stoffen zijn aangewezen in een beschikking van de Commissie (2455/2001, PbEG 2001 L 331/1).
De implementatie van de Kaderrichtlijn in de Nederlandse wetgeving is begin 2005 nog niet afgerond. Omdat de implementatietermijn al wel is verlopen, heeft de Europese Commissie Nederland ingebreke gesteld.

Op termijn zal de Kaderrichtlijn diverse waterrichtlijnen vervangen. Omdat deze richtlijnen nog enige tijd in werking blijven, noemen we enkele van deze richtlijnen. Richtlijn 76/464/EEG, inzake verontreiniging door gevaarlijke stoffen in het aquatisch milieu (PbEG 1976, L 129/23) kent 'zwarte-lijststoffen' en 'grijze-lijststoffen'. Voor zwarte-lijststoffen moeten de lidstaten maatregelen treffen ter beëindiging van de waterverontreiniging. Lozingen van grijze-lijststoffen moeten worden verminderd.

Op de 'zwarte lijst' staan onder andere kwik, cadmium en kankerverwekkende stoffen. Voorbeelden van 'grijze lijst'-stoffen zijn cyaniden en fluoriden.

Ter uitwerking van deze richtlijn moeten in nadere richtlijnen (dochterrichtlijnen) grenswaarden voor de emissies van de stoffen worden aangegeven. Tot nu toe is dit slechts voor enkele stoffen gebeurd, zoals voor cadmium, kwik en DDT. Voor lozingen van stoffen die op de zwarte lijst staan is een vergunning vereist. Deze vergunning mag slechts tijdelijk zijn. Voor stoffen van de grijze lijst moeten de lidstaten programma's opstellen ter vermindering van de waterverontreiniging. Het Hof van Justitie heeft Nederland veroordeeld vanwege het niet nakomen van deze programmaverplichtingen voor het Scheldegebied (HvJEG 10 mei 2001, Jur. 2001, p. I-3463, zaak C-152/98).
De aanpak van de zwarte- en grijze-lijststoffen wordt vervangen door de aanpak van de prioritaire (gevaarlijke) stoffen op basis van Kaderrichtlijn 2000/60.

De huidige richtlijn 80/68/EEG, ter bescherming van het grondwater (PbEG 1980 L 20/43), kent ook een stelsel van zwarte- en grijze lijststoffen, waarvoor verboden of beperkingen gelden. Omdat de Kaderrichtlijn eveneens betrekking heeft op het grondwater, wordt deze grondwaterrichtlijn op termijn (in 2013) vervangen door een nieuwe grondwaterrichtlijn op basis van de Kaderrichtlijn. De Commissie heeft daartoe een voorstel heeft ingediend (COM 2003(550) def.).

Enkele waterkwaliteitsrichtlijnen worden op termijn ingetrokken ingevolge de Kaderrichtlijn. Dat gebeurt bijvoorbeeld voor de richtlijnen die kwaliteitseisen stellen met het oog op vissen en met het oog op schelpdieren (78/659, PbEG 1978 L 222/1 en 79/923, PbEG 1979 L 281/47) in 2013. Tot die tijd moeten de lidstaten op grond van deze kwaliteitsrichtlijnen maatregelen nemen om de vereiste kwaliteit te realiseren. Richtlijn 75/440 (PbEG 1975 L 194), die kwaliteitseisen stelt voor oppervlaktewater dat bestemd is voor de productie van drinkwater, wordt eind 2007 ingetrokken. Ook deze wateren vallen dan onder de stroomgebiedsaanpak van de Kaderrichtlijn.
De richtlijn voor de kwaliteit van zwemwater (1976/160, PbEG 1976 L 31/1), die normen stelt waaraan zwemwater moet voldoen, wordt niet ingetrokken. Wel zullen ook deze wateren een plaats krijgen in de stroomgebiedsaanpak van de Kaderrichtlijn. Begin 2005 is overigens een nieuwe zwemwaterrichtlijn in

voorbereiding (COM(2002) 581 def.).
De EG-waterregelgeving vloeit deels voort uit internationale verdragen waarbij de Gemeenschap partij is. Naast het genoemde Verdrag van Helsinki is dat bijvoorbeeld het OSPAR-Verdrag ter voorkoming van verontreiniging van de Noordzee (zie § 2.4).

Luchtkwaliteit
Ter bescherming van de luchtkwaliteit heeft de Gemeenschap richtlijnen aanvaard met kwaliteitsnormen voor de lucht, richtlijnen inzake emissies van industriële installaties en van bepaalde stoffen, richtlijnen ter vermindering van emissies van voertuigen, en een verordening ter bescherming van de ozonlaag.
De Kaderrichtlijn luchtkwaliteit 96/62/EG (PbEG 1996 L 296/55) heeft tot doel een gemeenschappelijke strategie te formuleren voor het behoud en de verbetering van de luchtkwaliteit in de Gemeenschap. Op basis van deze richtlijn stellen de Commissie en de Raad voor bepaalde stoffen minimumvereisten (grenswaarden) en alarmdrempels vast. Lidstaten moeten maatregelen treffen zodat grenswaarden worden nageleefd.

Op basis van deze Kaderrichtlijn zijn dochterrichtlijnen tot stand gekomen met grenswaarden voor onder meer zwaveldioxide, stikstofdioxide en stikstofoxiden, zwevende deeltjes en lood (99/30, PbEG 1999 L 163/41), benzeen en koolmonoxide (2000/69, PbEG 2000 L 313,12) en ozon (2002/30, PbEG 2002 L 67/14). Aan een aantal grenswaarden moet per 1 januari 2005 worden voldaan. Een aantal andere grenswaarden moet per 2010 bereikt zijn.

Ter bestrijding van emissies vanuit installaties zijn onder meer richtlijnen vastgesteld met emissie-eisen voor afvalverbrandingsinstallaties (89/369 en 89/429, PbEG 1989 L 163/32 en L 203/50). Ter beperking van de emissies van vluchtige organische stoffen (VOS) is er een richtlijn over het gebruik van organische oplosmiddelen bij bepaalde werkzaamheden en in installaties (99/13/EG, PbEG 1999 L85/1) en een richtlijn met grenswaarden voor het gebruik van VOS in verven (2004/42, PbEG 2004 L 143/87). Voor enkele verzurende, eutrofiërende en ozonveroorzakende stoffen zijn nationale emissieplafonds vastgesteld, die per 2010 bereikt moeten worden (richtlijn 2001/81, PbEG 2001 L 309/22). Deze NEC (National Emission Ceilings)-richtlijn dient mede ter uitvoering van het Protocol van Göteborg (zie § 2.4).

Ter bestrijding van de luchtverontreiniging door voertuigen zijn er regels gesteld voor brandstofgebruik en emissies, onder meer in richtlijn 1999/96 (PbEG 2000 L 44/1) met EG-goedkeuringsvereisten voor bepaalde voertuigen.
Ter bescherming van de ozonlaag zijn in een verordening bepalingen opgenomen ter beperking en beëindiging ('uitfasering') van productie, handel en gebruik van

een aantal ozonlaagbedreigende stoffen (2037/2000, PbEG 2000 L 244/1). Deze verordening dient ter implementatie van het Verdrag van Wenen en het Protocol van Montreal (zie § 2.4), waarbij de Gemeenschap partij is. De verordening, die op onderdelen verder gaat dan het verdrag, bevat een vergunningenstelsel voor in- en uitvoer, een quoteringsregeling voor de productie en een gebruiksregeling voor 'essentiële toepassingen'. De Commissie vervult bij de uitvoering van deze verordening een centrale rol.

Deze uitgebreide luchtkwaliteitsregelgeving moet gezien worden in de context van de toenemende lokale en mondiale luchtproblematiek. De omzetting van de EG-regelgeving in de Nederlandse milieuregelgeving en de daarmee samenhangende bestuursproblematiek komt aan de orde in § 9.4.

Afval
In het afvalbeleid van de Gemeenschap wordt prioriteit toegekend aan de preventie van afval, aan het bevorderen van recycling en hergebruik en aan een hoog beschermingsniveau bij de verwijdering. Dit is vastgelegd in een strategie van de Commissie voor het afvalbeheer (SEC(89) 934). Het uitgangspunt van de producentenverantwoordelijkheid is daar later aan toegevoegd.
De Kaderrichtlijn voor afvalstoffen bevat regels over het beheer van alle categorieën afvalstoffen (75/442, PbEG 1975 L 194/47). Uitgangspunt in de richtlijn is de preventie en vermindering van afvalstoffen en de nuttige toepassing door bijvoorbeeld recycling. Tevens is in de richtlijn vastgelegd dat de afvalstoffen zoveel mogelijk moeten worden verwijderd in de meest nabijgelegen daarvoor geschikte centra.
Om te bepalen of nu wel of niet sprake is van een afvalstof, ontbreken duidelijke criteria. Het is vaste jurisprudentie van het Hof van Justitie dat het begrip afvalstof ruim moet worden geïnterpreteerd. Wanneer een stof zonder nadere bewerking op milieuverantwoorde wijze kan worden hergebruikt, verliest deze daardoor nog niet zijn afvalstof-karakter. Zekerheid over het hergebruik lijkt wel een belangrijk element te zijn. Het Hof geeft geen algemene definitie maar laat de omstandigheden van het geval bepalend zijn (onder meer in HvJEG 18 april 2002, NJ 2002, 461, zaak C-9/00, Palin Granit).
Voor gevaarlijke afvalstoffen is een aparte richtlijn van toepassing (91/689, PbEG 1991 L 377/48). Dit betreft afvalstoffen die bijvoorbeeld ontplofbaar of kankerverwekkend zijn.
De Commissie heeft in een beschikking, genaamd de Europese Afvalstoffenlijst (Eural), een lijst gegeven van mogelijke afvalstoffen of gevaarlijke afvalstoffen (2000/532, PbEG 2000 L 226/3).

Verordening 259/93 bevat regels voor de in-, uit- en doorvoer van afvalstoffen (PbEG 1993 L30/1). Deze Europese Verordening Overbrenging Afvalstoffen (EVOA) dient mede ter implementatie van het Verdrag van Basel (1989) over internationaal afvaltransport, bij welk verdrag ook de EG partij is (§ 6.9.6). Het spanningsveld tussen enerzijds de milieubeschermingsdoelstelling en anderzijds het uitgangspunt van het vrij verkeer van goederen uit het EG-verdrag, maakt de EVOA een gecompliceerde regeling met verschillende procedures voor verschillende soorten afvalstoffen.

Natuurbescherming

Belangrijke instrumenten van de Gemeenschap op het gebied van de natuur-bescherming zijn de Vogelrichtlijn en de Habitatrichtlijn.

De Vogelrichtlijn (79/409, PbEG 1979, L 103/1) heeft als doel vogels te beschermen door het voorschrijven van maatregelen ter bescherming van de leefge-bieden van de vogels en door het beperken van de jacht op en handel in vogelsoorten. Bijlage I bij de richtlijn bevat de soorten waarvoor de bescherming geldt. De bijlagen 2 en 3 vermelden de soorten waarvoor jacht en handel onder voorwaarden worden toegestaan.

De omzetting van deze richtlijn in de Nederlandse regelgeving verliep moeizaam. De aanwijzing van vogelbeschermingszones kwam in Nederland pas vanaf 1999 op gang, nadat het Hof van Justitie in 1998 oordeelde dat Nederland onvoldoende gebieden had aangewezen (HvJEG 19 mei 1998, Jur. p. I 3054, zaak C-3/96).

De Habitatrichtlijn stelt regels voor de instandhouding van natuurlijke habitats en wilde flora en fauna (92/43, PbEG 1992 L 206/7). De richtlijn verplicht lidstaten tot gebiedsbeschermende maatregelen. De aanwijzing van habitatbeschermings-zones verloopt stapsgewijs: na aanmelding door de lidstaat stelt de Commissie een lijst vast met uit Europees oogpunt belangrijke gebieden. De lidstaten moeten de gebieden vervolgens aanwijzen. Na plaatsing op de Europese lijst gelden beschermingsbepalingen van de Habitatrichtlijn.

> Het Europees ecologisch netwerk dat zo zal onstaan wordt Natura 2000 genoemd. Eind 2004 heeft de Commissie gebieden aangewezen voor onder meer Nederland.

De Habitatrichtlijn bevat een bijlage waarin planten- en diersoorten zijn opge-nomen waarvan de habitats moeten worden beschermd.

Hoewel de EG geen partij is bij het CITES-verdrag (zie § 2.4) vindt toepassing hiervan plaats op basis van de CITES-verordening. De uit 1982 daterende maar in 1997 sterk gewijzigde verordening reguleert de handel in dier- en plantensoorten (Vo. 338/97, PbEG 1997 L 61/1). De verordening is op een aantal punten strenger dan het verdrag. In de verordening zijn bijvoorbeeld meer diersoorten aangewezen waarmee geen handel voor commerciële doeleinden is toegestaan.

3.8   Rechtsbescherming

Met de EG is een nieuw rechtsstelsel gevormd, dat bindend is voor zowel de lidstaten zelf als voor de bevolking in die lidstaten.

De naleving van het gemeenschapsrecht kan op verschillende manieren verzekerd worden. In de eerste plaats hebben het Hof van Justitie en het Gerecht van eerste aanleg (hierna: het Gerecht) de taak om de eerbiediging van het recht bij de uitlegging en toepassing van het Verdrag te verzekeren (art. 220 EG-verdrag). Het Gerecht oordeelt onder meer over bepaalde beroepen van particulieren. Dat gebeurt 'in eerste aanleg', wat inhoudt dat daarna een hoger beroep bij het Hof mogelijk is.

Naast het Hof en het Gerecht heeft ook de nationale rechter een taak bij de toepassing van gemeenschapsrecht. In deze paragraaf behandelen we de prejudiciële procedure. Daarna bespreken we de beroepsmogelijkheden voor EG-instellingen en burgers, wanneer zij het secundaire gemeenschapsrecht in strijd achten met het primaire gemeenschapsrecht. Met de beperkingen bij de toegang tot de rechter en de mogelijke veranderingen door het Verdrag van Aarhus besluiten we dit hoofdstuk.

Prejudiciële procedure

De uitleg van de bepalingen van gemeenschapsrecht kan in de verschillende lidstaten uiteen lopen. Om dit te voorkomen is een procedure in het leven geroepen die de nationale rechter de mogelijkheid geeft, en in sommige gevallen verplicht, om een vraag voor te leggen aan het Hof van Justitie. Het gaat hierbij om gevallen waarin er onduidelijkheid is over het gemeenschapsrecht en waar uitleg vereist is, of waar het de vraag is of en hoe bepaalde besluiten van de Gemeenschap in een concrete situatie moeten worden toegepast. Deze procedure wordt de prejudiciële procedure genoemd en is neergelegd in art. 234 van het EG-verdrag.

Een prejudiciële vraag kan door de nationale rechter aan het Hof van Justitie worden voorgelegd als het antwoord op die vraag beslissend wordt geacht voor de uitkomst van het geschil. Wanneer het daarbij gaat om een nationale rechter tegen wiens uitspraak hoger beroep kan worden ingesteld, dan heeft die hogere rechter de bevoegdheid om een vraag te stellen. Wanneer het daarbij gaat om een nationale rechter in hoogste instantie, is hij verplicht een prejudiciële vraag te stellen.

Wanneer is besloten tot het stellen van een prejudiciële vraag, leidt dit tot het opschorten van de procedure bij de nationale rechter, totdat de prejudiciële uitspraak van het Hof van Justitie is gegeven. De nationale rechter is gebonden door de uitspraak van het Hof en moet dus uitspraak doen met inachtneming daarvan.

> De Afdeling bestuursrechtspraak van de Raad van State (ABRvS) verzocht het Hof van Justitie om een prejudiciële beslissing over de uitleg van richtlijn 85/337/EG over de milieu-effectbeoordeling van bepaalde particuliere en openbare projecten. Het aannemersbedrijf Kraaijeveld had bezwaar ingediend tegen een bestemmingsplan dat

deels betrekking had op de Merwededijk. Toen gedeputeerde staten het plan goedkeurden, ging Kraaijeveld in beroep bij de ABRvS. Hij stelde schade te lijden doordat het nieuwe plan zijn toegang tot het grote vaarwater verhinderde. Er was geen milieueffectrapport (MER) opgesteld. Een van de prejudiciële vragen die de ABRvS aan het Hof van Justitie voorlegde was of voor de werkzaamheden aan de bestaande dijken langs waterwegen ook een MER moest worden opgesteld. Het Hof van Justitie beantwoordde deze vraag bevestigend. Een MER moet niet alleen worden gemaakt bij de aanleg van een nieuwe dijk, maar ook bij de wijziging van een bestaande dijk (HvJEG 24 oktober 1996, C-72/95, Jur. 1996 p. I-5403).

De toegang tot de EG-rechter

Wanneer het niet gaat om nationale wetgeving of nationale besluiten die in strijd zijn met het gemeenschapsrecht, maar om secundair gemeenschapsrecht dat in strijd is met het primaire gemeenschapsrecht, kan de nationale rechter niet optreden, maar heeft het Hof van Justitie een taak. Daarom voorziet het EG-verdrag in een aparte procedure tot nietigverklaring van handelingen van de EG-instellingen in art. 230 EG-verdrag.

Op grond van deze bepaling kan beroep worden ingesteld tegen de bindende besluiten van het Europees Parlement en de Raad gezamenlijk, en van de Raad en de Commissie afzonderlijk. Bovendien kan beroep worden ingesteld tegen besluiten van het Europees Parlement die beogen rechtsgevolgen voor derden te hebben. Ook kan beroep worden ingesteld tegen het nalaten van de instellingen om een besluit te nemen (art. 232 EG-verdrag). In dat geval moeten de instellingen wel eerst worden uitgenodigd een besluit te nemen. De weigering om daarop een besluit te nemen, kan voor nietigverklaring worden voorgelegd. Niet altijd staat deze toegang tot de EG-rechter echter voor bij een besluit betrokken partijen open. Dat is wel het geval voor de lidstaten en de EG-instellingen. Particulieren (burgers en bedrijven) kunnen echter op grond van art. 230 alleen beroep instellen tegen de tot hen gerichte beschikkingen of tegen besluiten die hen rechtstreeks en individueel raken. De volgende 'Greenpeace-zaken' illustreren de gevolgen van dit vereiste.

In 1995 verklaarde het Gerecht van eerste aanleg een beroep van Greenpeace niet-ontvankelijk. Greenpeace vorderde de nietigverklaring van een beschikking van de Commissie over Europese financiering van de bouw van twee elektrische centrales op de Canarische Eilanden. Het Gerecht verklaarde Greenpeace niet-ontvankelijk, omdat de leden niet individueel in hun belang waren geraakt. De verzoekers werden niet anders geraakt dan iedere andere plaatselijke inwoner en daarmee oordeelde het Gerecht dat niet is voldaan aan het vereiste van art. 173 EG-verdrag (thans art. 230), namelijk dat burgers rechtstreeks en individueel in hun belang zijn geraakt. Het Hof van Justitie heeft deze uitspraak bevestigd (zaak T/585/93, GveaEG 9 augustus 1995, M en R 1996, 22; HvJEG 2 april 1998, C-321/95P, M en R 1998/7/8, nr. 67 m.nt.

Jans).

Het Gerecht deed hierna in de Jégo-Quéré-zaak een uitspraak waarin de mogelijkheden van particulieren om beroep in te stellen werden verruimd. Niet meer het individueel geraakt zijn, maar alleen het rechtstreeks geraakt zijn, werd door het Gerecht vereist. Het Hof heeft nadien evenwel in de UPA-zaak het Gerecht teruggefloten (GveaEG 3 mei 2002, zaak T-177/01, Jur. 2002, p. II-2365; HvJEG 25 juli 2002, zaak C-50/00P, Jur. 2002, p. I-6677).

Wanneer op basis van een verordening een individuele beschikking wordt genomen, kan de burger tot wie de beschikking is gericht, wel de veronderstelde onwettigheid van die verordening aanvoeren in het kader van een beroep tegen de individuele beschikking. Op grond van art. 241 EG-verdrag kan dan naar voren worden gebracht dat de verordening waarop de beschikking is gebaseerd, in strijd is met het primaire gemeenschapsrecht. Dit wordt de exceptie van onwettigheid genoemd. Wanneer de rechter de verordening in strijd acht met het primaire gemeenschapsrecht, wordt de beschikking vernietigd. De verordening blijft in stand, maar de instelling zal die verordening waarschijnlijk moeten herzien. Hoewel art. 241 alleen spreekt over de verordening is aannemelijk dat deze 'exceptie' ook kan worden opgeworpen tegen andere handelingen met een algemeen karakter, zoals de richtlijn.

Nieuwe ontwikkelingen: 'Aarhus' en het ontwerp voor de nieuwe Grondwet
De derde pijler van het Aarhus-verdrag heeft betrekking op de toegang tot de rechter met betrekking tot besluiten inzake milieu-aangelegenheden (§ 2.4). Een richtlijnvoorstel van de Commissie ter uitvoering van de derde pijler van dit verdrag houdt in dat lidstaten een beroepsrecht toekennen aan leden van het publiek die een voldoende belang hebben. Ook aan 'bevoegde entiteiten' wordt een beroepsrecht toegekend. Bevoegde entiteiten zijn organisaties en dergelijke die tot doel hebben het milieu te beschermen. De richtlijn bevat criteria voor het erkennen van zo'n bevoegde entiteit (COM(2003) 624 def.). De Commissie stelt ook voor aan bevoegde entiteiten een beroepsrecht tegen 'administratieve handelingen' op milieugebied van de EG-instellingen te verlenen. Dat gebeurt door een bevoegde entiteit toe te staan een verzoek om interne herziening van de administratieve handeling in te dienen. Vervolgens kan, bij een resultaat dat ontoereikend geacht wordt om naleving van het milieurecht te garanderen, een juridische procedure bij het Hof van Justitie worden gestart (voorstel voor een verordening, COM(2003) 622 def.). Aanneming van dit voorstel zal de drempels verlagen van het vereiste van het 'rechtstreeks en individueel geraakt zijn'.
Een andere ontwikkeling die op termijn van belang kan zijn voor de toegang van particulieren tot de EG-rechter is dat in het ontwerp voor de nieuwe EU-Grondwet (2003) in verband met bepaalde 'regelgevingshandelingen' alleen het rechtstreeks geraakt zijn en niet meer het individueel geraakt zijn, wordt vereist voor de beroepsbevoegdheid van particuliereren (art. III-270).

4. Staatsrecht en milieu

4.1 Inleiding

In de hoofdstukken twee en drie is de internationale dimensie van het milieurecht beschreven. In dit hoofdstuk gaan we verder met het nationale milieurecht. Het milieurecht doorsnijdt de klassieke rechtsgebieden van het publiek- en privaatrecht. Tot het publiekrecht wordt het staats-, bestuurs- en strafrecht gerekend. We zullen in dit hoofdstuk stilstaan bij het staatsrecht. Het staatsrecht is van belang bij de vragen over hoe recht tot stand komt en welke organen daarbij betrokken zijn. Uiteraard zijn deze vragen ook relevant voor het milieurecht. Ministeries, provincies, regionale openbare lichamen, gemeenten en waterschappen spelen een belangrijke rol in de totstandkoming en de uitvoering van het milieurecht en milieubeleid.

In dit hoofdstuk gaan we eerst in op de vraag wat staatsrecht is (§ 4.2). Daarna behandelen we de verschillende organen van de Nederlandse Staat (§ 4.3) en bespreken we welke soorten regelgeving deze verschillende organen tot stand kunnen brengen (§ 4.4). Tot slot komen de grondrechten aan de orde (§ 4.5).

Op www.overheid.nl zijn via 'officiële publicaties' onder meer de parlementaire stukken te vinden van wetten die in behandeling zijn bij de Tweede of Eerste Kamer.

4.2 Wat is staatsrecht?

Het staatsrecht heeft betrekking op de organisatie van de Nederlandse Staat en de verdeling van zijn bevoegdheden over de verschillende overheidsorganen. Het bevat de regels over de organisatie en bevoegdheden van de rijksoverheid, de provincies, de gemeenten en de waterschappen. Ook bevat het staatsrecht de rechten van de onderdanen van de Staat. Deze rechten worden aangeduid als de grondrechten.

> In art. 21 van de Grondwet is het grondrecht op bescherming van het leefmilieu verankerd: 'De zorg van de overheid is gericht op de bewoonbaarheid van het land en de bescherming en verbetering van het leefmilieu.'

Kort en goed gaat het staatsrecht over de inrichting en organisatie van de Staat. Maar wat is 'de Staat'? Op deze vraag gaan we nu eerst in.

De Staat

Een omschrijving van het begrip 'Staat' hangt samen met de invalshoek die daarbij wordt gekozen. Vanuit volkenrechtelijk oogpunt bijvoorbeeld zal het vooral gaan om elementen als het grondgebied, waarop een overheid een effectief gezag uitoefent over een gemeenschap van mensen. Vanuit staatsrechtelijk oogpunt kenmerkt een staat zich door een gezagsapparaat, dat de hoogste macht bezit, dat recht kan scheppen, vaststellen en handhaven. Deze rechtsmacht behoort exclusief aan de Staat. De uitoefening van het gezag richt zich tot alle leden van de gemeenschap. De Staat is soeverein, dat wil zeggen onafhankelijk van andere staten en kan als orgaan optreden in het internationale rechtsverkeer door bijvoorbeeld verdragen met andere staten af te sluiten.

De Staat bestaat uit verschillende organen. De wijze waarop de uitoefening van de bevoegdheden door de verschillende organen gebeurt, hangt af van het staatssysteem.

Verdeling van bevoegdheden

De bevoegdheden over het grondgebied van de Staat kunnen op verschillende wijzen worden verdeeld. In verschillende landen is er sprake van een federaal systeem, zoals in de Verenigde Staten en in Duitsland. Dat betekent dat er zelfstandige deelstaten zijn en een federaal gezag. Een andere staatsvorm is de eenheidsstaat, met één centrale overheid. Het is mogelijk dat vanuit de centrale overheid aan lagere overheden (zoals gemeenten of provincies) bevoegdheden worden toegekend. Deze vorm vinden we in Nederland. Dit wordt aangeduid als de gedecentraliseerde eenheidsstaat. De centrale overheid bewaakt daarbij wel steeds de wijze waarop aan de bevoegdheden uitvoering wordt gegeven en stelt daartoe duidelijke grenzen vast.

Uitoefening van gezag

Er zijn verschillende manieren waarop de overheid haar gezag kan uitoefenen. Een eerste onderscheid kan worden gemaakt tussen een autoritair systeem en een democratisch systeem.

In het autoritaire systeem wordt het gezag uitgeoefend door een klein gedeelte van de bevolking of zelfs door één persoon. Een autoritair systeem heeft als kenmerken dat de oppositie machteloos wordt gehouden of wordt onderdrukt, de politieke vrijheden van de onderdanen niet of slechts gedeeltelijk worden gewaarborgd en er meestal sprake is van een eenpartijstelsel. Een duidelijk voorbeeld is Noord-Korea.

In een democratisch systeem wordt het gezag uitgeoefend door gekozen vertegenwoordigers van de burgers. Een fundamenteel kenmerk van een democratie is dat aan de bevolking zeggenschap toekomt. Bij een democratisch stelsel wordt voldaan aan de meeste van de volgende kenmerken: vrije en algemene verkiezingen, een twee- of meerpartijenstelsel, vrije oppositievorming, rechtswaarborgen voor de burgers, onder meer voor een vrije meningsuiting binnen betrekkelijk ruime grenzen, en afbakening en beperking van de macht van de regering en wetgever, door of met invloed van de volksvertegenwoordiging. In een democratie komt meestal geen rechtstreekse zeggenschap toe aan de bevolking; meestal gaat het om een representatieve of parlementaire democratie. Dat betekent dat de bevolking indirect haar invloed uitoefent via de gekozen volksvertegenwoordiging.

Nederland kent een parlementaire democratie. Er is sprake van samenwerking tussen de regering en het parlement. Beide organen zijn bij de wetgeving betrokken. De regering bestaat uit de Koning(in) en ministers. Het parlement oefent controle uit op het beleid van de regering. De minister is verantwoording verschuldigd aan het parlement. Als het parlement het vertrouwen heeft verloren in de minister, kan het deze wegsturen. De regering kan het parlement ontbinden, waarna door de bevolking een nieuwe volksvertegenwoordiging moet worden gekozen.

Nederland is ook een constitutionele monarchie. De Koning(in) verkrijgt door erfopvolging zijn (haar) functie. Zijn of haar macht wordt echter geregeld en beperkt in de Grondwet. Een andere staatsvorm is de republiek, waar het staatshoofd wordt benoemd of gekozen, zoals bijvoorbeeld in Frankrijk.

De rechtsstaat

In Nederland is de Staat niet alleen de schepper en handhaver van regels, maar is hij zelf ook aan de regels gebonden en kan daar op worden aangesproken. Door de gebondenheid van de Staat aan zijn eigen regels wordt de Staat aangeduid als een rechtsstaat. Onder regels worden niet alleen wetten en verdragen verstaan, maar ook regels die behoren tot de algemene beginselen van behoorlijk bestuur of beleidsregels die als leidraad voor de uitvoering van de overheidstaken kunnen dienen. Een rechtsstaat heeft de volgende kenmerken:

a. *het legaliteitsbeginsel*
    Op grond van dit beginsel kan de overheid alleen dwingende maatregelen aan haar burgers opleggen indien daar een wettelijke grondslag voor bestaat. Die grondslag kan zowel in de rijksregelingen worden gevonden als in regelingen van lagere overheden, zoals provincies en gemeenten. De basis dient evenwel altijd een 'wet in formele zin' te zijn, dat wil zeggen een wet die volgens een bepaalde procedure tot stand komt. Die wet kan bepalen dat de maatregelen of bevoegdheden 'bij of krachtens' een lagere wettelijke regeling worden uitgeoefend.
    Het legaliteitsbeginsel houdt ook in dat andere bevoegdheden van overheidsorganen hun grondslag vinden in de wet.

b. *scheiding der machten*
    Door het toedelen van de verschillende functies van de staat aan verschillende overheidsorganen wordt vermeden dat macht zich te veel concentreert bij één orgaan. De verdeling van wetgevende -, uitvoerende en rechtsprekende macht (zie ook § 4.3) is erop gericht dat de verschillende organen controle op elkaar uitoefenen. Voor het optreden door één van de overheidsorganen is af-

stemming met de andere organen vereist. Een vorm van spreiding van overheidsgezag vindt ook plaats door decentralisatie van bevoegdheden (zie § 4.3.3).

c. *onpartijdige en onafhankelijke rechters*
De toepassing van het recht kan worden gecontroleerd door van het bestuur onafhankelijke rechters.

d. *eerbiediging van grondrechten*
De grondrechten geven aan welke waarden de Staat bij de uitoefening van zijn gezag in acht moet nemen. Voorbeelden zijn de vrijheid van meningsuiting en de vrijheid van godsdienst.

Waar is het staatsrecht te vinden?
Het staatsrecht is te vinden in de constitutie. In Nederland bestaat de constitutie uit verschillende onderdelen:

a. *Grondwet*
De basis voor het Nederlandse constitutionele recht is te vinden in de Grondwet (Gw). Daarin zijn bepalingen opgenomen over:
    – de inrichting en werkwijze van verschillende overheidsorganen (Rijk, provincies, gemeenten, waterschappen en andere openbare lichamen);
    – de grondrechten van de burger;
    – de bevoegdheden en procedure tot het vaststellen/ wijzigen van wetten;
    – de rechtspraak.

b. *Wetten voor de staatsinrichting*
De Grondwet schrijft verschillende wetten voor die een nadere uitwerking van de staatsinrichting geven. Deze wetten worden organieke wetten genoemd. Het gaat onder andere om de Provinciewet, de Gemeentewet en de Waterschapswet.

c. *Staatsrechtelijk gewoonterecht*
Ook ongeschreven staatsrecht maakt deel uit van de constitutie. Daarbij kan het gaan om staatsrechtelijk gewoonterecht waar een rechtsovertuiging aan ten grondslag ligt, zoals het vertrouwensbeginsel. Dit beginsel houdt onder meer in dat een minister alleen kan functioneren als hij het vertrouwen geniet van de meerderheid van de Tweede Kamer. Bij het ontbreken van dat vertrouwen dient de minister af te treden.

d. *Internationaal recht*
In de internationale regels kunnen bepalingen zijn opgenomen die de bevoegdheden van de organen van de Staat beperken of uitbreiden. (Zie § 2.1.3 over de verhouding tussen het internationale recht en de nationale rechtsorde.)

4.3 De organisatie van de Staat

De functies van de Staat zijn verdeeld over de wetgevende - , de uitvoerende en de rechterlijke macht. Deze machtenscheiding is gebaseerd op de ideeën van Montesquieu (1689–1755) en wordt de Trias Politica genoemd. Op rijksniveau is het parlement (de volksvertegenwoordiging) in samenwerking met de regering de wetgevende macht in Nederland. De uitvoerende macht in Nederland wordt gevormd door de regering en lagere overheidsorganen. De rechterlijke macht is belast met het berechten van geschillen die ontstaan bij de uitvoering van de regelgeving door de overheid en van geschillen die ontstaan tussen de burgers onderling.

Achtereenvolgens behandelen we in deze paragraaf de samenstelling, werkwijze, taken en bevoegdheden van het parlement en de regering. Vervolgens gaan we in op de organisatie, taken en bevoegdheden van de lagere overheidsorganen. Tot slot wordt de rechterlijke organisatie beschreven.

4.3.1 Het parlement

Samenstelling en werkwijze
Het parlement (de Staten-Generaal) bestaat uit de Tweede Kamer en de Eerste Kamer. De Kamers vormen de vertegenwoordiging van het volk. De Tweede Kamer bestaat uit 150 leden en de Eerste Kamer bestaat uit 75 leden.

In vierjaarlijkse verkiezingen wordt de politieke samenstelling van de Kamers bepaald. De leden van de Tweede Kamer worden rechtstreeks gekozen door de kiesgerechtigden (Nederlanders van 18 jaar en ouder) via het stelsel van evenredige vertegenwoordiging. De leden van de Eerste Kamer worden gekozen door de leden van provinciale staten, drie maanden nadat deze zijn verkozen door de kiesgerechtigden in de provincies.

In de Kamers zijn de politieke partijen in fracties vertegenwoordigd. Elke fractie heeft een fractievoorzitter. Tijdens vergaderingen mag elk kamerlid over ieder onderwerp dat aan de orde wordt gesteld het woord voeren. Om te kunnen vergaderen en besluiten te kunnen nemen, is het noodzakelijk dat meer dan de helft van het aantal zittende leden aanwezig is. Dit aantal wordt het quorum genoemd. Om een voorstel te kunnen aannemen moet een meerderheid van de Kamer het met het voorstel eens zijn. Alleen in geval van bijzondere besluiten wordt een gekwalificeerde meerderheid van de stemmen vereist.

> Een verdrag dat bepalingen bevat die afwijken van de Grondwet wordt bijvoorbeeld alleen aangenomen bij een tweederde meerderheid van het aantal uitgebrachte stemmen (art. 91 lid 3 Gw).

Ter voorbereiding van de vergaderingen van de Kamers wordt in kamercommissies

81

een voorstel voorbereid. De Reglementen van Orde van de beide Tweede en de Eerste Kamer bevatten bepalingen over de werkwijze van deze commissies.

> Er zijn verschillende kamercommissies voor verschillende thema's. Voor ieder ministerie en voor een aantal belangrijke beleidskwesties bestaan vaste commissies, bijvoorbeeld de Commissie voor Volkshuisvesting, Ruimtelijke Ordening en Milieubeheer en de Commissie voor Buitenlandse Zaken. Van de vergaderingen wordt een verslag gemaakt. De vergaderingen van de commissies van de Tweede Kamer zijn in beginsel openbaar.

De leden van het parlement hebben vrijheid van spreken tijdens vergaderingen in het parlement. Zij zijn onschendbaar, dat wil zeggen dat zij in de uitoefening van hun functie niet bang hoeven te zijn voor justitieel optreden. In geval van ambtsmisdrijven worden zij niet aan een gewone justitiële procedure onderworpen, maar kunnen zij via een speciale procedure alleen door de Hoge Raad berecht worden (art. 119 Gw).

Taken en bevoegdheden
Het parlement heeft twee taken: wetgeven en controleren. De leden van de Tweede Kamer hebben een belangrijk aandeel in de totstandkoming van de wetgeving. Ieder van de leden heeft het recht een voorstel tot wetgeving in te dienen, het recht van initiatief. Van groot belang is het recht van ieder lid van de Tweede Kamer om wijzigingen aan te brengen in de wetsvoorstellen die behandeld worden: het recht van amendement.

> Voordat het hoofdstuk over vergunningen en algemene regels in de Wet milieubeheer uiteindelijk werd goedgekeurd, werden door de leden van de Tweede Kamer zo'n 25 amendementen ingediend.

Amendementen gaan over de formulering van een bepaald wetsartikel, maar soms ook over de achtergrond en het doel van de wet in het algemeen.
Met het indienen van amendementen kan de Tweede Kamer druk uitoefenen op de regering. In sommige gevallen dient de Tweede Kamer een amendement in dat voor een minister zodanig ver gaat, dat deze het onaanvaardbaar acht om aan het verzoek van de Tweede Kamer te voldoen. Wanneer de Tweede Kamer het amendement vervolgens toch aanneemt, ontstaat de noodzaak voor de minister om af te treden. Als de andere ministers zich solidair verklaren, kan er sprake zijn van een kabinetscrisis, waarbij het gehele kabinet aftreedt.
De leden van de Eerste Kamer hebben geen recht van initiatief en ook geen recht van amendement. De Eerste Kamer beoordeelt na de Tweede Kamer nog eens de wetsvoorstellen en kan alleen haar stem uitbrengen over het wetsontwerp als geheel. De Eerste Kamer bekijkt met name of het wetsvoorstel overeenstemt met de Grondwet en de heersende rechtsovertuiging. Wanneer de Eerste Kamer niet

82

akkoord gaat, kan het gebeuren dat het voorstel niet verder wordt behandeld.

> In sommige gevallen worden op basis van de behandeling in de Eerste Kamer door de regering alsnog wijzigingen in de wetsvoorstellen aangebracht, waarna het voorstel opnieuw in de Tweede en Eerste Kamer wordt behandeld. Een dergelijke verkapte vorm van amendement van de Eerste Kamer wordt 'novelle' genoemd. Dit is bijvoorbeeld in 1993 gebeurd bij de wijziging van art. 75 van de Wet bodembescherming.

Het belangrijkste controlemiddel voor het parlement is het recht van interpellatie. Dat is het recht om op ieder gewenst moment inlichtingen te vragen aan de minister buiten de agenda om. Voor het stellen van dergelijke vragen moet toestemming van de Kamer worden gekregen. De minister moet een antwoord geven op de gestelde vragen, tenzij het verstrekken van de inlichtingen 'in strijd is met het belang van de Staat' (art. 68 Gw).

Daarnaast heeft elk kamerlid het recht om vragen aan een minister te stellen. Dit wordt het vragenrecht genoemd. De vragen kunnen mondeling of schriftelijk door de minister worden beantwoord. Bij mondelinge beantwoording door de minister in de Kamer kunnen de kamerleden nog aanvullende vragen stellen.

De Kamer heeft nog een andere mogelijkheid tot beïnvloeding van de regering, namelijk door een motie in te dienen. De indiening moet door minstens vijf kamerleden worden gedaan. De motie wordt door de Kamer behandeld bij de beraadslaging over het onderwerp waarop de motie betrekking heeft. Soms hebben moties vergaande politieke gevolgen, omdat daardoor tegenstellingen tussen de Kamer en de regering aan het licht komen. Met het aannemen van de 'motie van wantrouwen' kan de Kamer aangeven dat geen vertrouwen meer bestaat in een minister of in het gehele kabinet.

Jaarlijks controleert het parlement de begroting. Deze controletaak van de Kamers wordt het budgetrecht genoemd. Dat is het recht van de Kamers om de hoogte van de rijksuitgaven vast te stellen en het doel en nut daarvan te bepalen.

Beide Kamers hebben het recht van enquête, dat wil zeggen dat onderzoek wordt ingesteld om uit te vinden op welke wijze bepaalde beleidskeuzes hebben plaatsgevonden. Voor de uitvoering van de enquête kan een commissie worden ingesteld, die getuigen of deskundigen kan doen verschijnen en horen. Van het recht van enquête lijkt in toenemende mate gebruik te worden gemaakt.

> Een voorbeeld is de parlementaire enquête die in 1998-1999 is gehouden naar de toedracht van de vliegramp in de Bijlmermeer van 4 oktober 1992, de lading van het vliegtuig en het optreden en de rol van de overheidsinstanties na de ramp en de afwikkeling ervan.

Voor een goede uitoefening van de taken en bevoegdheden moet het parlement ervoor zorgen geïnformeerd te zijn over de plannen van de regering, de feitelijke probleemsituaties in Nederland en het buitenland, de mening van de bevolking en nieuwe ontwikkelingen. Het initiatief van de Kamer tot het aansnijden van bepaalde onderwerpen moet daarom gevoed worden door de verschillende belanghebbenden van buitenaf, zoals bijvoorbeeld belangenorganisaties.

4.3.2 De regering

Samenstelling en werkwijze

De regering bestaat uit de Koning(in) en de ministers. De Koning(in) is niet verantwoordelijk voor het beleid van de regering. De ministers zijn gezamenlijk verantwoordelijk voor de daden van de Koning(in), voor het algehele beleid en ieder afzonderlijk voor het eigen beleid. Op het moment dat het parlement geen vertrouwen meer heeft in (één van) de ministers, moet(en) de minister(s) aftreden. In de voorgaande paragraaf kwam aan de orde dat het parlement dat wantrouwen kan laten blijken met een motie van wantrouwen.

De ministers kunnen bij de uitvoering van hun taken worden bijgestaan door een staatssecretaris. Gezamenlijk worden zij het kabinet genoemd. Staatssecretarissen maken geen deel uit van de ministerraad. In de praktijk heeft een staatssecretaris evenwel een zelfstandige positie. Dat blijkt bijvoorbeeld uit het feit dat wetten en koninklijke besluiten in plaats van een minister ook door een staatssecretaris mogen worden ondertekend.

Regering en kabinet

REGERING	KABINET
Koning(in) *Ministers*	*Ministers* *Staatssecretarissen*

De ministers vergaderen in de ministerraad. Daar wordt besloten over het algemene regeringsbeleid. Gezamenlijk besluiten de ministers over ontwerpen van wet of algemene maatregelen van bestuur, over het ter goedkeuring voordragen van internationale overeenkomsten aan de Staten-Generaal, over het benoemen van bepaalde hoge ambtenaren en burgemeesters van grote en middelgrote steden (met meer dan 50.000 inwoners) en over beleidskwesties die het algemene regeringsbeleid raken. Hier geldt een collectieve ministeriële verantwoordelijkheid.

Ministeries

De ministers die een portefeuille hebben, staan aan het hoofd van een ministerie. In het ministerie zijn ambtenaren werkzaam die het beleid en de wetsvoorstellen voorbereiden. Binnen een ministerie is een grote deskundigheid aanwezig. Bij de verschillende directies en afdelingen van de ministeries worden over verschillende onderdelen van het ministerieel beleid ambtelijke rapporten, nota's en concept-brieven geschreven. Deze stukken vormen de basis voor ministeriële beslissingen. Voordat het voorbereide beleid vanuit een ministerie openbaar wordt gemaakt, is er veelal al een heel traject van overleg binnen het ministerie en eventueel met andere ministeries doorlopen. Ook is er veel overleg met de doelgroepen die met het beleid te maken zullen krijgen. Het is de bedoeling dat op deze wijze verschillende groepen uit de samenleving hun wensen over het beleid in een vroeg stadium kunnen uiten, zodat het draagvlak voor het beleid vergroot wordt. Voordat een voorstel voor bepaald beleid uiteindelijk het ministerie verlaat, heeft er dus vaak al een groot aantal betrokkenen naar gekeken. Het hangt van de omvang van het onderwerp en de politieke belangstelling daarvoor af, hoeveel tijd het overlegtraject vergt.

Het zou te veel tijd kosten wanneer een minister zich persoonlijk over elk probleem moet buigen. In veel gevallen nemen de ambtenaren dan ook zelfstandig beslis-singen, alhoewel de minister verantwoordelijk blijft. Door topambtenaren wordt veel overleg gevoerd met verschillende ministeries in Nederland en ook in internationaal verband met ministeries van andere landen.

Voor een nieuwe minister is het meestal niet gemakkelijk vat te krijgen op het ambtenarencorps. Vanwege de macht die de ambtenaren met hun grote deskun-digheid kunnen uitoefenen op de minister, worden ze wel aangeduid als 'de vierde macht'. Daarmee wordt aangeduid dat ze een extra macht vormen naast de wetgevende, uitvoerende en rechterlijke macht.

De regelgeving en het beleid voor het milieubeheer worden voor een groot deel voorbereid op het ministerie van Volkshuisvesting, Ruimtelijke Ordening en Milieubeheer (VROM), met name door het Directoraat-Generaal Milieu (DGM). Naast het ministerie van VROM zijn ook de ministeries van Verkeer en Waterstaat (V en W), van Landbouw, Natuurbeheer en Voedselkwaliteit (LNV) en van Econo-mische Zaken (EZ) nauw betrokken bij de totstandkoming van het milieubeleid.

Taken en bevoegdheden

De belangrijkste bevoegdheid van de Koning(in) is de benoeming van de infor-mateurs en formateurs voor de kabinetsformatie. De informateur en formateur onderzoeken de mogelijkheden van samenwerking van verschillende partijen in een regering en de mogelijkheden van de vorming van een kabinet.

De taak van de regering is de uitvoering van nationaal en internationaal beleid. Het parlement draagt in samenwerking met de regering de zorg voor het opstellen van de wetgeving.

De regering kan zelf het initiatief nemen tot het indienen van wetsvoorstellen. De regering is bevoegd tot het uitoefenen van een aantal bestuursbevoegdheden, zoals de benoeming van de leden van de rechterlijke macht, de commissaris der Koning(in) en de burgemeesters. De regering is bevoegd de internationale betrekkingen namens het Koninkrijk te onderhouden. De regering kan tot slot toezicht uitoefenen op bepaalde besluiten van provincies en gemeenten.

Adviesorganen
Ter voorbereiding van de beslissingen van de regering bestaat de behoefte aan inbreng van onafhankelijke deskundigen. Twee belangrijke adviescolleges vinden hun grondslag in de Grondwet. Dat zijn de Raad van State en de Algemene Rekenkamer.
De Raad van State wordt formeel voorgezeten door de Koning(in). Deze taak wordt in de praktijk vervuld door de vice-voorzitter. De Raad bestaat ten hoogste uit 28 leden ('staatsraden'), die voor het leven worden benoemd. De verschillende taken van de Raad worden voorbereid door ambtenaren.
In verschillende afdelingen van de Raad van State worden de volgende taken verricht:
–   Afdeling wetgeving: voorbereiding van adviezen over wetten, amvb's en ontwerpverdragen;
–   Afdeling bestuursrechtspraak: behandeling van geschillen.

Voor de meeste geschillen die voortvloeien uit de toepassing van de wetgeving op het gebied van milieu en ruimtelijke ordening is de Afdeling bestuursrechtspraak in eerste aanleg bevoegd. Voor andere geschillen, die eerst zijn behandeld bij de administratieve kamers van de rechtbanken, kan bij de Afdeling bestuursrechtspraak hoger beroep worden ingesteld. In § 5.7.5 wordt uitgebreid ingegaan op de bevoegdheden van de Afdeling bestuursrechtspraak.

De Algemene Rekenkamer heeft tot taak de ontvangsten en uitgaven van het Rijk te onderzoeken. De Rekenkamer controleert daarbij ook of het rijk beleid uitvoert zoals de bedoeling was. Indien de Rekenkamer de begroting van de regering heeft goedgekeurd, wordt deze aan de Staten-Generaal overgelegd.

Adviesorganen betreffende het milieu
Ook op milieugebied is een aantal vaste adviesorganen ingesteld. In de Wet milieubeheer is een apart hoofdstuk gewijd aan adviesorganen. Hoofdstuk 2 Wm noemt er vier: de Nederlandse emissieautoriteit (art. 2.1 – 2.16c), de Commissie voor de milieu-effectrapportage (art. 2.17 – 2.24), de Commissie genetische modificatie (art. 2.25 – 2.40) en de provinciale milieucommissie (art. 2.41) (zie over de Commissie voor de milieu-effectrapportage § 6.6).

4.3.3 De lagere overheden

Decentralisatie

In de Grondwet is een aantal bevoegdheden toegekend aan overheidsorganen die niet tot de centrale overheid behoren. Dit wordt decentralisatie genoemd. Bij decentralisatie wordt onderscheid gemaakt tussen territoriale decentralisatie en functionele decentralisatie. Territoriale decentralisatie duidt op het toedelen van bevoegdheden aan organen die binnen een bepaald gebied bevoegdheden uitoefenen, zoals de organen van provincies en gemeenten. Bij functionele decentralisatie staat de centrale overheid haar bevoegdheden af aan andere overheidsorganen op grond van hun functie.

> Een voorbeeld van functionele decentralisatie is het toekennen van bevoegdheden ten aanzien van de kwaliteit en kwantiteit van regionale wateren aan de besturen van de waterschappen (zie § 5.3.1).

Autonomie en medebewind

Bij de decentralisatie van bevoegdheden aan organen van lagere publiekrechtelijke lichamen kan sprake zijn van autonomie of medebewind. Voor provincies en gemeenten is dit onderscheid in artikel 124 van de Grondwet aangegeven. Lid 1 luidt: 'Voor provincies en gemeenten wordt de bevoegdheid tot regeling en bestuur inzake hun huishouding aan hun besturen overgelaten.' Lid 2 vervolgt: 'Regeling en bestuur kunnen van de besturen van provincies en gemeenten worden gevorderd bij of krachtens de wet.'

Er is sprake van autonomie, als er een bepaalde mate van vrijheid bestaat om al of niet zelfstandig op te treden in eigen aangelegenheden (lid 1).

> Zo heeft de gemeenteraad de bevoegdheid de verordeningen te maken die hij in het belang van de gemeente nodig oordeelt (art. 149 Gemeentewet).

Met medebewind wordt bedoeld een bepaalde plicht van de lagere overheden om mee te werken aan de uitvoering van hogere regelingen (lid 2). Soms is ook een nadere invulling mogelijk.

> Een voorbeeld van medebewind is de plicht, op grond van de Wet milieubeheer, voor provinciale staten om een milieuverordening vast te stellen (art. 1.2 Wm).

Bij de verdeling van de bevoegdheden over verschillende overheidsorganen is het noodzakelijk dat toezicht mogelijk is op de wijze waarop de bevoegdheden worden uitgeoefend. Voor sommige besluiten van de gemeente dient de provincie haar goedkeuring te verlenen en voor sommige besluiten van de provincie de minister. Goedkeuring van een hoger bestuursorgaan wordt aangeduid met preventief toezicht.

Een voorbeeld van preventief toezicht doet zich voor bij bestemmingsplannen. Nadat de gemeenteraad een bestemmingsplan heeft vastgesteld, moet het plan, voordat het in werking kan treden, worden goedgekeurd door gedeputeerde staten (art. 28 lid 1 Wet ruimtelijke ordening).

Als een lagere overheid een besluit neemt dat in strijd met het recht of met het algemeen belang wordt geacht, kan dat besluit worden vernietigd bij Koninklijk Besluit (repressief toezicht). De uitwerking van de taken en bevoegdheden van de provincies en gemeenten is te vinden in de Provinciewet en in de Gemeentewet. De uitvoering van het milieubeleid vindt bij de provincies en gemeenten plaats door het opstellen van plannen, het verlenen van vergunningen en het maken van eigen regelgeving (verordeningen) ter nadere invulling van regelgeving op rijksniveau. Daarnaast zijn zij degenen die kunnen aangeven in welke mate het beleid van de centrale overheid uitvoerbaar is. Bij de totstandkoming van beleid of regelgeving wordt dan ook nauw overleg gevoerd met de belangenorganisaties van de gemeenten (Vereniging van Nederlandse Gemeenten) en provincies (Interprovinciaal overleg).

Provincies
Nederland bestaat uit twaalf provincies. Het provinciaal bestuur bestaat uit drie organen:
– algemeen bestuur: provinciale staten;
– dagelijks bestuur: college van gedeputeerde staten;
– voorzitter: commissaris der Koning(in).

De provinciale staten zijn het hoogste orgaan binnen de provincie. Zij kunnen statencommissies instellen die de besluitvorming voorbereiden. Provinciale staten en gedeputeerde staten kunnen bestuurscommissies instellen, waaraan zij taken overdragen. De samenstelling van de provinciale staten wordt eens per vier jaar bepaald tijdens verkiezingen door de ingezetenen van de provincie.
De leden van de provinciale staten kiezen vervolgens de leden van de gedeputeerde staten voor een periode van vier jaar. De vergaderingen van provinciale staten zijn openbaar, maar die van gedeputeerde staten zijn gesloten. De commissaris der Koning(in) zit de vergaderingen van provinciale staten en van gedeputeerde staten voor. Hij heeft in de vergadering van provinciale staten een raadgevende stem en in die van gedeputeerde staten heeft hij stemrecht.
De provincie verkrijgt haar inkomsten uit een Provinciefonds en daarnaast uit belastingen. Het Provinciefonds wordt gevoed uit rijksopbrengsten.

Gemeenten

Nederland telt begin 2005 467 gemeenten. Voor het grootste deel is de organisatie van de gemeenten vergelijkbaar met die van de provincies. De organen van de gemeente zijn:
- algemeen bestuur: gemeenteraad;
- dagelijks bestuur: college van burgemeester en wethouders;
- voorzitter: burgemeester.

De gemeenteraad is het hoogste orgaan van de gemeente. De samenstelling van de gemeenteraad wordt bij de vierjaarlijkse verkiezingen door de ingezetenen van de gemeente vastgesteld. De Raad kan raadscommissies instellen die de besluit-vorming van de Raad voorbereiden. De Raad, het college of de burgemeester kunnen bestuurscommissies instellen waaraan zij bepaalde bevoegdheden overdragen. De burgemeester vormt met de wethouders het college van burgemeester en wethouders (B en W). De wethouders worden door de gemeenteraad gekozen. De burgemeester wordt voor een periode van zes jaren benoemd bij Koninklijk Besluit. De vergaderingen van de gemeenteraad zijn openbaar, maar die van het college zijn gesloten. De burgemeester heeft een raadgevende stem in de gemeenteraad en heeft stemrecht in het college van B en W, hetgeen vergelijkbaar is met de stem van de commissaris van de Koningin in de provinciale organen.

In Amsterdam en Rotterdam zijn stadsdeelraadgebieden ingesteld. Stadsdeelraden zijn bedoeld om het contact tussen het bestuur en de bevolking beter te laten verlopen. De deelraden worden rechtstreeks door de ingezetenen gekozen. Aan die deelraden kunnen een aantal bevoegdheden worden overgedragen, waardoor de deelraad als algemeen vertegenwoordigend orgaan van de gemeente kan worden aangemerkt. In 2005 heeft Amsterdam vijftien stadsdelen, waarvan veertien een deelraad hebben. Stadsdeel Westpoort valt onder het centrale stadsbestuur. Rotterdam telt elf deelraden, een adviesraad (centrum) en een wijkraad (Pernis).

De inkomsten van een gemeente komen in hoofdzaak uit belastingen die de gemeenten van hun inwoners heffen, zoals de onroerende-zaakbelasting en de toeristenbelasting. Daarnaast ontvangen de gemeenten jaarlijks inkomsten uit het Gemeentefonds. Het Gemeentefonds bestaat uit rijksopbrengsten.

Dualisering gemeente- en provinciebesturen

Sinds 2002 is de Wet dualisering gemeentebestuur van kracht (Stb. 2002, 111 en 112). Deze wet heeft tot doel de rolverdeling tussen de gemeenteraad en het college van B en W te verduidelijken en het politieke karakter van het lokale bestuur te versterken. Dat gebeurt onder meer door het 'ontvlechten' van het wethouderschap en het raadslidmaatschap. Wethouders mogen niet langer ook raadslid zijn en ook niet-raadsleden kunnen wethouder worden. Ook heeft de raad nieuwe bevoegdheden en rechten gekregen (bijvoorbeeld een onderzoeksrecht en recht op ambtelijke bijstand) ter versterking van de volksvertegenwoordigende en controlerende functies van de raad. Gemeenten hebben sindsdien behalve een secretaris (voor het college) ook een griffier (voor de raad).

In 2003 kwam ook voor de inrichting en werkwijze van het provinciale bestuur een 'dualisering' tot stand (Stb. 2003, 17 en 18). Op vergelijkbare wijze als bij het gemeentelijk bestuur is hier sprake van een 'ontvlechting' van functies. Bestuursbevoegdheden worden bij gedeputeerde staten geconcentreerd en de volksvertegenwoordigende en controlerende functies van provinciale staten worden versterkt. Gedeputeerde staten moeten actief alle inlichtingen verstrekken die provinciale staten nodig hebben voor het uitoefenen van hun taak. Provinciale staten worden ondersteund door een eigen griffier.

Samenwerkingsverbanden
Nederland kent volgens de Grondwet drie bestuurslagen: Rijk, provincie en ge-meente. Veel problemen en overheidstaken blijken echter om een ander, meer regionaal schaalniveau te vragen. Initiatieven om in verband hiermee het aantal provincies te vergroten en om een vierde bestuurslaag in de vorm van regio's in te stellen, zijn niet doorgegaan. Wel is het plaatselijk bestuur versterkt door samenvoeging van gemeenten. Ook is op grote schaal gebruikt gemaakt van het versterken van samenwerking tussen lagere overheden, met name gemeenten, op grond van de Wet gemeenschappelijke regelingen (Wgr). Elke provincie is daartoe opgedeeld in zgn. samenwerkingsgebieden. Verschillende gemeenten binnen dergelijke gebieden hebben samenwerkingsverbanden opgezet om bepaalde belan-gen beter te kunnen behartigen, zoals bijvoorbeeld de handhaving van milieu-voorschriften. Samenwerkingsverbanden zijn ook mogelijk tussen andere lagere overheden, bijvoorbeeld een provincie en een waterschap. Ingeval van samenwer-king worden bevoegdheden die de afzonderlijke bestuursorganen hadden om het bepaalde belang te kunnen behartigen, overgedragen aan het bestuur van zo'n sa-menwerkingsverband. Een bijzondere positie wordt ingenomen door de regionale openbare lichamen. Dit zijn samenwerkingsverbanden met een zwaarder en meer verplichtend karakter, die in de plaats komen van reeds bestaande samenwer-kingsverbanden.

Voorbeelden hiervan waren de agglomeratie Eindhoven en het openbaar lichaam Rijnmond.

Een begin 2005 aanhangige wijziging van de Wgr heeft tot doel zogenoemde 'plusregio's' in te stellen, ter versterking van de regionale samenwerking rond zeven grote steden: Amsterdam, Rotterdam, Den Haag, Utrecht, Eindhoven, Enschede/Hengelo en Arnhem/Nijmegen (Kamerstukken 29 532). Deze in de wijzigingswet aangewezen plusregio's zullen in de plaats komen van de mogelijkheden die de Kaderwet bestuur in verandering bood tot het instellen van regionale samenwerkingsverbanden rond deze steden.

Waterschappen

De waterschappen zijn ingesteld voor het beheer van de kwantiteit en/of de kwaliteit van het water. Vanouds is in ons land de beheersing van de kwantiteit van het water van groot belang. Daarvoor zijn dammen en dijken aangelegd en zijn voorzieningen getroffen voor de afvoer van overtollig water. Sinds de jaren zestig van de vorige eeuw is ook de zuivering van het afvalwater en het verbeteren en instandhouden van de kwaliteit van het oppervlaktewater een belangrijke doelstelling. Daartoe zijn nieuwe zuiveringschappen opgericht. De zogenoemde 'all-in-waterschappen' hebben zowel kwantiteits- als kwaliteitstaken. De provincie is bevoegd tot het instellen en opheffen van waterschappen. Dit is geregeld in de Waterschapswet.

Het beheer van de waterkwaliteit was voorheen aan de provinciebesturen opgedragen, die deze taak konden delegeren aan de waterschapsbesturen. Inmiddels is het beheer rechtstreeks aan de waterschappen opgedragen. Dit geldt niet voor de wateren in beheer bij het Rijk, waarvoor de minister van Verkeer en Waterstaat het bevoegd gezag is. Dit is geregeld in de Wet verontreiniging oppervlaktewateren.

Het algemeen bestuur van het waterschap is samengesteld uit categorieën van belanghebbenden bij de waterschapstaken. Er zijn vier categorieën van eigenaren en gebruikers van onroerende zaken en een categorie ingezetenen. Ook voor het stemrecht is deze categorie-indeling bepalend (art. 10-24 Waterschapswet).

De rol van de water- en zuiveringschappen bij de bescherming van het leefmilieu is van groot belang. Daartoe houden de waterschappen zich onder meer bezig met de bemonstering van het water, de aanleg van zuiveringsinstallaties en de waterzuivering. Zij heffen daarvoor belastingen. Daarnaast verlenen de waterschappen op grond van de Wet verontreiniging oppervlaktewateren vergunningen voor lozingen op oppervlaktewateren.

Deconcentratie

Van deconcentratie wordt gesproken indien taken en bevoegdheden van de rijksoverheid worden toebedeeld aan ambtenaren in buitendiensten en inspecties van de rijksoverheid. De diensten blijven verantwoordelijkheid behouden jegens het rijksorgaan; de ambtenaren blijven rijksambtenaren.

Een voorbeeld van deconcentratie is de VROM-Inspectie, met vijf regionale milieuinspecties. Deze inspectie heeft als taak de controle van de naleving van de milieuregelgeving en het milieubeleid. De taak van deze inspecties is het toezicht op bedrijven met het oog op de naleving van de milieuregelgeving en het toezien op de uitoefening van de bevoegdheden op milieugebied door de lagere overheden en daarover verslag uitbrengen aan de minister van VROM. Daarnaast verlenen de inspecties bijstand aan de lagere overheden bij de uitvoering van milieubeleid. Ingeval de inspecties het niet eens zijn met de wijze waarop de lagere overheden de milieubelangen bij hun besluiten betrekken, kunnen ze beroep aantekenen tegen het besluit. Voor het instellen van dat beroep moet de minister toestemming geven.

Ook diensten van andere ministeries spelen een rol bij het milieubeleid, zoals de regionale directies van Rijkswaterstaat (onderdeel van het Ministerie van Verkeer en Waterstaat) en de Dienst Landelijk Gebied (onderdeel van het Ministerie van Landbouw, Natuurbeheer en Voedselkwaliteit). De regionale directies richten zich op het beheren, onderhouden en ontwikkelen van infrastructuur, verkeer en waterbeheer, respectievelijk op de inrichting van de inrichting van groene gebieden voor recreatie, natuur, water of landbouw. Bij deze activiteiten hebben de diensten ook te maken met het belang van natuur en milieu.

4.3.4   Rechterlijke macht

De rechterlijke macht heeft tot taak het beslissen van geschillen op grond van het recht. Voor deze rechtspraak zijn er waarborgen van onafhankelijkheid, onpartijdigheid en deskundigheid. Bij het beslissen van een geschil past de rechter niet alleen rechtsregels toe, maar interpreteert hij ook het van toepassing zijnde recht. Een rechtsregel kan onvoldoende duidelijk zijn geformuleerd, of soms kan de wet achterlopen bij de veranderde maatschappelijke ontwikkelingen, waardoor interpretatie van een rechtsregel nodig kan zijn.

De rechter kan het recht op verschillende wijzen uitleggen. We noemen hier twee interpretatiemethoden. Het is mogelijk het recht te beschouwen vanuit wetshistorisch perspectief, waarbij de rechter zich afvraagt wat de wetgever met de bepaling bedoeld zou hebben. Een andere interpretatie is de anticipatie, waarbij de rechter bij de uitleg van een wetsbepaling rekening houdt met de toekomstige wetgeving. Dat kan zich voordoen als voor een situatie nog geen regeling bestaat die een oplossing kan bieden.

Bevoegdheden en taken voor de rechtspraak zijn onder meer neergelegd in de art. 112-122 Gw en in de Wet op de rechterlijke organisatie (WRO).

De zittingen van rechters zijn openbaar, tenzij de wet anders bepaalt of tenzij de rechters om dwingende redenen bevelen dat het geding met gesloten deuren zal plaatsvinden. Wanneer meerdere rechters een geschil behandelen ('meervoudige kamer') komt de beslissing daarover tot stand in de 'raadkamer'. Van de discussies in die raadkamer mag niets naar buitenkomen (art. 7 lid 3 WRO). Het is voor partijen dus niet kenbaar of beslissingen unaniem of met meerderheid van stemmen zijn genomen.

Een belangrijke regel voor de rechter is dat de rechter bij zijn toetsing aan rechtsregels niet mag treden in de beoordeling van de grondwettigheid van wetten en verdragen. Deze regel is opgenomen in art. 120 Gw. De gedachtegang achter deze bepaling is dat niet de rechter maar de wetgever moet beoordelen of wetten grondwettig zijn.

Er is een Raad voor de rechtspraak, die zich onder meer bezighoudt de bedrijfsvoering van de gerechten. De minister van justitie kan deze Raad algemene aanwijzingen geven inzake de taakuitoefening (art. 93 WRO).

Wanneer iemand een geschil aan de rechter wil voorleggen, rijst de vraag welke rechter bevoegd is. Deze bevoegdheidsvraag valt in drie delen uiteen: bij welke rechterlijke instantie (bijvoorbeeld arrondissementsrechtbank of gerechtshof), bij welk type rechter (burgerlijke rechter, bestuursrechter of strafrechter) en in welke plaats moet het geschil worden behandeld? De eerste twee vragen betreffen de absolute competentie, de derde vraag gaat over de relatieve competentie.

Absolute competentie
Er zijn drie soorten rechters: de burgerlijke rechter, de strafrechter en de bestuurs-rechter. De burgerlijke rechter en strafrechter worden ook wel aangeduid als de gewone rechter. Een andere naam voor bestuursrechter is administratieve rechter. De drie typen rechters oordelen ieder over andere soorten geschillen.
De burgerlijke rechter richt zich op de behandeling van geschillen tussen burgers onderling, waarbij de ene burger iets van de andere burger vordert.

> Wanneer bijvoorbeeld iemand veel geluidsoverlast van zijn lawaaiige buurvrouw heeft, kan hij bij de burgerlijke rechter onder meer een verbod van de gedraging of schadevergoeding vorderen.

De strafrechter berecht de overtredingen van de wet die worden aangeduid als strafbare feiten. Voor de strafrechter staat een verdachte tegenover het Openbaar Ministerie, de aanklager.

> Een officier van justitie kan bijvoorbeeld iemand die zonder vergunning via een pijp afvalstoffen op het oppervlaktewater loost, dagvaarden omdat dit een delict is dat een strafbaar feit oplevert. Deze lozing is verboden in de Wet verontreiniging oppervlaktewateren en is strafbaar gesteld in de Wet op de economische delicten (zie § 7.1.4).

De bestuursrechter beslist in geschillen tussen een burger en een bestuursorgaan. Een dergelijk geschil kan zich voordoen als een burger meent dat het bestuursor-gaan een onzorgvuldig besluit heeft genomen. Ook worden aan de bestuursrechter geschillen tussen bestuursorganen onderling voorgelegd.

> Zo kan een varkensboer bij de bestuursrechter in beroep gaan tegen een vergunning die de gemeente aan hem verleend heeft voor het houden van varkens, wanneer hij vindt dat de vergunningvoorschriften te streng zijn. Een milieuorganisatie kan tegen dezelfde vergunning in beroep gaan wanneer zij vindt dat de vergunningvoorschriften juist te soepel zijn.

93

De drie soorten rechters opereren op verschillende niveaus. De rechterlijke macht bestaat voor wat betreft de berechting van straf- en burgerlijke zaken uit arrondissementsrechtbanken (met daarbinnen de sector kanton), gerechtshoven en de Hoge Raad.

De regels voor de taken en bevoegdheden van de rechterlijke macht in straf- en burgerlijke zaken zijn te vinden in de Wet RO en in het Wetboek van burgerlijke rechtsvordering (Rv).

De organisatie van de rechterlijke macht voor bestuurszaken is nogal versnipperd over verschillende rechters: de (sectoren bestuursrecht bij de) arrondissementsrechtbanken, de Afdeling bestuursrechtspraak van de Raad van State, de (belastingkamers bij de) gerechtshoven en de Hoge Raad, de Raden van Beroep en de Centrale Raad van Beroep, het College van Beroep voor het bedrijfsleven en het College van Beroep Studiefinanciering.

De regels voor de taken en bevoegdheden van de bestuursrechter staan voor de verschillende organen verspreid over verschillende wetten, zoals in hoofdstuk 8 de Awb, in de Wet op de Raad van State (voor beroep bij de Afdeling bestuursrechtspraak van de Raad van State), in de Wet bestuursrechtspraak bedrijfsorganisatie (voor beroep bij het College van Beroep voor het bedrijfsleven), in de Beroepswet (voor beroep bij de Raden van Beroep en de Centrale Raad van Beroep) en in de Wet administratieve rechtspraak belastingzaken (voor beroep in belastingzaken bij de gerechtshoven).

Bij welke rechter men terecht kan, is afhankelijk van het onderwerp van het geschil. We bespreken hierna kort de gang van zaken bij bestuursrechtelijke milieugeschillen. In § 5.7 wordt daar verder op ingegaan. De gang van zaken bij civiele en strafzaken bespreken we iets uitgebreider.

- Bestuursgeschillen
In het bestuursrechtelijke milieurecht zijn met name de rechtbanken (sector bestuursrecht) en de Afdeling bestuursrechtspraak van de Raad van State (ABRvS) van belang. De ABRvS is gevestigd in Den Haag. Bij de Afdeling bestuursrechtspraak kan iemand terechtkomen die recht zoekt in een bestuursrechtelijke aangelegenheid. Het geschil betreft dan een besluit van een bestuursorgaan of de uitspraak van een rechtbank over zo'n besluit.

De hoofdregel is dat bestuurlijke geschillen in eerste aanleg bij de arrondissementsrechtbank (sector bestuursrecht) worden voorgelegd, waarna hoger beroep kan worden ingesteld bij de ABRvS. Een in het milieurecht veel voorkomende uitzondering wordt gevormd door besluiten van bestuursorganen die via een zogenaamde openbare voorbereidingsprocedure tot stand zijn gekomen. Beroep tegen dergelijke besluiten dient niet in eerste aanleg te worden ingesteld bij de rechtbank, maar direct bij de ABRvS. Tegen de uitspraak van de ABRvS is geen hoger beroep mogelijk.

Aangezien het milieurecht voor het overgrote deel bestuursrechtelijk van aard is, komen veel milieurechtelijke geschillen op het bord van de bestuursrechter terecht. Een uitgebreide behandeling van de rechtsgang in bestuursrechtelijke milieuzaken vindt plaats in § 5.7.

– Burgerlijke zaken en strafzaken
De hoofdregel in burgerlijke zaken en strafzaken is dat deze in eerste instantie ('in eerste aanleg') bij de rechtbank terechtkomen. Voor de relatief kleine zaken is de kantonrechter bevoegd. De kantonrechter is tegenwoordig onderdeel van de rechtbank (sector kanton).Wanneer de (kantonrechter van de) rechtbank in eerste aanleg bevoegd is, dan kan tegen het vonnis van de (kantonrechter van de) rechtbank hoger beroep bij het gerechtshof worden ingesteld. Tegen een vonnis is slechts éénmaal hoger beroep mogelijk. Na hoger beroep kan men nog in cassatie gaan bij de Hoge Raad.

Rechtsgang in burgerlijke en strafzaken

De kantonrechter spreekt in enkelvoudige kamer (alleen) recht en behandelt zowel burgerlijke (civiele) zaken als strafzaken. Het gaat in burgerlijke zaken onder meer om vorderingen tot ten hoogste € 5000, om arbeidszaken en om huurzaken (art. 93 Rv). Bij de strafzaken is de kantonrechter bevoegd te oordelen over de lichtere vergrijpen (overtredingen). Een uitspraak van de kantonrechter wordt vonnis genoemd.
De rechtbank neemt in eerste aanleg kennis van alle burgerlijke zaken, tenzij de wet hierop een uitzondering maakt. De zaken worden, behoudens uitzonderingen, behandeld en beslist door enkelvoudige kamers.
Ook van strafzaken neemt de rechtbank in eerste aanleg kennis, tenzij er sprake is

van wettelijke uitzonderingen. De zaken bij de rechtbank zullen doorgaans misdrijven zijn, of zwaardere overtredingen. De strafsector van de rechtbank kent enkelvoudige en meervoudige kamers. Een voorbeeld van een enkelvoudige strafkamer voor strafzaken in eerste aanleg is de (economische) politierechter.
Er zijn negentien arrondissementsrechtbanken. Een uitspraak van de rechtbank wordt vonnis genoemd.

De gerechtshoven oordelen over het hoger beroep tegen rechtbankuitspraken, inclusief die van de sector kanton. Daarnaast zijn ze in belastingzaken het gerecht in eerste aanleg, waarna alleen nog cassatie bij de Hoge Raad mogelijk is. In de kamers hebben steeds drie raadsheren zitting, waarvan één de president is. Er zijn vijf gerechtshoven: Amsterdam, Den Haag, Arnhem, Den Bosch en Leeuwarden. Een uitspraak van het gerechtshof wordt arrest genoemd.

De Hoge Raad bevindt zich in Den Haag. De Raad bestaat uit een president, ten hoogste 7 vice-presidenten, ten hoogste 30 raadsheren en ten hoogste 15 raadsheren in buitengewone dienst (art. 72 Wet RO). De wetgever heeft de Hoge Raad de bevoegdheid gegeven beslissingen van lagere rechters te vernietigen (casseren) als die rechters de procesregels niet in acht hebben genomen of als hun beslissingen anderszins niet in overeenstemming zijn met het geldend recht. Dat betekent dat de Hoge Raad alleen zijn oordeel uitspreekt over zaken waarin sprake lijkt te zijn van schending van het recht of verzuim van vormen. De Hoge Raad doet geen uitspraak over de feiten. De Hoge Raad kan na vernietiging de zaak voor afhandeling terugverwijzen. Een uitspraak van de Hoge Raad wordt arrest genoemd. Een arrest wordt, behoudens wettelijke uitzonderingen, door vijf raadsheren gewezen.

Bij burgerlijke rechtsvorderingen is er een conflict tussen private partijen. Bij strafzaken wordt degene die een rechtsregel heeft overtreden door het Openbaar Ministerie (OM) aangeklaagd voor de rechter.
Het OM is belast met de handhaving van de wetten, de vervolging van strafbare feiten en het doen uitvoeren van strafvonnissen. De officier van justitie is een ambtenaar van het OM, die tot taak heeft bij de rechtbank straffen te vorderen en ten uitvoer te leggen. Hij kan op de hoogte komen van strafbare feiten, doordat bijvoorbeeld een politieambtenaar een proces-verbaal heeft opgemaakt of door zelf onderzoek in te stellen. Het OM kan ook door een belanghebbende worden gewezen op haar taak tot vervolging van de strafbare feiten. Wanneer het OM daar niet op reageert, kan degene die rechtstreeks belanghebbende is, een schriftelijk beklag indienen bij het gerechtshof. Daarop zal worden ingegaan in § 7.3.2.
Het secretariaat van het OM heet het parket. Bij de negentien rechtbanken is een officier van justitie belast met milieuzaken.

Relatieve competentie
Naast de vraag welke rechterlijke instantie en welk type rechter bevoegd is om over

een bepaald geschil te oordelen, is ook de vraag van belang in welke plaats dit moet gebeuren. Met andere woorden, bij welke van de negentien rechtbanken of vijf gerechtshoven moet het geschil aanhangig worden gemaakt? Dit wordt de vraag naar de relatieve competentie genoemd. Voor strafzaken, burgerlijke zaken en bestuurszaken gelden verschillende regels om dit te bepalen. In burgerlijke zaken geldt de hoofdregel dat de rechter bevoegd is in het rechtsgebied waar de gedaagde woont. In strafzaken geldt als hoofdregel dat de rechter bevoegd is in het rechtsgebied waar het strafbare feit is gepleegd. In het bestuursrecht wordt de bevoegdheid van de rechtbank bepaald door wie het besluit waartegen beroep wordt ingesteld heeft genomen. Is het een besluit van de minister, dan is de rechtbank bevoegd in het arrondissement waar degene woont die het beroepschrift heeft ingediend. Als het besluit echter genomen is door een lager bestuursorgaan, bijvoorbeeld gedeputeerde staten, dan is de rechtbank bevoegd in het arrondissement waar het bestuursorgaan zijn zetel heeft.

Nationale ombudsman

De Nationale ombudsman is een onafhankelijke instantie waar de burger kan klagen over overheidsoptreden. De Nationale ombudsman is géén rechter. Wel heeft de klachtbehandeling van de ombudsman een duidelijke rechtsbeschermingsfunctie. Daarnaast heeft de ombudsman een controlefunctie, die blijkt uit vergaande onderzoeksbevoegdheden en de bevoegdheid aanbevelingen te doen. Hij onderzoekt ook op eigen initiatief de wijze waarop een bestuursorgaan zich in een bepaalde situatie heeft gedragen. De Nationale ombudsman wordt benoemd door de Tweede Kamer voor de duur van zes jaren.

Een ieder heeft het recht de ombudsman schriftelijk te verzoeken onderzoek te doen naar de wijze waarop een bestuursorgaan zich tegenover die persoon heeft gedragen. Het overheidsoptreden wordt door de ombudsman getoetst aan het behoorlijkheidscriterium. De ombudsman stelt na het onderzoek een rapport op. Hij stuurt dit aan het bestuursorgaan en de ambtenaar wiens gedrag hij heeft onderzocht. Het oordeel van de ombudsman is niet gelijk aan een rechterlijk oordeel. Hij onderzoekt het gedrag van de overheid tegenover de burger en kan daarbij onrechtvaardigheden signaleren. In het algemeen stelt de ombudsman zich terughoudend op als beroep bij een onafhankelijke rechter mogelijk is. Regels omtrent de Nationale ombudsman zijn te vinden in de Wet Nationale ombudsman. De taak en rechtspositie van de ombudsman zijn neergelegd in art. 78a Grondwet.

Mediation

Een buitenwettelijke manier om geschillen te beslechten, wordt aangeduid met mediation. Mediation is erop gericht om door onderhandeling met behulp van een onafhankelijk persoon (mediator), en dus niet via een gerechtelijke procedure, tot een oplossing te komen. Voorwaarde voor het slagen van mediation is dat beide partijen 'water bij de wijn' willen doen en bereid zijn af te zien van een rechterlijke procedure. Sinds 2000 is in vijf gerechten ervaring opgedaan met het doorverwijzen naar mediation. Uit onderzoek blijkt dat in 61% van de gevallen partijen tot een algehele oplossing van het conflict komen. Naar verwachting zullen in 2007 alle rechtbanken en gerechtshoven over een informatiepunt mediation beschikken.

In 2004 is bij de Raad van State een mediation-project gestart dat betrekking heeft op procedures bij de Afdeling bestuursrechtspraak op het gebied van het milieurecht.

4.4 Regelgeving van de verschillende organen

Deze paragraaf bevat een bespreking van de verschillende soorten regelgeving in Nederland.

Wetten in formele en materiële zin

Er bestaan wetten in formele zin en wetten in materiële zin. Dit onderscheid moet niet worden verward met het onderscheid tussen materieel en formeel recht (zie § 1.3).

Een wet in formele zin is elke wet die tot stand is gekomen door samenwerking van de regering (ook wel Kroon genoemd) en het parlement (de Staten-Generaal). De regering wordt gevormd door de Koning(in) en ministers. Deze wetten kunnen algemeen verbindende regels bevatten of betrekking hebben op een concreet geval. Algemeen verbindende regels zijn regels die gelden voor een in beginsel onbepaald aantal personen en gevallen. De belangrijkste wet in formele zin is de Grondwet.

Een wet in materiële zin is elk overheidsbesluit dat algemeen verbindende regels bevat. Een gemeentelijke verordening is dus een wet in materiële zin, maar niet een wet in formele zin. Een wet die door de regering en de Staten-Generaal tot stand is gekomen en algemeen verbindende regels bevat, is een wet in formele én in materiële zin. De Wet milieubeheer is daar een voorbeeld van. Het onderscheid is van belang, omdat in het recht voor sommige onderwerpen een wet in formele zin wordt vereist, waarover ook het parlement moet worden geraadpleegd.

Wetgeving in formele en materiële zin

regeling afkomstig van	algemene regeling	beslissing in individueel geval
Kroon en Staten-Generaal	███████	
Kroon		
Ministers		
Lagere overheden		

███ = wet in materiële en formele zin

▒▒▒ = wet in materiële zin

▢▢▢ = wet in formele zin

Totstandkoming van een (milieu)wet in formele zin
Als voorbeeld schetsen we de totstandkoming van een milieuwet. Op het ministerie van VROM wordt, in overleg met andere betrokken ministeries, een wetsontwerp ambtelijk voorbereid. Daarbij worden de belangenorganisaties betrokken, zoals de Vereniging van Nederlandse Gemeenten, werkgeversorganisaties en milieuorganisaties. Het *voorontwerp van wet* wordt voor advies voorgelegd aan betrokken adviesorganen, bijvoorbeeld de Sociaal-Economische Raad. Het ontwerp wordt, na bespreking in een onderraad van de ministerraad, met een memorie van toelichting waarin de adviezen zijn verwerkt, ter vaststelling voorgelegd aan de ministerraad.
Het *voorstel van wet* wordt naar de Koningin gezonden, die het voorstel ter overweging voorlegt aan de Raad van State. De Raad van State beoordeelt het wetsvoorstel op de juridische juistheid en beoordeelt de motieven voor het wetsvoorstel. De betrokken minister reageert op dit advies met een 'nader rapport'. Bij ingrijpende wijzigingen komt het voorstel van wet opnieuw in de ministerraad.

Het wetsvoorstel wordt vervolgens met een memorie van toelichting en een koninklijke boodschap ingediend bij de Tweede Kamer. Ook de leden van de Tweede Kamer hebben het recht een wetsvoorstel in te dienen (recht van initiatief). De memorie van toelichting bevat de beweegredenen voor het indienen van het wetsontwerp en een artikelsgewijs commentaar en uitleg. De koninklijke boodschap is een door de Koningin ondertekende aanbiedingsbrief.

Een vaste of bijzondere kamercommissie stelt een vooronderzoek in naar het wetsvoorstel. De resultaten daarvan worden opgetekend in een voorlopig verslag; de minister die het wetsvoorstel heeft ingediend, reageert op het vooronderzoek met een memorie van antwoord, waarbij soms al een nota van wijzigingen van het wetsvoorstel kan zijn gevoegd.

De voorzitter van de Tweede Kamer agendeert het wetsvoorstel. Ieder van de kamerleden kan zich inschrijven op de lijst van sprekers voor het leveren van commentaar op het wetsvoorstel. Na bespreking van het wetsvoorstel in het algemeen geeft de regering antwoord. De Kamer reageert en tot slot heeft de regering het laatste woord. Na deze openbare algemene besprekingen volgt een artikelgewijze bespreking van het wetsvoorstel, waarbij de leden van de Tweede Kamer het recht hebben amendementen in te dienen.

Na aanvaarding door de Tweede Kamer beoordeelt de Eerste Kamer het wetsvoorstel in zijn geheel. Daarbij vindt ook onderzoek in commissies plaats en een openbare behandeling. De Eerste Kamer kan het wetsvoorstel slechts aanvaarden of verwerpen.

Na aanvaarding door de Eerste Kamer moet het wetsvoorstel door de regering worden bekrachtigd. (Art. 87 Gw spreekt over bekrachtiging door de Koning.) De Koning(in), de betrokken minister (het contraseign) en de minister van Justitie ondertekenen de wet. De wet moet vervolgens worden bekendgemaakt in het Staatsblad, voordat zij in werking treedt. Bij die bekendmaking is veelal ook aangegeven wanneer de wet in werking zal treden. Wanneer een aanduiding van de inwerkingtreding ontbreekt, geldt daarvoor een vaste termijn.

> De Bekendmakingswet bepaalt dat inwerkingtreding van een wet bij het ontbreken van een datum plaatsvindt met ingang van de eerste dag van de tweede kalendermaand na de datum van bekendmaking.

Totstandkoming wetten in formele zin

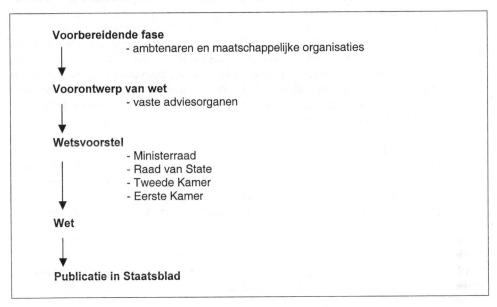

Voorbereidende fase
- ambtenaren en maatschappelijke organisaties

Voorontwerp van wet
- vaste adviesorganen

Wetsvoorstel
- Ministerraad
- Raad van State
- Tweede Kamer
- Eerste Kamer

Wet

Publicatie in Staatsblad

Algemene maatregel van bestuur
Een algemene maatregel van bestuur (amvb) is naar de vorm een Koninklijk Besluit, ondertekend door de Koning(in) en mede ondertekend door één of meer ministers. De Koning(in) en één of meer minister(s) samen worden ook 'Kroon' genoemd. Naar de inhoud is een amvb een regeringsbesluit met een algemene werking. Meestal ligt aan de amvb een formele wet ten grondslag, dat wil zeggen dat in die wet de bevoegdheid staat om nadere regelgeving te maken. Voor de totstandkoming van amvb's is geen beoordeling door het parlement nodig. De procedure voor het vaststellen van een amvb is minder uitgebreid dan die van een wet in formele zin: voorbereiding door het ministerie; bespreking in de ministerraad; advies van de Raad van State; ondertekening door de Koning(in) en het contraseign van de betreffende minister; bekendmaking in het Staatsblad. Over het ontwerp van een aantal amvb's die in art. 21.6 lid 4 Wm zijn genoemd, kan een ieder binnen ten minste vier weken na bekendmaking van het ontwerp schriftelijk opmerkingen maken (dit is de zogenoemde voorhangprocedure).
In de milieuwetgeving wordt veel gebruik gemaakt van amvb's, omdat daarin vaak meer uitvoeringsgerichte regelgeving kan worden opgenomen. De formele wet die aan de amvb's ten grondslag ligt, bevat dan randvoorwaarden.

Voorbeelden van amvb's zijn het Inrichtingen- en vergunningenbesluit milieubeheer (Ivb) en de amvb's op basis van de Wet bodembescherming, zoals het Lozingenbesluit bodembescherming.

Naast een besluit met algemene werking kan de regering ook een besluit in een concreet geval nemen, bijvoorbeeld de benoeming van een burgemeester. Ook dit wordt, bij het voldoen aan de procedurele eisen, aangeduid als een Koninklijk Besluit. Soms is sprake van een algemene regeling die niet in het Staatsblad is geplaatst of waarbij de Raad van State niet is gehoord. Dit wordt ook wel een 'klein koninklijk besluit' genoemd.

Ministeriële regeling
De ministers kunnen zelf ministeriële regelingen vaststellen indien een wet in formele zin daarvoor uitdrukkelijk een grondslag biedt. De procedure voor deze regelingen is weer minder omvangrijk dan die voor een amvb. Er is geen advies van de Raad van State vereist. De bekendmaking van deze regeling gebeurt in de Staatscourant.

Publicatie
Publicatie van overheidsbesluiten gebeurt in het Staatsblad of in de Staatscourant. In het Staatsblad dienen te worden bekendgemaakt:

- wetten;
- algemene maatregelen van bestuur;
- andere koninklijke besluiten waarbij algemeen verbindende voorschriften worden gesteld.

In de Staatscourant worden gepubliceerd:
- bij ministeriële regeling vastgestelde algemeen verbindende voorschriften;
- de overige van het Rijk afkomstige algemeen verbindende voorschriften, voorzover deze niet in Staatsblad geplaatst dienen te worden.

De ontwikkelingen betreffende bepaalde wetsvoorstellen of andere politieke items zijn te vinden in de Kamerstukken. Bij de behandeling van de thema's in de Kamers worden notulen gepubliceerd in de Handelingen van de Eerste en Tweede Kamer.

Verordeningen
De provinciale staten en de gemeenteraad kunnen verordeningen vaststellen. Deze regelingen mogen slechts betrekking hebben op de eigen huishouding en ze moeten binnen de grenzen van de formele wet worden vastgesteld (art. 124 en 127 Gw). De huidige Provinciewet bepaalt dat provinciale staten de verordeningen maken die zij in het belang van de provincie nodig oordelen (art. 145 (Provinciewet). De

Gemeentewet heeft een vergelijkbare bepaling (art. 149 Gemeentewet). Een voorbeeld van een gemeentelijke verordening is de algemene plaatselijke ver- ordening (APV). Daarin zijn onder andere regels opgenomen over zaken als de be- strijding van geluidsoverlast, terrassen bij horecabedrijven en de vervuiling van de openbare weg door hondenpoep. Op grond van art. 1.2 Wm is elke provincie ver- plicht een provinciale milieuverordening vast te stellen.

4.5   Grondrechten

De grondrechten bevatten de grondbeginselen van een menswaardig bestaan. De grondrechten staan sinds de grondwetswijziging van 1983 in hoofdstuk 1 van de Grondwet. Daaraan vooraf ging een lange geschiedenis waarbij grondrechten successievelijk in de Grondwet werden opgenomen. Zowel de wetgever als de burgers zijn aan de grondrechten gebonden. In de politieke beslissingen van de regering en het parlement mag aan deze rechten geen afbreuk worden gedaan.
Er wordt gesproken van klassieke grondrechten en sociale grondrechten. Klassieke grondrechten beogen vrijheden van de burgers te waarborgen. De overheid dient deze vrijheden in acht te nemen door zich te onthouden van optreden en dient te waarborgen dat die vrijheden aan een ieder toekomen.

Voorbeelden van vrijheidsrechten zijn de vrijheid van meningsuiting, de vrijheid van vereniging en vergadering en de vrijheid van levensovertuiging.

De sociale grondrechten geven een instructienorm voor gewenst overheidsop- treden. De achtergrond van deze rechten is dat de overheid de plicht heeft ervoor te zorgen dat ieder mens een menswaardig bestaan kan leiden. Deze zorgplicht van de overheid rechtvaardigt dat de overheid zich bemoeit met het economische en sociale leven. Ieder overheidsorgaan dient zich aan deze plicht te houden, maar heeft de vrijheid om zelf te bepalen hoe en wanneer aan deze grondrechten wordt voldaan.

Voorbeelden van sociale grondrechten zijn de bevordering van voldoende werkgele- genheid, spreiding van welvaart en de zorg voor een beter milieu.

Het onderscheid tussen de klassieke en sociale grondrechten is niet altijd duidelijk omdat ook voor de uitoefening van deze rechten de overheid sociale waarborgen dient te scheppen, zodat deze rechten voldoende gestalte kunnen krijgen. Gedacht kan worden aan het mogelijk maken dat belangenorganisaties hun mening kenbaar kunnen maken.
Een grondrecht is voor de rechter inroepbaar wanneer het een subjectief recht in het leven roept. Een subjectief recht is een recht dat geldt voor een bepaalde persoon in een bepaalde situatie. De meeste klassieke grondrechten roepen dergelijke

subjectieve rechten in het leven en zijn derhalve in conflicten tussen de burgers en de overheid voor de rechter inroepbaar. De sociale grondrechten bevatten veelal een algemene zorgplicht waar de overheid op haar eigen wijze aan kan voldoen. Het gaat daarbij vaak om uitgangspunten van het overheidsbeleid. Uit dergelijke sociale grondrechten is in beginsel geen subjectief recht af te leiden. Toch kan ook een sociaal grondrecht zo geformuleerd zijn dat het via de rechter afdwingbaar is, zoals het recht op rechtsbijstand (art. 18 lid 1 Gw). Ook kan in een wet een verdere invulling worden gegeven aan het grondrecht, waardoor op basis van die wet bij de rechter een beroep op dat grondrecht kan worden gedaan. Dat geldt bijvoorbeeld voor het recht op bijstand, op basis van de Algemene Bijstandswet.

Een grondrecht op een leefbaar milieu?
Sinds 1983 bevat art. 21 Gw een bepaling over de zorg van de overheid voor een beter milieu: 'De zorg van de overheid is gericht op de bewoonbaarheid van het land en de bescherming en verbetering van het leefmilieu.'
Met de zorg voor het milieu wordt gedoeld op maatregelen die in de meest ruime zin tot de milieubescherming kunnen worden gerekend. Dat betreft niet alleen bestrijding van verontreiniging; ook zaken als techniek en industriële productie, de bevolkingstoename, verstedelijking en andere maatschappelijke factoren vallen daaronder, aldus de memorie van toelichting bij de grondwetswijziging van 1983.
Met de zorg voor de bewoonbaarheid van het land wordt blijkens de memorie van toelichting mede gedoeld op de waterstaatszorg. De waterstaatszorg in Nederland is noodzakelijk gezien de geografische ligging van ons land en het is al sinds lang een belangrijk punt van overheidszorg. Tot de zorg voor de bewoonbaarheid behoort ook een evenwichtige planologische ordening, aanleg van infrastructuur en het behoud van stedelijk of landschappelijk schoon, aldus de memorie van antwoord.
Soms kan er een spanning bestaan tussen het bereiken van de doelstellingen. De aanleg van waterstaatkundige werken kan bijvoorbeeld gepaard gaan met schade aan de natuur, zoals de aanleg van de Oosterscheldedam aan het eind van de jaren zestig. Dan moet een afweging tussen beide belangen worden gemaakt. De Grondwet maakt deze afweging niet, maar laat dit aan de wetgever over.

Het sociale grondrecht van art. 21 Gw is een constitutionele basis voor de taken die de overheid in een sociale rechtsstaat hoort uit te voeren. Het is te beschouwen als een taakomschrijving voor de wetgever en de regering. Bij dergelijke opdrachten is er een ruime beleidsmarge voor de wetgevende en besturende organen, waardoor dat het artikel zich niet of nauwelijks leent als toetsingscriterium voor besluiten. Alleen in een zeer uitzonderlijk geval zou de rechter kunnen concluderen dat een besluit van een lager lichaam onverbindend is wegens strijd met een der bepalingen inzake sociale grondrechten, aldus de memorie van toelichting bij de grondwetsherziening. Voor een toetsing aan art. 21 Gw ziet de Afdeling bestuursrechtspraak in het onderstaande geval geen ruimte.

Naar aanleiding van een beroep tegen een oprichtingvergunning voor een levensmiddelenopslag, waarbij strijd met art. 21 Gw werd aangevoerd, oordeelt de Afdeling bestuursrechtspraak dat er in verband met het voorwerp van zorg van art. 21 een uitgebreide wetgeving bestaat. De Afdeling verwijst daarbij naar de passage uit memorie van toelichting bij de Grondwetsherziening, inzake de ruime beleidsmarge voor wetgevende en besturende organen. Er is niet gebleken van bijzondere omstandigheden waardoor, in aanvulling op de toetsing aan de Wm, rechtstreekse toetsing aan art. 21 zou moeten plaatsvinden (ABRvS 27 maart 2002, AB 2002, 272 m.nt. Michiels).

Blijkens deze uitspraak is een beroep op art. 21 Gw dus niet geheel uitgesloten. Wel moet er dan sprake zijn van bijzondere omstandigheden. Wellicht kan een beroep op art. 21 worden gedaan als de burger verder geen rechtsbeschermingsmogelijkheden heeft. Art. 21 Gw zou dan een vangnetfunctie kunnen vervullen.

Een ander artikel in de Grondwet waaruit bescherming tegen milieuverontreiniging zou kunnen worden afgeleid is art. 11: 'Ieder heeft, behoudens bij of krachtens de wet te stellen beperkingen, recht op onaantastbaarheid van zijn lichaam.' Het artikel bevat een klassiek grondrecht gericht op de lichamelijke integriteit. Het artikel is gericht op de bescherming tegen schendingen van een menselijk lichaam door anderen en op het recht zelf over het lichaam te beschikken. Dit grondrecht kan bescherming bieden tegen medische dwangbehandelingen of geweldgebruik van de overheid. De overheid dient voldoende waarborgen te bieden voor de bescherming van de gezondheid van de mens. Art. 11 kan vanuit die waarborgfunctie ook het leefmilieu van de mens betreffen, voorzover de schade aan het milieu de gezondheid van de mens raakt. Het artikel zal niet kunnen worden gebruikt voor puur ecologische schade. Het is doorgaans niet gemakkelijk het directe verband aan te tonen tussen milieuverontreiniging en de aantasting van de gezondheid van de mens. Vaak zal een dergelijk verband pas op lange termijn aantoonbaar zijn.

Horizontale werking van de grondrechten?
In eerste instantie richten de grondrechten zich op de verhouding tussen de overheid en de burgers. Het is de vraag of ook burgers elkaar onderling kunnen aanspreken op het naleven van de grondrechten. Daarbij gaat het om de doorwerking van het grondrecht in de relaties tussen burgers onderling. Dit wordt horizontale werking genoemd.
In de memorie van toelichting bij de grondwetsherziening van 1983 is de mogelijkheid aanvaard dat in bepaalde gevallen sprake kan zijn van horizontale werking. Door de rechter wordt tot nu toe, afhankelijk van het grondrecht en de omstandigheden, per geval bekeken of aan de grondrechten horizontale werking toekomt. Er zijn grondrechten die enkel een opdracht aan de overheid bevatten om

een bepaald belang te verwezenlijken. Dergelijke grondrechten zullen zich minder lenen voor de horizontale werking tussen burgers. Andere grondrechten kunnen een algemeen rechtsbeginsel aangeven ter bescherming van het individu, waarvan alleen op zwaarwegende gronden mag worden afgeweken. In dat geval kunnen dergelijke rechten eerder tussen burgers onderling afdwingbaar zijn.

In de literatuur wordt aangenomen dat art. 21 Gw zich, gezien de formulering, niet leent voor horizontale werking. Wel kan een inbreuk op het leefmilieu via meer indirecte weg voortvloeien uit zaken die door andere burgers zijn aangespannen, zoals uit de volgende uitspraak van het Europees Hof voor de Rechten van de Mens blijkt.

> In de zaak Lopez Ostra gaat het om gezondheidsklachten van omwonenden van een zuiveringsinstallatie in Spanje die zonder vergunning afval verwerkt. Gezien de hinder voor de omwonende partij en gezien het (niet) optreden van de Spaanse overheid, concludeert het Hof dat hier het recht op privacy en gezinsleven (art. 8 EVRM) geschonden is (EHRM 9 december 1994, M en R 1995, 82 m.nt. Kamminga) (zie ook § 2.1).

Tenslotte kunnen burgers elkaar in rechte aanspreken op hun verantwoordelijkheid voor het leefmilieu via het vereiste van 'maatschappelijk zorgvuldig gedrag', dat in het privaatrecht wordt gehanteerd (zie § 8.2.1).

5. Bestuursrecht en milieu

5.1 Inleiding

5.1.1 Wat is bestuursrecht?

Het grootste deel van het milieurecht is bestuursrechtelijk van aard. Voor een goed begrip van het milieurecht is daarom kennis van het bestuursrecht van het grootste belang. Het bestuursrecht is het recht dat betrekking heeft op de handelingen van het bestuur en op de verhouding tussen het bestuur en degenen die bestuurd worden. De bestuurders kunnen allerlei organen van overheden zijn, zoals bijvoorbeeld burgemeester en wethouders van een gemeente, gedeputeerde staten van een provincie of een minister. Degenen die bestuurd worden zijn burgers, die in het bestuursrecht vaak worden aangeduid met het begrip 'belanghebbenden'. Belanghebbenden kunnen zowel individuele burgers zijn als bedrijven en belangenorganisaties, zoals milieuactiegroepen.

Instrumenten en waarborgen
Het bestuursrecht verschaft bevoegdheden aan de overheid om met allerlei instrumenten de overheidstaken uit te voeren, maar verschaft tegelijkertijd aan burgers de rechten op prestaties van de overheid, de rechten op het uitoefenen van invloed op de handelingen van het bestuur en de rechten op bescherming tegen handelingen van het bestuur. Een voorbeeld van de bevoegdheid een instrument van milieubeleid te gebruiken, is de bevoegdheid een milieuvergunning te verlenen voor een lozing op oppervlaktewater. Door eisen aan de inhoud van de lozing te stellen wordt milieubeleid gevoerd. De waarborgen tegen het gebruik van dit instrument bestaan bijvoorbeeld uit de mogelijkheid van de vergunningaanvrager en omwonenden om inspraak uit te oefenen met betrekking tot de inhoud van de vergunning en eventueel beroep bij een rechter in te stellen tegen de verleende vergunning.

De verschaffing van bevoegdheden aan het bestuur wordt de instrumentele functie van het bestuursrecht genoemd. De verschaffing van rechten aan burgers wordt aangeduid met de waarborgfunctie van het bestuursrecht.

In dit hoofdstuk gaan we in § 5.2 eerst in op de begrippen 'bestuursorgaan' en 'belanghebbende'. In § 5.3 tot en met § 5.5 komen vervolgens in het algemeen de bevoegdheden van bestuursorganen, normen voor de bevoegdheden van bestuursorganen en de handelingen van bestuursorganen aan de orde. In § 5.6 bespreken we op welke wijze binnen het bestuursrecht de handhaving van regels is geregeld. De waarborgen in het bestuursrecht tenslotte worden in § 5.7 besproken.

5.1.2 Waar is het bestuursrecht te vinden?

Het bestuursrechtelijk milieurecht vormt een *bijzonder deel* van het bestuursrecht. Andere voorbeelden van bijzondere delen van bestuursrecht zijn: het vreemdelingenrecht, het sociaal verzekeringsrecht, het ruimtelijke ordeningsrecht en het waterstaatsrecht. In al deze bijzondere rechtsgebieden komen bepaalde rechtsvragen voor. Dat zijn vragen als: wie de bevoegde bestuursorganen zijn, welke bevoegdheden die bestuursorganen hebben, welke soorten rechtshandelingen die organen kunnen verrichten en hoe burgers invloed kunnen uitoefenen op de bestuursactiviteiten en daartegen rechtsbescherming kunnen krijgen.
Deze steeds terugkerende vragen en de daarbij behorende rechtsfiguren vormen de aspecten van het bestuursrecht die het *algemeen deel* van het bestuursrecht worden genoemd.

Het algemeen deel van het bestuursrecht is voor een belangrijk deel vastgelegd in een Algemene wet bestuursrecht (Awb). Met de Awb wordt een opdracht tot codificatie vervuld die is opgenomen in art. 107 van de Grondwet: 'De wet stelt algemene regels van bestuursrecht vast.'
De Awb wordt in delen tot stand gebracht. De eerste drie tranches van de Awb zijn inmiddels gereed. De Awb zal daarmee echter nog niet voltooid zijn. In volgende tranches zullen voor nieuwe onderwerpen regelingen worden gemaakt. Van een vierde tranche is inmiddels een voorstel in behandeling bij de Tweede Kamer (Kamerstukken 29 702). Een verkorte inhoudsopgave van de Algemene wet bestuursrecht ziet er als volgt uit:

Hoofdstuk 1	Inleidende bepalingen
Hoofdstuk 2	Verkeer tussen burgers en bestuursorganen
Hoofdstuk 3	Algemene bepalingen over besluiten
Hoofdstuk 4	Bijzondere bepalingen over besluiten
Hoofdstuk 5	Handhaving
Hoofdstuk 6	Algemene bepalingen over bezwaar en beroep
Hoofdstuk 7	Bijzondere bepalingen over bezwaar en administratief beroep
Hoofdstuk 8	Bijzondere bepalingen over beroep bij de rechtbank
Hoofdstuk 9	Klachtbehandeling
Hoofdstuk 10	Bepalingen over bestuursorganen
Hoofdstuk 11	Slotbepalingen

5.2 Burgers en bestuur

Bestuursrecht betreft de handelingen van het bestuur en de verhouding tussen het bestuur en burgers, dan wel tussen bestuursorganen onderling. De verhouding tussen bestuur en burgers kan op verschillende manieren worden gekenmerkt. Het bestuur neemt eenzijdige beslissingen die de rechtspositie van burgers bepalen. Zo kan het bestuur een vergunning of subsidie verlenen of een verbod opleggen. Aan de andere kant moet het bestuur bij het nemen van die beslissingen rekening houden met de belangen van burgers en moet ook verantwoording worden afgelegd aan de burgers over de wijze waarop met die belangen rekening is gehouden. Wanneer bovendien in de verhouding tussen bestuur en burger ook de burger plichten heeft ten opzichte van het bestuur (bijvoorbeeld het naar voren brengen van gegevens en feiten waarop een besluit kan worden gebaseerd), kan worden gesproken van een 'wederkerige rechtsbetrekking'. De Algemene wet bestuursrecht stelt de verhouding tussen bestuur en burger als een wederkerige rechtsbetrekking centraal.

In deze paragraaf zal nagegaan worden welke personen in het bestuursrecht, zowel aan de kant van de burger als aan de kant van het bestuur, ten opzichte van elkaar kunnen optreden.

5.2.1 Burgers

Sommige regels uit het bestuursrecht hebben betrekking op de verhouding tussen bestuursorganen en een ieder. Een veel groter deel van het bestuursrecht heeft betrekking op de verhoudingen tussen bestuursorganen en een beperkte groep burgers: de belanghebbenden. Zowel natuurlijke personen als rechtspersonen kunnen belanghebbende zijn.

Belanghebbende
Het begrip belanghebbende is in de Awb gedefinieerd als 'degene, wiens belang rechtstreeks bij een besluit is betrokken' (art. 1:2 lid 1). Het begrip 'betrokken belang' is in de jurisprudentie uitgewerkt. Het moet gaan om een eigen, persoonlijk, objectief bepaalbaar, actueel, rechtstreeks belang.

De eis dat het belang eigen moet zijn, houdt in dat men niet op eigen initiatief in rechte mag optreden voor het belang van een ander.

> Als men voor een ander wil optreden, moet men over een machtiging van de betrokkene beschikken. Een ideëel belang, zoals het belang van een schoon milieu in Nederland, kan niet als een eigen belang van een natuurlijk persoon worden aangemerkt. Van een rechtspersoon, zoals een milieuvereniging, kan het belang bij een schoon milieu wel een eigen belang zijn.

Dat een belang persoonlijk moet zijn betekent dat er een bepaalde, kenmerkende verhouding moet bestaan tussen de burger en het getroffen belang. Het is niet de bedoeling zeer velen, die allen dezelfde gevolgen van een besluit ondervinden, als belanghebbende daarbij aan te merken.

> Degene die hinder zou kunnen ondervinden door een uitbreiding van een fabriek – bijvoorbeeld doordat hij in de nabijheid van die fabriek woont –, heeft een persoonlijk belang bij de vergunning voor die uitbreiding. Personen die ver van de fabriek afwonen, maar wel in de regio, ondervinden alleen een lichte verslechtering van de luchtkwaliteit, maar hebben bij de uitbreiding geen persoonlijk belang.

Met de eis dat het belang objectief bepaalbaar moet zijn, wordt bedoeld dat het belang moet kunnen worden vastgesteld en dus niet louter emotioneel is. Het is niet mogelijk op te komen voor belangen die slechts bestaan in iemands persoonlijke belevingswereld, maar niet door anderen worden gedeeld.

Dat een belang actueel moet zijn, betekent dat het opkomen voor in de toekomst gelegen onzekere gevolgen van een besluit niet mogelijk is. Dat betekent niet dat er geen belangen geraakt kunnen worden door in de toekomst gelegen en immateriële gevolgen van een besluit. Deze gevolgen moeten echter op het moment dat het besluit wordt genomen, objectief zeker zijn. De gevolgen van een besluit zijn objectief zeker wanneer op het moment dat het besluit genomen wordt, redelijkerwijs zeker is dat die gevolgen in de toekomst zullen optreden.

> De angst dat de verlening van één vergunning voor een restaurant in de toekomst kan leiden tot de verlening van vergunningen voor veel meer horeca-inrichtingen in de nabijheid, heeft betrekking op toekomstontwikkelingen die zich zouden kunnen voordoen, maar die te onzeker zijn om een objectief bepaalbaar belang op te leveren.
> Wel actueel is het belang bij het besluit tot het verlenen van een vergunning voor een discotheek, indien vrees bestaat voor geluidoverlast, ook wanneer de discotheek nog niet open is. Voldoende zeker is dat het belang geraakt zal worden als de discotheek zal gaan draaien.

Met de eis dat het belang rechtstreeks moet zijn, wordt bedoeld dat de verhouding tussen het belang en het besluit niet onbepaald mag zijn. Het causaal verband moet voldoende nauw zijn. Er mag geen sprake zijn van een afgeleid belang.

> Wanneer als gevolg van de strenge vergunning een verfproducent de productie van een bepaalde verf staakt, waardoor een klant zijn favoriete merk verf niet meer kan kopen, is het belang van de klant bij de vergunning niet rechtstreeks geraakt. De verffabrikant zelf heeft bij het besluit tot het verlenen van de strenge vergunning wél een rechtstreeks belang.

Direct-belanghebbenden en derden-belanghebbenden
Belanghebbenden kunnen in verschillende categorieën worden ingedeeld. Onderscheid kan worden gemaakt tussen direct-belanghebbenden en derden-belanghebbenden.
Direct-belanghebbenden zijn degenen tot wie een besluit is gericht: de geadresseerden van een besluit.

Bij een vergunning is de direct-belanghebbende degene die de vergunning heeft aangevraagd. Bij een besluit tot het toepassen van een sanctie wegens het niet naleven van een vergunning dat genomen wordt op verzoek, is de verzoeker de direct-belanghebbende.

De derde-belanghebbende is degene die niet de geadresseerde is van een besluit, maar daar wel gevolgen van ondervindt.

Bij de verlening van een vergunning voor een fabriek zijn de omwonenden van een fabriek de derden-belanghebbenden. Ook een milieuorganisatie die zich het belang aantrekt van de kwaliteit van het gebied waarin de fabriek zal worden gevestigd, is derde-belanghebbende bij het besluit tot verlening van de vergunning.

Soorten belangen
De belangen waarvoor belanghebbenden kunnen optreden, kunnen worden ingedeeld in: individuele belangen en algemene belangen.

De individuele belangen zijn de eigen, persoonlijke belangen van een natuurlijke of rechtspersoon.

Gedacht kan worden aan de belangen van de buurman van een fabriek waaraan vergunning voor uitbreiding wordt verleend, of de belangen van de fabriek bij het besluit tot weigering van een milieuvergunning.

Een algemeen belang is een belang dat een ieder zich zou kunnen aantrekken, maar dat als gevolg daarvan niet persoonlijk is.

Een algemeen belang is bijvoorbeeld het belang bij de bevordering van een schoon milieu, de natuur of een gezonde economie of het behoud van bepaalde zaken zoals een monument of een bepaald natuurgebied.

Groepen van individuen kunnen zich verenigen met als doel het behartigen van de belangen van de personen die onderdeel zijn van de groep. In dat geval is de optelsom van de individuele belangen gelijk aan het groepsbelang.

111

Een voorbeeld van een dergelijke groep is de bewonersgroep 'Iepen moeten blijven' die zich richt tegen de plannen tot herprofilering van de straat waarin de bewoners wonen en de kap van de bomen die van die herprofilering deel uit maakt.

Een groep kan ook een algemeen belang behartigen en is daar bij uitstek geschikt voor.

Voorbeelden hiervan zijn er veel. Gedacht kan worden aan de Vereniging Natuurmonumenten en Vogelbescherming Nederland, maar ook aan groepen die zich het belang aantrekken van het behoud van een natuurgebied of een diersoort in een bepaald gebied.

Natuurlijke personen en rechtspersonen als belanghebbenden
Tot degenen die in het bestuursrecht van de zijde van de burgers kunnen optreden, behoren natuurlijke personen en rechtspersonen. Met een natuurlijk persoon wordt een mens van vlees en bloed bedoeld. Rechtspersonen zijn groepen en organisaties van mensen of instellingen die als zodanig zijn aangewezen. Gedacht moet worden aan een vereniging of stichting, een NV of BV. Zowel rechtspersonen als natuurlijke personen kunnen als belanghebbende worden aangemerkt.

Voor rechtspersonen gelden net zo goed als voor natuurlijke personen de eisen dat het belang waarvoor zij opkomen een eigen, persoonlijk, objectief bepaalbaar, actueel, rechtstreeks belang is. Een rechtspersoon kan voor groepsbelangen of algemene belangen opkomen, afhankelijk van de doelstellingen en feitelijke handelingen van de rechtspersoon. In het derde lid van art. 1:2 Awb staat: 'Ten aanzien van rechtspersonen worden als hun belangen mede beschouwd de algemene en collectieve belangen die zij krachtens hun doelstellingen en blijkens hun feitelijke werkzaamheden in het bijzonder behartigen.'

Dit betekent dat:
– de behartiging van dat belang in de statutaire doelstelling van de rechtspersoon moet zijn opgenomen ('krachtens hun doelstellingen');
– dat belang voldoende specifiek moet zijn omschreven en zich voldoende onderscheidt van andere belangen ('in het bijzonder behartigen');
– de statutaire belangen ook daadwerkelijk door de rechtspersoon moeten worden behartigd ('blijkens hun feitelijke werkzaamheden').

Politieke partijen kunnen niet worden aangemerkt als een rechtspersoon in de zin van art. 1:2 lid 3 Awb. Het moet immers gaan om belangen die de rechtspersoon *in het bijzonder* behartigt. Politieke partijen dienen een te algemeen belang en zullen hun belangen via de politiek moeten nastreven.

112

5.2.2   Bestuur

Om de omvang van het bestuursrecht te kennen, moet duidelijk zijn welke instanties en personen wél en welke níet als onderdeel van het bestuur zijn aan te merken. Deze vraag kan enerzijds worden beantwoord vanuit het privaatrecht en anderzijds vanuit het publiekrecht (staats- of bestuursrecht).

Bestuursorgaan
Voor de publiekrechtelijke benadering is het begrip bestuursorgaan van belang. Art. 1:1 van de Awb omschrijft het begrip 'bestuursorgaan'. Uit dat artikel blijkt dat er twee categorieën bestuursorganen zijn:
a) een orgaan van een rechtspersoon die krachtens publiekrecht is ingesteld en
b) een ander persoon of college met enig openbaar gezag bekleed.

Tot de categorie a-organen behoren in de eerste plaats de organen van de Staat, provincies, gemeenten en waterschappen. Deze rechtspersonen zijn in art 2:1 van het Burgerlijk Wetboek als rechtspersoon aangewezen en worden publiekrechtelijke rechtspersonen genoemd. De bedoelde organen van deze rechtspersonen zijn bijvoorbeeld de Kroon, de minister, de Commissaris der Koning(in), gedeputeerde staten of provinciale staten van een provincie, de burgemeester, burgemeester en wethouders, en de gemeenteraad. De rechts-personen waartoe deze organen behoren, zijn dus zelf geen bestuursorganen.
Daarnaast zijn er ook andere rechtspersonen die bij of krachtens de wet zijn ingesteld. Voorbeelden daarvan zijn openbare universiteiten (o.g.v. art. 1.8 Wet op het hoger onderwijs en wetenschappelijk onderzoek), het Commissariaat voor de Media (o.g.v. art. 9 Mediawet) en het College Onafhankelijk post- en telecommunicatieautoriteit (OPTA, o.g.v. art. 2 van de Wet Onafhankelijke post- en telecommunicatieautoriteit) .

De categorie b-organen zijn er in soorten en maten. In de eerste plaats kan gedacht worden aan personen en colleges die wel bij de wet zijn ingesteld, maar geen rechtspersoon zijn. Dit zijn zelfstandige bestuursorganen zonder rechts-persoonlijkheid. Voorbeelden hiervan zijn de Kiesraad en de Registratiekamer. Daarnaast kan het gaan om instanties die niet in de eerste plaats zijn opgericht om een overheidstaak uit te voeren, maar aan wie - nu deze instanties toch eenmaal bestonden - toch een overheidsbevoegdheid is toegekend. Dit kunnen onder omstandigheden ook privaatrechtelijke rechtspersonen zijn.

> Een orgaan van een bijzondere universiteit (een privaatrechtelijke rechtspersoon) is slechts een bestuursorgaan als bedoeld onder b voorzover ze belast is met het afnemen van examens. Een orgaan van een openbare universiteit (een publiekrechtelijke rechtspersoon) is ten aanzien van alle handelingen die worden verricht als een bestuursorgaan aan te merken.

113

Voor de vraag of een persoon of college met openbaar gezag is bekleed, is van belang of een orgaan aan een wettelijk voorschrift een bevoegdheid kan ontlenen en of het orgaan bevoegd is eenzijdig de rechtspositie van burgers te bepalen. Gedacht kan worden aan het geven van vergunningen, het afgeven van diploma's en het verstrekken van subsidies.

Een aardig voorbeeld vormt de garagehouder die, voorzover hij APK-keuringen verricht, als een categorie b-orgaan moet worden aangemerkt.

Zelfstandige bestuursorganen
Bij de organisatie van het openbaar bestuur wordt veel gebruik gemaakt van 'zelfstandige bestuursorganen'. Daarmee wordt gedoeld op bestuursorganen waaraan bepaalde bestuurstaken of -bevoegdheden worden opgedragen, waarbij die zelfstandige bestuursorganen bij de uitoefening van die taken en bevoegdheden niet (volledig) hiërarchisch ondergeschikt zijn aan het bestuursorgaan van de rijksoverheid (een minister) of van provinciale of gemeentelijke overheden.

Voorbeelden zijn de Sociale Verzekeringsbank, de Kiesraad en de OPTA.

5.3   Bevoegdheden van bestuursorganen

De bevoegdheid van het bestuur om te besturen moet in het algemeen gebaseerd zijn op de wet. Het legaliteitsbeginsel brengt mee dat bestuursbevoegdheden alleen bij of krachtens de wet in het leven geroepen kunnen worden. Met besturen wordt dan bedoeld het uitoefenen van publiekrechtelijke bevoegdheden. Publiekrechtelijke bevoegdheden zijn andere bevoegdheden dan de bevoegdheden die aan iedereen toekomen op grond van het burgerlijk recht.
Voor de werking van het legaliteitsbeginsel moet onderscheid gemaakt worden tussen verschillende soorten bestuursbevoegdheden. Zo is voor sommige begunstigende besluiten, zoals het verlenen van een subsidie, niet altijd een wettelijke grondslag vereist. Voor belastende besluiten, zoals een besluit waarbij een sanctie wordt opgelegd, is wel altijd een wettelijke basis nodig. Dit is ook logisch als bedacht wordt dat het legaliteitsbeginsel is ontwikkeld vanuit de wens om de macht van de Koning, om zonder tussenkomst van de volksvertegenwoordiging straffen en belastingen op te leggen, te verminderen.

5.3.1   *Attributie, delegatie en mandaat*

Alleen een bevoegd genomen besluit is geldig. Het is soms niet eenvoudig na te gaan of een bevoegdheid bestaat. Bestuursbevoegdheden volgen niet altijd rechtstreeks uit een wet, maar komen daar soms ook niet-rechtstreeks uit voort. Het gaat

dan om bevoegdheden ingesteld bij *of krachtens* de wet. Bestuursbevoegdheden kunnen op drie manieren door een bestuursorgaan zijn verkregen, namelijk door:
- attributie,
- delegatie of
- mandaat.

Attributie
Met attributie van een bestuursbevoegdheid wordt bedoeld dat de wetgever een bevoegdheid creëert en daarbij het bestuursorgaan aanwijst waaraan de bevoegdheid wordt toegekend. Met attributie wordt een nieuwe bestuursbevoegdheid direct aan een bestaand of nieuw bestuursorgaan gegeven. Er is dus geen sprake van een bevoegdheid die is afgeleid van een andere. De geattribueerde bevoegdheid kan zelfstandig worden uitgeoefend.

> Een voorbeeld van een bepaling waarin een bevoegdheid wordt geattribueerd, is art. 4.9 lid 1 Wm: 'Provinciale staten stellen ten minste eenmaal in de vier jaar een provinciaal milieubeleidsplan vast, (...).'

Meestal worden bevoegdheden toegekend aan bestuursorganen in de zin van art. 1:1 lid 1 aanhef en onder a Awb, dus aan de Kroon, een minister, een orgaan van een provincie, een gemeente of een waterschap. In een enkel geval echter worden bestuursbevoegdheden geattribueerd aan ambtenaren. Dit gebeurt met name bij rijksdiensten zoals de belastingdienst, het Openbaar Ministerie en het Inspectoraat-Generaal VROM (de VROM-inspectie).

> Zo heeft de inspecteur op grond van art. 8.7 lid 1 onder a Wm de bevoegdheid om advies uit te brengen over het ontwerp van beschikkingen op de aanvraag van een Wm-vergunning voor de inrichtingen die in een ministeriële regeling zijn aangewezen.

Delegatie
Bevoegdheden kunnen ook niet-rechtstreeks aan bestuursorganen zijn toegekend. Dat kan gebeuren door de overdracht – de delegatie – van een bevoegdheid die was geattribueerd aan het ene bestuursorgaan, aan het andere bestuursorgaan. Het bestuursorgaan dat de bevoegdheid gedelegeerd krijgt, heet de delegetaris. Als gevolg van de delegatie kan de delegetaris de bestuursbevoegdheid als een eigen bevoegdheid uitvoeren. Een regeling voor delegatie is opgenomen in afdeling 10.1.2 van de Algemene wet bestuursrecht.
De mogelijkheid om bevoegdheden te delegeren is aan beperkingen gebonden. Delegatie is alleen mogelijk als daarvoor een wettelijke grondslag bestaat. Dat betekent dat noodzakelijk is, dat de wettelijke regeling waarin de bevoegdheid geattribueerd is, of een regeling van gelijke of hogere status, de delegatie uit-

115

drukkelijk mogelijk maakt.

De wettelijke basis van delegatie kan zijn opgenomen in de wet waarop de bestuursbevoegdheid berust, maar ook kan een algemene wettelijke basis voor delegatie bestaan. Wie bevoegd is tot delegeren, blijkt uit de wettelijke regeling die de basis vormt voor de delegatie. Soms is dat het bestuursorgaan dat in het normale geval bevoegd zou zijn, soms is het een hoger bestuursorgaan.

> Een voorbeeld van een algemene wettelijke basis van delegatie is art. 156 Gemeentewet, waarin is bepaald dat de gemeenteraad bevoegdheden van de raad kan overdragen aan het college van burgemeester en wethouders, aan bestuurscommissies en deelraden tenzij de aard van de bevoegdheid zich daartegen verzet

Delegatie aan ondergeschikten – aan ambtenaren – is niet toegestaan (art. 10:14 Awb).

Wanneer eenmaal een bevoegdheid is gedelegeerd, kan het orgaan dat de bevoegdheid heeft overgedragen de bevoegdheid niet meer uitoefenen. Wel kan de delegatie worden beëindigd. Ook kan in het delegatiebesluit zijn bepaald dat algemene en bijzondere aanwijzingen kunnen worden gegeven aan de delegetaris. Wanneer dat niet is gebeurd, kan het orgaan dat de bevoegdheid heeft overgedragen slecht beleidsregels geven ten aanzien van de bevoegdheid. Dat wil zeggen dat slechts in algemene zin wordt aangegeven op welke wijze van de bevoegdheid gebruik kan worden gemaakt. De delegetaris is verplicht op verzoek informatie te geven over de uitoefening van de gedelegeerde bevoegdheid.

Mandaat
De uitoefening van een bevoegdheid die door attributie of delegatie aan een bestuursorgaan toebehoort, kan door het bestuursorgaan dat de bevoegdheid heeft, worden gemandateerd aan een persoon (ambtenaar) die dan als vertegenwoordiger van dat bestuursorgaan optreedt.

Veel geattribueerde en gedelegeerde bevoegdheden worden feitelijk niet door de bevoegde bestuursorganen, maar door ambtenaren uitgeoefend. De ambtenaren handelen dan krachtens mandaat. De handelingen die in mandaat zijn verricht, worden aan het bevoegde bestuursorgaan toegeschreven. Een regeling voor mandaat is opgenomen in afdeling 10.1.1 van de Awb.
Het bestuursorgaan dat een bevoegdheid heeft gemandateerd, kan steeds besluiten die bevoegdheid in bepaalde gevallen toch zelf uit te oefenen en ook kan het bestuursorgaan per geval of in het algemeen instructies geven over de wijze van uitoefening van de bevoegdheid.
Voor mandaat is geen wettelijke grondslag nodig. Mandaat kan plaatsvinden, behalve wanneer in een wettelijk voorschrift uitdrukkelijk is bepaald dat dat niet

kan of wanneer de aard van de bevoegdheid zich daartegen verzet. In artikel 10:3 lid 2 Awb is onder andere bepaald dat het nemen van een besluit op een beroepschrift en het vernietigen van of het onthouden van goedkeuring aan een besluit van een ander bestuursorgaan niet kan worden gemandateerd. Ook kan het beslissen op een bezwaarschrift niet worden gemandateerd aan degene die het besluit waar het bezwaarschrift zich tegen richt – krachtens mandaat – heeft genomen (art. 10:3 lid 3 Awb).

5.3.2 Gebonden en vrije bevoegdheden

Bevoegdheden van bestuursorganen kunnen verschillend van aard zijn. De ene bevoegdheid laat het bestuursorgaan meer ruimte te bepalen of en op welke wijze van de bevoegdheid gebruik zal worden gemaakt dan de andere. Dit wordt aangeduid als meer of minder gebonden zijn van bestuursbevoegdheden.

Gebonden bevoegdheid
Een bestuursbevoegdheid is gebonden, wanneer de regeling waarin de bevoegdheid is neergelegd, aangeeft wanneer, onder welke omstandigheden en op welke wijze van de bevoegdheid gebruik moet worden gemaakt.

> Een voorbeeld van een gebonden bevoegdheid is de bevoegdheid tot het verlenen van een bouwvergunning. Op grond van artikel 44 Woningwet mag en moet de bouwvergunning alleen worden geweigerd indien het bouwwerk niet voldoet aan het bouwbesluit (a) of aan de voorschriften van de bouwverordening (b), in strijd is met een bestemmingsplan (c), het bouwwerk naar het oordeel van B en W niet voldoet aan de eisen van welstand (d), of indien voor het bouwwerk een vergunning op grond van de Monumentenwet 1988 of een monumentenverordening is vereist en die vergunning niet is verleend (e). De bouwvergunning moet geweigerd worden indien niet aan al deze eisen wordt voldaan en moet verleend worden indien wél aan deze eisen wordt voldaan.

Vrije bevoegdheid
Een vrije bevoegdheid is een bevoegdheid waarbij het uiteindelijk aan het bevoegde bestuursorgaan vrij staat om wel of niet van de bevoegdheid gebruik te maken. In zo'n geval bestaat beleidsvrijheid.

> Een voorbeeld van zo'n bevoegdheid is te vinden in art. 18.7 Wm: 'Onze betrokken minister is bevoegd tot toepassing van bestuursdwang ter handhaving van het bepaalde bij of krachtens de betrokken wet in gevallen waarin:
> a. hem de zorg voor de bestuursrechtelijke handhaving daarvan is opgedragen of
> b. geen ander bestuursorgaan daartoe bevoegd is.'

Het onderscheid tussen vrije en gebonden bestuursbevoegdheden is van belang voor de toetsing door de rechter van het gebruik van deze bevoegdheden. De vrijheid van de bevoegdheid moet door de rechter die toetst of een bestuursbevoegdheid rechtmatig is gebruikt, in zekere mate worden gerespecteerd. Dat betekent dat het gebruik van een bevoegdheid waarbij beleidsvrijheid bestaat, slechts *marginaal* kan worden getoetst. De rechter mag slechts beoordelen of het gebruik van de bevoegdheid niet kennelijk onredelijk was.

De Afdeling bestuursrechtspraak gebruikt een standaardformule om de ruimte van het bevoegd gezag aan te geven ten aanzien van de toepassing van de artikelen 8.10 lid 1 en 8.11 lid 2 en 3 Wm voor de verlening van vergunningen. 'Bij de toepassing van deze bepalingen komt het bevoegd gezag een zekere beoordelingsvrijheid toe, die haar begrenzing onder meer vindt in hetgeen uit de meest recente algemeen aanvaarde milieutechnische inzichten voortvloeit.' Hiermee wordt bedoeld dat het bevoegd gezag bij het besluit tot verlening van de milieuvergunning en het verbinden van voorschriften aan een vergunning niet zonder zeer sterke motivering mag afwijken van de algemeen aanvaarde (niet wettelijke) milieurichtlijnen. De vrijheid die uit de bepalingen blijkt, wordt hierdoor in de praktijk sterk ingeperkt (zie ABRvS 21 april 1998, AB 1998, 199, m.nt. GJ).

5.4 Normen voor de uitoefening van bevoegdheden

De uitoefening van bestuursbevoegdheden moet in overeenstemming met het recht zijn. Uit het recht zijn normen af te leiden waaraan het bestuur zich moet houden bij de uitoefening van bevoegdheden. Normen voor de uitoefening van bestuursbevoegdheden bepalen of die uitoefening rechtmatig of onrechtmatig is.

Voor de rechtmatigheid is in de eerste plaats van belang of het bestuursorgaan bevoegd was tot zijn handelen. De bevoegdheid is in de vorige paragraaf aan de orde geweest. In de tweede plaats is van belang of de bestuursbevoegdheid voldoet aan de eisen die gesteld zijn aan de vorm en de procedure: de voorbereiding van het besluit, de bekendmaking van het besluit. Deze formele eisen komen aan de orde bij de bespreking van de voorbereiding van de vergunning in § 6.7.6. In de derde plaats is van belang of het besluit inhoudelijk voldoet aan de daarvoor gestelde normen.

De normen waaraan de uitoefening van bestuursbevoegdheden getoetst moeten worden, zijn niet alleen te vinden in het geschreven recht, maar ook in het ongeschreven recht.

De normen die zijn opgenomen in de wettelijke regelingen die op het gebruik van een specifieke bestuursbevoegdheid van toepassing zijn, behoren tot de geschreven rechtsnormen. Ook kunnen algemene wettelijke normen op een bestuurs-bevoegdheid van toepassing zijn. In de Awb zijn bijvoorbeeld normen opgenomen voor (de totstandkoming van) besluiten. Gedacht kan ook worden aan de Grondwet, waarin normen zijn opgenomen voor de besluiten van de Kroon en ministers, aan de Provinciewet en de Gemeentewet, maar ook aan de Wet mi-lieubeheer.

Naast de geschreven normen zijn algemene rechtsbeginselen ontwikkeld voor het bestuursoptreden. Deze werden tot voor kort gerekend tot de ongeschreven normen. Deze beginselen waren immers in de rechtspraktijk ontwikkeld, maar niet neergelegd in de wet. Wel werden deze algemene beginselen van behoorlijk bestuur genoemd als beroepsgronden of als toetsingsgronden voor de rechter. Pas in de Awb zijn een aantal algemene beginselen van behoorlijk bestuur als normen voor het nemen van besluiten omschreven. Naast de in de Awb gecodificeerde algemene beginselen van behoorlijk bestuur, bestaan echter ook nog veel onge-schreven, door de jurisprudentie ontwikkelde beginselen.

Algemene beginselen van behoorlijk bestuur
De algemene beginselen van behoorlijk bestuur kunnen worden ingedeeld in formele en materiële beginselen. De formele beginselen hebben betrekking op de procedures voor de totstandkoming en de bekendmaking van het besluit en de vorm van het besluit. De materiële beginselen hebben betrekking op de inhoud van het besluit.

De beginselen kunnen ook worden ingedeeld naar de fase van de besluitvorming waarop het beginsel betrekking heeft. Hieronder zijn de belangrijkste beginselen van behoorlijk bestuur besproken, ingedeeld in formele en materiële beginselen, waarbij getracht is zoveel mogelijk de stappen die bij de totstandkoming van besluiten kunnen worden onderscheiden, te volgen. De beginselen worden besproken voor de voorbereiding van besluiten, de inhoud van besluiten en de motivering en bekendmaking van besluiten. Waar een beginsel in de Awb is opgenomen, is dat aangegeven. Sommige algemene beginselen van behoorlijk bestuur zijn wel en andere niet in de Awb gecodificeerd. De beginselen die niet in de Awb zijn opgenomen, blijven als regels van ongeschreven recht gelden.

Algemene beginselen van behoorlijk bestuur

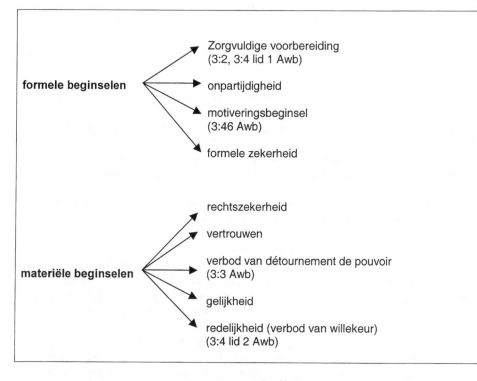

Formele beginselen bij de voorbereiding van besluiten

Bij de voorbereiding van een besluit moet het bestuursorgaan alle relevante feiten en omstandigheden van het geval waarop het besluit betrekking heeft verzamelen om bij de beslissing daarmee rekening te kunnen houden. Dit is het beginsel van zorgvuldige voorbereiding. Dit formele zorgvuldigheidsbeginsel heeft betrekking op verschillende aspecten van de voorbereiding van besluiten:

– vergaren van kennis over relevante feiten (zie art. 3:2 Awb);
– opsporen van af te wegen belangen bij het besluit (zie art. 3:2 Awb);
– afwegen van alle betrokken belangen (zie art. 3:4 lid 1 Awb);
– het vragen van advies en zorgvuldig omgaan met die adviezen (zie afdeling 3.3 van de Awb);
– het gelegenheid geven aan belanghebbenden om hun bedenkingen tegen het besluit naar voren te brengen en het in bepaalde gevallen horen van de geadresseerde (zie afdeling 3.4 en afdeling 4.1.2 van de Awb).

Een ander beginsel waaraan de voorbereiding van een besluit moet voldoen, is het beginsel van onpartijdigheid. Het besluit moet genomen worden zonder een schijn van partijdigheid. Zo moeten ambtenaren en bestuurders, die een belang hebben bij het te nemen besluit, vervangen worden door niet-betrokkenen.

Materiële beginselen
Deze inhoudelijke beginselen kunnen worden onderscheiden in het rechtszekerheidsbeginsel, het vertrouwensbeginsel, het verbod van détournement de pouvoir, het gelijkheidsbeginsel en het redelijkheidsbeginsel.
Het rechtszekerheidsbeginsel houdt bijvoorbeeld in dat besluiten niet met terugwerkende kracht mogen worden gewijzigd of ingetrokken ten nadele van burgers.
Het vertrouwensbeginsel houdt in dat door de overheid gewekte verwachtingen in het algemeen gehonoreerd moeten worden. Een burger die op goede gronden meent te mogen vertrouwen op een bepaalde wijze van besluiten, bijvoorbeeld omdat daarvoor een vast beleid wordt gehanteerd en die op grond van dat vertrouwen heeft gehandeld, kan in veel gevallen een beroep op het vertrouwensbeginsel doen.
Het verbod van détournement de pouvoir houdt in dat van een bevoegdheid geen gebruik mag worden gemaakt ten behoeve van een ander doel dan waarvoor die bevoegdheid is gegeven (zie ook art. 3:3 Awb).
Het gelijkheidsbeginsel brengt mee dat gelijke gevallen gelijk behandeld dienen te worden en ongelijke gevallen ongelijk. Daarvoor is van belang te bepalen welke verschillen wel en welke niet relevant zijn: de voor het beleid gelijke gevallen moeten gelijk behandeld worden.
Het redelijkheidsbeginsel, of het verbod van willekeur, houdt in dat de belangenafweging die het bestuursorgaan maakt, moet voldoen aan de eisen van redelijkheid en billijkheid. De toetsing door de rechter aan dit beginsel is echter slechts marginaal. De rechter toetst of het betrokken bestuursorgaan bij afweging van de betrokken belangen in redelijkheid tot het besluit heeft kunnen komen (zie art. 3:4 lid 2 Awb).

Formele beginselen bij de motivering en bekendmaking van besluiten
Deze beginselen hebben betrekking op de presentatie van de besluiten naar de burgers. Onderscheiden kunnen worden de motiveringsbeginselen (draagkrachtige motivering en kenbare motivering) en de overige eisen met betrekking tot de bekendmaking van besluiten, die voortvloeien uit het rechtszekerheidsbeginsel.
Het beginsel van draagkrachtige motivering houdt in dat een besluit moet kunnen worden gedragen door de daaraan ten grondslag gelegde motivering. Uit dit beginsel volgt dat de motivering van een besluit begrijpelijk moet zijn. De redenering moet logisch zijn, de motivering moet begrijpelijk zijn in het licht van besluiten in andere gevallen, enz. De gebruikte motivering moet ook aanvaardbaar zijn. De motivering moet verband houden met de doeleinden van de wettelijke

bevoegdheid, de wet moet op een aanvaardbare wijze geïnterpreteerd zijn en de feiten op een aanvaardbare manier gekwalificeerd.

Het beginsel van draagkrachtige motivering wordt ondersteund door het beginsel van kenbare motivering. Dit beginsel houdt in dat een besluit op een voor betrokkene kenbare manier moet zijn gemotiveerd.

Het motiveringsbeginsel is neergelegd in art. 3:46 Awb waarin is bepaald dat een besluit dient te berusten op een deugdelijke motivering.

Met het beginsel van formele zekerheid wordt gedoeld op het beginsel van behoorlijk bestuur, dat de kennisgeving van besluiten op een behoorlijke wijze moet plaatsvinden. Dat betekent dat kenbaar moet zijn voor betrokkenen dát een besluit is genomen, maar ook welke wijziging van de rechtspositie van burgers daaruit volgt. Hieruit volgt de eis dat een besluit duidelijk moet zijn geformuleerd. De betekenis van een besluit moet helder zijn en mag niet afhankelijk worden gesteld van een onzekere factor.

In de Awb is in afdeling 3.6 een regeling opgenomen voor de bekendmaking van besluiten.

5.5 Handelingen van bestuursorganen

De overheid verricht allerlei soorten handelingen. Daarbij gaat het niet alleen om de uitoefening van bestuursbevoegdheden, maar bijvoorbeeld ook om het aangaan van een erfpachtovereenkomst en het aanleggen en herstellen van straten. Het onderscheiden van verschillende soorten handelingen van het bestuur is van juridisch belang (zie onderstaand overzicht). Voor sommige handelingen moeten bepaalde voorbereidingsprocedures worden toegepast en voor de verschillende soorten handelingen zullen verschillende rechterlijke colleges benaderd moeten worden, indien men de handeling onrechtmatig acht.

Feitelijke handelingen en rechtshandelingen
In de eerste plaats kan onderscheid gemaakt worden tussen feitelijke handelingen en rechtshandelingen van het bestuur. Het verschil tussen beide soorten handelingen is dat met rechtshandelingen beoogd wordt 'iets te veranderen in de wereld van het recht', terwijl dat met feitelijke handelingen niet het geval is. Met een rechtshandeling wordt een bevoegdheid verleend of juist een plicht opgelegd. Een rechtshandeling is 'gericht op rechtsgevolg'. Dat betekent dat de handeling is gericht op het tot stand brengen (of juist te niet doen) van bevoegdheden, rechten of plichten van burgers.

> Een voorbeeld van een rechtshandeling is de verlening van een vergunning op grond van de Wet milieubeheer tot het oprichten van een inrichting. Zonder die vergunning is een dergelijke oprichting immers verboden. De mededeling dat voor een bepaalde

activiteit geen milieuvergunning nodig is, is geen rechtshandeling. Door die mededeling wordt immers geen wijziging in het recht aangebracht of beoogd. De mededeling is derhalve een feitelijke handeling. Een andere voorbeeld van een rechtshandeling is het besluit tot het verlenen van een kapvergunning; het omzagen van de boom is echter een feitelijke handeling.

Handelingen van bestuursorganen

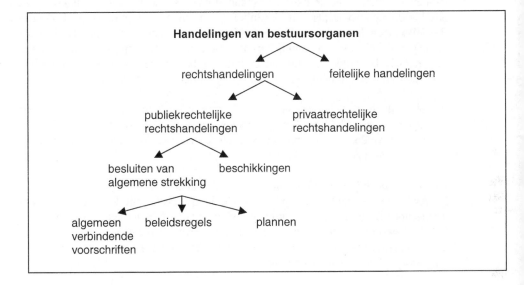

Privaat- en publiekrechtelijke rechtshandelingen
Binnen de rechtshandelingen kunnen vervolgens privaat- en publiekrechtelijke rechtshandelingen worden onderscheiden. Privaatrechtelijke rechtshandelingen zijn handelingen die weliswaar door de overheid kunnen worden verricht, maar waartoe in principe iedereen bevoegd zou zijn. Het gaat dan om het handelen van de overheid als eigenaar, als werkgever of als contractant bij een overeenkomst.

Het verlenen van een milieuvergunning door burgemeester en wethouders op grond van de Wet milieubeheer voor het oprichten van een galvanisch bedrijf is een rechtshandeling. Het verhuren van het pand waarin het bedrijf gevestigd zal worden, is een privaatrechtelijke rechtshandeling, ook wanneer de gemeente eigenaar van het pand is en als verhuurder optreedt.

Het onderscheid tussen privaat- en publiekrechtelijke rechtshandelingen is voornamelijk van belang voor de vraag welke rechter bevoegd is rechtsbescherming te bieden. Op grond van art. 8:3 van de Awb is geen beroep mogelijk bij de administratieve kamer van de rechtbank tegen een besluit ter voorbereiding van een privaatrechtelijke rechtshandeling. Daarvoor moet men naar de burgerlijke rechter (zie § 5.7.4)

Beschikkingen en besluiten van algemene strekking
Binnen de publiekrechtelijke rechtshandelingen is onderscheid te maken tussen beschikkingen enerzijds en besluiten van algemene strekking anderzijds. Beschikkingen hebben betrekking op één concreet geval, ze zijn gericht op de rechtsgevolgen voor een aanwijsbare persoon, of een aanwijsbaar aantal personen of een zaak. Besluiten van algemene strekking beogen rechtsgevolgen in het leven te roepen voor een in beginsel onbepaald aantal personen of zaken.

> Een milieuvergunning voor een bepaald bedrijf is een beschikking. Een besluit waarin algemene voorschriften zijn opgenomen waaraan alle bedrijven van een bepaald type moeten voldoen (zoals bijvoorbeeld horecabedrijven of garagebedrijven) is een besluit van algemene strekking.

Het begrip besluit in de Algemene wet bestuursrecht
De Awb gaat uit van het begrip besluit. Het begrip besluit uit de Awb omvat zowel de hiervoor besproken beschikkingen als besluiten van algemene strekking. In art. 1:3 Awb wordt het besluit als volgt gedefinieerd: 'Onder besluit wordt verstaan: een schriftelijke beslissing van een bestuursorgaan, inhoudende een publiekrechtelijke rechtshandeling.'

Deze definitie bestaat uit verschillende elementen:
1. Schriftelijk
   Dit is een vereiste ter bevordering van de kenbaarheid van besluiten en maakt onderdeel uit van de definitie van het begrip besluit om praktische redenen. Dat een beslissing schriftelijk moet zijn, betekent niet dat het besluit zelf – apart – op schrift moet staan. Het is voldoende als het bestaan van het besluit blijkt uit een schriftelijk stuk, bijvoorbeeld uit het verslag van de vergadering waarin het besluit is genomen.
2. Beslissing
   Het begrip beslissing wordt in de Awb niet apart gedefinieerd. Het begrip beslissing wordt hier gebruikt als een 'moederbegrip', zowel privaat- als publiekrechtelijke rechtshandelingen vallen eronder en ook beslissingen inzake feitelijke handelingen kunnen onder dit begrip vallen. De puur feitelijke handelingen worden, door gebruik te maken van de term beslissing, echter wel buiten het besluitbegrip gehouden.

3. Bestuursorgaan
   Het begrip bestuursorgaan is in de Awb gedefinieerd in art. 1:1 Awb en is
   besproken in § 5.2.2.
4. Publiekrechtelijke rechtshandeling.
   Dit begrip is hierboven besproken. Geconcludeerd kan worden dat het begrip
   besluit zowel besluiten van algemene strekking als beschikkingen en ook
   bestuurswetgeving omvat.

Soorten besluiten van algemene strekking
Besluiten van algemene strekking zijn zeer divers. Drie soorten besluiten van
algemene strekking kunnen echter wel als aparte categorie worden aangeduid. Dat
zijn de algemeen verbindende voorschriften, de beleidsregels en de plannen.

A. Algemeen verbindende voorschriften
Algemeen verbindende voorschriften zijn regelingen die een overheidsorgaan heeft
uitgevaardigd op grond van een wetgevende bevoegdheid. In een algemeen
verbindend voorschrift zijn rechtsnormen opgenomen. Synoniemen voor algemeen
verbindend voorschrift zijn 'bestuurswetgeving' of 'wetten in materiële zin' (zie §
4.4). Algemeen verbindende voorschriften kunnen zijn neergelegd in de vorm van
een ministeriële regeling, een algemene maatregel van bestuur of een verordening
van een provincie, gemeente of waterschap. Het betreft hier dus wetgeving die niet
afkomstig is van de formele wetgever, maar van de decentrale wetgever.

B. Beleidsregels
Beleidsregels zijn algemene regels, waarin is vastgesteld op welke wijze van een
bestuursrechtelijke bevoegdheid gebruik zal worden gemaakt. In artikel 1:3 lid 4
Awb is de volgende definitie opgenomen: 'Onder beleidsregel wordt verstaan een
bij besluit vastgestelde algemene regel, niet zijnde een algemeen verbindend
voorschrift, omtrent de afweging van belangen, de vaststelling van feiten of de
uitleg van wettelijke voorschriften bij het gebruik van een bevoegdheid van een
bestuursorgaan.'
In titel 4.3 van de Awb is een aantal bepalingen over beleidsregels opgenomen. Als
een bestuursorgaan een bevoegdheid heeft waarbij hij over een zekere (beleids)vrij-
heid beschikt, dan zal het bestuur voor het gebruiken van die vrijheid beleid moeten
maken. Van die vrijheid mag geen willekeurig gebruik gemaakt worden, anders
zou immers gehandeld worden in strijd met beginselen van behoorlijk bestuur,
zoals het gelijkheidsbeginsel.
Dat beleid kan al doende vorm krijgen; door een reeks van besluiten ontstaat een
beleidslijn. Het bestuursorgaan kan echter ook besluiten om van tevoren het beleid
met betrekking tot een bepaalde bevoegdheid vast te leggen en bekend te maken,
zodat de burgers weten waarop zij kunnen rekenen. Deze beleidslijnen worden dan
vastgelegd in beleidsregels (soms wordt ook de term pseudo-wetgeving gebruikt).

125

In artikel 4:81 Awb is bepaald dat een bestuursorgaan voor aan hem toekomende, onder zijn verantwoordelijkheid vallende en aan hem gedelegeerde bevoegdheden beleidsregels kan maken.

Er bestaat geen plicht om beleidsregels te maken. Wanneer echter beleidsregels zijn gemaakt, dan is het bestuursorgaan ook aan zijn eigen beleidsregels gebonden. Die binding betekent echter niet dat nooit ten gunste van de burger van een beleidsregel afgeweken mag worden. Een beleidsregel is immers een middel tot het voeren van een behoorlijk beleid; soms echter kan het voeren van behoorlijk beleid betekenen dat juist van een beleidsregel moet worden afgeweken. Een beleidsregel wordt gemaakt voor een reeks dezelfde soort gevallen. De bevoegdheid tot het nemen van een besluit is echter gericht op individuele gevallen. Het bestuursorgaan is daarom verplicht na te gaan of geen reden bestaat om in individuele gevallen van de beleidsregel af te wijken (art. 4:84 Awb).

C. Plannen

Plannen vormen een samenhangend geheel van beleidsvoornemens waarbij het mogelijk is dat als gevolg van het feit dat prioriteiten worden gesteld, voor vergelijkbare gevallen verschillende besluiten worden voorgenomen. Het plan vormt een middel om besluiten in een bepaalde samenhang te nemen. In het milieurecht komen plannen in allerlei vormen voor. Sommige plannen worden voorgeschreven in wettelijke regelingen zoals bijvoorbeeld in de Wet milieubeheer, maar plannen kunnen ook worden gemaakt zonder wettelijke basis daarvoor.

De rechtsgevolgen van plannen kunnen daardoor ook zeer verschillend zijn. De plannen die geen wettelijke basis hebben, hebben ten hoogste de kracht van 'zelfbinding' van het plannende bestuursorgaan. Met sommige wettelijke plannen moet 'rekening worden gehouden' bij het nemen van besluiten. Andere besluiten mogen niet genomen worden, wanneer ze in strijd zouden zijn met een plan.

> Zo moet op grond van art. 8.8 lid 2 onder a Wm bij de beslissing op de aanvraag om een vergunning door het bevoegde bestuursorgaan rekening worden gehouden met het voor hem geldende milieubeleidsplan. Een bouwvergunning moet worden geweigerd wanneer het bouwwerk in strijd is met een bestemmingsplan of krachtens zodanig plan gestelde eisen (art. 44 aanhef en onder c Woningwet).

Richtlijnen

Behalve door beleidsregels, die aangeven hoe de eigen bestuursbevoegdheid zal worden gebruikt, bestaan ook allerlei circulaires, brochures, aanbevelingen, brieven enz., die bedoeld zijn voor een andere instantie dan de instantie die de richtlijn heeft gemaakt. Dit noemen we richtlijnen. Een richtlijn kan bijvoorbeeld worden opgesteld voor een hiërarchisch ondergeschikte instantie.

De bevoegdheid tot het maken van richtlijnen is niet specifiek in een wet opgenomen. Een richtlijn heeft echter wel altijd te maken met enig bestuurshandelen. Een voorbeeld van een bestuurshandeling waarvoor richtlijnen kunnen worden opgesteld is de verlening van een milieuvergunning. Een richtlijn kan als hulpmiddel dienen om te bepalen welke voorschriften aan een vergunning verbonden moeten worden.

Op het terrein van het milieu zijn veel richtlijnen afkomstig van het ministerie van VROM. Die richtlijnen hebben betrekking op de manier waarop burgemeester en wethouders van gemeenten of gedeputeerde staten van de provincie hun bevoegdheden op het terrein van het milieu zouden moeten uitoefenen. Die milieu-richtlijnen zijn vaak opgesteld na uitvoerig (natuur)wetenschappelijk onderzoek. Daarvoor worden ook vaak externe instanties ingeschakeld, zoals het Rijksinstituut voor Volksgezondheid en Milieu (RIVM), universiteiten en ingenieursbureaus. Bij de voorbereiding van richtlijnen wordt vaak overleg gevoerd met belangenor-ganisaties, zowel vanuit het bedrijfsleven als met milieuorganisaties.

Voorbeelden van richtlijnen zijn de Richtlijn Veehouderij en Hinderwet (1996), de Saneringsregeling Wet bodembescherming: beoordeling en afstemming (1997), de circulaire Beoordeling geluidhinder wegverkeer in verband met vergunningverlening Wet milieubeheer (1996) en de circulaire Toepassing schadevergoedingsartikelen (1997).

Milieurichtlijnen spelen een grote rol bij de uitvoering van het milieurecht in de praktijk. Men kan zich de vraag stellen of het klakkeloos toepassen van een richtlijn bij de uitoefening van een bevoegdheid, bijvoorbeeld tot verlening van een milieuvergunning, is toegestaan. Op grond van de eigen bevoegdheid zou men kunnen verlangen dat een bestuursorgaan dat niet zelf de richtlijn heeft opgesteld, een afweging maakt of de richtlijn in het concrete geval al dan niet moet worden toegepast.
Uit uitspraken van de rechter blijkt dat die eis niet wordt gesteld. Het volgen van een algemeen aanvaarde richtlijn bij het nemen van een besluit wordt in beginsel geaccepteerd. Echter, indien zich omstandigheden voordoen die het in een concreet geval onaanvaardbaar maken dat de richtlijn wordt gevolgd, moet het bevoegd gezag zijn verantwoordelijkheid nemen en afwijken van de richtlijn.

In een zaak waarin de Stichting Natuur en Milieu had verzocht om aanscherping van de emissienormen voor een kolengestookte installatie overwoog de rechter (AG 9 maart 1989, M en R 1990, 11): 'Het standpunt van verweerders dat genoemde richtlijnen als uitgangspunt dienen voor het ter zake te voeren beleid, acht de Afdeling op zichzelf niet onjuist. Dit laat evenwel onverlet dat verweerders dienen na te gaan of er zich geen omstandigheden voordoen, die afwijking van het in algemene zin geformuleerde, beleid rechtvaardigen of daartoe noodzaken.'

127

5.6 Bestuursrechtelijke handhaving van het milieurecht

5.6.1 Inleiding

Milieunormen die zijn neergelegd in wetten en besluiten kunnen behalve via het strafrecht (zie hoofdstuk 7) en het privaatrecht (zie hoofdstuk 8) ook worden gehandhaafd met behulp van het bestuursrecht zelf. Met handhaving wordt dan gedoeld op handelingen die erop gericht zijn de naleving van rechtsregels te bevorderen of een overtreding te beëindigen. Handhaving is dus meer dan alleen sancties opleggen. Een belangrijk onderdeel van handhaving is ook het controleren of een norm wordt nageleefd.

Voor handhaving door het bestuur is een regeling in hoofdstuk 5 van de Algemene wet bestuursrecht (Awb) opgenomen. In dat hoofdstuk staan bepalingen over toezicht en over twee bestuursrechtelijke sancties: bestuursdwang en de last onder dwangsom. In de Wet milieubeheer zijn in hoofdstuk 18 enkele aanvullende bepalingen opgenomen met betrekking tot handhaving van milieubesluiten. Hoofdstuk 18 Wet milieubeheer is alleen van toepassing op de handhaving van besluiten op grond van de Wet milieubeheer en op grond van een reeks andere milieuwetten:
– de Mijnbouwwet ,
– de Destructiewet,
– de Kernenergiewet,
– de Wet geluidhinder,
– de Grondwaterwet,
– de Wet inzake de luchtverontreiniging,
– de Wet verontreiniging oppervlaktewateren,
– de Wet verontreiniging zeewater,
– de Wet milieugevaarlijke stoffen,
– de Wet bodembescherming,
– de Ontgrondingenwet en
– de Wet bescherming Antarctica.

De regeling in hoofdstuk 5 Awb heeft een ruimere werking dan alleen voor milieubesluiten.

Zorgplicht tot handhaven?
In art. 8.2 Wet milieubeheer is de taak om zorg te dragen voor de bestuursrechtelijke handhaving van voor een inrichting geldende regels opgedragen aan het bestuursorgaan dat bevoegd is tot vergunningverlening of tot wie een melding moet worden gericht over de oprichting van een inrichting die onder een algemene regel valt.

In de artikelen 18.2a tot en met 18.2d worden verschillende bestuursorganen belast met de handhaving van specifieke milieubepalingen die *niet* betrekking hebben op inrichtingen. Voor de handelingen die buiten inrichtingen worden gepleegd, wordt steeds een orgaan als bevoegd aangewezen, waarbij zoveel mogelijk is aangesloten bij de bestaande taken en bevoegdheden. Voor een aantal taken zijn meerdere organen als bevoegd aangewezen. De zorgplichten van art. 1.1a en art. 10.1 Wm kunnen worden gehandhaafd door zowel de minister van VROM, gedeputeerde staten, burgemeester en wethouders als de waterkwaliteitsbeheerders (art. 18.2a lid 1 Wm). De handhaving van de overtreding van verplichtingen op grond van hoofdstuk 16 Wet milieubeheer (de handel in emissies) is in artikel 18.2f opgedragen aan de Nederlandse emissieautoriteit.

Deze bepalingen betekenen niet dat ook de plicht bestaat voor het betrokken bestuursorgaan met een bestuursrechtelijke sanctie te reageren op elke overtreding. De meeste bevoegdheden tot het toepassen van bestuursrechtelijke sancties laten het bevoegde bestuursorgaan beleidsvrijheid. Wanneer bewust wordt afgezien van handhaven, terwijl wél de bevoegdheid bestaat tot handhaven, wordt gesproken van gedogen (zie § 5.6.4).

5.6.2   Toezicht

Toezicht vormt de eerste fase van de handhaving. Het begrip toezicht is in de Algemene wet bestuursrecht niet gedefinieerd. Er kan onderscheid gemaakt worden tussen preventief en repressief toezicht. Met preventief toezicht wordt gedoeld op controle op de naleving van voorschriften zonder concrete aanwijzing dat van een overtreding sprake is. Preventief toezicht heeft als doel: voorlichting en advisering over de naleving van de voorschriften.

Bij repressief toezicht wordt gecontroleerd ten behoeve van de opsporing van overtredingen, teneinde daar met een sanctie op te reageren.

Toezicht wordt uitgeoefend door toezichthouders: personen die bij of krachtens wettelijk voorschrift belast zijn met het houden van toezicht van het bepaalde bij of krachtens enig wettelijk voorschrift (art. 5:11 Awb). Voor het milieurecht worden ambtenaren als toezichthouders aangewezen door de minister van VROM, gedeputeerde staten van een provincie, burgemeester en wethouders van een gemeente of andere met de uitvoering van een wet belaste bestuursorganen (art. 18.4 Wm).

De volgende bevoegdheden van de toezichthouders staan in de Algemene wet bestuursrecht opgesomd:
- met hun apparatuur alle plaatsen, met uitzondering van woningen, te betreden en zich zo nodig toegang te verschaffen met behulp van de sterke arm;
- inlichtingen te vorderen;
- inzage te vorderen en kopieën te maken van zakelijke gegevens en bescheiden;

- zaken te onderzoeken, aan opneming te onderwerpen en daarvan monsters te nemen;
- vervoermiddelen en hun lading te onderzoeken, en daartoe van bestuurders te vorderen dat deze hun vervoermiddel tot stilstand brengen en naar een door hen aangewezen plaats overbrengen.

Bij wettelijk voorschrift of bij het besluit waarbij een toezichthouder wordt aangewezen, kan worden bepaald dat bepaalde bevoegdheden van de toezichthouder worden beperkt. In art. 5:13 Awb is bepaald dat een toezichthouder van zijn bevoegdheden slechts gebruik maakt voorzover dat redelijkerwijs voor de vervulling van zijn taak nodig is. Zijn optreden moet derhalve proportioneel zijn.

5.6.3   Sancties

Een sanctie kan niet worden opgelegd, zonder dat daar een wettelijke grondslag voor bestaat. De wetgever moet het bestuur uitdrukkelijk de bevoegdheid hebben gegeven tot het toepassen van een sanctie. Dit volgt uit het legaliteitsbeginsel (zie ook § 1.2, § 4.2 , § 5.3 en § 7.1.1).

Facultatieve en verplichte sancties
Een bevoegdheid tot het uitoefenen van dwangmiddelen kan dwingend zijn voorgeschreven en is dan een gebonden bevoegdheid (verplicht) of kan beleidsvrijheid bevatten (facultatief). (Zie voor gebonden en vrije bevoegdheden § 5.3.2) Bij uitzondering is een sanctie dwingend voorgeschreven. Dit houdt in dat wanneer zich bepaalde omstandigheden voordoen (een overtreding van een norm), het bestuur niet de vrijheid heeft om geen sanctie op te leggen.

> Een voorbeeld van een gebonden bevoegdheid inzake het opleggen van een sanctie is neergeld in art. 18.16a lid 2 wm: 'Het bestuur van de emissieautoriteit legt een bestuurlijke boete op in geval van overtreding van het bepaalde bij artikel 16.37, eerste lid.(…)'

In het algemeen zijn bestuursrechtelijke sancties echter facultatief. Dat betekent dat ook wanneer een overtreding van een norm heeft plaatsgevonden, het bestuur een belangenafweging moet maken over de eventuele toepassing van een sanctie. Soms heeft het bestuursorgaan ook nog de keuze tussen verschillende sancties. Het facultatieve karakter van bestuursrechtelijke sancties betekent ook dat in bepaalde omstandigheden op een overtreding niet gereageerd wordt met een sanctie, als gevolg van die belangenafweging. Wanneer de overheid willens en wetens afziet van handhaving, wordt gesproken van gedogen (zie § 5.6.4).

Reparatoire en punitieve sancties

Sancties kunnen worden ingedeeld in reparatoire en punitieve sancties. Reparatoire sancties hebben in de eerste plaats als doel het in overeenstemming brengen van een situatie met de norm, het tot stand brengen van een legale situatie. Punitieve sancties hebben in de eerste plaats het oogmerk straf te geven. Niet van belang voor dit onderscheid is of een sanctie als straf wordt ervaren. Ook een reparatoire sanctie (bijvoorbeeld de inbeslagname van de geluidsapparatuur) kan als bestraffend worden ervaren.

Het onderscheid tussen punitieve en reparatoire sancties is van belang, omdat punitieve sancties zouden kunnen worden aangemerkt als een strafvervolging in de zin van art. 6 van het Europees Verdrag tot bescherming van de rechten van de mens en de fundamentele vrijheden (EVRM). Art. 6 EVRM geeft waarborgen voor de strafvervolging die op de toepassing van punitieve sancties van toepassing zijn.

> Een voorbeeld van een bestuursrechtelijke, punitieve sanctie is de fiscale boete die kan worden opgelegd terzake van het met opzet onjuist of onvolledig doen van de aangifte (art. 67d Algemene wet inzake rijksbelastingen).

Verzoek tot het toepassen van een sanctie

Op grond van artikel 18.14 van de Wet milieubeheer kan een belanghebbende aan het bevoegde bestuursorgaan verzoeken een bestuursrechtelijke sanctie toe te passen. De reactie op een dergelijk verzoek – of het nu een positieve of negatieve reactie is – is een besluit in de zin van de Awb, waartegen bezwaar en beroep kan worden ingesteld (zie § 5.7.4).

Ter handhaving van het milieurecht kunnen vier soorten sancties worden toegepast:
– intrekking van de vergunning,
– bestuursdwang,
– de last onder dwangsom en
– de bestuursrechtelijke boete

Intrekking van de vergunning

In art. 18.12 van de Wet milieubeheer is de bevoegdheid opgenomen voor het bevoegd gezag om een vergunning of ontheffing geheel of gedeeltelijk in te trekken. Van deze bevoegdheid kan gebruik worden gemaakt indien niet overeenkomstig die vergunning of ontheffing is of wordt gehandeld of indien aan de vergunning of ontheffing verbonden voorschriften of voor de houder van de vergunning of ontheffing als zodanig geldende algemene regels niet worden nageleefd. Hier spreken we van intrekking van een vergunning 'bij wijze van sanctie'. Wanneer een vergunning is ingetrokken, is het verder handelen zonder vergunning te sanctioneren met de overige (bestuursrechtelijke) sancties.

Ook wanneer een vergunning keurig wordt nageleefd, kan onder omstandigheden

131

besloten worden de vergunning in te trekken. Dat zal vooral het geval zijn bij verouderde vergunningen, wanneer de vergunde inrichting ontoelaatbare nadelige gevolgen voor het milieu veroorzaakt, ook al wordt de vergunning keurig nageleefd. Indien het niet mogelijk is door het stellen van nieuwe voorschriften tot een aanvaardbare situatie te komen, kan de vergunning worden ingetrokken. Dan is echter geen sprake van een sanctie. Een bevoegdheid tot intrekken van de vergunning, die niet bij wijze van sanctie kan plaatsvinden, is neergelegd in art. 8.25 lid 1 Wm. Bij een intrekking bij wijze van sanctie bestaat niet de mogelijkheid van schadevergoeding, bij de intrekking op grond van art. 8.25 Wm bestaat die mogelijkheid wel.

Bestuursdwang

Bestuursdwang is een bestuursrechtelijke sanctie die tot doel heeft hetgeen in strijd met een norm is of wordt verricht, weer in overeenstemming met die norm te brengen. Het gaat om het feitelijk rechtzetten van hetgeen onrechtmatig is. Voor bestuursdwang is een regeling opgenomen in de Algemene wet bestuursrecht. In artikel 5:21 Awb is bestuursdwang als volgt gedefinieerd: 'Onder bestuursdwang wordt verstaan: het door feitelijk handelen door of vanwege een bestuursorgaan optreden tegen hetgeen in strijd met enige wettelijke voorschriften is of wordt gedaan, gehouden of nagelaten.'

> Bestuursdwang kan dus veel vormen aannemen. Gedacht kan worden aan het slopen van een illegaal bouwwerk, het uitbaggeren van een illegaal volgestorte sloot en het sluiten en verzegelen van een zonder de noodzakelijk milieuvergunning opgericht bedrijf.

Een bestuursorgaan kan geen bestuursdwang uitoefenen, als daarvoor niet in de wet de bevoegdheid is gegeven. De grondslag voor de bevoegdheid bestuursdwang uit te oefenen staat niet in de Algemene wet bestuursrecht. Voor gedeputeerde staten staat die grondslag in de Provinciewet (art. 122) en voor burgemeester en wethouders in de Gemeentewet (art. 125). De algemene bestuursdwangbevoegdheid van de besturen van waterschappen is opgenomen in de Waterschapswet (art. 61). Ministers hebben geen algemene bevoegdheid tot het uitsefenen van bestuursdwang. Voor bepaalde overtredingen kunnen zij die bevoegdheid echter bij wet hebben gekregen. Zo is, wanneer geen ander bestuursorgaan bevoegd is bestuursdwang uit te oefenen, de minister van VROM op grond van art. 18.7 lid 1 Wm bevoegd tot het uitoefenen van bestuursdwang ter handhaving van overtredingen van de milieuwetten in gevallen waarin hem de zorg voor de handhaving daarvan is opgedragen en indien geen ander bestuursorgaan daartoe bevoegd is.

Bestuursdwang is een ingrijpende sanctie. Een bestuursorgaan kan, zonder machtiging van een rechter vooraf, feitelijk ingrijpen. Een beslissing tot het toepassen van bestuursdwang moet – spoedeisende gevallen uitgesloten – op schrift worden gesteld. Die op schrift gestelde beslissing is een beschikking.

In de beschikking moet worden aangegeven welk voorschrift is of wordt overtreden. In de beschikking moet voorts – weer met uitzondering van spoedeisende gevallen – een termijn worden gesteld waarbinnen degene die dat in zijn macht heeft, de gelegenheid krijgt om zelf de overtreding ongedaan te maken. De bestuursdwangbeschikking houdt dan dus een waarschuwing in. Wanneer het optreden met bestuursdwang dermate spoedeisend was dat de beslissing tot het toepassen van bestuursdwang niet op schrift kon worden gesteld, moet dat zo spoedig mogelijk alsnog gebeuren. De reden daarvoor is dat tegen de op schrift gestelde beslissing bezwaar kan worden gemaakt en beroep kan worden ingesteld.

De kosten van de uitoefening van bestuursdwang kunnen worden verhaald op de overtreder, tenzij dat onredelijk zou zijn. De invordering van de kosten kan bij dwangbevel gebeuren. Hiervoor is geen rechterlijke tussenkomst vereist. Wel kan men tegen dit dwangbevel in verzet komen bij de burgerlijke rechter. Die rechter beoordeelt niet of terecht bestuursdwang is toegepast, maar kijkt slechts of de hoogte van het ingevorderde bedrag redelijk is.

Zo kan in een bestuursdwangbeschikking staan dat:
- wegens overtreding van voorschrift X van de milieuvergunning,
- de aangeschrevene de materialen en vervoermiddelen die zijn opgeslagen op het terrein Y moet verwijderen,
- binnen een termijn van 14 dagen na dagtekening van de beschikking,
- en dat wanneer aan de aanschrijving geen gehoor wordt gegeven, het bevoegd gezag zelf zal zorgdragen voor verwijdering van de materialen en vervoermiddelen die zijn opgeslagen op het terrein Y,
- en dat de kosten van die verwijdering op de overtreder zullen worden verhaald.

Bestuursdwang is een facultatieve sanctie. Er bestaat geen plicht om bestuursdwang uit te oefenen wanneer een norm wordt overtreden. Bestuursdwang wordt gerekend tot de reparatoire sancties. Met de toepassing van bestuursdwang wordt niet beoogd om straf uit te delen, maar wordt beoogd de onrechtmatige situatie weg te nemen. Dat is ook de reden waarom de mededeling van het besluit tot de toepassing van de sanctie niet alleen tot de overtreder gericht kan worden, maar ook tot de personen die het in hun macht hebben om de illegale situatie op te heffen.

Gedacht kan worden aan de situatie waarin afvalstoffen zijn gestort op een terrein. Degene die heeft gestort is de overtreder. Indien de overtreder geen eigenaar is van het terrein waarop is gestort en geen toegang heeft tot het terrein, heeft alleen de rechthebbende op het gebruik van het terrein - bijvoorbeeld de eigenaar - het in zijn

133

macht de afvalstoffen te verwijderen en een einde te maken aan de overtreding. Het bestuursdwangbesluit kan wel gericht worden tot de eigenaar van het terrein. De kosten van bestuursdwang kunnen echter alleen verhaald worden op de overtreder (art. 5:25 lid 1 Awb).

Last onder dwangsom

Een last onder dwangsom is een besluit waarin wordt bepaald dat een overtreding niet mag worden herhaald of voortgezet (de last) op straffe van het verbeuren van een geldbedrag (de dwangsom). Door middel van het geven van een financiële prikkel wordt de overtreder aangezet tot het herstellen van de met de wet strijdige situatie. De last onder dwangsom is dus, net zoals de toepassing van bestuursdwang, een reparatoire sanctie.

De bevoegdheid tot het opleggen van een last onder dwangsom is gekoppeld aan de bevoegdheid bestuursdwang toe te passen. In bepaalde gevallen bestaat wel de bevoegdheid bestuursdwang toe te passen, maar is die toepassing in de praktijk niet zinvol.

Gedacht kan worden aan de situatie waarin een gedragsvoorschrift (zoals het gesloten houden van ramen en deuren) wordt overtreden. De toepassing van bestuursdwang zou inhouden dat de ramen en deuren die openstaan, gesloten zouden moeten worden op kosten van de overtreder. De toepassing van bestuursdwang vereist dan een voortdurende controle.

De bevoegdheid een dwangsom op te leggen bestaat wanneer de bevoegdheid bestaat om bestuursdwang toe te passen (art. 5:32 lid 1 Awb) én indien het belang dat het overtreden voorschrift beoogde te beschermen – in het milieurecht: het milieubelang – zich daar niet tegen verzet (art. 5:32 lid 3 Awb).

In het geval waarin een container met gevaarlijke stoffen van een vrachtauto is gevallen en dreigt leeg te stromen in de bodem, verzet het milieubelang zich tegen het opleggen van een last onder dwangsom. In dat geval moeten de gevaarlijke stoffen onmiddellijk worden verwijderd en is bestuursdwang aangewezen.

In afdeling 5.4 van de Algemene wet bestuursrecht is een regeling opgenomen voor de last onder dwangsom. Het bestuursorgaan dat bevoegd is bestuursdwang toe te passen, kan in plaats daarvan een last onder dwangsom opleggen. Voor de vraag welk bestuursorgaan bevoegd is tot het opleggen van een last onder dwangsom moet dus worden teruggegaan naar de grondslag voor de bevoegdheid bestuursdwang toe te passen in de Gemeentewet, de Provinciewet, de Waterschapswet en de Wet milieubeheer.

Een dwangsom kan worden vastgesteld op een bedrag ineens, op een bedrag per tijdseenheid of een bedrag per overtreding (art. 5:32 lid 4 Awb). Het is niet mogelijk voor een overtreding zowel een dwangsom per tijdseenheid als per overtreding op te leggen. Wanneer sprake is van een voortdurende overtreding – bijvoorbeeld indien een in de vergunning voorgeschreven filter niet is aangebracht – moet de dwangsom per tijdseenheid worden gesteld. Het bedrag van de dwangsom moet aan een maximum worden gebonden en moet in redelijke verhouding staan tot de zwaarte van het geschonden belang en de beoogde werking van de dwangsom. Het is niet toegestaan om de hoogte van de dwangsom te laten bepalen door de behoefte een straf uit te delen.

> Een voorbeeld is een dwangsom van € 10.000,-- per overtreding met een maximum van € 100.000,-- dat de geluidsvoorschriften, van een grote discotheek niet worden nageleefd. In de hoogte van deze dwangsom is rekening gehouden met het financiële voordeel dat de exploitant van de discotheek met het overschrijden van de normen heeft.

Wanneer een dwangsom is vastgesteld, wordt een termijn gesteld gedurende welke de overtreder de last kan uitvoeren – dat wil zeggen de overtreding ongedaan kan maken – zonder dat de gestelde dwangsom wordt verbeurd. Verbeuren betekent dat de dwangsom nog niet verschuldigd wordt. Deze termijn wordt de begunstigingstermijn genoemd. Wanneer het niet nodig is een termijn te stellen, bijvoorbeeld omdat het ongedaan maken van de overtreding geen tijd kost, hoeft geen begunstigingstermijn in het dwangsombesluit te worden opgenomen.

Tegelijk toepassen van bestuursdwang en de last onder dwangsom?
Het is niet toegestaan tegelijkertijd voor dezelfde overtreding bestuursdwang toe te passen én een last onder dwangsom op te leggen (art. 5:31 en 5:36 Awb). Wél kunnen beide sancties na elkaar voor dezelfde overtreding worden opgelegd. Wanneer de last onder dwangsom niet tot een verbetering van de situatie leidt – de overtreding wordt voortgezet of herhaald – dan kan het besluit tot het opleggen van de last onder dwangsom worden ingetrokken, waarna bestuursdwang kan worden toegepast. Overigens is het wel mogelijk dat één overtreder met zowel een last onder dwangsom als met bestuursdwang wordt geconfronteerd: de sancties moeten dan van toepassing zijn op verschillende overtredingen.

Bestuursrechtelijke boete
Een andere bestuursrechtelijke sanctie is de bestuursrechtelijke boete. De bestuursrechtelijke boete is, in tegenstelling tot de hiervoor besproken sancties, wel punitief van aard. De bevoegdheid tot het opleggen van een bestuursrechtelijke boete houdt immers de bevoegdheid van een bestuursorgaan in om een geldboete op te leggen bij wijze van straf. De bestuursrechtelijke boete kennen we vooral uit

135

het belastingrecht en op het terrein van de sociale zekerheid. In het milieurecht is de bestuursrechtelijke boete recent ingevoerd, maar alleen voor de handhaving van de verplichtingen bij of krachtens hoofdstuk 16 Wet milieubeheer, inzake de emissiehandel. Deze bestuursrechtelijke boete kan worden opgelegd door de Nederlandse emissieautoriteit (zie § 6.10).

In het voorstel voor de vierde tranche van de Awb is een algemene regeling voorgesteld voor de bestuurlijke boete in hoofdstuk 5 van de Awb.

5.6.4   Gedogen

Zoals al eerder gesteld, bestaat voor de bevoegde bestuursorganen, voor de meeste overtredingen geen handhavingsplicht. De bestuursrechtelijke sancties in het milieurecht laten het bestuur in bijna alle gevallen vrijheid bij de beslissing al dan niet een sanctie toe te passen. Wel hebben belanghebbenden de bevoegdheid het bevoegde bestuursorgaan te verzoeken een sanctie toe te passen (art. 18:14 Wm). Een omwonende die last ondervindt van een bedrijf dat de milieuwetgeving overtreedt of een milieuorganisatie die zich het belang van een schoon milieu heeft aangetrokken terwijl dat belang wordt geschaad door de overtreding van een milieuvoorschrift, heeft belang bij een goede bestuursrechtelijke handhaving.

Wanneer het bevoegde gezag op de hoogte is van een overtreding, op grond van eigen controle of klachten van derden, en het bevoegd gezag weliswaar de bevoegdheid heeft een bestuursrechtelijk dwangmiddel in te zetten, maar dit niet doet, is sprake van gedogen. Van gedogen is sprake wanneer de overheid willens en wetens afziet van handhaving.

Gedogen kan op verschillende manieren plaatsvinden. Zo wordt onderscheid gemaakt tussen stilzwijgend of passief gedogen en expliciet of actief gedogen. Bij stilzwijgend gedogen weet het bestuursorgaan wel dat een illegale situatie bestaat, maar wordt die oogluikend toegestaan. Bij actief gedogen wordt mondeling of schriftelijk uitdrukkelijk verklaard dat ondanks de overtreding niet handhavend zal worden opgetreden.

Een schriftelijke verklaring dat niet zal worden opgetreden wordt een gedoogverklaring of gedoogtoestemming genoemd. Een gedoogverklaring kan onder voorschriften worden verleend. Wanneer een gedoogverklaring wordt afgegeven voor een bepaalde, korte, periode totdat de illegale situatie door de verlening van een vergunning is opgeheven, wordt gesproken van gekwalificeerd gedogen.

Het nemen van een beslissing tot gedogen wordt door de bestuursrechter aangemerkt als een besluit om niet tot handhaven over te gaan. Als gevolg daarvan kan tegen gedoogbesluiten bezwaar en beroep worden ingesteld.

In het milieurecht, maar ook op andere terreinen, is gedogen een betrekkelijk normaal verschijnsel. Door achterstand bij de vergunningverlening worden veel bedrijven zonder de benodigde vergunningen gedoogd. Soms wordt van handhaving ook afgezien omdat de vergunningvoorschriften van slechte kwaliteit zijn of wordt optreden niet redelijk gevonden omdat het bedrijf slechts met grote financiële inspanningen aan de gestelde voorschriften kan voldoen. Gedoogbesluiten zijn bijvoorbeeld afgegeven voor de voortzetting van inrichtingen na afloop van de duur waarvoor een tijdelijke vergunning was afgegeven en in afwachting van een nieuwe vergunning, en voor het verwerken en opslaan van afvalstoffen.

Eisen aan gedogen
Gedogen is niet wettelijk geregeld, maar toch zijn procedurele en inhoudelijke eisen gesteld aan gedogen. Deze eisen volgen uit stukken waarin gedoogbeleid is uiteengezet. Het gedoogbeleid is neergelegd in brieven van de ministers van VROM en Verkeer en Waterstaat (1989 en 1991) en in een nota van de minister van Justitie 'Grenzen aan gedogen' (1997). Volgens deze beleidsstukken dient gedogen een uitzonderingssituatie te zijn en is gedogen alleen in overgangs- en overmachtsituaties toegestaan. Gedogen is bovendien slechts toegestaan door middel van een schriftelijke gedoogbeschikking voor een bepaalde, korte termijn.

Door de Afdeling bestuursrechtspraak wordt de zogenaamde 'beginselplicht tot handhaven' als uitgangspunt genomen. Standaard wordt overwogen: "Gelet op het algemeen belang dat gediend is met handhaving, zal in geval van overtreding van een wettelijk voorschrift het bestuursorgaan dat bevoegd is om met bestuursdwang of een last onder dwangsom op te treden, in de regel van deze bevoegdheid gebruik moeten maken. Slechts onder bijzondere omstandigheden mag het bestuursorgaan weigeren dit te doen. Dit kan zich voordoen indien concreet uitzicht op legalisatie bestaat. Voorts kan handhavend optreden zodanig onevenredig zijn in verhouding tot de daarmee te dienen belangen, dat van optreden in die concrete situatie behoort te worden afgezien."
Aan een gedoogbesluit kunnen voorwaarden worden verbonden. Tegen de overtreding van deze voorwaarden kan niet rechtstreeks met een sanctie worden opgetreden. De gedoogvoorwaarden zijn immers geen bij of krachtens de wet gestelde voorwaarden.

> Voor een slachterij was een gedoogbeschikking afgegeven in afwachting van een wijziging van de milieuvergunning, voor een uitbreiding van het bedrijf. Teneinde overlast te voorkomen was de voorwaarde aan de gedoogbeschikking verbonden dat wekelijks maximaal 40 schapen en 5 runderen in de inrichting geslacht mochten worden. Toen deze beperking niet werd nageleefd werd een last onder dwangsom opgelegd van 100 gulden per dier dat per week meer werd geslacht dan in de gedoogvoorwaarde aangegeven, met een maximum van 2500 gulden per week. Deze last onder dwangsom werd door de rechter vernietigd omdat de gedoogvoorwaarden

137

niet gelijk gesteld konden worden met overtreding van een wettelijk voorschrift en de bepalingen inzake de handhaving daarom niet konden worden toegepast (VzAG 26 maart 1993, M en R 1994, 82).

Oplossing voor deze situatie is het volgende: het intrekken van het gedoogbesluit en vervolgens het nemen van een sanctiebesluit wegens het handelen zonder toereikende vergunning.

5.7 Waarborgen in het milieurecht

Tot de regelingen die de belangen van burgers tegen besluiten van bestuursorganen waarborgen, worden gerekend de regelingen voor:

– openbaarheid,
– inspraak en
– bezwaar en beroep.

De mogelijkheid om via bezwaar en beroep geschillen over overheidshandelingen voor te leggen aan een instantie die bevoegd is daarover een bindende beslissing te nemen, wordt aangeduid met rechtsbescherming. Soms wordt inspraak – dat wil zeggen het uiten van bedenkingen nog voordat een besluit is genomen – aangeduid met preventieve rechtsbescherming. Deze term is begrijpelijk wanneer je bedenkt dat door het uitoefenen van inspraak bij de totstandkoming van een besluit, het maken van bezwaar en beroep achteraf, soms niet nodig is wanneer aan de bedenkingen al tegemoet is gekomen.

Hieronder zal eerst op de openbaarheid worden ingegaan (§ 5.7.1). Inspraak wordt in dit hoofdstuk slechts kort besproken in § 5.7.2. De inspraak komt uitgebreid aan de orde bij de bespreking van de totstandkoming van de milieuvergunningen in § 6.7.6.

In de Algemene wet bestuursrecht zijn voor bezwaar en beroep regelingen opgenomen in de Awb. Deze regelingen komen aan de orde in § 5.7.3. Deze regelingen hebben een ruimere werking dan alleen voor het milieurecht. Voor het milieurecht wordt op verschillende punten afgeweken van de algemene Awb-regeling voor bezwaar en beroep. Om die reden wordt in § 5.7.4 apart ingegaan op de mogelijkheden tot verweer tegen milieubesluiten. Tenslotte komt in § 5.7.5 het bestuursprocesrecht aan de orde. In die paragraaf wordt in het kort geschetst hoe de beroepsprocedure verloopt en welke bevoegdheden de rechter daarin heeft.

5.7.1 Openbaarheid

Met openbaarheid van bestuur wordt gedoeld op de openbaarheid van vergaderingen van vertegenwoordigende organen, maar vooral op de openbaarheid van informatie. Openbaarheid van informatie is van belang voor de burgers om gebruik te kunnen maken van de andere waarborgen in het bestuursrecht: inspraak en bezwaar en beroep.

Een algemene regeling voor de openbaarheid van informatie is opgenomen in de Wet openbaarheid van bestuur (Wob). Een speciale regeling voor de openbaarheid en geheimhouding van stukken in het milieurecht is opgenomen in hoofdstuk 19 van de Wet milieubeheer.

De Wob regelt de openbaarheid van documenten. Documenten in de zin van de Wob zijn een bij een bestuursorgaan berustend schriftelijk stuk of ander materiaal dat gegevens bevat. Wanneer een burger informatie vraagt, moet hij de bestuurlijke aangelegenheid of het daarop betrekking hebbende document vermelden waarover hij informatie wil.

Onder bestuursorganen worden in de Wob verstaan (art. 1a Wob):

a. Onze ministers;
b. de bestuursorganen van provincies, gemeenten, waterschappen en publiekrechtelijke bedrijfsorganisaties;
c. bestuursorganen die onder de verantwoordelijkheid van de onder a en b genoemde organen werkzaam zijn;
d. andere bestuursorganen, voorzover niet uitgezonderd bij algemene maatregel van bestuur. Deze amvb is het Besluit bestuursorganen Wet Nationale Ombudsman en Wob, Stb. 1998, 580)

Het begrip bestuursorgaan heeft in de Wob dus een andere betekenis dan in de Awb (zie § 5.2.2).

Actieve en passieve openbaarheid

Er kan onderscheid worden gemaakt tussen passieve en actieve openbaarheid. Bij actieve openbaarheid gaat het om informatie die op eigen initiatief van het overheidsorgaan wordt gegeven (voorlichting). Met passieve openbaarheid wordt gedoeld op het verstrekken van informatie op verzoek.

In art. 8 lid 1 Wob is de actieve openbaarheid geregeld: bestuursorganen geven informatie over hun beleid, de voorbereiding en de uitvoering daaronder begrepen, zodra dit in het belang is van een goede en democratische bestuursvoering.

De passieve openbaarheid houdt een recht op inzage in van alle voor een burger van belang zijnde documenten. In art. 3 Wob is bepaald dat een ieder een verzoek om informatie, neergelegd in documenten over een bestuurlijke aangelegenheid, kan richten tot een bestuursorgaan of een onder verantwoordelijkheid van een bestuursorgaan werkende instelling, dienst of bedrijf. Art. 6 bepaalt dat het bestuursorgaan zo spoedig mogelijk, maar uiterlijk binnen twee weken na de dag waarop het verzoek is ontvangen, op een verzoek om informatie beslist. Deze termijn kan éénmaal met twee weken worden verlengd.

Op het openbaar maken van gegevens kent de Wob een stelsel van uitzonderingen en beperkingen. Art. 10 Wob bevat een reeks uitzonderingsgronden voor openbaarheid. De eerste uitzonderingsgronden van art. 10 zijn absoluut. Dat wil zeggen dat bij gevaar voor de eenheid van de Kroon en bij schade voor de veiligheid van de Staat, bij vertrouwelijk medegedeelde bedrijfs- en fabricagegegevens en als het bepaalde persoonsgegevens betreft, de gevraagde informatie geweigerd moet worden, zonder een voorafgaande belangenafweging. De andere in art. 10 opgenomen weigeringsgronden zijn relatief. Op basis van deze gronden kan een uitzondering op openbaarheid worden gemaakt na een afweging van het algemeen belang bij openbaarheid tegen het in de uitzonderingsgrond genoemde belang.

Voor het milieu van belang is dat ter aanpassing van de Wob aan de eisen van het Verdrag van Aarhus inzake openbaarheid van milieu-informatie (zie § 2.4) is bepaald dat de absolute weigeringsgrond ter zake van vertrouwelijk medegedeelde bedrijfs- en fabricagegegevens niet geldt, voorzover die gegevens milieu-informatie betreffen die betrekking hebben op emissies in het milieu (art. 10 lid 4 Wob) (Wet uitvoering Verdrag van Aarhus, Stb. 2004, 519; voorstel implementatiewet EG-richtlijnen eerste en tweede pijler Verdrag van Aarhus, Kamerstukken 29 877).

Openbaarheid en geheimhouding in de Wet milieubeheer
In de artikelen 4.2, 4.2a en 4.2b van de Wet milieubeheer zijn bepaling opgenomen die zorgdragen voor actieve openbaarheid inzake de toestand van het milieu in Nederland. Op grond van art. 4.2 Wm wordt elke vier jaar een wetenschappelijk rapport uitgebracht waarin de ontwikkelingen van de kwaliteit van het milieu worden beschreven voor een periode van tenminste tien jaar. Dit rapport wordt een milieuverkenning genoemd. Daarnaast moet elk jaar een zogenaamde milieubalans worden gemaakt, waarin is aangegeven in hoeverre milieubeleidsdoelstellingen worden bereikt. De milieubalans geeft derhalve een terugblik. Deze rapporten worden opgesteld door het Rijksinstituut voor Volksgezondheid en Milieu (RIVM). De rapporten worden toegezonden aan de Staten-Generaal en worden door het RIVM algemeen verkrijgbaar gesteld.

In hoofdstuk 19 van de Wet milieubeheer zijn bepalingen over openbaarheid en geheimhouding opgenomen die op bepaalde milieubesluiten van toepassing zijn.

Bepalingen inzake passieve openbaarheid zijn neergelegd in artikel 19.1b, 19.1c en 19.2 Wm. Art. 19.1b Wm geeft een min of meer continu recht op (passieve) openbaarheid ten aanzien van milieuvergunningen. Op grond van die bepaling kunnen, nadat een vergunning van kracht is geworden, de stukken die tijdens de procedure voor de totstandkoming van de vergunning ter inzage hebben gelegen, kosteloos worden ingezien en kunnen tegen betaling van kosten van die stukken

kopieën worden verkregen.
Art. 19.1c bepaalt dat het bestuursorgaan uit eigen beweging informatie verstrekt over de openbare verantwoordelijkheden en functies die het heeft alsmede de openbare diensten die het verleent met betrekking tot het milieu. Art. 19.2 Wm geeft een recht op passieve openbaarheid inzake informatie aan getroffenen bij (milieu)rampen. In het geval van een gebeurtenis waardoor een onmiddellijke bedreiging van het leven of de gezondheid van personen, van het milieu of van grote materiële belangen is ontstaan, verstrekken burgemeester en wethouders aan de personen die getroffen kunnen worden – voorzover zij dat niet al op grond van andere wettelijke voorschriften moeten doen – op passende wijze alle informatie over de maatregelen die genomen zijn ter voorkoming en beperking van de bedreiging en de daaruit voortvloeiende nadelige gevolgen en de daartoe door die personen te volgen gedragslijn.

De openbaarheid kan door de regeling voor de geheimhouding van stukken in de artikelen 19.3 tot en met 19.6 Wm worden doorbroken. Deze regeling is als volgt. Indien in een stuk gegevens voorkomen of kunnen worden afgeleid waarvan de geheimhouding op grond van hoofdstuk 10 van de Wob gerechtvaardigd is, kan – op verzoek van de belanghebbende – het bevoegd gezag toestaan dat een tweede tekst wordt overlegd waarin die informatie niet voorkomt. De geheimhouding kan slechts betrekking hebben op bedrijfsgeheimen en beveiligingsgegevens (art. 19.3 lid 1 Wm). Indien in een stuk informatie voorkomt of daaruit informatie kan worden afgeleid, waarvan de geheimhouding geboden is in het belang van de veiligheid van de Staat of de nakoming van internationale overeenkomsten, wordt op aanwijzing van de minister van VROM een tweede tekst gemaakt waarin die informatie niet voorkomt (art 19.3 lid 2 Wm)
Als de tweede tekst onvoldoende gegevens bevat voor een goede beoordeling van het stuk, vult de verzoeker, of de minister van VROM, de gegevens in de andere stukken aan, met gegevens die voor de beoordeling bevorderlijk zijn (art. 19.4 lid 1 en 2 Wm). Op de tweede tekst wordt een aantekening gemaakt zodat duidelijk is dat van een tweede tekst sprake is.
Op een verzoek tot geheimhouding beslist het bevoegd gezag binnen een maand (art. 19.5 lid 1 Wm). Tot dan wordt de besluitvorming, c.q. de openbaarmaking opgeschort (art. 19.5 leden 2 en 3 Wm).

Verhouding tussen verschillende regelingen voor openbaarheid
Behalve in de Wet milieubeheer, zijn ook in een aantal andere milieuwetten regelingen opgenomen over de mogelijkheid bepaalde gegevens geheim te houden. Voorbeelden daarvan zijn te vinden in de Bestrijdingsmiddelenwet 1962 en de Wet milieugevaarlijke stoffen. Deze milieuregelingen voor openbaarheid vormen een lex specialis ten opzichte van de regeling in de Wet openbaarheid van bestuur. Dat betekent dat wanneer de Wet milieubeheer geheimhouding toestaat, niet met een

beroep op de Wob alsnog openbaarheid verkregen kan worden. Als geen speciale regeling in openbaarheid voorziet, is de Wet openbaarheid van bestuur van toepassing. Wanneer de openbaarheidsregeling in de Wet milieubeheer voor meerdere uitleg vatbaar is, moet de regeling zoveel mogelijk in overeenstemming met de Wob worden uitgelegd.

5.7.2 Inspraak

Onder inspraak wordt verstaan de mogelijkheid voor burgers om langs vastgestelde procedures hun mening kenbaar te maken over voorgenomen of voorgestelde besluiten. Inspraak houdt dus de mogelijkheid in om op de hoogte te komen van een voorgenomen besluit, de mogelijkheid een mening te geven over de voornemens en de garantie dat de ingebrachte mening wordt meegewogen in de besluitvorming.

De Gemeentewet (art. 150), de Waterschapswet (art. 79) en de Provinciewet (art. 147) schrijven gemeentelijke, waterschappelijke en provinciale inspraakverordeningen voor. In deze verordening moeten regels worden gesteld 'met betrekking tot de wijze waarop ingezetenen en in de gemeente (resp. het waterschap en de provincie) belanghebbende natuurlijke en rechtspersonen bij de voorbereiding van gemeentelijk (resp. waterschappelijk en provinciaal) beleid worden betrokken'.
Een regeling voor de voorbereiding van milieuvergunningen is neergelegd in afd. 3.4 van de Awb. In de Wet milieubeheer zijn aanvullende bepalingen betreffende de voorbereiding van milieubesluiten opgenomen in hoofdstuk 13 Wet milieubeheer. De uniforme voorbereidingsprocedure uit de Awb kan gevolgd worden voor de voorbereiding van een besluit, wanneer dat bij wettelijk voorschrift of bij besluit van een bestuursorgaan is bepaald. De voorbereidingsprocedure wordt uitgebreid besproken in § 6.7.6.

5.7.3 Bezwaar en beroep

Onder 'bezwaar en beroep' kunnen verschillende mogelijkheden tot het verkrijgen van rechtsbescherming worden gerekend:
– de bezwaarschriftprocedure,
– het administratief beroep en
– het beroep op een onafhankelijke rechter.
De bezwaarschriftprocedure en het administratief beroep worden gerekend tot de 'zogenaamde voorprocedures'. Dat wil zeggen dat deze procedures in de regel voorafgaan aan een mogelijkheid beroep in te stellen bij een onafhankelijke rechter.

Bezwaarschriftprocedure

Een bezwaarschriftprocedure houdt in dat tegen een besluit, alvorens beroep op een administratieve rechter ingesteld kan worden, een bezwaarschrift moet worden ingediend bij hetzelfde bestuursorgaan dat het bestreden besluit nam. Dit geeft dat bestuursorgaan de gelegenheid nogmaals te overwegen of het juiste besluit is genomen. Het bestuursorgaan kan het bezwaarschrift ongegrond verklaren en dus het oude besluit handhaven of het besluit wijzigen of intrekken.

Administratief beroep

Het instellen van administratief beroep houdt in dat beroep wordt ingesteld bij een ander bestuursorgaan dan het bestuursorgaan dat het bestreden besluit nam. Administratief beroep tegen een besluit van burgemeester en wethouders kan bijvoorbeeld worden ingesteld bij de gemeenteraad, tegen een besluit van de gemeenteraad kan administratief beroep openstaan bij gedeputeerde staten van de provincie enzovoorts. Administratief beroep kan alleen worden ingesteld, wanneer die mogelijkheid in een speciale regeling (bijvoorbeeld in een verordening) is aangegeven. Administratief beroep komt in het milieurecht nauwelijks voor.

Kenmerkend voor het bezwaar en administratief beroep is dat de toetsing van het bezwaar of beroep wordt verricht door bestuursorganen en niet door rechters. Deze bestuursorganen kunnen bij hun toetsing ook de doelmatigheid van het bestreden besluit toetsen en hoeven niet, zoals de onafhankelijke rechter, alleen te toetsen aan het recht. Dat laatste noemen we een rechtmatigheidstoetsing.

> Wanneer een besluit is genomen tot toepassing van bestuursdwang, kan in de beslissing op het bezwaarschrift worden overwogen of het niet doelmatiger is een besluit tot het opleggen van een last onder dwangsom te nemen. In beroep kan bij de rechtmatigheidstoetsing slechts worden nagegaan of het sanctiebesluit zoals dat is genomen in overeenstemming is met het recht en komt de vraag of een ander besluit doelmatiger was geweest, niet aan de orde.

Beroep op de rechter

Bij rechtsbescherming wordt meestal als eerste gedacht aan beroep op een onafhankelijke rechter. Die rechter kan een administratieve rechter zijn of een burgerlijke rechter.
Administratieve rechters zijn onafhankelijke, bij de wet ingestelde organen die met administratieve rechtspraak zijn belast (art. 1:4 lid 1 Awb). De burgerlijke rechter heeft een aanvullende taak bij de rechtsbescherming tegen het handelen van de overheid.
Er bestaan verschillende administratieve rechters die belast zijn met rechtspraak op verschillende gebieden. De belangrijkste administratieve rechters zijn:
– de administratieve kamers van de rechtbanken, die belast zijn met algemene

administratieve rechtspraak;
- de Afdeling bestuursrechtspraak van de Raad van State, belast met algemene administratieve rechtspraak;
- de belastingkamers bij de gerechtshoven en de Hoge Raad, belast met belastingrechtspraak;
- de Centrale Raad van Beroep, belast met sociale-zekerheidsrechtspraak en ambtenarenrechtspraak;
- het College van Beroep voor het bedrijfsleven, belast met sociaal-economische bestuursrechtspraak;

Bezwaar en beroep in de Awb

In de Awb is gekozen voor het uitgangspunt dat wanneer aan iemand de mogelijkheid is toegekend beroep in te stellen bij een administratieve rechter tegen een besluit, alvorens beroep kan worden ingesteld, eerst bezwaar tegen het besluit moet worden gemaakt. Dit uitgangspunt staat in art. 7:1 Awb. Dit artikel geeft echter ook vier situaties waarin niet eerst bezwaar gemaakt behoeft te worden, namelijk wanneer het besluit:
   a.   op bezwaar of in administratief beroep is genomen;
   b.   aan goedkeuring is onderworpen;
   c.   de goedkeuring van een ander besluit of de weigering van die goedkeuring inhoudt, of
   d.   is voorbereid met toepassing van afdeling 3.4 Awb.
De Awb stelt beroep open voor belanghebbenden tegen besluiten bij de administratieve kamer van de rechtbanken. Tegen de uitspraak van de administratieve kamers kan eventueel hoger beroep worden ingesteld bij één van de administratieve rechters, afhankelijk van het besluit waartegen het beroep is gericht.

In hoofdstuk 8 van de Awb is het procesrecht opgenomen voor het beroep bij de administratieve kamers van de rechtbanken. Dezelfde procedureregels zijn van toepassing voor het (hoger) beroep bij de andere administratieve rechters (zie hiervoor § 5.7.5).

5.7.4   Rechtsbescherming tegen milieubesluiten

De rechtsbescherming – de mogelijkheid om bij een onafhankelijke rechter in beroep te gaan en de eventueel daaraan voorafgaande mogelijkheid een bezwaarschrift in te dienen en administratief beroep in te stellen – staat open voor belanghebbenden bij het bestreden besluit.

Tot de inwerkingtreding - naar verwachting in de zomer van 2005 - van de Wet uniforme openbare voorbereidingsprocedure (Stb. 2002, 54) en de Aanpassingswet uniforme openbare voorbereidingsprocedure (Kamerstukken 29 421), staat tegen milieubesluiten die met een openbare voorbereidingsprocedure op grond van de Awb zijn voorbereid, in beginsel beroep open voor ieder. Wanneer gebruik is gemaakt van de mogelijkheid om bedenkingen in te brengen tegen een ontwerp-besluit – die mogelijkheid staat voor een ieder open -, kan op grond daarvan beroep worden ingesteld. Dit wordt een getrapte actio-popularis genoemd. Tegen besluiten die niet met een voorbereidingsprocedure van de Awb zijn voorbereid, staat ook voor de inwerkingtreding van de Aanpassingswet uniforme voorbereidingsprocedure, alleen beroep open voor belanghebbenden.

De rechtsbescherming is niet voor alle besluiten op dezelfde manier geregeld. Tegen sommige milieubesluiten moet wél eerst een bezwaarschrift bij het bestuursorgaan dat het besluit nam, worden ingediend. Tegen andere besluiten moet meteen beroep bij een administratieve rechter worden ingesteld. Bovendien staat niet voor alle milieubesluiten beroep bij dezelfde rechter open.

Wel of geen bezwaarschriftprocedure?
Op de verplichting een bezwaarschrift in te dienen, voorafgaande aan de moge-lijkheid beroep in te stellen bij de rechter, die is opgenomen in art. 7:1 Awb, is onder d (zie hierboven) een uitzondering gemaakt voor besluiten tot stand gekomen met toepassing van een in afdeling 3.4 Awb opgenomen procedure. Gevolg van deze uitzondering is dat tegen de besluiten met betrekking tot vergunningen waarop de uniforme openbare voorbereidingsprocedure van de Awb van toepassing is, geen bezwaar behoeft te worden gemaakt, maar meteen beroep kan worden ingesteld bij de rechter.
De reden daarvoor is dat in de voorbereidingsprocedure een ieder al de gelegenheid heeft gehad om bedenkingen te uiten. Het geven van de mogelijkheid bezwaren in te brengen bij hetzelfde bestuursorgaan waar ook de bedenkingen tegen het ontwerp-besluit zijn ingebracht, wordt als te veel van het goede beschouwd. Tegen milieubesluiten die niet tot stand zijn gekomen met toepassing van de procedures van afdeling 3.4 Awb, zoals bijvoorbeeld sanctiebesluiten, moet wel bezwaar worden gemaakt bij het bestuursorgaan dat het besluit nam, voordat men beroep bij de rechter kan instellen.

Beroep bij welke administratieve rechter?
Voor de vraag bij welke administratieve rechter, ook wel bestuursrechter genoemd, beroep kan worden ingesteld, moet ook weer onderscheid gemaakt in soorten besluiten.

Afdeling bestuursrechtspraak
In de eerste plaats zijn er de besluiten die op grond van de Wet milieubeheer worden genomen. Tegen besluiten op grond van de Wet milieubeheer kan beroep

145

worden ingesteld bij de Afdeling bestuursrechtspraak van de Raad van State (art. 20.1 lid 1 Wm). Ook tegen een besluit op grond van de in art. 20.1 lid 3 Wm genoemde wetten en wettelijke bepalingen kan beroep worden ingesteld bij de Afdeling bestuursrechtspraak van de Raad van State. Deze wetten en wettelijke bepalingen zijn:
- art. 40 van de Mijnbouwwet,
- Destructiewet, uitgezonderd art. 18,
- Kernenergiewet,
- Wet geluidhinder,
- Grondwaterwet,
- Wet inzake de luchtverontreiniging,
- Wet verontreiniging oppervlaktewateren,
- Wet verontreiniging zeewater,
- Wet milieugevaarlijke stoffen,
- Wet bodembescherming,
- Wet bescherming Antarctica,
- de EEG-verordening overbrenging van afvalstoffen,
- de artikelen 125 Gemeentewet, 122 Provinciewet, 61 Waterschapswet en 5:32 Awb, voorzover het besluiten betreft tot handhaving van de wetten waarop hoofdstuk 18 Wet milieubeheer van toepassing is (zie daarvoor § 5.6.3).

Tegen besluiten op grond van de Wm zelf of op grond van een wet of wettelijke bepaling genoemd in art. 20.1 lid 3 Wm, die tot stand komen met toepassing van afdeling 3.4 Awb, kan direct beroep worden ingesteld bij de Afdeling bestuursrechtspraak van de Raad van State.
Tegen besluiten op grond van de Wet milieubeheer of op grond van een wet of wettelijke bepaling genoemd in art. 20.1 lid 3 Wm, die niet tot stand komen met toepassing van afdeling 3.4 Awb, moet eerst een bezwaarschrift worden ingediend bij het bestuursorgaan dat het besluit nam en kan vervolgens beroep worden ingesteld bij de Afdeling bestuursrechtspraak van de Raad van State.

> Zo kan tegen een besluit tot het opleggen van een last onder dwangsom op grond van art. 5:32 Awb eerst bezwaar worden gemaakt bij het bestuursorgaan dat de last onder dwangsom heeft opgelegd en kan, wanneer het bezwaar ongegrond wordt verklaard, tegen de beslissing op het bezwaarschrift beroep worden ingesteld bij de Afdeling bestuursrechtspraak. Het besluit tot het opleggen van een last onder dwangsom is immers een besluit zoals bedoeld in artikel 20.1 Wet milieubeheer, maar dit besluit komt niet tot stand met toepassing van de uniforme openbare voorbereidings-procedure.

Niet alle milieubesluiten worden genomen op grond van de Wet milieubeheer of op grond van een regeling genoemd in art. 20.1 lid 3 Wm. Ook is een aantal beschikkingen uitgesloten van beroep op grond van de Wet milieubeheer in art. 20.2 lid 1 Wm.

In art. 20.2 lid 1 is bijvoorbeeld bepaald dat geen beroep kan worden ingesteld tegen besluiten tot vaststelling van milieubeleidsplannen of een afvalbeheersplan. Ook staat op grond van deze bepaling bijvoorbeeld geen beroep open tegen de aanwijzing van de minister van VROM inzake een vergunning (8.27 Wm) op een verklaring van geen bedenkingen van de minister van VROM inzake een vergunning voor een afvalstoffeninrichting (art. 8.36a Wm).

College van Beroep voor het bedrijfsleven

Bij het College van Beroep voor het bedrijfsleven kan beroep worden ingesteld tegen de besluiten op grond van de Meststoffenwet (art. 62 Meststoffenwet) en de Boswet (art. 8 Boswet). Ook tegen besluiten op grond van de Bestrijdings-middelenwet 1962 kan door belanghebbenden beroep worden ingesteld bij het College van Beroep voor het bedrijfsleven (art 8 Bestrijdingsmiddelenwet 1962).

Rechtbank

Tegen milieubesluiten waartegen geen beroep is opengesteld bij de Afdeling be-stuursrechtspraak of bij het College van Beroep voor het bedrijfsleven, kan beroep openstaan bij de (administratieve kamer van) de rechtbank. Ingevolge art. 8:1 lid 1 Awb kan een belanghebbende immers beroep instellen tegen een besluit bij de rechtbank. In een milieuwet behoeft dus niet uitdrukkelijk te staan dat beroep op de rechtbank openstaat. Voldoende is dat sprake is van een besluit in de zin van art. 1:3 Awb, dat sprake is van een belanghebbende in de zin van art. 1:2 Awb en dat het besluit niet valt onder een van de uitzonderingen in de art. 8:2 – 8:6 Awb. Deze uitzonderingen zijn van belang, omdat tegen besluiten die onder deze uitzonderingen vallen, geen beroep open staat bij een administratieve rechter. Tegen deze besluiten kan alleen rechtsbescherming worden verkregen bij de burgerlijke rechter.

Een uitzondering voor beroep bij de rechtbank is onder andere gemaakt voor:
– besluiten, inhoudende een algemeen verbindend voorschrift;
– besluiten, inhoudende een beleidsregel.

Tegen de uitspraak van de rechtbank kan hoger beroep worden ingesteld.

De burgerlijke rechter

Indien geen beroep openstaat op een administratieve rechter, zoals tegen algemeen verbindende voorschriften en beleidsregels, kan de burgerlijke rechter benaderd worden met een actie uit onrechtmatige overheidsdaad (art. 6:162 BW). De burgerlijke rechter treedt dan op als restrechter (zie § 8.6).

Het bovenstaande is in het volgende schema samengevat:

Beroep tegen milieubesluiten

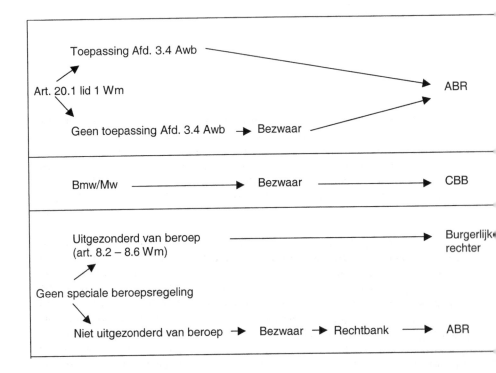

5.7.5   Bestuursprocesrecht

Bestuursprocesrecht is het recht dat de procedureregels bevat voor de behandeling van geschillen bij administratieve rechters. Voor de administratieve rechters die belast zijn met de beslissing in milieugeschillen (de Afdeling bestuursrechtspraak, het College van Beroep voor het bedrijfsleven en de administratieve kamers van de rechtbanken) geldt het uniforme bestuursprocesrecht dat is neergelegd in hoofdstuk 8 Awb.

Beroepstermijn
De termijn voor het indienen van beroep is zes weken (art. 6:7 Awb). Die termijn begint te lopen de dag na de dag waarop het besluit bekend is gemaakt. Een beroepschrift is op tijd ingediend indien het voor het einde van de beroepstermijn is ontvangen. Wanneer een bereopschrift met de post wordt verzonden, is het op tijd

indien het binnen de beroepstermijn is verzonden, en niet later dan een week na afloop van de termijn is ontvangen (art. 6:9 Awb). Wanneer het beroepschrift toch te laat is, kan art. 6:11 Awb in bepaalde gevallen nog een oplossing bieden: het te laat indienen leidt niet tot niet-ontvankelijkheid indien redelijkerwijs niet kan worden geoordeeld dat de indiener in verzuim is geweest.

Deze beroepstermijn van zes weken geldt niet als men beroep wil instellen tegen het achterwege blijven van een besluit. Wanneer men verzoekt om een besluit, zoals de toepassing van een sanctie, en er komt geen reactie, dan is sprake van een fictieve weigering te besluiten. Het beroep tegen het niet tijdig nemen van een besluit is niet aan een termijn gebonden. Het mag echter niet onredelijk laat worden ingediend (art. 6:12 Awb).

Griffierecht

Behalve de termijn waarbinnen het beroepschrift moet worden ingediend, is ook het tijdig betalen van het verschuldigde griffierecht een ontvankelijkheidsvereiste. Voor het behandelen van beroepschriften bij de administratieve rechter is griffierecht verschuldigd. De indiener van het beroepschrift ontvangt na het indienen van het beroepschrift een brief van de griffier waarin wordt medegedeeld dat het verschuldigde griffiegeld binnen vier weken bij de rechtbank binnen dient te zijn, op straffe van niet-ontvankelijkheid.

Voor het indienen van een beroepschrift tegen een milieubesluit bij de Afdeling bestuursrechtspraak in eerste instantie of bij de rechtbank bedraagt het griffierecht: € 136 voor een natuurlijke persoon en € 237,-- voor rechtspersonen (art. 8:41 lid 3 onder b en c Awb).

Voorlopige voorziening

In titel 8.3 Awb is een regeling getroffen voor een spoedvoorziening: de voorlopige voorziening. De voorzitter van de administratieve rechter die bevoegd is of kan worden in de hoofdzaak, kan een voorlopige voorziening treffen indien onverwijlde spoed, gelet op de getroffen belangen, dat vereist. Om het treffen van een voorlopige voorziening kan worden verzocht indien tegen het besluit beroep is ingesteld, dan wel bezwaar is gemaakt of administratief beroep is ingesteld. Dat laatste betekent dat om een voorlopige voorziening bij de voorzitter van de administratieve rechter kan worden verzocht zodra een begin is gemaakt met het verweer tegen een besluit, ook tijdens de voorprocedures.

Een voorlopige voorziening kan van alles inhouden:
– het schorsen van het bestreden besluit, totdat onherroepelijk op het beroep tegen dat besluit is beslist;
– het bevel dat binnen een bepaalde termijn door een bestuursorgaan op een verzoek moet worden beslist;
– het treffen van een regeling voor de duur van het beroep.

Ook voor het in behandeling nemen van een verzoek om voorlopige voorziening is

149

griffierecht verschuldigd. Hiervoor gelden dezelfde bedragen als voor het in behandeling nemen van het beroepschrift (art. 8:82 lid 1 Awb).

Uitspraken

Een uitspraak van een administratieve rechter kan inhouden (art. 8:70 Awb) het:
– onbevoegd verklaren van de rechter;
– niet-ontvankelijk verklaren van het beroep;
– ongegrond verklaren van het beroep;
– gegrond verklaren van het beroep.

Bij het gegrond verklaren van het beroep vernietigt de administratieve rechter het bestreden besluit geheel of gedeeltelijk (8:72 lid 1 Awb). Het beroep tegen het besluit is immers gegrond beoordeeld, zodat (een deel van) het besluit in strijd met het recht is.

De administratieve rechter heeft vervolgens een aantal mogelijkheden om de gevolgen van de (gedeeltelijke) vernietiging van een besluit te regelen. Als gevolg van de vernietiging van een besluit worden immers ook de gevolgen van een besluit vernietigd. Indien een verleende vergunning voor het uitbreiden van een bedrijf in beroep wordt vernietigd, terwijl die uitbreiding wel al is gerealiseerd, dan is die uitbreiding na de vernietiging illegaal aanwezig. De administratieve rechter heeft de mogelijkheid:
– te bepalen dat de gevolgen van het bestreden besluit in stand mogen worden gelaten (art. 8:72 lid 3 Awb);
– het bestuursorgaan op te dragen een nieuw besluit te nemen met inachtneming van haar uitspraak, eventueel met het stellen van een termijn op straffe van het verbeuren van een dwangsom (art. 8:72 lid 4, 6 en 7 Awb);
– zelf in de zaak te voorzien (art. 8:72 lid 4 laatste zinsnede Awb).

De bevoegdheid zelf in de zaak te voorzien houdt in dat de administratieve rechter bepaalt dat zijn uitspraak in de plaats treedt van het vernietigde besluit of van het vernietigde deel van het besluit. De rechter doet dan wat het bestuursorgaan anders zou moeten doen: een nieuw besluit nemen. Voordeel van het zelf in de zaak voorzien is dat na de uitspraak op het beroep onmiddellijk duidelijkheid bestaat en niet eerst moet worden afgewacht hoe het bestuursorgaan zijn huiswerk overdoet. Nadeel is echter dat tegen het besluit van de rechter geen bezwaar of beroep mogelijk is, zoals dat wel mogelijk zou zijn tegen een nieuw bestuursbesluit.

Bij gegrondverklaring van het beroep heeft de administratieve rechter nog twee bevoegdheden, namelijk:
– een schadevergoeding toekennen en
– een partij veroordelen in de kosten van het beroep bij de administratieve rechter.

Een partij wiens beroep gegrond is verklaard, kan de administratieve rechter verzoeken om vergoeding van de schade als gevolg van het bestreden besluit. Art. 8.73 lid 1 Awb bepaalt dat de administratieve rechter bij gegrondverklaring van het beroep, indien daarvoor gronden zijn, op verzoek van een partij de door haar aangewezen rechtspersoon kan veroordelen tot vergoeding van de schade die de partij lijdt. De partij die zijn schade vergoed wil zien, kan echter ook besluiten om die vergoeding te vragen bij de burgerlijke rechter en ook de administratieve rechter is niet verplicht het verzoek om schadevergoeding te behandelen en kan verwijzen naar de burgerlijke rechter.

Art. 8:75 Awb regelt de mogelijkheid van kostenveroordeling. De administratieve rechter kan een in het ongelijk gestelde partij veroordelen in de kosten van de andere partij, die deze in verband met de behandeling van het beroep bij de administratieve rechter heeft moeten maken. Gedacht kan worden aan de kosten van een advocaat (ook al is men in de administratieve rechtspraak niet verplicht om zich door een advocaat te laten vertegenwoordigen) en de kosten voor het opstellen van een deskundigenrapport. De kosten die voor een veroordeling in aanmerking komen zijn in het Besluit proceskosten bestuursrecht (Stb. 1993, 763) opgesomd. Kosten gemaakt in de fase van de voorbereidingsprocedure, kunnen in de regel niet in de kostenveroordeling worden opgenomen.

6.   De Wet milieubeheer

6.1   Inleiding

De Wet milieubeheer (Wm) is de belangrijkste milieuwet. Door de bespreking van de inhoud van de Wet milieubeheer en uitvoeringsregelingen van die wet, wordt een groot deel van het bestuursrechtelijke milieurecht bestreken.

De Wet milieubeheer is per 1 maart 1993 in werking getreden, maar heeft zijn definitieve vorm nog niet gevonden. De Wm is een zogenaamde 'aanbouwwet'. Sommige hoofdstukken van de wet bevatten nog geen regelingen, maar zijn voor een bepaald onderwerp gereserveerd. De verkorte inhoudsopgave van de Wet milieubeheer ziet er als volgt uit:

Hoofdstuk 1	Algemeen
Hoofdstuk 2	Adviesorganen
Hoofdstuk 3	Internationale zaken (gereserveerd)
Hoofdstuk 4	Plannen
Hoofdstuk 5	Milieukwaliteitseisen
Hoofdstuk 6	Milieuzonering (gereserveerd)
Hoofdstuk 7	Milieu-effectrapportage
Hoofdstuk 8	Inrichtingen
Hoofdstuk 9	Stoffen en producten (gereserveerd)
Hoofdstuk 10	Afvalstoffen
Hoofdstuk 11	Andere handelingen
Hoofdstuk 12	Verslag- registratie- en meetverplichtingen
Hoofdstuk 13	Procedures voor vergunningen en ontheffingen
Hoofdstuk 14	Coördinatie
Hoofdstuk 15	Financiële bepalingen
Hoofdstuk 16	Handel in emissierechten
Hoofdstuk 17	Maatregelen in bijzondere omstandigheden
Hoofdstuk 18	Handhaving
Hoofdstuk 19	Bepalingen in verband met de openbaarheid
Hoofdstuk 20	Beroep bij de administratieve rechter
Hoofdstuk 21	Verdere bepalingen
Hoofdstuk 22	Slotbepalingen

Gevolgen voor het milieu en bescherming van het milieu
De Wet milieubeheer heeft tot doel de bescherming van het milieu. De reikwijdte van de wet wordt door de begrippen 'gevolgen voor het milieu' en 'bescherming van het milieu' bepaald. Voor deze twee begrippen is in artikel 1.1 lid 2 van de Wet

milieubeheer aangegeven wat daaronder begrepen moet worden. Die opsomming is echter niet limitatief. Onder 'gevolgen voor het milieu' moeten alle gevolgen voor het milieu begrepen worden. In ieder geval vallen hieronder de gevolgen die verband houden met de doelmatige verwijdering van afvalstoffen, gevolgen die verband houden met het gebruik van energie en grondstoffen en gevolgen die verband houden met het verkeer van personen of goederen van en naar de inrichting. Onder 'bescherming voor het milieu' moet mede worden verstaan de verbetering van het milieu, de zorg voor de doelmatige verwijdering van afvalstoffen, de zorg voor zuinig gebruik van energie en grondstoffen en de zorg voor de beperking van de nadelige gevolgen van het verkeer van en naar de inrichting. Met deze bepalingen is bedoeld de reikwijdte van de Wet milieubeheer te verruimen ten opzichte van de situatie voor de inwerkingtreding van de Wet milieubeheer.

Wel moet worden bedacht dat sommige milieuaspecten in speciale wetten geregeld zijn, waardoor over die aspecten geen regels gesteld kunnen worden op grond van de Wet milieubeheer. Gedacht kan worden aan de kwaliteit van oppervlaktewater (zie de Wet verontreiniging oppervlaktewateren), ontgrondingen (zie de Ontgrondingenwet), mest (zie de Meststoffenwet) en de gezondheid en het welzijn van dieren (Gezondheids- en welzijnswet voor dieren). Op grond van de Wet milieubeheer kunnen slechts aanvullende regels gesteld worden inzake het gebruik van bestrijdingsmiddelen (Bestrijdingsmiddelenwet 1962), ruimtelijke aspecten (zie de Wet op de Ruimtelijke ordening) en de natuurwetenschappelijke, landschappelijke en ecologische waarden (zie de Natuurbeschermingswet en de Flora- en faunawet).

> Een wetsvoorstel als gevolg waarvan artikel 1.1 lid 1 Wm wordt aangevuld is in voorbereiding (Kamerstukken II, 2004/05, 30 046, nr. 1-3). Bepaald wordt dat onder gevolgen van het milieu in ieder geval verstaan worden: 'gevolgen voor het fysieke milieu, gezien vanuit het belang van de bescherming van mensen, dieren, planten en goederen, van water, bodem en lucht en van landschappelijke, natuurwetenschappelijke en cultuurhistorische waarden en van de beheersing van het klimaat, alsmede van de relaties daartussen.' De achtergrond van deze aanvulling is een procedure tot ingebrekestelling door de Europese Commissie, die meende dat door het niet of slechts in beperkte mate, definiëren van het begrip milieu en milieu-effecten in de wet, niet werd voldaan aan de richtlijn inzake milieu-effectrapportage. Met de voorgestelde formulering wordt aangesloten bij de richtlijn, terwijl door het gebruik van de woorden 'in ieder geval' de reikwijdte van het begrip milieu wel verder kan worden ingevuld door de jurisprudentie.

Instrumenten en waarborgen
In de Wet milieubeheer zijn regelingen opgenomen inzake instrumenten voor het uitvoeren van milieubeleid. Die instrumenten zijn: plannen en programma's (hoofdstuk 4), milieukwaliteitseisen (hoofdstuk 5), vergunningen en algemene

154

regels (hoofdstuk 8) en verschillende financiële of 'marktconforme' instrumenten, waaronder handel in emissierechten (hoofdstuk 15 en 16). De regelingen van die instrumenten hebben betrekking op de vragen welke instanties, onder welke omstandigheden en voorwaarden, en op welke wijze van die instrumenten gebruik kunnen maken. De Wet milieubeheer bevat ook een regeling voor milieu-effectrapportage (hoofdstuk 7). Een milieu-effectrapport heeft tot doel het bieden van steun bij het nemen van besluiten over voor het milieu ingrijpende activiteiten. In een milieu-effectrapport worden de milieugevolgen beschreven van een voorgenomen activiteit en van alternatieven voor die activiteit. Voor het voeren van beleid ten aanzien van afvalstoffen zijn instrumenten opgenomen in hoofdstuk 10 van de Wet milieubeheer. In hoofdstuk 18 van de Wet milieubeheer zijn bepalingen opgenomen inzake toezicht en handhaving van milieubesluiten.

Naast instrumenten bevat de Wet milieubeheer ook bepalingen die waarborgen bieden voor burgers tegen het gebruik van bevoegdheden door het bestuur. Daarbij moet gedacht worden aan de regeling voor het uitoefenen van inspraak bij de totstandkoming van besluiten (hoofdstuk 13), bepalingen inzake openbaarheid (hoofdstuk 19) en de regeling voor beroep (hoofdstuk 20).

In dit hoofdstuk worden de regelingen voor instrumenten van milieubeleid, die in de Wet milieubeheer zijn neergelegd, besproken. De in de Wm in hoofdstuk 18 opgenomen regeling voor handhaving is reeds besproken in het vorige hoofdstuk, § 5.6. Ook de regelingen van hoofdstuk 13 Wm (procedures), hoofdstuk 19 Wm (openbaarheid) en hoofdstuk 20 Wm (beroep bij de administratieve rechter) worden niet in dit hoofdstuk besproken, omdat ze al aan de orde zijn gekomen in het vorige hoofdstuk, § 5.7.1 en § 5.7.4.

De inhoudelijke, materiële normen ter bescherming van het milieu staan over het algemeen niet in de Wet milieubeheer zelf, maar in besluiten op grond van die wet. De Wet milieubeheer wordt om die reden een kaderwet of raamwet genoemd (zie § 1.3). Uitzonderingen op de regel dat de Wm geen inhoudelijke normen bevat, worden gevormd door een aantal zorgplichten die daarin zijn opgenomen (§ 6.2), het ALARA-beginsel (§ 6.7.3) en enkele uitgangspunten en normen inzake afvalstoffen (§ 6.9).

6.2   Zorgplichten

De (ongeschreven) plicht tot zorgvuldig maatschappelijk gedrag ten aanzien van het milieu is in de Wet milieubeheer door de wetgever in verschillende bepalingen vastgelegd. Een dergelijke zorgplichtbepaling heeft een algemene strekking en verwoordt een verantwoordelijkheid van de burger.

Een 'zorgplicht' voor de overheid ten aanzien van het milieu is te vinden in artikel 21 van de Grondwet. Deze bepaling bevat een sociaal grondrecht, waaruit geen direct werkende, rechtens afdwingbare rechten kunnen worden afgeleid (zie § 4.5).

De overtreding van zorgplichten voor burgers kunnen echter wel via het privaatrecht, publiekrecht en – voor zover overtreding ervan strafbaar is gesteld – via het strafrecht worden gesanctioneerd.

In art. 1.1a van de Wet milieubeheer vinden we een algemene zorgplicht:

1. Een ieder neemt voldoende zorg voor het milieu in acht.
2. De zorg, bedoeld in het eerste lid, houdt in ieder geval in dat een ieder die weet of redelijkerwijs kan vermoeden dat door zijn handelen of nalaten nadelige gevolgen voor het milieu kunnen worden veroorzaakt, verplicht is dergelijke handelingen achterwege te laten voor zover zulks in redelijkheid kan worden gevergd, dan wel alle maatregelen te nemen die redelijkerwijs van hem kunnen worden gevergd teneinde die gevolgen te voorkomen of, voor zover die gevolgen niet kunnen worden voorkomen, deze zoveel mogelijk te beperken of ongedaan te maken.

In hoofdstuk 10 van de Wet milieubeheer, het hoofdstuk over afvalstoffen, is ook een zorgplicht opgenomen. De zorgplicht van art. 10.1 Wm is gericht tot een ieder die handelingen met afvalstoffen verricht en weet of redelijkerwijs had kunnen weet dat daardoor nadelige gevolgen voor het milieu ontstaan of kunnen ontstaan. Ook in andere milieuwetten, zoals de Wet bodembescherming (art. 13), de Wet milieugevaarlijke stoffen (art. 2) en de Bestrijdingsmiddelenwet (art. 13 lid 4) zijn zorgplichten opgenomen.

In verschillende algemene maatregelen van bestuur op grond van art. 8.40 Wm, die algemene regels bevatten voor categorieën bedrijven (zie § 6.8) zijn ook zorgplichten opgenomen. In bijvoorbeeld het Besluit horeca-, sport- en recreatie-inrichtingen milieubeheer, het Besluit woon- en verblijfsgebouwen milieubeheer en het Besluit Detailhandel en ambachtsbedrijven milieubeheer is een voorschrift opgenomen dat bepaalt dat wanneer de (andere) voorschriften van het besluit niet of niet in voldoende mate voorzien in een toereikende bescherming van het milieu tegen de gevolgen die de inrichting kan veroorzaken, die gevolgen zoveel mogelijk worden voorkomen, of voorzover voorkomen niet mogelijk is, zoveel mogelijk worden beperkt.

> In een wetsvoorstel tot aanpassing van de Wet milieubeheer aan de IPPC-richtlijn (zie § 3.7) wordt voorgesteld in de wet te bepalen dat ook in milieu-vergunningen bij wijze van voorschrift een zorgplicht kan worden opgenomen (Kamerstukken II, 2003/04, 29 711, nr. 2, art. 8.13 lid 1 onder i Wm).

Functies van de zorgplicht

Een zorgplicht kan verschillende functies vervullen. De zorgplicht benadrukt de eigen verantwoordelijkheid van de burger bij de bescherming van het milieu, hetgeen wordt aangeduid met de 'paraplufunctie' van de zorgplicht. De zorgplicht

heeft voorts een 'signaleringsfunctie', waarmee wordt bedoeld dat wanneer vaak gebruik moet worden gemaakt van een zorgplicht om onzorgvuldig handelen te bestraffen, dit aanleiding kan vormen voor concrete regelgeving.
De belangrijkste functie van de zorgplicht is de 'vangnetfunctie'. Hiermee wordt bedoeld dat wanneer geen specifieke norm is overtreden, maar toch onzorgvuldig wordt gehandeld ten aanzien van het milieu, de overtreding van de zorgplicht door middel van het bestuursrecht en strafrecht gehandhaafd kan worden. De zorgplicht van artikel 1.1a Wet milieubeheer is overigens niet strafbaar gesteld. De overtreding van de andere zorgplichten in het milieurecht is wel in de Wet op de economische delicten als economisch delict aangemerkt (zie § 7.2). Bovendien zal overtreding van een wettelijke zorgplicht een overtreding van een wettelijke rechtsplicht opleveren waartegen een actie uit onrechtmatige daad kan worden gericht (zie § 8.2.1).

> De vangnetfunctie van de zorgplicht van art. 1.1a Wm is door jurisprudentie van de Afdeling bestuursrechtspraak ingeperkt. In de literatuur werd wel aangenomen dat de zorgplicht van art. 1.1a Wm ook ten aanzien van de milieuvergunning een aanvullende werking zou hebben. Dat wil zeggen dat aangenomen werd dat iemand die zich aan de vergunningvoorschriften houdt, onder omstandigheden - bijvoorbeeld indien een vergunning is verouderd - tóch in strijd met de wettelijke zorgplicht kan handelen. De Afdeling is echter van oordeel dat een voor de inrichting verleende vergunning bepalend moet worden geacht voor de reikwijdte van de zorgvuldigheid die de drijver van de inrichting in acht moet nemen. Van een overtreding van die zorgplicht is in beginsel slechts sprake in gevallen waarin ernstige gevolgen optreden of acuut dreigen op te treden, terwijl de Wm er niet op andere wijze in voorziet om die gevolgen te voorkomen of zoveel mogelijk te beperken (ABRvS 8 december 2004, 200401808/1, StAB 05-10).

6.3 De provinciale milieuverordening

Provinciale staten zijn op grond van art. 1.2 Wm verplicht een milieuverordening vast te stellen. Voordat deze verplichting bestond, moesten op provinciaal niveau voor allerlei verschillende milieuterreinen (afvalstoffen, grondwaterbescherming) verordeningen worden gemaakt. Die verordeningen zijn vervangen door de algemene provinciale milieuverordening. In de provinciale milieuverordening zijn de elementen opgenomen uit het provinciale milieubeleid die een bindende werking moeten hebben. Het regelen van deze onderwerpen in een provinciaal plan zou alleen het eigen provinciale bestuur kunnen binden.

De provinciale milieuverordening bevat de regels ter bescherming van het milieu, die van meer dan gemeentelijk belang zijn. Deze regels mogen ook betrekking hebben op een deel van het grondgebied van de provincie (art. 1.2 lid 4 Wm).
In de Wet milieubeheer wordt een reeks onderwerpen genoemd waarvoor in de

157

provinciale milieuverordening een regeling getroffen moet worden. In artikel 1.2 lid 2 Wm staat dat de verordening ten minste regels bevat:

- ter bescherming van de kwaliteit van het grondwater met het oog op de waterwinning (aanwijzing van grondwaterbeschermingsgebieden);
- inzake het voorkomen of beperken van geluidhinder (aanwijzing van stiltegebieden);
- over de samenstelling en de werkwijze van de provinciale milieucommissie.

Op grond van artikel 1.2 lid 3 Wm worden in de provinciale milieuverordening, voorzover dit naar het oordeel van provinciale staten van meer dan gemeentelijk belang is, verdere regels gesteld ter bescherming van het milieu. Die regels kunnen bestaan uit:

- milieukwaliteitseisen (art. 5.5 Wm, zie § 6.5);
- de aanwijzing van activiteiten waarvoor een milieu-effectrapport moet worden gemaakt (art. 7.6 Wm, zie § 6.6);
- instructieregels voor het verlenen van voorschriften aan milieuvergunningen (art. 8.46 Wm, zie § 6.8.3).

In de provinciale milieuverordening mogen geen regels worden opgenomen met betrekking tot de samenstelling van producten en ook niet met betrekking tot de agrarische bedrijfsvoering in door de Minister van VROM in samenwerking met de Minister van LNV aangewezen gebieden. Met deze gebieden wordt gedoeld op gebieden waarbinnen beheersovereenkomsten kunnen worden gesloten met agrariërs op grond van de Regeling beheersovereenkomsten en natuurontwikkeling (Stcrt. 1995, 95).
Met betrekking tot inrichtingen kunnen slechts zeer beperkt regels worden gesteld in de provinciale milieuverordening ter bescherming van grondwaterbeschermingsgebieden met het oog op de waterwinning (art. 1.2 lid 6).
In art. 1.2a is expliciet bepaald dat de provinciale milieuverordening geen regels mag bevatten die de invoer en uitvoer van afvalstoffen van en naar de provincie beperken of uitsluiten.

Bij de vaststelling van de provinciale milieuverordening houden provinciale staten rekening met het geldende provinciale milieubeleidsplan.

6.4 Plannen en programma's

In het milieurecht is planning altijd een belangrijk instrument geweest. Voor de verschillende sectoren van het milieubeleid golden eigen plannen: voor afvalstoffen, grondwater, bodem, geluid en lucht. De wens tot integratie van deze plannen heeft geleid tot één rijksplan voor het milieu, waarin de bestaande plannen en programma's voor verschillende sectoren van het milieu zijn samengevoegd. In 1986 werden de indicatieve meerjarenplannen voor de verschillende sectoren ondergebracht in één indicatief meerjarenprogramma milieubeheer. In 1989 is voor het eerst een nationaal milieubeleidsplan (NMP) gemaakt. Dit plan was toen nog niet gebaseerd op de wet. Ook op provinciaal en gemeentelijk niveau werden, naast de sectorale plannen, integrale milieubeleidsplannen ontwikkeld. Alleen de planvorming op het terrein van de waterkwantiteit en waterkwaliteit is niet geïntegreerd in de milieubeleidsplannen. In de Wet milieubeheer is een stelsel voor algemene milieubeleidsplannen en milieuprogramma's op rijks-, provinciaal, regionaal en gemeentelijk niveau opgenomen.

In het kader van de modernisering van de regelgeving van het ministerie van VROM, gericht op het terugdringen van administratieve lasten voor burgers en overheid, is een wetsvoorstel in voorbereiding ter afschaffing van de planverplichtingen uit hoofdstuk 4 (Kamerstukken II, 2003/04, 29 383, nr. 17, p. 11). De verwachting bestaat dat de overheden ook zonder verplichting daartoe wel planmatig zullen werken, terwijl de vrijheid bij de procedure tot het vaststellen en de inrichting van de plannen zou toenemen.

De plannen geven aan op welke wijze een bestuursorgaan zich voorneemt in de komende jaren het milieubeleid te voeren. De beleidsdoelstellingen in plannen moeten met andere instrumenten gerealiseerd worden: met milieukwaliteitseisen, vergunningen en algemene regels, met financiële instrumenten enzovoorts.
De regeling voor milieuplannen is opgenomen in hoofdstuk 4 van de Wet milieubeheer. Dit hoofdstuk bevat bepalingen over:

- een nationaal milieubeleidsplan en een nationaal milieuprogramma,
- provinciale milieubeleidsplannen en provinciale milieuprogramma's,
- regionale milieubeleidsplannen en regionale milieuprogramma's,
- gemeentelijke milieubeleidsplannen en gemeentelijke milieuprogramma's en
- rioleringsplannen.

Het nationale en provinciale milieubeleidsplan
De Minister van VROM, in samenwerking met de Ministers van Verkeer en Waterstaat, van Landbouw, Natuurbeheer en Voedselkwaliteit en van Economische Zaken is verplicht met het oog op de bescherming van het milieu tenminste eenmaals in de vier jaar een nationaal milieubeleidsplan vast te stellen (art. 4.3 Wm).
Ook op provinciaal niveau bestaat de plicht een provinciaal milieubeleidsplan vast te stellen. Het provinciale milieubeleidsplan wordt vastgesteld door provinciale staten (art. 4.9 lid 1 Wm) en wordt voorbereid door gedeputeerde staten (art. 4.10 Wm).
Het nationale en provinciale milieubeleidsplan geeft voor vier jaar richting aan te

nemen beslissingen en moet zo worden opgesteld dat het naar verwachting ook richting kan geven aan in de daarop volgende vier jaar te nemen beslissingen. De uitspraken voor de eerste vier jaar zijn 'harder' dan die voor de tweede vier jaar. Na vier jaar moet een nieuw plan worden opgesteld, zodat het nieuwe plan het oude plan telkens inhaalt. De geldingsduur van het nationale en provinciale milieubeleidsplan kan eenmaal met ten hoogste twee jaar worden verlengd. Voor het nationale milieubeleid zijn enkele algemene materiële uitgangspunten in de wet neergelegd (art. 4.3 lid 2 Wm). Dat milieubeleid moet gericht zijn op een duurzame ontwikkeling, waarbij gestreefd moet worden naar een zo hoog mogelijk niveau van bescherming van het milieu als redelijkerwijs te bereiken is (toepassing van het ALARA-beginsel, zie § 1.4.3), met in acht neming van maatschappelijke ontwikkelingen, de gewenste kwaliteit van het milieu op lange termijn en internationale ontwikkelingen.

> Na afschaffing van de verplichting tot het maken van een nationaal milieuplan is het de bedoeling duurzame ontwikkeling als centrale doelstelling van de Wet milieubeheer vast te leggen (Kamerstukken II, 2003/04, 29 383, nr. 17, p. 11).

Het nationale en provinciale milieubeleidsplan moet de hoofdzaken van het milieubeleid bevatten. Deze hoofdzaken staan omschreven in artikel 4.3 lid 3 en 4.9 lid 3 Wm. Het betreft het formuleren van:
   a.   doelen van effectgericht milieubeleid;
   b.   doelen van brongericht milieubeleid;
   c.   de aanduiding van gebieden die een bijzondere bescherming behoeven;
   d.   de wijze van realiseren van het beleid;
   e.   de financiële, economische (en ruimtelijke) gevolgen van het te voeren milieubeleid.

Regionale en gemeentelijke milieubeleidsplannen en rioleringsplan
Voor de plusregio (zie § 4.3.3) en de gemeente bestaat geen plicht, maar slechts een *bevoegdheid* om een regionaal of gemeentelijk milieubeleidsplan vast te stellen (art. 4.15a lid 1, resp. art. 4.16 lid 1 Wm). Een regionaal milieubeleidsplan wordt vastgesteld door het algemeen bestuur van een plusregio als bedoeld in art. 104 van de Wet gemeenschappelijke regelingen. Een gemeentelijk milieubeleidsplan wordt voorbereid door burgemeester en wethouders van de gemeente en wordt vastgesteld door de gemeenteraad. De gemeenteraad is wél verplicht een rioleringsplan op te stellen (art. 4.22 lid 1 Wm). Wanneer gebruik is gemaakt van de bevoegdheid een milieubeleidsplan te maken, kan het rioleringsplan daarvan deel uitmaken.

Milieuprogramma's
Milieubeleidsplannen zijn strategisch van aard. De uitwerking van deze strategische plannen moet plaatsvinden in milieuprogramma's. Er bestaat een plicht tot het vaststellen van een gemeentelijk milieuprogramma, ook wanneer geen gemeentelijk

milieubeleidsplan is vastgesteld. Wanneer wél een gemeentelijk milieubeleidsplan geldt, moet daarmee bij het opstellen van het gemeentelijke milieuprogramma rekening worden gehouden.
Een milieuprogramma wordt elk jaar opnieuw vastgesteld. In een milieuprogramma worden de te verrichten activiteiten ter bescherming van het milieu aangegeven. Bovendien moet een overzicht worden gegeven van de financiële gevolgen van de geprogrammeerde activiteiten en moet in het milieuprogramma een verslag worden opgenomen van de voortgang van de uitvoering van het geldende milieubeleidsplan.
Een nationaal milieuprogramma moet bovendien een programma bevatten voor de vaststelling en herziening van milieukwaliteitseisen in algemene maatregelen van bestuur (zie § 6.5). Een provinciaal milieuprogramma moet bodemsaneringsgevallen aanduiden en een overzicht geven van de in de eerstvolgende vier jaren noodzakelijke maatregelen ter bestrijding van geluidhinder en de financiële gevolgen hiervan.

In de praktijk zijn er – in afwijking van de hiervoor beschreven wettelijke regeling – na 2002 geen nationale milieuprogramma's meer gemaakt. In plaats daarvan wordt een Overzichtsconstructie Milieu opgenomen bij de begroting (zie voor een voorbeeld Kamerstukken II, 2004/05, 29 800, hoofdstuk XI, nr. 2, bijlage 4).

Verhouding tussen de milieubeleidsplannen
Tussen de milieubeleidsplannen van het Rijk, de provincies en de gemeenten bestaat geen hiërarchische verhouding. Provinciale staten zijn bij de vaststelling van een provinciaal milieubeleidsplan niet gebonden aan het nationale milieubeleidsplan en de gemeenteraad is bij de vaststelling van een gemeentelijk milieubeleidsplan niet gebonden aan een provinciaal of nationaal milieubeleidsplan.
Milieubeleidsplannen behoeven ook geen goedkeuring van een hoger bestuursorgaan. De enige bepaling in de regeling voor plannen in de Wet milieubeheer die wijst op enige hiërarchie, is de bevoegdheid in art. 4.13 Wet milieubeheer. Op grond van dat artikel kunnen de Ministers die het nationale milieubeleidsplan opstellen een aanwijzing geven aan provinciale staten over de inhoud van het provinciale milieubeleidsplan. Zo'n aanwijzing kan in het algemeen belang gegeven worden en daarbij wordt rekening gehouden met het geldende nationale milieubeleidsplan en het geldende afvalbeheersplan. Een bevoegdheid tot het geven van een aanwijzing ten aanzien van gemeentelijke milieubeleidsplannen is niet in de wet opgenomen.

Verwezenlijking van milieubeleidsplannen
In de Wet milieubeheer is bepaald dat bij de uitoefening van bepaalde bevoegdheden, zoals bij de verlening van een milieuvergunning, door de bestuursorganen rekening moet worden gehouden met het milieubeleidsplan. Die bevoegdheden zijn aangegeven in de Wet milieubeheer zelf (zie bijv. art. 8.8 lid 2 onder a Wm) en in

de bijlage van de Wet milieubeheer (art. 4.6 lid 3, 4.12 lid 3 en 4.19 lid 3 Wm). In die bijlage zijn 25 wetten opgesomd die betrekking hebben op of een relatie vertonen met het milieu. Van die bevoegdheden wordt aangenomen dat zij steeds van belang zijn voor de realisering van milieubeleid.

Ook wanneer niet expliciet in de wet staat dat met het milieubeleidsplan rekening moet worden gehouden, moet bij het gebruik van bevoegdheden die gevolgen kunnen hebben voor het milieu onderzocht worden of dat gebruik past binnen het eigen milieubeleidsplan. Wanneer het gebruik van de bevoegdheid niet past binnen het milieubeleidsplan, zal die afwijking gemotiveerd moeten worden. Dit is een gevolg van de werking van de algemene beginselen van behoorlijk bestuur (zie § 5.4). Met 'rekening houden met' wordt bedoeld dat slechts om gewichtige reden van het milieubeleidsplan mag worden afgeweken en dat die afwijking moet worden gemotiveerd.

Verhouding tussen de milieubeleidsplannen en andere plannen
Naast de milieubeleidsplannen op grond van de Wet milieubeheer bestaan meer wettelijke plannen die betrekking hebben op een onderdeel van het milieu of betrekking hebben op voor het milieu relevant beleid. Gedacht kan worden aan de plannen met betrekking tot de ruimtelijke ordening, de waterhuishouding, het natuurbeleid en het verkeers- en vervoersbeleid.

Op rijksniveau is een regeling getroffen voor de verhouding tussen het nationale milieubeleidsplan en de Nota voor de waterhuishouding. In het milieubeleidsplan wordt aangegeven of het beleid moet leiden tot aanpassing van de Nota voor de waterhuishouding, terwijl ook in de Nota wordt aangegeven op welke manier het daarin opgenomen beleid moet leiden tot aanpassing van het nationale milieube-leidsplan (art. 4.3 lid 4 Wm). Op die manier wordt het geldende plan telkens aange-past aan de nieuwste inzichten. Indien het plan niet is aangepast, gelden de doelstellingen uit het meest recente plan. Dat wordt aangeduid met de term 'haasje-over-springen'. De afstemming met het natuurbeleidsplan op grond van de Na-tuurbeschermingswet (zie § 9.7.2) zal ook plaatsvinden via het 'haasje-over-springen' (art. 6 lid 1 Natuurbeschermingswet 1998).

Op rijksniveau bestaat geen afstemming tussen de milieubeleidsplannen en de nationale plannen voor de ruimtelijke ordening: de planologische kernbeslissingen. Dit kan worden verklaard, doordat de planologische kernbeslissing met een zwaardere procedure wordt vastgesteld dan een nationaal milieubeleidsplan (voor een planologische kernbeslissing is de goedkeuring van de Tweede en Eerste Kamer vereist). Ook met het nationaal verkeers- en vervoersplan dat op grond van de Planwet verkeer en vervoer moet worden gemaakt bestaat geen afstemmings-constructie op rijksniveau. Dit plan is een planologische kern-beslissing.

Op provinciaal niveau is tussen het provinciale milieubeleidsplan, het provinciale ruimtelijke plan (het streekplan), het provinciale waterhuishoudingsplan en het provinciale verkeers- en vervoerplan een haasje-over constructie tot stand gebracht. Met provinciale natuurbeleidsplannen is geen afstemming geregeld, omdat deze

natuurbeleidsplannen geen wettelijke basis hebben.
Op gemeentelijk niveau is alleen een regeling getroffen voor de afstemming tussen het gemeentelijk verkeers- en vervoerbeleid en het ruimtelijk beleid.

Het provinciaal omgevingsplan
In de praktijk worden in provincies de verschillende plannen vaak niet met een haasje over constructie op elkaar afgestemd, maar worden de plannen tegelijkertijd vastgesteld en samengevoegd in een provinciaal omgevingsplan. Behalve het milieubeleidsplan en het ruimtelijke streekplan worden daarin soms het waterhuishoudingsplan, het verkeers- en vervoersplan en het natuurplan samengebracht. In ongeveer de helft van de provincies wordt in enige vorm een provinciaal omgevingsplan gemaakt. Voor het provinciaal omgevingsplan bestaat geen wettelijke basis, zodat de onderdelen van het plan moeten voldoen aan de procedurele en materiële eisen van de verschillende wetten, waarop die verschillende onderdelen zijn gebaseerd. Deze eisen kunnen uiteenlopen wat betreft de totstandkoming, de juridische hardheid en de looptijd.

6.5   Milieukwaliteitseisen

De Wet milieubeheer bevat in hoofdstuk 5 een regeling voor het stellen van milieukwaliteitseisen. Deze milieukwaliteitseisen kunnen worden gesteld voor het gehele Nederlandse grondgebied of een bepaald deel daarvan. Ze zijn niet specifiek gericht op bepaalde bronnen, maar hebben een algemene werking. Milieukwaliteitseisen geven aan in welke conditie een bepaald onderdeel van het fysieke milieu moet zijn op een daarbij te bepalen tijdstip. Die milieuconditie kan worden uitgedrukt op allerlei manieren. De meest voor de hand liggende manier is het aangeven wat de hoogst toegestane concentraties van vervuilende stoffen in water, lucht en bodem mogen zijn. Voor het bereiken van de gestelde milieukwaliteit zullen alle potentiële vervuilers moeten worden aangepakt.

De kwaliteitseisen op grond van de Wet milieubeheer kunnen betrekking hebben op verschillende onderdelen van het milieu. In de praktijk zijn tot nu toe vooral kwaliteitseisen op grond van de Wet milieubeheer gesteld voor lucht en externe veiligheid. Kwaliteitseisen voor de waterkwaliteit zijn echter voor een deel gebaseerd op de Wet verontreiniging oppervlaktewateren. Dit zijn de kwaliteitseisen voor bijzondere levensgemeenschappen of soorten die voorkomen in bepaalde watersystemen (art. 1a Wvo). Kwaliteitseisen voor geluid (geluidbelastingsgrenzen) zijn in de Wet geluidhinder gesteld. Overigens moet bedacht worden dat veel milieukwaliteitseisen in niet-wettelijke regelingen, zoals circulaires en richtlijnen, zijn opgenomen, op bijvoorbeeld het terrein van de bodembescherming (Circulaire streefwaarden en interventiewaarden bodemsanering).

Grenswaarden, richtwaarden en streefwaarden
De eisen waaraan de kwaliteit (van een onderdeel) van het milieu moet voldoen, kunnen zijn aangeduid als minimumwaarden waaraan het milieu in ieder geval moet voldoen. Dit zijn grenswaarden. Richtwaarden geven een niveau van de milieukwaliteit aan dat zoveel mogelijk moet worden gehandhaafd of moet worden bereikt. Een streefwaarde geeft de meest ideale milieukwaliteit aan, die op lange termijn bereikt zou moeten worden. Het begrip streefwaarde is overigens niet in de Wet milieubeheer terug te vinden. De mate van verbindendheid is het grootst bij de grenswaarde en het kleinst bij de streefwaarde (zie onderstaand schema). Als gevolg van de invoering van de EG-kaderrichtlijn luchtkwaliteit (§ 3.7) is het begrip 'alarmdrempel' in hoofdstuk 5 Wm ingevoerd. Ter uitvoering van de richtlijn kunnen in een amvb op grond van art. 5.1 Wm ook alarmdrempels worden opgenomen: niveaus waarboven een kortstondige blootstelling risico's voor de gezondheid van de mens opleveren.

Milieukwaliteitseisen

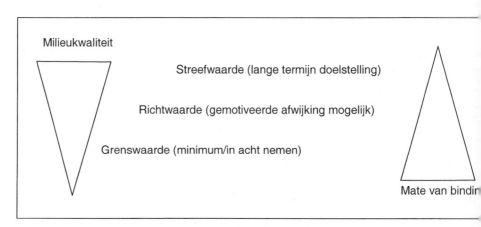

Milieukwaliteitseisen kunnen op grond van de Wet milieubeheer worden gesteld bij algemene maatregel van bestuur (art. 5.1 – 5.3 Wm), bij ministeriële regeling (art. 21.6 lid 6 Wm jo. Art. 5.4 Wm) en in een provinciale milieuverordening (art. 5.5 Wm, zie ook § 6.3).

Bij een amvb waarin milieukwaliteitseisen worden gesteld, wordt aangegeven of die eisen gelden als grenswaarde of als richtwaarde (art. 5.1 lid 3 Wm). In art. 5.2 lid 3 Wm, is het zogenaamde standstill-beginsel opgenomen: indien in een gebied waarvoor een milieukwaliteitseis geldt, voor het betrokken onderdeel van het milieu de kwaliteit beter is dan de eis aangeeft, treedt die kwaliteit in de plaats van de in de eis aangegeven kwaliteit. Dit betekent dat de kwaliteit van het milieu als gevolg van de toepassing van de milieukwaliteitseisen nooit kan verslechteren.

Verwezenlijking van milieukwaliteitseisen
Bij een amvb waarin milieukwaliteitseisen worden gesteld, wordt aangegeven bij de uitoefening van welke bevoegdheden de in de maatregel opgenomen grens-waarden in acht moeten worden genomen of met de in de maatregel opgenomen richtwaarden rekening moet worden gehouden (art. 5.2 lid 1 Wm). Tot de aan te geven bevoegdheden kan behalve het maken van milieubeleidsplannen en de verlening van milieuvergunningen, bijvoorbeeld ook het vaststellen van bestemmingsplannen behoren.

> Het is niet helemaal duidelijk in hoeverre milieukwaliteitseisen in de inhoud van bestemmingsplannen kunnen worden vertaald. Daarbij kan onderscheid gemaakt worden tussen een indirecte en een directe doorwerking. Van een indirecte doorwerking van milieukwaliteitsnormen is sprake wanneer de kwaliteitsnorm wordt vertaald in de ruimtelijke keuzes, bijvoorbeeld door het uit elkaar plaatsen van gevoelige objecten en bronnen van milieuvervuiling. Van een directe doorwerking is sprake als een milieukwaliteitsnorm als zodanig in (de voorschriften van) een bestemmingsplan staat. In het wetsvoorstel voor een nieuwe Wet ruimtelijke ordening (Kamerstukken II 2002/03, 28 916, nr. 1-2) wordt ruimte geboden voor het direct opnemen van milieukwaliteitseisen, voor zover ruimtelijk relevant, in bestemmings-plannen. De toelichting hierbij (MvT, p. 21-22) spreekt zichzelf op verschillende punten tegen, zodat niet duidelijk is hoever die ruimte reikt.

In art. 5.2 lid 3 Wm komt het belang van het onderscheid tussen grenswaarden en richtwaarden tot uiting. De grenswaarden mogen niet worden overschreden, terwijl met richtwaarden alleen rekening behoeft te worden gehouden. Wanneer bij de uitoefening van een bevoegdheid wordt afgeweken van een richtwaarde, geldt wel een motiveringsplicht: aangegeven zal moeten worden 'welke gewichtige redenen daartoe hebben geleid.'

> Zo staat in artikel 8.8 van de Wet milieubeheer dat het bevoegd gezag bij de beslis-sing op de aanvraag om een vergunning *rekening moet houden* met de in milieukwali-teitseisen neergelegde richtwaarden en de in milieukwaliteitseisen neergelegde grens-waarden *in acht moet nemen*.

In de praktijk blijkt het vaak lastig om de effectgerichte kwaliteitsnormen te vertalen naar brongerichte maatregelen. De aanvraag voor een milieuvergunning zou geweigerd moeten worden, indien de verlening van die vergunning zou leiden tot overschrijding van een milieukwaliteitseis die als grenswaarde is geformuleerd (behalve indien tegelijk een vergunning voor een andere bron zou worden ingetrokken). Dit geldt op grond van het standstill-beginsel van art. 5.2 lid 3 Wm zelfs wanneer de bestaande milieukwaliteit beter is dan de vereiste kwaliteit. Bij richtwaarden zou alleen vergunning verleend kunnen worden als er gewichtige redenen zijn om van die eis af te wijken. Het standstill-beginsel van art. 5.2, lid 3 Wm wordt in de praktijk nauwelijks toegepast.

> In het kader van het project Herijking van de VROM-regelgeving bestaat het voornemen om hoofdstuk 5 het wettelijk kader voor alle milieukwaliteitseisen – ook die op het terrein van bodem en geluid - te laten zijn. De als te rigide aangemerkte regeling van het stand-still beginsel zal flexibeler worden gemaakt. Ook wordt een regeling voorzien die de mogelijkheid zal geven af te wijken van milieukwaliteitseisen ten behoeve van het bereiken van een optimale omgevingskwaliteit (Kamerstukken II, 2003/04, 29 200 XI, nr. 7).

6.6   Milieu-effectrapportage

Milieu-effectrapportage heeft tot doel het milieubelang, naast andere belangen, een volwaardige plaats te geven in het besluitvormingsproces. Milieu-effectrapportage (m.e.r.) bestaat uit het maken, beoordelen en gebruiken van een milieu-effectrapport (MER). Om goede plannen te maken en besluiten te nemen inzake activiteiten met ingrijpende effecten voor het milieu is het belangrijk van te voren alle mogelijke milieugevolgen in kaart te brengen. In een milieu-effectrapport wordt informatie bijeen gebracht ter ondersteuning van het maken van bepaalde plannen en het nemen van besluiten voor bepaalde activiteiten. Een milieu-effectrapport is een openbaar document waarin van een voorgenomen activiteit en van redelijkerwijs in beschouwing te nemen alternatieven voor die activiteit, de te verwachten gevolgen voor het milieu in hun onderlinge samenhang op systematische en zo objectief mogelijke wijze worden beschreven.

In Nederland is in 1986 een regeling voor milieu-effectrapportage tot stand gekomen, neergelegd in hoofdstuk 7 van de Wet milieubeheer Deze regeling liep vooruit op een Europese richtlijn inzake milieu-effectapportage en is daaraan later aangepast (richtlijn 85/337/EEG, later gewijzigd door Richtlijn 97/11/EG en recent aangepast aan het Verdrag van Aarhus, (2003/35/EG). Pas in 1991 is in Espoo een verdrag gesloten inzake milieu-effectrapportage in grensoverschrijdend verband. Dit verdrag is in 1997 in werking getreden en in 2003 aangevuld met het Kiev-protocol, betreffende strategische milieu-effectrapportage.
In 2001 is een EU-richtlijn inzake strategische milieubeoordeling tot stand gebracht (2001/42/EG). Een wetsvoorstel tot implementatie van de verplichtingen van de Richtlijn strategische milieubeoordeling in de Wet milieubeheer is in voorbereiding (Kamerstukken II 2004/05, 29 811). Als gevolg van deze wetswijziging zullen niet alleen voor besluiten over activiteiten, maar ook voor plannen milieu-effectrapporten gemaakt moeten worden. In deze paragraaf wordt de bestaande regeling beschreven. De belangrijkste voorgenomen wijzigingen
166

worden apart aangegeven. Overigens zijn in de huidige systematiek, waarbij de plicht tot het maken van een milieu-effectrapport gekoppeld is aan activiteiten, ook regelmatig plannen aangewezen als besluiten ter voorbereiding waarvan een milieu-effectrapport gemaakt moet worden. In de nieuwe systematiek komt een scheiding tussen milieu-effectrapportage voor plannen en voor besluiten en kan het nodig zijn voor één activiteit twee maal een milieu-effectrapport te maken.

In de Europese richtlijnen wordt onderscheid gemaakt tussen milieu-effectrapportage (voor activiteiten) en strategische milieubeoordeling (voor plannen en programma's). Omdat op grond van hoofdstuk 7 Wet milieubeheer een (deels) geïntegreerde regeling zal worden getroffen voor milieu-effectrapportage voor besluiten én plannen, wordt in deze paragraaf de term milieu-effectrapportage ook gebruikt voor de beoordeling van de milieugevolgen van plannen en programma's.

Een nog ingrijpender wijziging van de regeling voor milieu-effectrapportage wordt in het kader van de operatie Modernisering van de VROM-regelgeving voorbereid. In het project 'vernieuwing van de m.e.r.' worden zowel de mogelijkheden tot inperking van de werkingssfeer van m.e.r., als de mogelijkheden tot versobering van de procedure voor de m.e.r. onderzocht teneinde lastenverlichtingen voor bedrijven en overheid te realiseren (Kamerstukken II, 2003/04, 29 200, XI, nr. 7, p. 29-30; Kamerstukken II 2003/04, 29 383, nr. 17, p. 11-12). Verwacht mag worden dat deze versobering op dezelfde wijze wordt gerealiseerd als voorgesteld is voor de strikte implementatie van de richtlijn strategische milieubeoordeling.

M.e.r.-plicht
Een milieu-effectrapport hoeft niet voor elke activiteit te worden gemaakt. Of een milieu-effectrapport voor een bepaalde activiteit moet worden gemaakt, kan in de eerste plaats worden afgeleid uit het Besluit milieu-effectrapportage 1994. Dit besluit bepaalt dus voor een belangrijk deel de reikwijdte van de milieu-effectrapportage.

Bijlage C bij het Besluit milieu-effectrapportage 1994 bevat een lijst van activiteiten en van daarbij horende besluiten waarvoor een milieu-effectrapport moet worden gemaakt (art. 7.2 lid 1 Wm).

Het gaat daarbij bijvoorbeeld om de aanleg van hoofdwegen, spoorwegen en vaarwegen, de aanleg van een haven of een luchtvaartterrein, de aanleg voor een hoofdtransportleiding voor aardgas, grote bouwprojecten, de oprichting van een inrichting voor het verbranden van chemische afvalstoffen, of van een raffinaderij of elektriciteitscentrale.

Bijlage D van het Besluit milieu-effectrapportage bevat activiteiten, waarvan het bevoegd gezag moet beoordelen of in een concreet geval, vanwege de bijzondere

167

omstandigheden waaronder die activiteit wordt ondernomen, een milieu-effectrapport moet worden gemaakt (art. 7.4 lid 1 Wm). Dit noemen we de m.e.r.-beoordelingsplicht.

Een m.e.r.-plicht kan in de tweede plaats ontstaan door de aanwijzing van m.e.r.-plichtige activiteiten in de provinciale milieuverordening. Het moet dan gaan om activiteiten die belangrijk nadelige gevolgen kunnen hebben voor gebieden die binnen de provincie zijn gelegen en die óf van bijzondere betekenis zijn, óf waarin het milieu reeds in ernstige mate is verontreinigd en aangetast (art. 7.6 Wm).

> In het voorstel voor de invoering van een regeling voor milieu-effectrapportage plannen, is – overeenkomstig de richtlijn strategische milieubeoordeling – voorzien in een m.e.r.-plicht voor:
> - plannen die het kader vormen voor een toekomstig besluit over een m.e.r.-plichtige activiteit en
> - plannen waarvoor tevens een passende beoordeling moet worden gemaakt op grond van de Habitatrichtlijn.
> In het voorgestelde nieuwe art. 7.2 Wm wordt in het eerste lid bepaald dat in een amvb activiteiten worden aangewezen die belangrijke nadelige gevolgen voor het milieu kunnen hebben (a) en ten aanzien waarvan het bevoegd gezag moet beoordelen of zij vanwege de bijzondere omstandigheden waaronder zij worden ondernomen belangrijke nadelige gevolgen voor het milieu kunnen hebben (b). In een tweede lid is bepaald dat bij de amvb bij de activiteiten als bedoeld in het eerste lid steeds de categorieën van plannen wordt aangewezen bij de voorbereiding waarvan een milieu-effectrapport moet worden gemaakt. De aan te wijzen plannen moeten 'het kader' vormen voor een besluit ter voorbereiding waarvan een milieu-effectrapport gemaakt moet worden. Dat betekent dat het plan niet strikt bindend hoeft te zijn ten aanzien van de activiteit.
> Voorgesteld wordt in een artikel 7.2a te bepalen dat een milieu-effectrapport wordt gemaakt bij de voorbereiding van een plan waarvoor een passende beoordeling gemaakt moet worden op grond van artikel 6 van de Habitatrichtlijn. Met deze laatste bepaling wordt voor plannen een open systeem geïntroduceerd: er is geen sprake van koppeling aan het Besluit milieu-effectrapportage. Elke activiteit die mogelijk significante gevolgen heeft voor een gebied dat op grond van de Vogel- of Habitatrichtlijn aangewezen is als beschermde zone, kan aan een plicht tot het maken van passende beoordeling - en daarmee tot het maken van een milieu-effectrapport - onderworpen zijn.

Bij de vaststelling van de m.e.r.-plichtige activiteit in de bijlagen van het Besluit milieu-effectrapportage 1994 en in provinciale milieuverordeningen is in veel gevallen een drempelwaarde aangegeven, waaronder geen verplichting tot het maken van een milieu-effectrapport bestaat.

> Zo is voor de aanleg van een waterweg slechts een milieu-effectrapport verplicht op grond van bijlage C van het Besluit milieu-effectrapportage wanneer die

waterweg kan worden bevaren door schepen met een laadvermogen van 1350 ton of meer en is voor de oprichting van een centrale voor de productie aan elektriciteit, stoom of warmte (met uitzondering van een kernenergiecentrale) geen MER nodig wanneer de centrale een vermogen heeft van minder van 300 megawatt per jaar (thermisch).

Een milieu-effectrapport wordt opgesteld ter voorbereiding van een besluit. Vaak zijn voor één activiteit meerdere besluiten nodig. Daarom is per activiteit in het Besluit milieu-effectrapportage 1994 aangegeven voor welk besluit of voor welke combinatie van besluiten een MER moet worden gemaakt. Soms is niet een milieubesluit aangewezen, zoals een vergunning of ontheffing, maar bijvoorbeeld een plan op grond van de Wet op de ruimtelijke ordening.

Ontheffing van de m.e.r.-plicht
In art. 7.5 Wm is bepaald dat de ministers van VROM en LNV te zamen ontheffing kunnen verlenen van de verplichting een milieu-effectrapport te maken op grond van artikel 7.2 lid 1 Wm. Dit is bijvoorbeeld mogelijk wanneer een milieu-effectrapport geen nieuwe gegevens over de milieugevolgen naar voren kan brengen omdat al eerder een milieu-effectrapport voor de activiteit is gemaakt.

Het verzoek om ontheffing moet worden gedaan door degene die de activiteit onderneemt of door het bevoegd gezag. Behalve wanneer het een ontheffing betreft in het algemeen belang, stellen de ministers het bevoegd gezag (indien zij niet de verzoekers waren) en de Commissie voor de milieu-effectrapportage in de gelegenheid advies uit te brengen. De beslissing op het verzoek om ontheffing wordt uiterlijk negen weken na de datum van ontvangst van het verzoek genomen. In het Besluit milieu-effectrapportage zijn procedureregels voor het aanvragen en de verlening van ontheffingen opgenomen.
Van een m.e.r.-plicht op grond van een provinciale milieuverordening kan op grond van art. 7.8 ontheffing worden verkregen van gedeputeerde staten.

Inhoud van het milieu-effectrapport
Wat een milieu-effectrapport in ieder geval moet bevatten staat in art. 7.10 lid 1 Wm. De belangrijkste punten zijn:

– een beschrijving van de voorgenomen activiteit en van de wijze waarop zij zal worden uitgevoerd, en van de alternatieven daarvoor die redelijkerwijs in beschouwing dienen te worden genomen, en de motivering van de keuze voor die alternatieven. Tot deze alternatieven behoort ieder geval het alternatief waarbij de best bestaande mogelijkheden ter bescherming van het milieu worden toegepast;
– een beschrijving van de bestaande toestand van het milieu, voorzover de voorgenomen activiteit of de alternatieven daarvoor gevolgen kunnen hebben, alsmede van de te verwachten ontwikkeling van dat milieu, indien die activiteit

noch de alternatieven worden ondernomen (de zogenaamde nul-optie);
- een omschrijving van de gevolgen voor het milieu, die de voorgenomen activiteit, onderscheidelijk de beschreven alternatieven kunnen hebben.

Voorgesteld wordt om voor de milieu-effectrapporten voor plannen niet de verplichting op te nemen om het meest milieuvriendelijke alternatief te beschrijven (Kamerstukken II, 2004/05, 29 811, nr. 2, U).

Voor elk milieu-effectrapport worden bovendien richtlijnen opgesteld door het bevoegd gezag, waarin wordt aangegeven op welke wijze de inhoud van het milieu-effectrapport moet worden opgesteld en welke gegevens het rapport in elk geval moet bevatten (art. 7.15 Wm).

De voorbereiding van het milieu-effectrapport
De procedure voor de totstandkoming van de MER begint als de initiatiefnemer van een activiteit aan het bevoegde overheidsorgaan meldt dat hij een m.e.r.-plichtige activiteit wil ondernemen (zie schema). De initiatiefnemer kan een particulier zijn, maar is in veel gevallen een bestuursorgaan. Indien een besluit bij de voorbereiding waarvan een milieu-effectrapport moet worden gemaakt niet op verzoek wordt genomen, maakt het bevoegd gezag het milieu-effectrapport.

De startnotitie
De melding dat de m.e.r.-plichtige activiteit wordt uitgevoerd vindt plaats door de toezending van de startnotitie. De startnotitie is het voornemen tot het maken van het milieu-effectrapport. Hierin staat beschreven wat de voorgenomen activiteit is, welke besluiten genomen moeten worden en welke alternatieven voor de activiteit bestudeerd zullen worden. Vaak wordt in de startnotitie ook al aangegeven welke milieugevolgen van de activiteit beschreven moeten worden.
Van de startnotitie wordt kennisgegeven in dag-, nieuws- of huis-aan-huisbladen. Indien niet burgemeester en wethouders, maar een Minister of gedeputeerde staten bevoegd gezag is, wordt de kennisgeving ook in de Staatscourant gedaan. Ook wordt een exemplaar van de mededeling van het voornemen toegezonden aan de Commissie voor de milieu-effectrapportage en aan de adviseurs.

De Commissie voor de milieu-effectrapportage is een commissie bestaande uit een presidium, een secretariaat en ongeveer 200 leden. Die leden zijn deskundigen op allerlei gebied. Per procedure voor de totstandkoming van een MER wordt uit de leden een werkgroep van 3 of 4 leden samengesteld. De werkgroep kan bovendien worden aangevuld met deskundigen die geen lid zijn van de Commissie. De regeling voor de Commissie voor de milieu-effectrapportage is neergelegd in de art. 2.17 - 2.24 Wm. Daarnaast kunnen de adviseurs worden geraadpleegd.

Richtlijnen
Hierna begint het zogenaamde vooroverleg over de te geven richtlijnen voor het opstellen van het milieu-effectrapport. Een ieder kan opmerkingen maken over het geven van richtlijnen en de inhoud van de MER. De Commissie voor de milieu-effectrapportage brengt een advies uit over de richtlijnen. De termijn voor het geven van advies over de richtlijnen is 9 weken.

Vervolgens stelt het bevoegd gezag de richtlijnen voor het milieu-effectrapport, binnen 13 weken na de bekendmaking van de mededeling van het voornemen, vast. Tegen de vaststelling van de richtlijnen kan geen beroep worden ingesteld.

> De voorgestelde regeling voor de voorbereiding van een milieu-effectrapport dat betrekking heeft op een plan is veel soberder. Wel is voorzien in een kennisgeving van het voornemen tot het opstellen van het milieu-effectrapport. In die kennisgeving kan worden vermeld of en op welke wijze en binnen welke termijn gelegenheid wordt geboden voor het inbrengen van zienswijzen en of de Commissie voor de milieu-effectrapportage of een andere onafhankelijke instantie in de gelegenheid wordt gesteld om advies uit te brengen. De wet schrijft echter het gelegenheid geven tot inspraak en het geven van advies niet verplicht voor (Kamerstukken II, 2004/05, 29 811, nr. 2, art. 7.11c).

Opstellen en beoordelen van het milieu-effectrapport
De initiatiefnemer gaat vervolgens het milieu-effectrapport maken. Vaak wordt dat aan een ingenieursbureau uitbesteed. Voor het opstellen van het milieu-effectrapport is in de wet geen termijn gesteld. De initiatiefnemer dient het rapport in bij het bevoegd gezag.
Het bevoegd gezag moet vervolgens het milieu-effectrapport beoordelen. Aan de hand van de eisen van art. 7.10 Wm en de gegeven richtlijnen moet bekeken worden of het milieu-effectrapport juist en volledig is. Indien het rapport onvoldoende is, moet dat binnen 6 weken na ontvangst van het milieu-effectrapport worden meegedeeld aan degene die het rapport heeft gemaakt. Het gevolg hiervan is dat de besluitvormingsprocedure stil ligt.
Is het milieu-effectrapport wel voldoende beoordeeld, dan wordt het door het bevoegd gezag toegezonden aan de adviseurs en de Commissie voor de milieu-effectrapportage. Bovendien wordt het rapport bekend gemaakt door kennisgeving in de kranten en eventueel de Staatscourant, zoals ook voor de richtlijnen is gedaan en door ter inzage legging.

Adviezen en opmerkingen
Vanaf de dag dat het milieu-effectrapport ter inzage is gelegd, kan een ieder het kosteloos inzien, totdat het besluit voor de voorbereiding waarvan het rapport is gemaakt onherroepelijk is geworden.

Gedurende een door het bevoegd gezag te bepalen termijn van tenminste 4 weken vanaf de dag dat het milieu-effectrapport ter inzage is gelegd, kan een ieder schrif-

171

telijk opmerkingen maken over het rapport. Die opmerkingen worden ingediend bij het bevoegd gezag. Bovendien kunnen mondeling opmerkingen worden gemaakt tijdens een openbare zitting. De adviseurs die advies hebben ingebracht over het milieu-effectrapport kunnen binnen dezelfde termijn advies uitbrengen. De opmerkingen kunnen slechts betrekking hebben op het niet voldoen van het milieu-effectrapport aan de daarvoor geldende eisen en op onjuistheden in dat rapport.

De Commissie voor de milieu-effectrapportage krijgt de gelegenheid tot 5 weken na het einde van de termijn waarbinnen schriftelijk opmerkingen kunnen worden gemaakt, of wanneer een openbare zitting heeft plaats gevonden tot 5 weken na die openbare zitting, advies uit te brengen. Dit is het zogenaamde toetsingsadvies. De commissie betrekt in haar advies ook de ingediende opmerkingen en adviezen.

> In het wetsvoorstel milieu-effectrapportage planning wordt voorgesteld de hiervoor beschreven regeling voor de beoordeling van het milieu-effectrapport en de mogelijkheid tot het inbrengen van zienswijzen en geven van adviezen daarover niet toe te passen voor milieu-effectrapporten die betrekking hebben op plannen.

Koppeling bekendmaking m.e.r. aan voorbereiding m.e.r.-plichtige besluit
Indien het milieu-effectrapport is gemaakt ter voorbereiding van een besluit op aanvraag, wordt de procedure voor bekendmaken, ter inzage leggen en opmerkingen maken met betrekking tot het milieu-effectrapport in de procedure van totstandkoming van dat besluit gevoegd. Indien een milieu-effectrapport noodzakelijk is ter voorbereiding van een vergunning op grond van de Wet milieubeheer, is de procedure als volgt:

- het milieu-effectrapport wordt bekendgemaakt tegelijkertijd met de bekendmaking van de aanvraag voor de vergunning;
- het milieu-effectrapport wordt ook gevoegd bij de stukken die de ontwerp-vergunning ter inzage moeten worden gelegd;
- gedurende de termijn van 4 weken kunnen opmerkingen over het milieu-effectrapport, tegelijk met opmerkingen over de ontwerpvergunning worden gemaakt;
- mondelinge opmerkingen ten aanzien van het milieu-effectrapport kunnen worden gemaakt, indien een gelegenheid voor een openbare gedachtenwisseling wordt gehouden;
- de termijn voor het nemen van een besluit op de aanvraag om een vergunning wordt verlengd met vijf weken (art. 7.34 lid 2 Wm).

Voor de milieu-effectrapporten die betrekking hebben op plannen is een voorziening getroffen voor het tegelijkertijd geven van zienswijzen over het ontwerp-plan en over het milieu-effectrapport. De Commissie voor de milieu-effectrapportage wordt gevraagd advies uit te brengen over de milieu-effectrapporten over plannen die betrekking hebben op activiteiten in de ecologische hoofdstructuur of op activiteiten waarvoor een passende beoordeling moet worden gemaakt op grond van artikel 6 Habitatrichtlijn (Kamerstukken II, 2004/05, 29 811, nr. 2, art. 7.26 en 7.26a).

Het besluit na afronding van de m.e.r.-procedure
Art. 7.27 Wm bepaalt dat het bevoegd gezag zonder milieu-effectrapport geen besluit neemt bij de voorbereiding waarvan een milieu-effectrapport moet worden gemaakt. Zo'n besluit wordt bovendien niet genomen, indien de gegevens die in het rapport zijn opgenomen, redelijkerwijs niet meer aan het besluit ten grondslag kunnen worden gelegd, in verband met wijziging van de omstandigheden waarbij bij het maken van het milieu-effectrapport is uitgegaan. Wordt een besluit ten onrechte zonder milieu-effectrapport genomen, dan handelt het bevoegd gezag dus in strijd met de wet en komt het besluit in aanmerking voor vernietiging door de rechter.

Indien het besluit waarvoor een milieu-effectrapport moet worden gemaakt op verzoek genomen wordt, laat het bevoegd gezag het verzoek om het besluit buiten behandeling wanneer het milieu-effectrapport ontbreekt.
Art. 7.35 Wm bepaalt dat bij het nemen van het besluit waarvoor het milieu-effectrapport is gemaakt, rekening wordt gehouden met alle gevolgen die de voorgenomen activiteit voor het milieu kan hebben, voorzover de wettelijke regeling waarop het besluit is gebaseerd zich daartegen niet verzet. In art. 7.37 is bepaald dat in het besluit moet worden aangegeven op welke wijze rekening is gehouden met de gevolgen voor het milieu van de activiteit waarop het besluit betrekking heeft en hetgeen is overwogen met betrekking tot de in het milieu-effectrapport beschreven alternatieven.

Procedure totstandkomen van een milieu-effectrapport

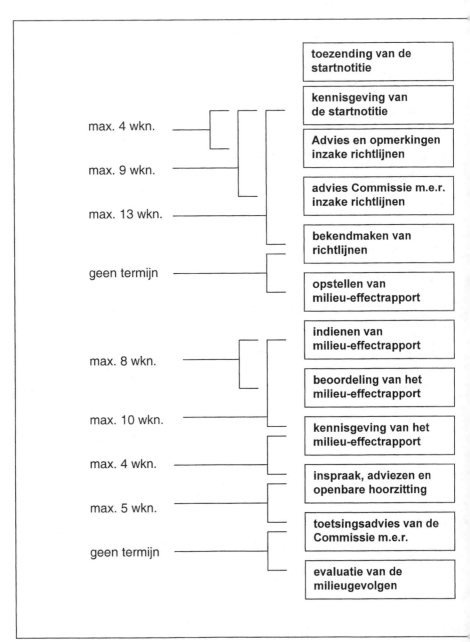

Activiteiten met mogelijke grensoverschrijdende gevolgen
Een speciale regeling is getroffen voor de situatie waarin een activiteit bij de voorbereiding waarvan een milieu-effectrapport wordt gemaakt, belangrijke nadelige gevolgen kan hebben voor een ander land. In een dergelijke situatie zorgt het bevoegd gezag ervoor dat de autoriteiten in het andere land op hetzelfde moment als de eigen burgers worden geïnformeerd en betrokken worden bij de m.e.r.-procedure. Naar aanleiding van het milieu-effectrapport wordt, indien daar vanuit het ander land behoefte aan bestaat, overleg gepleegd. Daarnaast speelt de Minister van VROM een meer formele rol. Hij is belast met de informatie-uitwisseling en overleg voorzover het contacten met de regering van het andere land betreft. Meer gedetailleerde bilaterale afspraken met buurlanden kunnen in een ministeriële regeling worden geïmplementeerd.

> Voor de milieu-effectrapporten voor plannen wordt een soberder regeling voorgesteld op grond waarvan, indien een plan voorziet in een activiteit die belangrijke nadelige gevolgen voor het milieu in een ander land heeft, aan de regering in dat land het ontwerp-plan, het milieu-effectrapport en het vastgestelde plan wordt verstrekt.

Evaluatie van het MER
De laatste fase van de m.e.r.-procedure is gericht op de evaluatie van de onder-nomen activiteit. De evaluatie moet worden uitgevoerd door het bevoegd gezag en is erop gericht de daadwerkelijk optredende milieugevolgen van de ondernomen activiteit te vergelijken met de in het MER voorspelde milieugevolgen. Wanneer uit deze evaluatie blijkt dat de milieugevolgen belangrijk nadeliger zijn dan bij het nemen van het besluit werd verwacht, dan moet het bevoegd gezag maatregelen nemen om die gevolgen te verminderen of ongedaan te maken.

6.7 De Wet milieubeheer-vergunning

6.7.1 Inleiding

De vergunning is één van de belangrijkste instrumenten in het milieurecht. Met een vergunning wordt een uitzondering gemaakt op een verbod. Doel van de milieuvergunning is om de handelingen die bedreigend zijn voor het milieu, aan voorwaarden te binden.
Een milieuvergunning is een schriftelijke toestemming voor het verrichten van activiteiten die een aantasting van het milieu kunnen veroorzaken. Aan milieuver-gunningen worden beperkingen en voorschriften verbonden.

Een vergunning kan en moet onder bepaalde omstandigheden worden geweigerd. Ook kan een vergunning onder omstandigheden worden ingetrokken of kunnen de voorschriften die aan een vergunning zijn verbonden, worden veranderd. De vergunning biedt de mogelijkheid milieubeleid te voeren door voorschriften aan de vergunning te verbinden, de vergunning te wijzigen of in te trekken of door de vergunning te weigeren.

Integrale milieuvergunning

In de Wet milieubeheer is een regeling getroffen voor een zogenaamde integrale milieuvergunning. Daarmee wordt bedoeld dat in één vergunning de gevolgen van één activiteit voor verschillende sectoren van het milieu worden gereguleerd. Voordat de Wet milieubeheer in werking was getreden, bestond een vergunningplicht in de Hinderwet, de Wet inzake de luchtverontreiniging, de Wet geluidhinder, de Afvalstoffenwet, de Wet chemische afvalstoffen en de Mijnwet 1903 (voor zogenaamde bovengrondse inrichtingen). Deze afzonderlijke vergunningen zijn opgegaan in de Wet milieubeheer-vergunning. Bovendien zijn ook twee ontheffingen (op grond van de Wet bodembescherming en de Wet chemische afvalstoffen) in de Wet milieubeheer-vergunning opgenomen. De situatie is daardoor veel overzichtelijker. Ook nu bestaan er echter nog vergunningplichten in andere milieuwetten dan de Wet milieubeheer. Daarbij kan in de eerste plaats gedacht worden aan de vergunning op grond van de Wet verontreiniging oppervlaktewateren. De verhouding tussen de vergunningen op grond van de Wet verontreiniging oppervlaktewateren en de Wet milieubeheer komt aan de orde in § 6.7.7.

6.7.2   De vergunningplicht

In titel 8.1 van de Wet milieubeheer is een regeling opgenomen voor vergunningen. De vergunningen op grond van de Wet milieubeheer zijn verbonden aan inrichtingen. Art. 8.1 lid 1 Wm bepaalt: 'Het is verboden zonder daartoe verleende vergunning een inrichting: a. op te richten; b. te veranderen of de werking daarvan te veranderen; c. in werking te hebben.'

Twee vragen zijn hierbij van belang:

1. Wat is een inrichting? en
2. Voor welke inrichtingen bestaat een vergunningplicht?

Inrichting

Om te weten of voor een bepaalde activiteit een vergunning op grond van de Wet milieubeheer noodzakelijk is, is het nodig na te gaan of sprake is van een inrichting.

Art. 1.1 lid 1 Wm geeft een definitie van het begrip inrichting: 'elke door de mens bedrijfsmatig of in een omvang alsof zij bedrijfsmatig was, ondernomen bedrijvigheid die binnen een zekere begrenzing pleegt te worden verricht.'

Deze omschrijving is in de loop van de jaren in de jurisprudentie ontwikkeld. Gebleken is dat deze omschrijving zeer ruim is. In de jurisprudentie worden ook mobiele installaties, baggerwerktuigen en rangeerterreinen als inrichting aangemerkt. Bedrijvigheden in particuliere huishoudens vallen niet onder het begrip inrichting van de Wet milieubeheer.

In een uitspraak van de Afdeling bestuursrechtspraak van 10 augustus 2000, JM 2001/1, nr. 1 was aan de orde of het houden van acht bouviers in het buitengebied kan worden beschouwd als het bedrijfsmatig houden en fokken van honden, waarvoor een vergunningplicht bestaat. De honden werden voornamelijk op een terrein buiten het huis gehouden met een binnen- en een buitenverblijf en een uitloopweide. De Afdeling overweegt dat slechts enkele van de honden voor de fok worden ingezet en dat niet is gebleken dat sprake is van een op winst gerichte bedrijfsmatige exploitatie. De inkomsten van de verkoop van de puppy's vallen weg tegen de kosten van de verzorging van de honden. Er is dus niet sprake van bedrijfsmatig handelen of handelen in een omvang alsof zij bedrijfsmatig is en dus is geen sprake van een inrichting.

Een extra aspect van deze zaak was dat een richtlijn was gehanteerd door het bevoegd gezag, afkomstig van de Inspectie van de Volksgezondheid, waarin was aangegeven dat in het buitengebied ten hoogste tien honden hobbymatig mogen worden gehouden. Voor het bevoegd gezag vormde deze richtlijn de basis om aan te nemen dat in dit geval niet van een inrichting sprake is. Bij het vaststellen of een activiteit wel of niet een inrichting is, heeft het bevoegd gezag echter geen beoordelingsvrijheid. De richtlijn komt dan ook in dit verband geen betekenis toe.

Vergunningplichtige inrichtingen
Uit art. 1.1 lid 4 Wm blijkt dat niet elke inrichting vergunningplichtig is, maar alleen die inrichtingen die behoren tot een categorie die bij algemene maatregel van bestuur op grond van art. 1.1 lid 3 Wm is aangewezen. Het derde lid van art. 1.1 Wm bepaalt op zijn beurt dat bij algemene maatregel van bestuur categorieën van inrichtingen worden aangewezen die nadelige gevolgen voor het milieu veroorzaken. Die algemene maatregel van bestuur is het Inrichtingen- en vergunningenbesluit (Stb. 1993, 50). In dit Inrichtingen- en vergunningenbesluit (Ivb) zijn in bijlagen categorieën van inrichtingen opgesomd. Om te weten of voor een activiteit een vergunning op grond van art. 8.1 Wm nodig is, moet een inrichting onder het inrichtingenbegrip van art. 1.1 lid 1 Wm vallen én als zodanig zijn genoemd in het Ivb.

Eén inrichting
Omdat nog wel eens problemen ontstaan over de vraag of activiteiten die verspreid zijn over verschillende locaties tot één inrichting kunnen behoren, of dat daarvoor telkens een aparte vergunning voor nodig is, bepaalt art. 1.1 lid 4 Wm dat als één inrichting wordt beschouwd de tot een zelfde onderneming of instelling behorende installaties die onderling technische, organisatorische of functionele bindingen hebben en in elkaars onmiddellijke omgeving zijn gelegen. Het is niet noodzakelijk dat alle soorten bindingen aanwezig zijn.

Of sprake was van één inrichting kwam aan de orde in een uitspraak van de Afdeling bestuursrechtspraak (ABRvS 25 juli 1994, M en R 1995, 26). Voor een houthandel was een oprichtingsvergunning verleend. Daartegen kwamen omwonenden in beroep die meenden dat ten onrechte ervan was uitgegaan dat de houthandel niet één inrichting vormde met een aannemersbedrijf. De houthandel was gevestigd op de Herenweg 22, het aannemersbedrijf op nummer 50. Beide bedrijven hadden dezelfde directeur. De mobiele kraan en enkele transportwagens die voor het aannemersbedrijf werden gebruikt, stonden geparkeerd op het terrein van de houthandel en werden bovendien op het terrein van de houthandel door een installatie van olie voorzien. Bovendien werd een aanzienlijk deel van de materialen van de houthandel aan het aannemersbedrijf geleverd. Ondanks de ruimtelijke scheiding tussen de houthandel en het aannemersbedrijf, meende de Afdeling op grond van de bindingen tussen beide dat sprake was van één inrichting.

Vergunninghouder
Een Wet milieubeheer-vergunning wordt verleend voor een inrichting. Dat betekent dat een ieder die de inrichting drijft, gebruik kan maken van de vergunning en zich moet houden aan de voorschriften die aan de vergunning zijn verbonden (art. 8.20 lid 1 Wm). In artikel 8.20 lid 2 Wm is echter bepaald dat wel aan het bevoegd gezag gemeld moet worden indien de vergunning voor een andere vergunninghouder gaat gelden. Deze bepaling is met de Wet bevordering integriteitsbeoordelingen door het openbaar bestuur (Wet BIBOB) ingevoerd. Gevolg van het achterwege laten van deze melding is niet dat de vergunning niet van kracht blijft. Wel is het niet voldoen aan deze bepaling strafbaar gesteld in de Wet op de economische delicten (art. 1a, onder 1 Wed).
Voor bepaalde categorieën van gevallen kan worden aangegeven dat daarvoor wel de vergunning slechts geldt voor degene aan wie zij is verleend (art. 8.20 lid 3 Wm).

Uitzondering op de vergunningplicht: algemene regels
In artikel 8.1 lid 2 Wm is een uitzondering opgenomen op het verbod een inrichting op te richten zonder vergunning. Wanneer een inrichting behoort tot een categorie waarvoor algemene regels zijn gesteld in een algemene maatregel van bestuur op grond van artikel 8.40 Wet milieubeheer, bestaat voor die inrichting geen vergunningplicht (zie § 6.8.1).

Uitzondering op de vergunningplicht: de meldingplichtige veranderingen
Een tweede uitzondering heeft betrekking op de verandering van de inrichting of de werking daarvan. Ook een dergelijke verandering is in beginsel vergunningplichtig indien die verandering niet in overeenstemming is met de verleende vergunning en de daaraan verbonden voorschriften.
Een uitzondering is gemaakt in art. 8.19 lid 2 Wm. Veranderingen van de inrichting

of de werking ervan die niet in overeenstemming zijn met de vergunning en de daaraan verbonden voorschriften, maar die *niet leiden tot andere of grotere nadelige gevolgen voor het milieu dan die de inrichting ingevolge de vergunning en de daaraan verbonden beperkingen en voorschriften mag veroorzaken,* zijn niet vergunningplichtig.

Voorwaarden zijn wel:
a. dat de veranderingen niet leiden tot een andere inrichting dan waarvoor vergunning is verleend,
b. dat het voornemen tot het uitvoeren van de verandering door de vergunning-houder schriftelijk overeenkomstig de daarvoor gestelde regels aan het bevoegd gezag is gemeld, en
c. dat het bevoegd gezag aan de vergunninghouder schriftelijk heeft verklaard dat de voorgenomen verandering inderdaad niet leidt tot andere of grotere nadelige gevolgen voor het milieu dan die de inrichting ingevolge de vergunning en de daaraan verbonden beperkingen en voorschriften mag veroorzaken en naar zijn oordeel geen aanleiding bestaat tot het wijzigen of (deels) intrekken van de vergunning.

Tot 1 oktober 2000 bestond een andere regeling voor meldingsplichtige veranderingen. Tot dan was in beginsel elke verandering van een inrichting of de werking daarvan vergunningplichtig, ook indien die verandering in overeenstemming was met de ver-gunning en de daaraan verbonden voorschriften. Het betrof de feitelijke verandering van de inrichting, onafhankelijk van hetgeen vergund was. Slechts de voor het milieu neutrale of de voor de omvang van de gevolgen van het milieu gunstige veranderingen van de inrichting waren niet vergunningplichtig, mits deze veranderingen werden gemeld.
In de huidige regeling is het mogelijk toekomstige, voorzienbare veranderingen in de inrichting in de vergunning(voorschriften) te verwerken, waardoor deze veranderingen niet vergunningplichtig zijn wanneer ze worden doorgevoerd.

Bevoegd gezag
De hoofdregel is dat vergunningen op grond van de Wet milieubeheer verleend worden door burgemeester en wethouders van de gemeente waarin de inrichting geheel of in hoofdzaak zal zijn of is gelegen. Deze hoofdregel geldt niet wanneer voor bepaalde categorieën inrichtingen is aangegeven dat gedeputeerde staten of de minister van VROM bevoegd gezag zijn. Gedeputeerde staten zijn in het Ivb aangewezen als bevoegd gezag voor de categorieën inrichtingen genoemd in bijlage I. Dit zijn inrichtingen die flinke luchtverontreiniging of geluidhinder kunnen veroorzaken en de afvalstoffeninrichtingen. De minister van VROM is bevoegd gezag voor de categorieën inrichtingen opgenomen in bijlage II van het Ivb. Daarbij gaat het om inrichtingen waarbij de veiligheid van de Staat in het geding is, zoals defensie-inrichtingen en bepaalde laboratoria voor het ontwikkelen en beproeven van genetisch gemodificeerde organismen. De minister van VROM

179

kan bovendien bij besluit bepalen dat hij, indien dat geboden is in het belang van de veiligheid van de Staat, voor een bepaalde individuele inrichting bevoegd gezag is (art. 8.2 lid 4 Wm).

> Een consequentie van dit systeem is dat voor inrichtingen die door het bestuursorgaan zelf worden opgericht, een vergunning nodig kan zijn waarvoor datzelfde bestuursorgaan bevoegd gezag is.

Bindende aanwijzing Minister
De Minister van VROM heeft een speciale bevoegdheid met betrekking tot de vergunningverlening. Dit is de bevoegdheid op grond van art. 8.27 Wm om, indien dat in het algemeen belang geboden is, aan het bevoegd gezag een bindende aanwijzing te geven met betrekking tot de op de aanvraag te nemen beslissing. De Minister kan zo'n aanwijzing ook geven voor een bestaande vergunning, waarbij die aanwijzing dan zal moeten leiden tot wijziging of intrekking van de vergunning. De Minister van VROM heeft tot nu toe geen gebruik gemaakt van deze bevoegdheid.

Bevoegdheden van de Minister van VROM bij afvalstoffeninrichtingen
Bovendien heeft de Minister nog een aantal bevoegdheden, wanneer een vergunning betrekking heeft op een inrichting voor het storten of verbranden van afvalstoffen, zoals aangewezen op grond van art. 8.35 Wm in bijlage III van het Ivb. De Minister van VROM moet voor deze afvalstoffeninrichtingen een verklaring van geen bedenkingen geven, voordat de vergunning (door gedeputeerde staten) verleend kan worden (art. 8.36a Wm). De verklaring van geen bedenkingen kan slechts worden geweigerd met het oog op de continuïteit van het beheer van afvalstoffen en de afstemming van de capaciteit voor het beheer van afvalstoffen op het aanbod daarvan. Op grond van art. 8.39 Wm kan de Minister verzoeken om wijziging of (gedeeltelijke) intrekking van vergunning voor die inrichtingen. Een dergelijk 'verzoek' moet door het bevoegd gezag worden opgevolgd.

> Het voornemen bestaat de regeling voor het afgeven van verklaringen van geen bedenkingen door de minister voor bepaalde afvalstoffeninrichtingen te laten vervallen. Op grond van het Landelijke afvalbeheersplan (zie § 6.9.3) zouden voldoende mogelijkheden tot sturing bestaan (Kamerstukken II, 2003/04, 29 200 XI, nr. 7, p. 22).

De toetsingsgronden voor de verlening van de vergunning
Een vergunning op grond van de Wet milieubeheer kan worden geweigerd in het belang van de bescherming van het milieu (art. 8.10 lid 1 Wm) en indien niet is voldaan aan de voorwaarden van de Wet bevordering integriteitsbeoordelingen door het openbaar bestuur (Wet BIBOB) (art. 8.10 lid 3)In art. 8.8 wordt het bevoegd gezag voor de beslissing op een aanvraag voor een vergunning, nog een

aantal aanknopingspunten aangereikt.
In het derde lid van art. 8.8 Wm is een aantal zaken opgesomd dat het bevoegd gezag *in acht moet nemen*. Wanneer een vergunning niet in overeenstemming is met de zaken die in acht moeten worden genomen, moet de vergunning worden geweigerd (art. 8.10 lid 2 Wm).
Het bevoegd gezag moet in acht nemen:

– de grenswaarden in milieukwaliteitseisen (zie § 6.5);
– algemene instructieregels (zie § 6.8.3);
– aanwijzingen van de Minister met betrekking tot de beslissing op de aanvraag op grond van art. 8.27 Wm.

In het tweede lid van art. 8.8 Wm is een aantal zaken genoemd waarmee het bevoegd gezag *rekening moet houden*. Dat zijn:
– het voor het bevoegd gezag geldende milieubeleidsplan;
– het geldende afvalbeheersplan, voorzover de aanvraag om de vergunning betrekking heeft op afvalstoffen;
– het voor de onderdelen van het milieu, waarvoor de inrichting gevolgen kan hebben, geldende richtwaarden, neergelegd in milieukwaliteitseisen.

In het eerste lid van art. 8.8 Wm zijn de zaken genoemd die het bevoegd gezag bij zijn beslissing moet *betrekken*. Dat zijn:
– de bestaande toestand van het milieu, voor zover de inrichting daarvoor gevolgen kan veroorzaken;
– de gevolgen voor het milieu die de inrichting kan veroorzaken;
– de te verwachten ontwikkelingen die van belang zijn met het oog op de bescherming van het milieu met betrekking tot de inrichting en het gebied waarin de inrichting zal zijn of is gelegen;
– de tegen de ontwerp-vergunning ingebrachte bedenkingen en adviezen;
– de mogelijkheden tot bescherming van het milieu, door de nadelige gevolgen voor het milieu die de inrichting kan veroorzaken, te voorkomen dan wel zoveel mogelijk te beperken voorzover zij niet kunnen worden voorkomen.

In een wetsvoorstel tot wijziging van de Wet milieubeheer ter implementatie van de IPPC-richtlijn (zie 3.7), is voorgesteld artikel 8.8 lid 1 Wm uit te breiden, als gevolg waarvan een in een inrichting bestaand milieuzorgsysteem (zie 6.13) en het door de drijver van de inrichting gevoerde milieubeleid in de inrichting bij de beslissing op de aanvraag betrokken mag worden (Kamerstukken II 2003/04, 29 711, nr. 2, p. 2).

Hetgeen betrokken moet worden bij de beslissing, mag worden afgewogen tegen andere factoren. Van hetgeen waarmee rekening gehouden moet worden, mag niet worden afgeweken, tenzij er sprake is van een uitzonderingssituatie, waarvoor een motivering gegeven moet worden. Voor de factoren die in acht genomen moeten worden, geldt dat de vergunning daarmee in overeenstemming moet zijn.

Toetsingsgronden vergunning (art. 8.8 Wm)

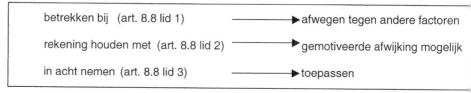

betrekken bij (art. 8.8 lid 1)	⟶ afwegen tegen andere factoren
rekening houden met (art. 8.8 lid 2)	⟶ gemotiveerde afwijking mogelijk
in acht nemen (art. 8.8 lid 3)	⟶ toepassen

6.7.3 De inhoud van de vergunning

Een milieuvergunning bestaat in het algemeen uit een consideras, het besluit tot verlening van de vergunning, eventuele beperkingen en de voorschriften.
De consideras bevat geen bindende elementen, maar geeft weer op grond van welke wettelijke bepalingen, gelet op welke adviezen en met welk doel de vergunning wordt verleend.

Voorschriften ter bescherming van het milieu
Aan een vergunning op grond van de Wet milieubeheer moeten de voorschriften worden verbonden die nodig zijn ter bescherming van het milieu. Met die voorschriften moet worden getracht nadelige gevolgen voor het milieu te voorkomen. Wanneer het niet mogelijk is nadelige gevolgen te voorkomen, moeten aan de vergunning de voorschriften worden verbonden die de grootst mogelijke bescherming bieden tegen die gevolgen, tenzij dat redelijkerwijs niet kan worden gevergd (art. 8.11 lid 3). Dit uitgangspunt wordt wel aangeduid met het ALARA-beginsel (zie § 1.4.3).

Uitgangspunt is dat de beste beschikbare technieken (best technical means) worden toegepast ter bescherming van het milieu. Als gevolg van de toevoeging 'tenzij dat redelijkerwijs niet kan worden vereist' aan het derde lid van artikel 8.11 Wet milieubeheer kan onder omstandigheden echter worden volstaan met de beste toepasbare technieken (best practical means). Bij het verbinden van voorschriften aan een vergunning kan bij de vraag wat redelijkerwijs gevergd kan worden, rekening worden gehouden met bedrijfseconomische aspecten zoals investeringsbeslissingen en afschrijvingstermijnen.

> Aan een vergunning voor een huidenverwerkingsbedrijf en leerlooierij waren strengere voorschriften verbonden dan op grond van het bestaande beleid (neergelegd in de Nota Stankbeleid) standaard was. Daarbij werd een beroep gedaan op het ALARA-beginsel van artikel 8.11 lid 3 Wm. De Afdeling bestuursrechtspraak bepaalde in deze uitspraak (ABRvS 15 februari 1994, AB 1994, 661) dat het ALARA-beginsel inhoudt

dat gekeken moet worden naar het technisch haalbare, maar ook naar het economisch haalbare. Bij de verlening van de vergunning hadden daarom ook de financiële consequenties die de strengere eisen voor het bedrijf hadden, meegewogen moeten worden en was het niet voldoende dat aangetoond was dat de strengere eisen technisch haalbaar waren.

verbonden dat een vloeistofdichte vloer moest worden aangelegd. Tegen dit voorschrift werd beroep ingesteld door de vergunninghouder waarbij de kosten van de noodzakelijke investeringen naar voren werden gebracht. De Afdeling bestuurs-rechtspraak stelde hierop heel duidelijk dat het ALARA-beginsel zoals neergelegd in Aan een vergunning voor een depot voor benzine en dieselolie werd het voorschrift art. 8.11 lid 3 Wm geen ruimte biedt voor een afweging tussen het belang van de bescherming van het milieu en het *individuele* bedrijfseconomische belang van de vergunningaanvrager (ABRvS 24 juni 1999, Milieu en Recht 1999, nr. 7, m.nt. Verschuuren).

In een wetsvoorstel tot aanpassing van de Wet milieubeheer aan de IPPC-richtlijn wordt het derde lid van art. 8.11 Wm beter afgestemd op de tekst van de richtlijn. Voorgesteld wordt lid 3 te vervangen door de volgende bepaling: 'In het belang van het bereiken van een hoog niveau van bescherming van het milieu worden aan de vergunning de voorschriften verbonden, die nodig zijn om de nadelige gevolgen die de inrichting voor het milieu kan veroorzaken, te voorkomen of, indien dat niet mogelijk is zoveel mogelijk – bij voorkeur bij de bron – te beperken en ongedaan te maken. Daarbij wordt ervan uitgegaan dat in de inrichting ten minste de voor de inrichting in aanmerking komende best beschikbare technieken worden toegepast.'

De manier waarop de best beschikbare technieken moeten worden vastgesteld, zal per ategorie van gevallen (per bedrijfstak) worden neergelegd in een amvb, waarin verwezen zal worden naar de relevante documenten waarmee rekening moet worden gehouden (Kamerstukken II, 2003/04, 29 711, nr. 2).

Uit artikel 1.1 lid 2 Wm blijkt dat onder 'bescherming van het milieu' *mede* verstaan moet worden: de verbetering van het milieu, de zorg voor de doelmatige verwijdering van afvalstoffen, de zorg voor zuinig gebruik van energie en grondstoffen en de zorg voor de beperking van de nadelige gevolgen van het verkeer van en naar de inrichting. Voorschriften kunnen dus mede betrekking hebben op deze aspecten. Van de mogelijkheid voorschriften te stellen over het gebruik van grondstoffen wordt nog nauwelijks gebruik gemaakt in de praktijk. Met het stellen van voorschriften over energiegebruik en de verwijdering van afvalstoffen is, vooral bij de grotere bedrijven, iets meer ervaring opgedaan. Het probleem is vaak dat bij de bevoegde overheden de kennis ontbreekt over de energie-, grondstoffen- en afvalaspecten van productieprocessen en over de mo-gelijkheid eisen te stellen ten aanzien van die aspecten. In de praktijk wordt daarom vaak begonnen met het stellen van meet- en registratieverplichtingen over afval en energie. De bedoeling is dan dat deze voorschriften worden opgevolgd door meer inhoudelijke normen.

Type voorschriften

Voorschriften kunnen worden gegoten in de vorm van doelvoorschriften en middelvoorschriften. Doelvoorschriften geven slechts aan welk doel door de vergunninghouder moet worden bereikt, waarbij de vergunninghouder zelf mag bepalen op welke wijze hij dat doel bereikt. Bij middelvoorschriften is aangegeven welke middelen ter bescherming van het milieu moeten worden toegepast.

> Een voorbeeld van een middelvoorschrift is het voorschrijven van een bepaald type filter op een pijp. Bij doelvoorschriften moet gedacht worden aan concentratienormen voor de stoffen in de emissie vanuit een inrichting.

De Wet milieubeheer geeft een voorkeur voor doelvoorschriften aan. In het eerste lid van art. 8.12 staat dat de voorschriften de doeleinden aangeven, terwijl in het tweede lid van art. 8.12 Wm staat dat, 'voorzover dit naar het oordeel van het bevoegd gezag noodzakelijk is', middelvoorschriften gesteld kunnen worden.
Art. 8.13 Wm geeft aan dat behalve doel- en middelvoorschriften ook andere voorschriften aan een vergunning kunnen worden verbonden in het belang van de bescherming van het milieu. Dat kunnen voorschriften zijn waarin verplichtingen voor metingen, berekeningen, onderzoek en registratie kunnen worden opgelegd. Op grond van art. 8.13 lid 2 onder f Wm kan een vergunningvoorschrift ook inhouden dat voor bepaalde aangegeven onderwerpen moet worden voldaan aan nader te stellen eisen van een aangewezen bestuursorgaan.

> In een wetsvoorstel tot aanpassing van de Wet milieubeheer aan de IPPC-richtlijn wordt artikel 8.13 aangevuld met de mogelijkheid om voorschriften te verbinden aan de vergunning gericht op het treffen van organisatorische en administratieve maatregelen en de mogelijkheid om bij wijze van voorschrift een zorgplichten aan de vergunning te verbinden met betrekking tot een aangegeven onderwerp (Kamerstukken II 2003/04, 29 711, nr. 2).

Voor afvalstoffeninrichtingen geeft art. 8.14 Wm nog de mogelijkheid verplichtingen aan de vergunning te verbinden tot het registreren en bewaren van gegevens inzake bijvoorbeeld de in de inrichting gebrachte afvalstoffen, de stoffen die bij het proces worden gebruikt en die daarbij ontstaan en de stoffen, preparaten en producten die de inrichting verlaten.

Financiële zekerheid

Een speciaal soort voorschrift dat aan milieuvergunningen kan worden verbonden is het voorschrift dat de vergunninghouder financiële zekerheid moet stellen. Die financiële zekerheid kan op grond van art. 8.15 Wm vereist worden om zeker te stellen dat de vergunningvoorschriften worden nageleefd (a.) of ter dekking van aansprakelijkheid voor milieuschade (b.). Een voorschrift tot het stellen van financiële zekerheid kan alleen aan de vergunning worden verbonden in gevallen waarin inrichtingen ernstige nadelige gevolgen voor het milieu kunnen veroorzaken Die gevallen zijn aangewezen in het Besluit financiële zekerheid milieubeheer (Stb. 2003, 71).

> In het kader van het project Herijking VROM-regelgeving is door het bedrijfsleven de wens naar voren gebracht om het Besluit financiële zekerheid in te trekken. Besloten is dat niet te doen omdat sprake is van een recente regeling die breed gesteund werd door de Tweede Kamer en omdat de regeling past in een beleid dat gericht is op het voorkomen van afwenteling van verantwoordelijkheid voor schade op de overheid (Kamerstukken II, 2003/04, 29 200 XI, nr. 7, p. 26).

De revisievergunning
Voor één inrichting kunnen verschillende vergunningen op grond van de Wet milieubeheer worden verleend. In de loop der jaren kan een inrichting uitbreiden of wijzigingen aanbrengen in het productieproces, waarbij voor elke wijziging en uitbreiding een vergunning nodig is. Wanneer voor een inrichting een vergunning voor het veranderen van de inrichting of voor het veranderen van de werkwijze van de inrichting wordt aangevraagd en voor die inrichting al een of meer vergunningen krachtens de Wet milieubeheer zijn verleend, kan het bevoegd gezag bepalen dat een revisievergunning moet worden aangevraagd (art. 8.4 lid 1 Wm).
Een revisievergunning is een vergunning waarin eerder verleende vergunningen voor een inrichting worden samengevoegd. Doel is orde te brengen in eerder verleende vergunningen. Een revisievergunning kan vereist worden voor de gehele inrichting of voor onderdelen van de inrichting, waarmee de verandering waarvoor vergunning is aangevraagd samenhangt.
Wanneer is bepaald dat een revisievergunning moet worden aangevraagd, besluit het bevoegd gezag tot buiten behandeling laten van de aanvraag voor de verandering van de inrichting of van de werking ervan (art. 8.4 lid 2 Wm). Als gevolg van de verlening van de revisievergunning vervallen de eerder voor de inrichting of voor de onderdelen van de inrichting waarop de revisievergunning betrekking heeft, verleende vergunningen (art. 8.4 lid 4 Wm).

Belangrijk aspect van de revisievergunning is het bepaalde in art. 8.4 lid 3. In die bepaling staat dat het bevoegd gezag de rechten die de vergunninghouder aan de al eerder verleende vergunningen ontleende, niet kan wijzigen, anders dan mogelijk is met toepassing van de bepalingen voor het wijzigen of intrekken van de vergunning. Door deze bepaling wordt het mogelijk bij revisievergunning ook wijziging aan te brengen in de voorschriften van al eerder vergunde onderdelen van de inrichting. Voor die wijziging of intrekking bij revisievergunning moet echter aan dezelfde voorwaarden worden voldaan als bij de wijziging of intrekking van de vergunning indien niet van een revisievergunning sprake is. Zie voor wijzigen en intrekken van vergunningen § 6.7.5.

De duur van de vergunning

De duur van de vergunning op grond van de Wet milieubeheer is in principe onbepaald. De Wet milieubeheer kent echter ook de mogelijkheid om te variëren in het tijdstip van van kracht worden, en het tijdstip van beëindiging van de gelding van vergunningvoorschriften (art. 8.16 Wm) en de mogelijkheid in bepaalde gevallen een tijdelijke vergunning te verlenen (art. 8.17 Wm). Een tijdelijke Wm-vergunning kan voor een termijn van maximaal vijf jaar worden verleend.

Een vergunning voor een afvalstoffeninrichting wordt op grond van het tweede lid van art. 8.17 Wm jo. art. 2.2 van het Ivb altijd verleend voor een bepaalde periode, die ten hoogste tien jaar mag zijn.

Op grond van art. 8.18 lid 1 Wm vervalt een vergunning voor een inrichting indien de inrichting niet binnen drie jaar nadat de vergunning is verleend, is voltooid en in werking is gebracht. Wanneer te voren is te voorzien dat de inrichting niet binnen drie jaar kan worden voltooid en in werking gebracht, kan op grond van het tweede lid van art. 8.18 in de vergunning een langere termijn dan drie jaar worden gesteld waarbinnen de inrichting in werking moet zijn.

Samenvattend kan worden geconstateerd dat de gelding van een vergunning kan eindigen door:

– de afloop van de periode waarvoor een tijdelijke vergunning is verleend,
– door het vervallen van de vergunning, en
– door intrekken van de vergunning (zie hierna § 6.7.5).

6.7.4 De vergunning op hoofdzaken

Bepaalde (grote) bedrijven nemen de laatste jaren een meer actieve houding ten aanzien van het milieu aan. Zij zien de noodzaak in van de beperking van de milieugevolgen van het bedrijfshandelen, ook onafhankelijk van daaraan gestelde eisen. Om die reden hebben bedrijven milieuzorgsystemen ingevoerd (zie daarvoor § 6.13), worden bedrijfsmilieuplannen opgesteld en worden milieuconvenanten gesloten. In reactie hierop is in 1995 een handreiking uitgebracht door het ministerie van VROM getiteld 'Bedrijfsinterne milieuzorg als basis voor een andere relatie tussen overheden en bestuur'. Doel was de milieuvergunning beter te laten aansluiten op de milieuzorgsystemen en bedrijfsmilieuplannen. Dit heeft geleid tot de invoering van de vergunning op hoofdzaken. In 1999 is een nieuwe circulaire 'Vergunning op hoofdzaken en vergunning op maat' uitgebracht.

De vergunning op hoofdzaken is niet in de wet geregeld. Het is dus een gewone milieuvergunning met een aantal specifieke kenmerken. In een gewone, klassieke, milieuvergunning wordt in detail vastgelegd hoe het betrokken bedrijf de nadelige gevolgen voor het milieu zoveel mogelijk moet voorkomen en beperken. In een dergelijke vergunning zijn vaak veel middelvoorschriften opgenomen en wordt het bedrijf weinig ruimte gelaten zijn eigen middelen te kiezen en kunnen nauwelijks prioriteiten worden gesteld. Doel van de vergunning op hoofdzaken is het bedrijf meer flexibiliteit te bieden binnen de grenzen die de wet en de jurisprudentie aan de milieuvergunning stellen.

Voorwaarden voor de vergunning op hoofdzaken
Een vergunning op hoofdzaken zou, volgens de circulaire 'Vergunning op hoofdzaken en vergunning op maat', alleen mogen worden verleend indien de vergunningaanvrager kan aantonen een 'proactieve houding' ten aanzien van het milieu te hebben. Het bedrijf moet beschikken over een goedgekeurd bedrijfsmilieuplan, gericht op de continue verbetering van de milieuprestaties. Ook moet het bedrijf over een gecertificeerd milieuzorgsysteem beschikken op het niveau van ISO 14001 (zie § 6.13). Hiermee kan worden aangetoond dat het bedrijf de doelstellingen uit de vergunning en het bedrijfsmilieuplan kan nakomen. Ook moet het bedrijf jaarlijks een milieuverslag maken zodat overheid en derden een regelmatig inzicht in de milieuprestaties van het bedrijf kunnen krijgen.
Wanneer aan deze voorwaarden is voldaan bestaat niet automatisch een recht op een vergunning op hoofdzaken. Belangrijk is ook het nalevingsgedrag van het bedrijf in het verleden. Het bevoegd gezag moet het vertrouwen hebben dat gemaakte afspraken worden nagekomen.
Wanneer niet aan alle voorwaarden is voldaan, kunnen voor die aspecten voorschriften in de vergunning worden opgenomen. Een dergelijke vergunning wordt een 'vergunning op maat' genoemd. In een vergunning op maat zullen afhankelijk van de situatie, voor bepaalde onderdelen van de bedrijfsvoering middelvoorschriften worden opgenomen.

Inhoud van de vergunning op hoofdzaken
In een vergunning op hoofdzaken zijn doelvoorschriften, onderzoeksvoorschriften, zorgplichten en meet-, registratie- en verslagverplichtingen opgenomen. Bovendien wordt in een vergunning op hoofdzaken vaak een bevoegdheid opgenomen om (op een later tijdstip) nadere eisen te stellen die een nadere invulling van vergunningvoorschriften geven. In een doelvoorschrift (art. 8.12 Wm) wordt de maximaal toegestane milieubelasting voor een bepaald milieuaspect aangegeven. Doelvoorschriften kunnen bijvoorbeeld worden gesteld voor geluid en emissies naar lucht of oppervlaktewater. Dat doel moet worden omschreven als een concreet, gekwantificeerde resultaatsverplichting. Voor zowel de vergunning-houder als derden moet duidelijk zijn welke voorzieningen nodig zijn om het in het doelvoorschrift beschreven resultaat te halen. De doelvoorschriften moeten uitvoerbaar zijn en zo zijn opgeschreven dat deze gehandhaafd kunnen worden door het bevoegd gezag.

Voor de praktijk van groot belang is de vraag of het is toegestaan de doelvoorschriften op zodanige wijze aan de vergunning te verbinden dat het mogelijk is de emissies van

187

verschillende onderdelen van een bedrijf onderling te verwisselen. Indien dat mogelijk is kan een bedrijf besluiten in een bepaald bedrijfsonderdeel een emissie sterker terug te brengen dan strikt noodzakelijk, terwijl in een ander deel van het bedrijf de emmissie juist iets groter wordt gelaten dan mogelijk is. De Afdeling heeft hierover geoordeeld dat duidelijk dient te zijn dat wat betreft de afzonderlijke emissiebronnen wordt voldaan aan het gekozen beschermingsniveau. Vast moet staan dat er geen zodanige verschuivingen kunnen plaatsvinden tussen deze emissiebronnen onderling, dat het gekozen beschermingsniveau bij één of meerdere bronnen wordt overschreden. Gelet hierop dient in de vergunningvoorschriften te zijn bepaald dat bij iedere emissiebron op elk moment moet worden voldaan aan het door het bevoegd gezag gekozen beschermingsniveau (ABRvS 25 augustus 2000, M en R 2000, 118, m.nt. Van Gestel).

In onderzoeksvoorschriften (art. 8.13 lid 1 onder b Wm) kan worden voorgeschreven dat voor bepaalde onderwerpen waarvoor op het moment van vergunningverlening niet zeker is welke doelen kunnen worden bereikt, een verplichting bestaat tot het overleggen van een onderzoeksrapport op een bepaald tijdstip. Een dergelijk rapport dient ter goedkeuring aan het bevoegd gezag te worden overlegd. De resultaten van een dergelijk onderzoek kunnen vervolgens aanleiding zijn voor het stellen van nadere eisen.
In een vergunning op hoofdzaken wordt vaak ten aanzien van de bedrijfsvoering in zijn geheel of voor een bepaald onderwerp een zorgplichtvoorschrift opgenomen. Een dergelijk voorschrift bevat de verplichting voor de vergunninghouder om bij zijn doen en laten de nodige zorgvuldigheid te betrachten om schade aan het milieu zoveel mogelijk te voorkomen en te beperken.

Omdat in de praktijk de mate van milieuzorg in bedrijven niet vaak tot uitdrukking wordt gebracht in de wijze van vergunningverlening en ook met het oog op de jurisprudentie van de Afdeling bestuursrechtspraak die in veel gevallen grenzen stelde aan 'flexibele vergunningen'(zie de GEP-uitspraak zoals hiervoor besproken) wordt een aantal wijzigingen in de Wet milieubeheer voorgesteld om belemmeringen voor de vergunning op hoofdzaken weg te nemen. Deze voorstellen betreffen o.a. de verplichting om de milieuzorg in een inrichting te betrekken bij de beslissing op de aanvraag, introductie van de mogelijkheid om maximum-jaarvrachten voor emissies voor te schrijven en de introductie van de mogelijkheid om zorgplichten aan de vergunning te verbinden (Kamerstukken II, 2003/04, 29 711, nr. 2, zie voor een toelichting nr. 3, p. 17-21).

6.7.5   Wijzigen en intrekken van de vergunning

Een vergunning voor een inrichting geldt in het normale geval voor onbepaalde tijd. Dat betekent echter niet dat het bevoegd gezag geen wijzigingen in de vergunningen kan aanbrengen of geen vergunningen kan intrekken. Een milieuvergunning verleend in bijvoorbeeld de jaren tachtig, voldoet vaak niet meer aan de huidige inzichten over het milieu en bevat in veel gevallen voorschriften die niet zijn aangepast aan de huidige technische mogelijkheden om milieuvervuiling te voorkomen of te beperken. In afdeling 8.1.2 Wet milieubeheer zijn daarom bevoegdheden opgenomen om beperkingen waaronder vergunningen zijn verleend en de daaraan verbonden voorschriften te wijzigen of in te trekken (art. 8.23 Wm) en onder omstandigheden vergunningen in te trekken (art. 8.25 Wm).

Wijziging van de vergunning
De beperkingen en de voorschriften bij een vergunning kunnen worden gewijzigd, aangevuld of ingetrokken, of alsnog aan de vergunning worden verbonden op eigen initiatief van het bevoegd gezag (art. 8.23 lid 1) of op verzoek van een derdebelanghebbende (art. 8.23 lid 2). Deze wijzigingen van de vergunning kunnen alleen plaatsvinden in het belang van de bescherming van het milieu. Ook de vergunninghouder kan verzoeken om het aanvullen, wijzigen of intrekken van beperkingen en voorschriften of om het alsnog aanbrengen van beperkingen of verbinden van voorschriften aan de vergunning (art. 8.24 Wm).

Intrekking van de vergunning
Art. 8.25 Wm biedt het bevoegd gezag de bevoegdheid om een vergunning voor een inrichting geheel of gedeeltelijk in te trekken. Ook belanghebbenden kunnen het bevoegd gezag verzoeken om een vergunning geheel of gedeeltelijk in te trekken. De intrekking van een vergunning kan echter alleen plaatsvinden in een beperkt aantal situaties.

De belangrijkste grond voor intrekking is dat de inrichting *ontoelaatbare nadelige gevolgen* voor het milieu veroorzaakt en toepassing van art. 8.23 Wm redelijkerwijs daarvoor geen oplossing biedt. Duidelijk is dat aan deze grond voor intrekking van de vergunning (ontoelaatbare nadelige gevolgen voor milieu) minder snel zal zijn voldaan dan aan de grond voor het wijzigen van de vergunning (in het belang van de bescherming van het milieu).

Ook kan intrekking van een vergunning plaatsvinden op verzoek van een vergunninghouder. Aan dat verzoek kan alleen worden voldaan, indien het belang van de bescherming van het milieu zich daartegen niet verzet (art. 8.26 lid 1 Wm). Overigens kan een vergunning ook bij wijze van sanctie worden ingetrokken. Dan is de intrekking gebaseerd op art. 18.12 Wm. Deze bestuursrechtelijke sanctie is besproken in § 5.6.3.

Actualiseringsplicht
Een opmerkelijke regeling voor het wijzigen van vergunningen is opgenomen in art. 8.22 Wm. Dit artikel bevat de zogenaamde actualiseringsplicht. Op grond van dit artikel bestaat onder omstandigheden geen bevoegdheid, maar een plicht de vergunning te wijzigen.
Het eerste lid van art. 8.22 bepaalt dat het bevoegd gezag regelmatig beziet of de

beperkingen waaronder een vergunning is verleend en de aan een vergunning verbonden voorschriften, nog toereikend zijn gezien de ontwikkelingen op het gebied van de technische mogelijkheden tot bescherming van het milieu en de ontwikkelingen met betrekking tot de kwaliteit van het milieu.

Het tweede lid van art. 8.22 bevat de eigenlijke actualiseringsplicht. Wanneer blijkt dat de nadelige gevolgen die de inrichting voor het milieu veroorzaakt, gezien de ontwikkelingen op het gebied van de technische mogelijkheden tot bescherming van het milieu, verder kunnen of, gezien de ontwikkelingen met betrekking tot de kwaliteit van het milieu, verder moeten worden beperkt, *moet* het bevoegd gezag de beperkingen waaronder een vergunning is verleend of de voorschriften die aan een vergunning zijn verbonden, wijzigen, aanvullen, intrekken of alsnog aan de vergunning verbinden.

De actualiseringsplicht wordt slechts zelden op eigen initiatief door het bevoegd gezag toegepast. Vaak zijn klachten van omwonenden of ongelukken in een bedrijf aanleiding om de vergunning te actualiseren. Wanneer op grond van de actualiseringplicht tot wijziging van de vergunning wordt overgegaan is de grondslag voor die besluitvorming gelegen in de artikelen 8.23 en 8.25 Wet milieubeheer.

6.7.6 De totstandkoming van besluiten inzake vergunningen

De totstandkomingsprocedure voor de Wet milieubeheer-vergunning kan als een inspraakprocedure worden aangemerkt. De procedure voor de totstandkoming van een vergunning is de zogenaamde 'uniforme openbare voorbereidingsprocedure'. Die procedure vinden we niet in de Wet milieubeheer, maar in de Algemene wet bestuursrecht. Behalve de regeling in de Awb zijn ook nog enkele bepalingen van hoofdstuk 13 van de Wet milieubeheer van belang voor de totstandkoming van vergunningen. De bepalingen in hoofdstuk 13 Wet milieubeheer geven op enkele punten een aanvulling of een uitzondering op de procedure uit de Awb.

> De regeling voor de uniforme voorbereidingsprocedure is neergelegd in afd. 3.4 van de Awb (Stb. 2002, 54) en zal naar verwachting in werking treden in de zomer van 2005. Deze procedure vervangt de openbare voorbereidingsprocedure en de uitgebreide openbare voorbereidingsprocedure van afd. 3.5 Awb. Met de uniforme voorbereidingsprocedure wordt de voorbereiding van meer besluiten op een eenduidige wijze geregeld. Het zal daardoor makkelijker worden besluiten die gelijktijdig voor eenzelfde activiteit moeten worden genomen, gezamenlijk in eenzelfde procedure aan de orde te stellen. De uniforme voorbereidingsprocedure is in vergelijking met de uitgebreide openbare voorbereidingsprocedure globaler van aard. Gedetailleerde regelingen voor de terinzagelegging en bekendmaking zijn bijvoorbeeld niet langer opgenomen.

Hieronder zal de uniforme voorbereidingsprocedure van afd. 3.4 tot uitgangspunt worden genomen voor de beschrijving van de totstandkoming van besluiten op vergunningaanvragen.

Aanvraag
De aanvraag voor de vergunning moet schriftelijk worden ingediend bij het bevoegd gezag. In het normale geval komt een vergunningaanvraag niet tot stand dan nadat vooroverleg heeft plaatsgevonden tussen het bevoegd gezag en de aanvrager. In sommige gevallen worden ook derden, zoals een milieuorganisatie, betrokken bij dit vooroverleg. Voor dit vooroverleg bestaat geen wettelijke regeling. In het vooroverleg wordt in de eerste plaats nagegaan op welke wijze tot een ontvankelijke aanvraag kan worden gekomen, maar ook wordt besproken of en onder welke voorwaarden vergunning kan worden verleend.

In hoofdstuk 4 en 5 van het Inrichtingen- en vergunningenbesluit is bepaald op welke wijze de vergunningaanvraag dient plaats te vinden en welke gegevens daarbij moeten worden overlegd. Indien de genoemde stukken niet volledig bij de aanvraag zijn gevoegd, of de aanvraag anderszins niet voldoet aan de daaraan gestelde wettelijk eisen, kan de aanvraag buiten behandeling worden gelaten, mits de aanvrager de gelegenheid heeft gekregen binnen een door het bestuursorgaan gestelde termijn de aanvraag aan te vullen (art. 4:5 Awb).

Ter inzagelegging van het ontwerp-besluit
Naar aanleiding van de aanvraag stelt het bestuursorgaan een ontwerp van het besluit op. Dit ontwerp wordt met de daarop betrekking hebbende stukken ter inzage gelegd (art. 3:11 Awb).
In de Awb is niet exact beschreven welke stukken ter inzage moeten worden gelegd. Verwacht mag worden dat tot deze stukken in ieder geval de aanvraag en de daarbij behorende stukken en de rapporten en adviezen die in verband met het ontwerp zijn uitgebracht, behoren. De stukken die ter inzage liggen, worden telkens aangevuld met nieuwe relevante stukken en gegevens (art. 3:14 Awb). Tegen vergoeding van de kosten kunnen afschriften van de ter inzage gelegde stukken worden verkregen (art. 3:11 lid 3 Awb).

Kennisgeving van het ontwerp-besluit
Voorafgaand aan de terinzagelegging stuurt het bestuur het ontwerp-besluit naar degenen tot wie het besluit is gericht, waaronder de aanvrager (art 3:13 lid 1 Awb). Daarnaast geeft het bevoegd gezag in één of meer dag-, nieuws- of huis-aan-huisbladen, of op een andere geschikte wijze kennis van het ontwerp (art. 3.12 lid 1 Awb). Indien het een ontwerp-besluit betreft van een bestuursorgaan van de centrale overheid wordt de kennisgeving in ieder geval in de Staatscourant geplaatst (art. 3.12 lid 2 Awb). De kennisgeving van de aanvraag voor de milieuvergunning wordt daarnaast, ingevolge art. 13.4 Wm, ter inzage gelegd in de gemeente waarin de inrichting geheel of in hoofdzaak zal zijn gelegen.

De kennisgeving vermeldt (art. 3:11 lid 1 en lid 3 Awb):
a. de zakelijke inhoud van het ontwerp-besluit;
b. waar en wanneer de stukken ter inzage liggen;
c. wie in de gelegenheid worden gesteld om zienswijzen naar voren te bengen;
d. op welke wijze dit kan geschieden;
e. indien de termijn voor de beslissing op de aanvraag is verlengd met toepassing van art. 3:18 lid 2 Awb: de termijn waarbinnen het besluit zal worden genomen.

Adviezen en zienswijzen
Met betrekking tot het ontwerp-besluit kan inspraak worden uitgeoefend. Belanghebbenden kunnen schriftelijk of mondeling hun zienswijzen over het ontwerp naar voren brengen (art. 3:15 lid 1 Awb). Bij wettelijk voorschrift of door het bestuursorgaan kan worden bepaald dat ook aan anderen de gelegenheid wordt geboden hun zienswijzen naar voren te brengen. In de Wet milieubeheer wordt daarvoor in art. 13.3 een regeling getroffen als gevolg waarvan een ieder zienswijzen naar voren kan brengen tegen ontwerp-besluiten op grond van de milieuwetten..

De zienswijzen kunnen worden ingebracht gedurende een termijn van zes weken. Deze termijn begint met ingang van de dag waarop het ontwerp ter inzage is gelegd. Binnen de termijn van zes weken kunnen ook de adviezen worden ingebracht (art. 3:16 Awb).
De wet bevat geen regeling voor de wijze waarop mondeling zienswijzen naar voren kunnen worden gebracht. Wel is bepaald dat van hetgeen mondeling naar voren is gebracht een verslag wordt gemaakt (art. 3:17 Awb).

De aanvrager van de vergunning wordt zo nodig in de gelegenheid gesteld om op de naar voren gebrachte zienswijzen te reageren (art. 3:15 lid 3 Awb).

De beslissing op de aanvraag
Het besluit op de aanvraag wordt zo spoedig mogelijk, maar in ieder geval uiterlijk zes maanden na ontvangst van de aanvraag genomen (art. 3:18 Awb). De gehele procedure mag dus zes maanden duren. Een uitzondering op die termijn wordt gemaakt, indien de aanvraag een zeer ingewikkeld of omstreden onderwerp betreft. In dat geval kan het bestuursorgaan binnen acht weken na ontvangst van de aanvraag de termijnen voor toezending en bekendmaking van het ontwerp-besluit en voor het nemen van het besluit verlengen. Voordat zo'n besluit tot verlenging van de procedure wordt genomen, moet het bestuursorgaan de aanvrager de gelegenheid geven zijn zienswijze daarover kenbaar te maken (art. 3:18 lid 2 Awb).

De procedure voor het wijzigen en intrekken van de vergunning
Hierboven is de procedure geschetst voor de totstandkoming van een milieuvergunning op aanvraag. Diezelfde voorbereidingsprocedure is ook van toepassing op

het besluit tot wijziging of intrekking van een vergunning. Enkele bepalingen zijn speciaal op de wijziging of intrekking van besluiten van toepassing. Indien het voor te bereiden besluit een besluit is tot wijziging of intrekking van een vergunning krijgt de vergunninghouder de gelegenheid op eventueel ingebrachte zienswijzen te reageren (art. 3:15 lid 4 Awb).

De belangrijkste afwijkende bepaling is art. 3:18 lid 3 Awb betreffende de beslistermijn. Besluiten tot intrekking van een besluit en besluiten tot wijziging van een besluit, niet gedaan door degene tot wie dat besluit is gericht, moeten worden genomen uiterlijk 12 weken na de terinzagelegging van de ontwerpen van die besluiten. Voor een besluit tot wijziging van een vergunning op verzoek van de vergunninghouder geldt deze verkorte beslistermijn dus, anders dan voor ambtshalve besluiten en besluiten op verzoek van derden, niet.

6.7.7 Afstemmingsconstructies met andere vergunningen

Voor één activiteit of bedrijf kunnen soms meerdere vergunningen nodig zijn. Die vergunningen zullen soms aangevraagd moeten worden bij verschillende bestuursorganen en daarvoor kunnen verschillende totstandkomingsprocedures van toepassing zijn. In zo'n geval is een regeling voor de afstemming van de procedures handig. Wanneer verschillende vergunningen voor één activiteit worden verleend zal daarnaast in veel gevallen ook een inhoudelijke afstemming gewenst zijn. Er bestaat een speciale regelingen voor de coördinatie tussen de Wet milieubeheer-vergunning en de vergunning op grond van de Wet verontreiniging oppervlaktewateren en tussen de Wet milieubeheer-vergunning en de bouwvergunning. Hieronder wordt eerst de algemene coördinatieregeling in hoofdstuk 14 Wet milieubeheer besproken.

Coördinatie
Wanneer naast de Wet milieubeheer-vergunning ook een vergunning nodig is die niet met de openbare voorbereidingsprocedure uit de Awb wordt voorbereid, zoals bijvoorbeeld de vergunning op grond van de Meststoffenwet, is de coördinatieregeling van hoofdstuk 14 Wet milieubeheer van toepassing. Coördinatie is mogelijk wanneer er twee of meer aanvragen zijn tot het geven van met elkaar samenhangende beschikkingen voor één inrichting. Van die aanvragen moet er tenminste één zijn waarop de uniforme openbare voorbereidingsprocedure van afd. 3.4 Awb van toepassing is en één van de aanvragen moet tot gedeputeerde staten van de provincie zijn gericht (art. 14.1 lid 1 Wm).
Het tot coördineren bevoegde orgaan is gedeputeerde staten van de provincie. Gedeputeerde staten kunnen uit eigen beweging tot coördinatie overgaan wanneer één van de aanvragen tot hen is gericht. Gedeputeerde staten zijn echter verplicht tot coördineren wanneer de aanvrager of een betrokken bevoegd orgaan daarom verzoekt (art. 14.1 lid 2 Wm). De coördinatie betreft de procedure én de inhoud van de vergunning.

De verschillende fasen in de procedure voor de totstandkoming van de vergunningen worden zoveel mogelijk tegelijk uitgevoerd. Dat betekent dat zoveel mogelijk tegelijkertijd de bekendmaking van de aanvragen, de bekendmaking van de ontwerpvergunningen, de gelegenheid tot het inbrengen van zienswijzen en de bekendmaking van de beslissing op de aanvragen plaats vindt (art. 14.3 lid 2 Wm).

De inhoudelijke kant van de coördinatie houdt in dat gedeputeerde staten bevorderen dat de bevoegde bestuursorganen bij de beoordeling van de aanvragen en de daarop te nemen beslissingen rekening houden met de onderlinge samenhang tussen die aanvragen en de beslissingen daarop (art. 14.3 lid 1 Wm).

Afstemming met de Wvo-vergunning
Een inrichting kan naast een vergunning op grond van de Wet milieubeheer ook een vergunning nodig hebben voor het lozen van afvalwater op oppervlaktewater op grond van de Wet verontreiniging oppervlaktewateren (Wvo). Op grond van art. 1 Wvo is het verboden zonder vergunning, met behulp van een werk, afvalstoffen, verontreinigende of schadelijke stoffen, in welke vorm ook, te brengen in oppervlaktewater (zie § 9.2). In de Wet milieubeheer is in art. 22.1 lid 4 de bepaling opgenomen dat hoofdstuk 8 van de Wet milieubeheer niet van toepassing is op inrichtingen voorzover daarvoor een vergunning is vereist op grond van de Wvo. Dit betekent dat naast een Wet milieubeheer-vergunning, een inrichting ook een vergunning op grond van de Wvo nodig kan hebben.
In de Wet milieubeheer en in de Wvo is een regeling getroffen om een afstemming tot stand te brengen tussen beide vergunningen, indien beide vergunningen voor een zelfde inrichting noodzakelijk zijn. In de Wet milieubeheer zijn die bepalingen opgenomen in de art. 8.28 – 8.34. In de Wvo staan die bepalingen in de art. 7b – 7d.
Wanneer een Wm-vergunning wordt aangevraagd voor een inrichting waarvoor ook een Wvo-vergunning is vereist, moeten de aanvragen voor beide vergunningen tegelijkertijd bij de (meestal verschillende) bevoegde instanties worden ingediend. Indien de ene aanvraag niet binnen zes weken na de andere is ingediend, moet de andere aanvraag buiten behandeling worden gelaten. De behandeling van beide aanvragen vindt vervolgens gecoördineerd plaats, volgens de regeling van hoofdstuk 14 van de Wet milieubeheer. De bevoegde instanties voor beide vergunningen brengen advies aan elkaar uit over de aanvragen en stellen elkaar in de gelegenheid advies uit te brengen over elkaars ontwerp-besluiten.
Uiteindelijk kan het bevoegd gezag ingevolge de Wet milieubeheer, indien een integrale afweging van alle gevolgen voor het milieu dit vereist en geen overeenstemming kan worden bereikt, een bindende aanwijzing geven aan het bevoegd gezag van de Wvo-vergunning over de inhoud van die Wvo-vergunning.

Afstemming met de bouwvergunning

Voor de oprichting van een inrichting is behalve een milieuvergunning in veel gevallen ook een bouwvergunning vereist. De bouwvergunning is gebaseerd op de Woningwet. Voor de coördinatie tussen de bouwvergunning en de Wet milieubeheer-vergunning is een aparte regeling gemaakt. Met een bouwvergunning werd voorheen vaak met de bouw van de inrichting begonnen, terwijl dat strikt genomen niet zonder de milieuvergunning voor het oprichten van een inrichting was toegestaan. Probleem hierbij is dat de begrippen 'bouwen' en 'oprichten' niet dezelfde inhoud hebben. Een coördinatieregeling, opgenomen in de art. 8 en 52 van de Woningwet en in art. 8.5 Wm, moet voorkomen dat het bestuursorgaan dat de milieuvergunning verleent voor een fait-accompli wordt gesteld, doordat de inrichting al is gebouwd. De coördinatie tussen de bouw- en de Wm-vergunning is alleen gericht op de procedurele afstemming.

Wanneer de aanvragen van de bouw- en de Wm-vergunning gelijktijdig worden ingediend, moet bij de aanvraag voor de Wm-vergunning een afschrift van de aanvraag voor de bouwvergunning worden overgelegd. Wanneer de bouwvergunning later dan de Wm-vergunning wordt ingediend, moet een afschrift van de aanvraag voor de bouwvergunning aan het bevoegd gezag van de Wm-vergunning worden gezonden. Het later indienen van de aanvraag voor een Wm-vergunning dan voor de bouwvergunning is niet mogelijk: dan wordt de aanvraag voor de bouwvergunning niet-ontvankelijk verklaard.

De aanvraag voor een bouwvergunning moet worden aangehouden (behalve als de bouwvergunning moet worden geweigerd), totdat op de aanvraag voor de Wm-vergunning is beslist (art. 52 Woningwet). Dat betekent echter niet dat moet worden gewacht tot de milieuvergunning onherroepelijk is en dus niet meer de mogelijkheid bestaat daartegen beroep in te stellen. Gewacht moet worden totdat duidelijk is dat de Wm-vergunning zal worden verleend en duidelijkheid bestaat over de inhoud daarvan.

Voor de Wm-vergunning bestaat geen aanhoudingsplicht. Wel is in art. 20.8 Wm bepaald dat de Wm-vergunning niet van kracht wordt voordat een bouwvergunning is verleend.

6.8   Algemene regels

Behalve door vergunningen, kunnen inrichtingen ook aan voorschriften worden gehouden door het stellen van algemene regels. Met algemene regels wordt gedoeld op voorschriften in amvb's die gelden voor een categorie inrichtingen. Algemene regels kunnen dus alleen worden gesteld voor inrichtingen die, in ieder geval wat betreft de milieubelasting, op elkaar lijken.

Op grond van de voorganger van de Wet milieubeheer – de Hinderwet – zijn vanaf 1985 amvb's gemaakt voor vele categorieën inrichtingen, onder andere bakkerijen, slagerijen, garages, chemische wasserijen, kantoorgebouwen en horecabedrijven. Voor deze inrichtingen wordt de vergunningplicht opgeheven. Wel is het vaak mogelijk gemaakt in amvb's om voor bepaalde onderwerpen nadere eisen te maken.

Vanaf 1998 zijn nieuwe amvb's tot stand gebracht die een ruimer bereik hebben en verschillende andere amvb's vervangen. Zo vervangt het Besluit detailhandel en ambachtsbedrijven (Stb. 1998, 603), het Besluit detailhandel milieubeheer, het Besluit brood- en banketbakkerijen milieubeheer, het Besluit doe-het-zelf-bedrijven milieubeheer en het Besluit slagerijen milieubeheer. Het besluit horecabedrijven milieubeheer is vervangen door het Besluit horeca-, sport- en recreatieinrichtingen, waardoor in plaats van ongeveer 25.000 inrichtingen nu ongeveer 66.000 inrichtingen onder de amvb vallen en niet vergunningplichtig zijn.

De nieuwe amvb's zijn inhoudelijk anders van opzet. De voorschriften zijn vereenvoudigd en gereduceerd. Gekozen is voor meer doelvoorschriften in plaats van middelvoorschriften. Bovendien is in de amvb's een algemene zorgplichtbepaling opgenomen.

> In het kader van de herijking van de VROM-regelgeving bestaat het voornemen om de bestaande amvb's allen of groepsgewijs samen te voegen, de algemene regels voor kleine bedrijven te beperken, en wordt overwogen een nog veel groter aantal inrichtingen onder amvb's te brengen, als gevolg waarvan voor die inrichtingen de vergunningplicht vervalt (Kamerstukken II 2003/04, 29 200 XI, nr. 7, p. 25).

Als voordelen van het stellen van algemene regels in plaats van het verlenen van vergunningen worden genoemd:
–   de besparing van bestuurslasten (bij het verlenen van vergunningen), waardoor meer aandacht zou kunnen worden besteed aan de handhaving;
–   het opheffen van de mogelijke ongelijkheid als gevolg van vergunningverlening tussen inrichtingen van een zelfde categorie;
–   de mogelijkheid snel te voldoen aan verplichtingen tot implementatie van EG-richtlijnen.

De nadelen van nadere regels in plaats van vergunningen zijn:
–   er wordt geen 'maatwerk' meer geleverd, de algemene regels zijn niet toegespitst op de individuele, plaatselijke omstandigheden van een inrichting;
–   de derde heeft geen mogelijkheden om in te spreken over de algemene regels, zoals dat wel kan in de voorbereidingsprocedure voor vergunningen, en heeft bovendien niet de mogelijkheid beroep in te stellen bij de administratieve rechter tegen de algemene regels.

De regeling voor algemene regels opgenomen in titel 8.2 van de Wet milieubeheer. Daarin worden drie soorten algemene regels onderscheiden:
a.   algemene regels die de vergunningplicht opheffen,

b.   algemene regels die de vergunningplicht niet opheffen en
c.   instructieregels.

6.8.1   Algemene regels in plaats van de vergunning

In art. 8.1 lid 2 Wm is bepaald dat de vergunningplicht niet geldt voor categorieën inrichtingen die onder een amvb op grond van art. 8.40 Wm vallen. Zo'n amvb bevat algemene regels voor een categorie inrichtingen die nodig zijn ter bescherming van het belang van het milieu. Bij de beslissing tot het vaststellen van een amvb op grond van art. 8.40 Wm moet in ieder geval worden betrokken hetgeen in het tweede lid van art. 8.40 Wm is genoemd. Onder andere moeten de geldende milieukwaliteitseisen en de te verwachten financiële en economische gevolgen van de maatregel bij de beslissing daarover worden betrokken. Op grond van art. 21.6 lid 1 Wm moet bij het vaststellen van deze amvb's ook rekening gehouden worden met het geldende nationale milieubeleidsplan.

Wanneer een amvb op grond van art. 8.40 Wm van kracht is, bestaat voor de oprichting van een inrichting die onder de amvb valt, geen vergunningplicht meer, maar wel een *meldingsplicht*. In de amvb op grond van art. 8.40 Wm wordt de plicht opgelegd de oprichting, het veranderen van de inrichting of van de werking ervan te melden. In de amvb kan worden bepaald bij wie en binnen welke termijn de melding moet plaatsvinden. In de meeste gevallen moet de melding plaatsvinden bij burgemeester en wethouders, tussen de twee en vier weken voorafgaande aan de geplande oprichting of verandering van de inrichting of de werking ervan.
De melding is van groot belang voor de controle op de algemene regels. Indien niet bekend is dat er een inrichting bestaat die moet voldoen aan de algemene regels, wordt de handhaving van die algemene regels bemoeilijkt. Ook zonder dat een melding plaatsvindt, moet echter worden voldaan aan de algemene regels.
In de Wet milieubeheer is niet geregeld hoe het bestuursorgaan moet reageren op de melding. Duidelijk is dat, wanneer ten onrechte is aangenomen dat een inrichting onder de werking van een amvb valt, gewezen moet worden op de vergunningplicht.
In algemene regels kan geen op de individuele inrichting toegesneden regime worden vastgesteld. Om dat enigszins te compenseren, is in art. 8.42 Wm de mogelijkheid geopend dat in een amvb de bevoegdheid kan worden opgenomen om *nadere eisen* te stellen door een aangewezen bestuursorgaan (in de praktijk hetzelfde bestuursorgaan waaraan de melding moet plaatsvinden). In de amvb moet ook geregeld worden voor welke onderwerpen nadere eisen kunnen worden gesteld.

6.8.2   Algemene regels naast de vergunning

In de Wet milieubeheer is ook de mogelijkheid opgenomen dat bij amvb voor bepaalde categorieën inrichtingen, waarvoor wél de vergunningplicht op grond van de Wet milieubeheer geldt, toch algemene regels worden gesteld (art. 8.44 Wm). Deze algemene regels hebben dan betrekking op een bepaald onderdeel van een inrichting.

Het gebruik van deze vorm van het stellen van algemene regels heeft niet de voorkeur van de wetgever. Dat blijkt uit het feit dat deze soort algemene regels alleen gesteld kunnen worden, 'indien dit uit een oogpunt van doelmatige regelgeving bijzonder aangewezen is'. Ook uit de toelichting bij deze regeling blijkt, dat de voorkeur wordt gegeven aan instructieregels (zie § 6.8.3).

Deze algemene regels die naast vergunningen bestaan, hebben weliswaar het voordeel dat met de vergunning 'maatwerk' kan worden verricht, de samenloop van de vergunning en de algemene regels brengt ook problemen mee. Onhandig is dat de regels die op een inrichting van toepassing zijn, in verschillende documenten staan. Ernstiger zijn de problemen wanneer de voorschriften uit de vergunning strijdig zijn met de algemene regels. De amvb is van hogere orde dan de vergunning, dus de vergunninghouder zal zich dan aan de algemene regels moeten houden.

Een voorbeeld van een amvb gebaseerd op art. 8.44 Wm is het Besluit risico's zware ongevallen (Stb. 1999, 234). Het besluit stelt – ter voorkoming van zware ongevallen - voorschriften voor bepaalde inrichtingen waarin gevaarlijke stoffen *krachtens vergunning* aanwezig zijn of ten gevolge van het onbeheersbaar worden van een industrieel chemisch proces in bepaalde hoeveelheden kunnen worden gevormd.

6.8.3   Instructieregels

Instructieregels hebben een heel ander karakter dan de hiervoor genoemde algemene regels. Met instructieregels wordt gedoeld op algemene regels die de verplichting inhouden voor het tot vergunningverlening bevoegde gezag bepaalde beperkingen aan te brengen of voorschriften te verbinden aan de vergunningen. Deze instructieregels kunnen worden gesteld in een amvb (art. 8.45 Wm) of in de provinciale milieuverordening (art. 8.46 Wm). In art. 8.8 lid 3 aanhef en onder b Wm, staat deze verplichting bevestigd: de instructieregels moeten bij de beslissing op de aanvraag om een vergunning in acht worden genomen.

Bij instructieregels is het dus niet de vergunninghouder, maar het tot vergunningverlening bevoegde gezag dat zich aan de algemene regels moet houden. In de instructie-amvb moet worden aangeven in hoeverre het bevoegd gezag van de instructieregels kan afwijken of nadere eisen mag stellen.

Voordeel van instructieregels is dat de vergunninghouder alle op zijn inrichting betrekking hebbende regels kan terugvinden in één document.

6.9 Afval

Het beleid inzake afvalstoffen is gericht op het bevorderen van preventie en hergebruik en het op milieuhygiënisch verantwoorde wijze verwijderen van afvalstoffen. Dat beleid betreft bijvoorbeeld de inzameling van huishoudelijke afvalstoffen bij woningen, het gescheiden inzamelen van groente-, fruit- en tuinafval, van klein chemisch afval, papier en glas, maar ook het voorkomen van het ontstaan van (gevaarlijk) afval in bedrijven, het zich op de juiste wijze ontdoen van bedrijfsafvalstoffen en het reguleren van de bedrijven die gespecialiseerd zijn in het verwerken, verbranden en storten van afvalstoffen.

In de jaren zeventig zijn de eerste wettelijke regelingen inzake afvalstoffen tot stand gekomen. In verband met de grote urgentie van de problemen rond chemische afvalstoffen is eerst een Wet chemische afvalstoffen (1976) en daarna een regeling voor de overige afvalstoffen (Afvalstoffenwet 1977) gemaakt. Deze wetten zijn vervallen toen de regelgeving over afvalstoffen in hoofdstuk 10 van de Wet milieubeheer van kracht is geworden. Behalve in hoofdstuk 10, is ook in de hoofdstukken Begrippen (hoofdstuk 1) en Financiële bepalingen (hoofdstuk 15) van de Wet milieubeheer een aantal bepalingen in verband met afvalstoffen ondergebracht. Die regelingen betreffen de mogelijkheid om statiegeld- en retourpremieregelingen op te stellen en het algemeen verbindend verklaren van afvalbeheersbijdragen (zie hierna § 6.10.7). Het Nederlandse afvalstoffenrecht is sterk beïnvloed door afvalstoffenrichtlijnen van de EG en internationale (afvalstoffen)verdragen (zie § 2.4 en 3.7). Voor de regulering van afvalstoffen is voorts de regeling voor de milieuvergunning in hoofdstuk 8 Wm (§ 6.7) van het grootste belang.

Ook op Europees niveau is veel regelgeving tot stand gebracht. Dat betreft vele richtlijnen, zoals de Kaderrichtlijn afvalstoffen (75/442/EEG), de Richtlijn gevaarlijke afvalstoffen, de Richtlijn afgewerkte olie, de Richtlijn verbranden gevaarlijke afvalstoffen, de Richtlijn verpakkingen, de Richtlijn autowrakken. Daarnaast is in 1994 een Europese verordening Overbrenging van Afvalstoffen (EVOA) vastgesteld.

In 1996 is een onafhankelijke commissie Toekomstie Organisatie Afval- verwijdering (Commissie Epema) ingesteld om advies uit te brengen inzake de gewenste organisatievorm van de verwijderingsstructuur voor afvalstoffen en de bijbehorende wetgeving. Naar aanleiding van het advies van deze commissie is de regeling voor afvalstoffen in hoofdstuk 10 Wm belangrijk gewijzigd. De bevoegdheden inzake de sturing van afvalstoffen is meer gecentraliseerd: verschillende bevoegdheden van de provincie zijn overgedragen aan het Rijk.

In het navolgende worden de belangrijkste begrippen en centrale normen van hoofdstuk 10 Wet milieubeheer kort besproken.

6.9.1   Begrippen

In de afvalstoffenwetgeving spelen een paar begrippen een belangrijke rol. Deze begrippen staan in hoofdstuk 1 van de Wm en zijn afgestemd op de Europese regelgeving. De belangrijkste begrippen zijn: afvalstof, nuttige toepassing, verwijdering en (doelmatig) beheer van afvalstoffen.

Afvalstof
Het is niet gemakkelijk het begrip 'afvalstof' te definiëren, want wat voor de één een afvalstof is, kan voor de ander een nog bruikbare grondstof zijn. In elke concrete situatie moet worden bepaald of er sprake is van een afvalstof. Veel aandacht is de laatste jaren uitgegaan naar de vraag of secundaire grondstoffen wel of niet als afvalstof konden worden aangemerkt.
De definitie van afvalstof in de Wet milieubeheer is als volgt: alle stoffen, preparaten of andere producten die behoren tot de categorieën van afvalstoffen die in bijlage 1 van de Kaderrichtlijn zijn aangewezen en waarvan de houder zich ontdoet, voornemens is zich te ontdoen of zich moet ontdoen.
Uit jurisprudentie van het Hof van Justitie blijkt dat het begrip afvalstof ruim moet worden geïnterpreteerd. Stoffen en voorwerpen die voor economisch hergebruik geschikt zijn, zijn niet van het begrip afvalstof uitgesloten. De economische waarde van een stof is dus niet bepalend voor de vraag of een stof een afvalstof is of niet. Ook stoffen en voorwerpen die op milieuhygiënisch verantwoorde wijze en zonder ingrijpende bewerking nuttig kunnen worden toegepast, kunnen onder het begrip afvalstoffen vallen. Het hof geeft aan dat verschillende aanwijzingen kunnen bestaan om te bepalen of een bepaalde stof een afvalstof is of een grondstof. Die aanwijzingen moeten echter steeds in een concreet geval worden toegepast. (HvJEG 15 juni 2000, zaak C-418/97 en C-419/97, M en R 2000, nr. 84).

> Een voorbeeld kan de problematiek illustreren. In een strafzaak (overtreding van het verbod van storten van afvalstoffen buiten een inrichting) moest het Hof Arnhem de vraag beantwoorden of preiloof een afvalstof was. De verdachte verbouwt prei. Hij haalt met zijn oogstmachine alle prei van het land en brengt dan korte tijd later de delen die hij niet kan gebruiken (het loof) weer terug op hetzelfde perceel land als waar de prei is verbouwd. Na enige tijd wordt het loof ondergewerkt. Het Hof Arnhem meent dat geen sprake is van afvalstof. Van belang lijkt de bemestende functie van het loof, de beperkte hoeveelheid loof die wordt uitgereden (te veel voedingstoffen in de grond kunnen schadelijk zijn) en het feit dat het loof binnen korte termijn op hetzelfde perceel wordt gebracht, als voortzetting van het productieproces (Hof Arnhem 26 februari 2004, M en R 2004, 74). Het Hof 's-Hertogenbosch oordeelde anders in een zaak betreffende tomatenloof: in casu werd dit loof afgegeven aan een loonbedrijf en werd het als meststof aangebracht op gronden van andere agrarische bedrijven (Hof 's-Hertogenbosch, 7 mei 2004, M en R 75).

Nuttige toepassing

Op vele verschillende manieren kunnen afvalstoffen opnieuw nuttig worden gebruikt. In de wet wordt het begrip gedefinieerd in art. 1.1 door te verwijzen naar bijlage IIB van de Kaderrichtlijn afvalstoffen. In die bijlage is een niet-uitputtende opsomming gegeven van diverse handelingen waardoor afvalstoffen weer opnieuw kunnen worden gebruikt. Voorbeelden zijn het terugwinnen van metalen en het regenereren van zuren.

Het verbranden van afvalstoffen kan onder omstandigheden ook als nuttige toepassing worden beschouwd, namelijk als het hoofddoel daarvan is: het opwekken van energie. In de meeste gevallen zal het verbranden van afval als verwijderen van afval moeten worden beschouwd.

Verwijdering

Ook voor de definitie van het begrip verwijderen verwijst art. 1.1 Wm naar de Kaderrichtlijn afvalstoffen, bijlage IIA. Hierin is een niet-uitputtende opsomming van verwijderingshandelingen gegeven. De belangrijkste zijn: storten en verbranden van afvalstoffen.

Doelmatig beheer

Met het begrip 'beheer' van afvalstoffen wordt gedoeld op de handelingen in de gehele keten van afvalstoffen: inzameling, vervoer, nuttige toepassing en verwijdering. Het begrip 'doelmatig beheer' speelt een grote rol bij de uitvoering van de afvalstoffenwetgeving en bij de verlening van vergunningen voor afvalstoffeninrichtingen.

De definitie van het begrip 'doelmatig beheer' in art. 1.1 Wm is als volgt: zodanig beheer dat daarbij rekening wordt gehouden met het geldende afvalbeheersplan, dan wel de voor de vaststelling van dat plan geldende bepalingen, dan wel de voorkeursvolgorde in art. 10.4 Wm (zie hierna) en de criteria voor doelmatig beheer genoemd in art. 10.5 Wm.

In artikel 10.5 lid 1 Wm is bepaald dat het belang van een doelmatig beheer van afvalstoffen vereist dat:
- het beheer van afvalstoffen op effectieve en efficiënte wijze geschiedt;
- een effectief toezicht op het beheer van afvalstoffen nodig is.

6.9.2 Algemene bepalingen inzake afvalstoffen

Zorgplicht

In art. 10.1 lid 1 Wm is een zorgplicht opgenomen voor een ieder die handelingen met afvalstoffen verricht. Als iemand die zulke handelingen verricht weet of redelijkerwijs behoort te weten dat daardoor nadelige gevolgen voor het milieu (kunnen) ontstaan, moet diegene alle maatregelen nemen of nalaten die redelijkerwijs van hem kunnen worden gevergd om die nadelige gevolgen te

201

voorkomen of te beperken. Deze bepaling biedt de mogelijkheid om indien geen specifieke bepaling inzake afvalstoffen is overtreden, toch handhavend op te treden.

In het tweede en derde lid van art. 10.1 Wm zijn zorgplichten opgenomen voor degenen bij wie afvalstoffen ontstaan en degenen die bedrijfsmatig handelingen met afvalstoffen verrichten. Voor deze laatste zorgplicht geldt dat deze niet van toepassing zijn indien de handelingen uitdrukkelijk zijn toegestaan bij of krachtens wet, bijvoorbeeld omdat daarvoor een vergunning is verleend.

Voorkeursvolgorde
In art. 10.4 is een voorkeursvolgorde aangegeven inzake het beheer van afvalstoffen. Die volgorde (voorheen de verwijderingsladder genoemd) geeft houvast bij het beleid en de besluitvorming inzake het beheer van afvalstoffen: de sterkste voorkeur gaat aan naar de eerste vorm van beheer, de minst sterke voorkeur naar de laatste vorm. Deze volgorde speelt een grote rol bij het opstellen van het Landelijk afvalbeheersplan. De volgorde is als volgt:
- preventie van het ontstaan van afvalstoffen;
- producthergebruik;
- materiaalhergebruik;
- verbranden met terugwinning van energie;
- verbranden zonder energieterugwinning;
- storten.

Algemeen stort- en verbrandingsverbod
In art. 10.2 Wm is het verbod opgenomen zich van afvalstoffen te ontdoen door ze *buiten* een inrichting te storten, op of in de bodem te brengen of te verbranden. Van dit verbod kan een vrijstelling worden verleend, voor zover het belang van het milieu zich daartegen niet verzet, wanneer er sprake is van een categorie afvalstof die bij amvb is aangewezen. De amvb, waarin deze stoffen zijn aangewezen, heet het Besluit vrijstelling stortverbod buiten inrichtingen. In art. 10.63 lid 3 Wm is bepaald dat gedeputeerde staten in bijzondere gevallen een ontheffing kunnen verlenen van dit stortverbod, voorzover het gaat om bedrijfsafvalstoffen en ingezamelde of afgegeven huishoudelijke afvalstoffen.

Van het verbrandingsverbod in art. 10.2 kan door burgemeester en wethouders in uitzonderlijke gevallen (bijvoorbeeld paas- en kerstvuren) ontheffing worden verleend op grond van art. 10.63 lid 2 Wm. Deze ontheffing mag geen betrekking hebben op gevaarlijk afvalstoffen.

Het storten van afvalstoffen *binnen* inrichtingen (in stortplaatsen) moet zoveel mogelijk voorkomen worden. In de amvb houdende stortverbod binnen inrichtingen voor aangewezen categorieën van afvalstoffen (Besluit stortplaatsen en stortverboden afvalstoffen) zijn afvalstoffen opgesomd, zoals accu's, batterijen, oliefilters, verpakkingen van chemicaliën enz. die niet binnen inrichtingen op of in de bodem mogen worden gebracht. Deze afvalstromen moeten worden hergebruikt of verbrand.

6.9.3   Landelijk afvalbeheersplan

Het beleid inzake afvalstoffen wordt neergelegd in een Landelijk afvalbeheersplan (LAP). Het LAP wordt opgesteld door de minister van VROM, maar heeft ook betrekking op bevoegdheden van andere bestuursorganen inzake afvalstoffen. Op basis van art. 10.14 Wm moet ieder bestuursorgaan rekening houden met het LAP bij het uitoefenen van bevoegdheden met betrekking tot afvalstoffen. Het LAP wordt tenminste eenmaal in de vier jaar vastgesteld. Het eerste LAP is per 2002 vastgesteld voor de periode tot 2006, maar kijkt vooruit tot 2012. Het LAP is per april 2004 gewijzigd.

Het LAP bestaat uit drie onderdelen: een beleidskader, sectorplannen en capaciteitsplannen. In het beleidskader worden de uitgangspunten en doelstellingen van het afvalstoffenbeleid neergelegd. Hierbij wordt rekening gehouden met het Nationaal milieubeleidsplan (art. 10.6 Wm). In dit beleidskader worden keuzes gemaakt inzake het beheer van afvalstoffen, bijvoorbeeld inzake het wel of niet uitbreiden van de verbrandingscapaciteit. Daarbij wordt aangegeven op welke wijze men invulling geeft aan de voorkeursvolgorde van art. 10.4 Wm en het begrip 'doelmatig beheer' van art. 10.5 Wm.
In de sectorplannen wordt per afvalstroom of per verwijderingswijze concreet aangegeven hoe het beleidskader wordt vertaald naar maatregelen. Dat is afhankelijk van de aard en samenstelling van afvalstoffen, maar ook van de mogelijkheden tot verwerking van de afvalstoffen. In de capaciteitsplannen wordt de noodzakelijke capaciteit voor het storten en verbranden van afvalstoffen worden aangegeven.

6.9.4   Preventie en hergebruik

Het voorkomen van het ontstaan van afvalstoffen is een belangrijk instrument om de gevolgen voor het milieu van de verwerking van afvalstoffen te beperken en de kosten van op een milieuverantwoorde manier verwerken van afvalstoffen terug te dringen. In de art. 10.15 tot en met 10.20 Wm zijn bepalingen opgenomen om de preventie en nuttige toepassing van afvalstoffen te reguleren. Deze bepalingen bevatten bevoegdheden op rijksniveau: 'bij algemene maatregel van bestuur kunnen ter voorkoming van het ontstaan van afvalstoffen regels worden gesteld [...]'
Van deze bevoegdheden is tot nu toe weinig gebruik gemaakt. In de praktijk wordt preventie van afvalstoffen vooral gestimuleerd via vergunningen voor inrichtingen en in algemene regels op grond van art. 8.40 Wm, via financiële prikkels en door het geven van voorlichting. Wel zijn enkele amvb's tot stand

gekomen op grond van art. 10.17 Wm om producenten en importeurs van producten te dwingen deze producten in de afvalfase weer in te nemen en te verwerken. Voor het opzetten van een afvalbeheersstructuur is een financiering nodig van alle deelnemers, de zogenaamde afvalbeheersbijdrage. Teneinde te verzekeren dat iedereen daadwerkelijk meebetaalt, is een wettelijke regeling tot stand gebracht voor het algemeen verbindend verklaren van een overeenkomst inzake afvalbeheersbijdragen (zie § 6.10.7)

> Voorbeelden van dergelijke amvb's zijn het Besluit beheer batterijen (Stb. 1995, 45), het Besluit beheer autobanden (Stb. 2003, 564) en het Besluit beheer elektrisch en elektronische apparatuur (Stb. 2004, 340).

6.9.5   Beheer van verschillende soorten afvalstoffen

Huishoudelijke afvalstoffen
Huishoudelijke afvalstoffen zijn afvalstoffen die afkomstig zijn uit de particuliere huishoudens, behalve als het gaat om gevaarlijke afvalstoffen. Klein chemisch afval (kca) wordt echter pas beschouwd als gevaarlijk afval na afgifte door het huishouden aan bijvoorbeeld een kca-depot. Het huishoudelijk afval kan worden ingedeeld in categorieën, zoals grof huishoudelijk afval, klein gevaarlijk afval (kca, bijvoorbeeld batterijen en medicijnen), groente-, fruit- en tuinafval (gft), restafval. Voor de aparte inzameling van papier en glas kan apart beleid worden gevoerd

De gemeenten zijn verantwoordelijk voor de inzameling en verder beheer van huishoudelijke afvalstoffen. Een gemeente kan besluiten om hiertoe zelf of gezamenlijk met andere gemeenten een inzameldienst op te zetten of dit uit te besteden aan een particuliere inzamelaar. Ook in dat laatste geval blijft echter de gemeente hiervoor verantwoordelijk.
De art. 10.21 – 10.29 Wm geven aan welke regels gelden voor het zich ontdoen van huishoudelijke afvalstoffen door afgifte en inzameling. De gemeenten zijn in beginsel verplicht het restafval en de gft wekelijks in te zamelen bij elk perceel (art. 10.21 Wm). Ook het grof huishoudelijk afval moet in beginsel bij elk perceel worden opgehaald. Bovendien moeten de gemeenten voor het grof huishoudelijk afval een plaats aanwijzen waar dit kan worden afgelaten (art. 10.22 lid 1 en 2). Bij amvb kan een uitzondering worden gemaakt voor aangewezen categorieën grof huishoudelijk afval, vanwege omvang of gewicht daarvan. Van deze mogelijkheid is gebruik gemaakt voor autowrakken.
Gemeenten kunnen in een verordening nuanceringen aanbrengen op deze wettelijke uitgangspunten voor inzameling ten aanzien van de volgende elementen (zie art. 10.26):
-   Nabij elk perceel: een gemeente kan in het belang van een doelmatig beheer van afvalstoffen bepalen dat huishoudelijke afvalstoffen worden ingezameld in verzamelcontainers;

- Inzamelfrequentie: een gemeente kan bepalen dat het restafval en gft niet wekelijks, maar om de week wordt opgehaald;
- Geen inzameling: een gemeente kan bepalen dat in een deel van de gemeente geen huishoudelijke afvalstoffen worden opgehaald. Dit kan in uitzonderlijke gevallen voor verafgelegen woningen uit een oogpunt van doelmatige inzameling nodig zijn.

Afvalwater
De gemeenten zijn verplicht om te zorgen voor een doelmatige inzameling en transport van hun afvalwater (art. 10.33 Wm). Hiermee doelt de wetgever op de aanleg en het beheer van rioleringen. De gemeente moet zorgdragen voor een aansluiting op de riolering van alle projecten waar afvalwater vrijkomt. Het doel van de bepalingen is verontreiniging van bodem- en grondwater te voorkomen. In een gemeentelijk rioleringsplan, geregeld in de art. 4.22 – 4.23 Wm (zie § 6.4), geven de gemeenten onder meer aan welke voorzieningen ze daartoe treffen.
De bepalingen in hoofdstuk 10 van de Wet milieubeheer over afvalwater hebben betrekking op lozingen van afvalwater op de riolering die niet vanuit een inrichting plaats vinden. Voor de lozingen op de riolering vanuit inrichtingen kunnen voorschriften worden gesteld in een vergunning op grond van art. 8.1 Wm of een amvb op grond van art. 8.40 Wm.
Het is verboden afvalwater op de riolering te lozen, met uitzondering van de lozing van afvloeiend hemelwater en huishoudelijk afvalwater, of bedrijfsafvalwater dat naar zijn aard overeenkomt met huishoudelijk afvalwater (art. 10.30 Wm). Bovendien kunnen burgemeester en wethouders op grond van artikel 10.63 lid 1 Wm een ontheffing geven van dit verbod. Bij amvb op grond van art. 10.32 Wm kunnen regels worden gesteld over de lozingen van afvalwater anders dan vanuit een inrichting. Deze amvb heet het Besluit lozingsvoorschriften niet-inrichtingen milieubeheer (Stb. 1996, 46).

Bedrijfsafvalstoffen en gevaarlijke afvalstoffen
Bedrijfsafvalstoffen zijn afvalstoffen, niet zijnde huishoudelijke afvalstoffen of gevaarlijke afvalstoffen.

> Voorbeelden van bedrijfsafvalstoffen zijn baggerspecie, zuiveringsslib, kantoorafval, verbrandingsresten van afvalverbrandingsinrichtingen, plantsoenafval en verontreinigde grond.

Gevaarlijke afvalstoffen zijn stoffen die als zodanig zijn aangewezen in de ministeriële Regeling Europese Afvalstoffenlijst (Stcrt. 2002, 62). Gevaarlijke afvalstoffen zijn de stoffen die meteen asteriks (*) zijn aangeduid in een Europese lijst van afvalstoffen (Eural-lijst).

> Voorbeelden daarvan zijn kwikhoudend slib afkomstig van aardgaszuivering en -transport, restant ontwikkelaar bij de toepassing of productie van foto-chemicaliën en

bouw- en sloopafval dat PCB's bevat (bijvoorbeeld PCB-houdende kit en vloerbedekkingen waarin PCB-houdende hars is verwerkt).

De regeling voor het beheer van bedrijfsafvalstoffen en gevaarlijke stoffen is samengevoegd gereguleerd in de artikelen 10.36 tot en met 10.55 Wm. In de eerste plaats is geregeld dat het verboden is zich te ontdoen van gevaarlijke afvalstoffen door ze aan een willekeurige ander af te geven. Deze afgifte mag alleen aan bepaalde personen plaatsvinden, bijvoorbeeld de personen die bevoegd zijn de stoffen in te zamelen of te verwijderen (art. 10.37 Wm). Het betrokken bedrijf zal dus met een van deze personen een privaatrechtelijk contract moeten sluiten. De persoon aan wie de afvalstoffen zijn afgegeven moet daarvan melding doen aan een door de minister aangewezen instantie (art. 10.40 Wm). In die melding moet onder meer worden aangegeven: de datum van afgifte, naam en adres van degene van wie de stoffen afkomstig zijn, de benaming en hoeveelheid afvalstoffen en de wijze waarop de afvalstoffen nuttig worden toegepast of worden verwijderd.
Bij de afgifte van de afvalstoffen moet een omschrijvingsformulier van de aard, eigenschappen en samenstelling van de afvalstoffen worden gevoegd en moet een begeleidingsbrief aan de ontvanger en eventueel aan de vervoerder worden verstrekt (art. 10.39 Wm). Op bedrijfsniveau moeten bovendien gegevens worden geregistreerd en vijf jaar bewaard inzake de afgifte en de aard en hoeveelheid van de afgegeven afvalstoffen (art. 10.38 Wm). De vervoerder van bedrijfsafvalstoffen of gevaarlijke afvalstoffen is steeds verplicht een begeleidingsbrief bij de afvalstoffen aanwezig te hebben (art. 10.44 Wm).
In het Besluit melden bedrijfsafvalstoffen en gevaarlijke afvalstoffen (Stb. 2004, 522) zijn nader bepalingen opgenomen inzake de registratie van de afvalstoffen door de degene die zich van de afvalstoffen ontdoet (10.38 Wm), de verstrekking van de gegevens inzake de aard, eigenschappen en samenstelling van de afvalstoffen (10.39 lid 1 onder a Wm), de begeleidingsbrief (10.39 lid 1 onder b Wm) en de melding op grond van art. 10.40 Wm.

Het inzamelen van bedrijfs- en gevaarlijke afvalstoffen is toegestaan wanneer men staat vermeld op een landelijke lijst van inzamelbedrijven (art. 10.45 lid 1 onder a Wm) of in het bezit is van een door de minister verleende inzamelvergunning (art. 10.45 lid 1 onder a jo. art. 10.48 Wm). Voor een vermelding op de lijst van inzamelaars moet aan criteria worden voldaan inzake vakbekwaamheid, kredietwaardigheid en goed gedrag, neergelegd in een ministeriële regeling. Een vermelding op de lijst is ook vereist voor transporteurs van bedrijfsafvalstoffen en gevaarlijke afvalstoffen (art. 10.55 Wm).
Een inzamelvergunning is vereist voor bepaalde, bij amvb aangewezen afvalstoffen. Dit betreft afgewerkte olie, gevaarlijke afvalstoffen die in kleine hoeveelheden bij bedrijven vrijkomen en scheepsafvalstoffen (Besluit inzamelen afvalstoffen, Stb. 2004, 127).

6.9.6   Overbrenging van afvalstoffen binnen, naar en uit de Europese Gemeenschap

Voor de overbrenging van afvalstoffen is een EG-verordening overbrenging van afvalstoffen (259/93) van kracht (EVOA). Deze verordening bevat een complexe procedure voor de overbrenging van afvalstoffen. In de verordening wordt onderscheid gemaakt tussen de overbrenging van afvalstoffen tussen de EG-lidstaten en de in- en uitvoer van en naar landen buiten de gemeenschap. Binnen de laatste categorie wordt weer onderscheid gemaakt tussen landen die wel en niet partij zijn bij het Verdrag van Basel en de 'OESO-landen'. De regeling verschilt ook naar gelang de afvalstoffen voor verwijdering of nuttige toepassing zijn bedoeld. De verordening kent kennisgevingsplichten, verboden en vergunning-plichten. Voor de kennisgevingsprocedure wordt onderscheid gemaakt naar de bijlage waarop de betreffende afvalstof is opgenomen. In de drie bijlagen zijn afvalstoffen ingedeeld in een groene lijst (minst gevaarlijke afvalstoffen), een oranje en een rode lijst (de gevaarlijkste afvalstoffen).

De verordening bevat voorts zogenaamde 'dwangmaatregelen'. Wanneer de overbrenging niet op de voorgeschreven wijze heeft plaatsgevonden, kan terug-zending van de afvalstoffen plaatsvinden. Voor elke overbrenging wordt een waarborgsom of gelijkwaardige verzekering ter dekking van de kosten van vervoer, verwijdering of nuttige toepassing geëist.

Nadere regels ter uitwerking van de verordening zijn op grond van art. 10.56 Wm gemaakt door de minister van VROM in de Regeling EVOA.

6.10   Financiële instrumenten

6.10.1   Inleiding

De instrumenten die hiervoor aan de orde zijn gekomen, zoals de plannen en vergunningen, kunnen gerekend worden tot de directe regulering. Daarnaast kan ook financiële of indirecte regulering worden onderscheiden (zie § 1.5). Bij gebruik van financiële instrumenten worden geen handelingen verboden of onder bepaalde voorwaarden toegestaan, maar worden handelingen door het geven van financiële prikkels in een gewenste richting gestuurd. Gedacht kan worden aan subsidies waarmee het gebruik van bepaalde producten wordt gestimuleerd, of heffingen op producten waardoor het gebruik van die producten wordt afgeremd. Financiële instrumenten kunnen naast of in plaats van directe instrumenten worden ingezet.

De vervuiler betaalt
Bij het gebruik van financiële instrumenten wordt als uitgangspunt het beginsel 'de vervuiler betaalt' gehanteerd. Dit beginsel houdt in dat de kosten van maatregelen ter bescherming van het milieu in de eerste plaats ten laste dienen te komen van degene die de aantasting heeft veroorzaakt en niet ten laste van de algemene middelen (§ 1.4.3).

Positieve en negatieve financiële prikkels
Financiële instrumenten kunnen worden verdeeld in positieve en negatieve instrumenten. Met een negatief financieel instrument wordt milieuonvriendelijk handelen duurder gemaakt, met een positief financieel instrument wordt milieuvriendelijk handelen goedkoper gemaakt. Milieuonvriendelijk gedrag kan bijvoorbeeld worden belast door heffingen op bepaalde grondstoffen of op bepaalde emissies, zoals verontreinigd afvalwater. Milieuvriendelijk gedrag kan worden gestimuleerd door subsidies voor milieuvriendelijke productieprocessen en vermindering van belasting op milieuvriendelijke producten. Statiegeld heeft een positief (de retourbetaling) en een negatief element (de heffing).

Regulerende instrumenten en bekostigingsinstrumenten
Niet alle financiële instrumenten hebben als doel (positieve of negatieve) prikkels te geven. Sommige financiële instrumenten in het milieurecht hebben slechts de opbrengst van geld tot doel. Er moet onderscheid worden gemaakt tussen de regulerende financiële instrumenten en de bekostigingsinstrumenten. De opbrengst van de inzet van bekostigingsinstrumenten kan vervolgens wél weer gebruikt worden in het belang van het milieu.

Ecologisering van het belastingstelsel
Een belangrijk idee ter realisering van milieubeleid is het idee van de ecologisering van het belastingstelsel. Daarmee wordt gedoeld op een verschuiving van de belastingdruk van factoren als arbeid en kapitaal naar milieufactoren, zoals het gebruik van grondstoffen. Een dergelijke verschuiving zou tot resultaat kunnen hebben dat milieuonvriendelijk gedrag wordt ontmoedigd. Ook wordt gedoeld op het wijzigen van bestaande belastingen. Het belangrijkste voorbeeld hiervan vormt de heffing op het gebruik van energie.

Europese beperkingen
Het Europees recht kan een belemmering vormen voor het voeren van nationaal milieubeleid door middel van financiële instrumenten (§ 3.6). Financiële instrumenten kunnen immers een negatieve invloed uitoefenen op de interne markt. Gedacht kan worden aan strijd met het verbod van douanerechten en heffingen van gelijke werking, het verbod van discriminerende belastingheffing en het verbod van steunmaatregelen.

6.10.2 Milieuheffingen

Milieuheffingen zijn in bijna alle gevallen belastingen. Of een milieuheffing een belasting is of niet, is van belang. Een belasting van het Rijk moet op grond van art. 104 van de Grondwet immers 'uit kracht van wet geheven worden'. Dit betekent dat in de wet geregeld moet zijn:

–   waarop de belasting wordt geheven en
–   welk tarief voor de belasting geldt.

Er kunnen drie soorten milieuheffingen worden onderscheiden:
a. regulerende heffingen;
b. bestemmingsheffingen;
c. retributies.

Bij een regulerende heffing is het doel de beïnvloeding van activiteiten of het gebruik van bepaalde goederen. De opbrengst van de regulerende heffing is niet het belangrijkste doel, maar voor zover deze heffingen een opbrengst hebben, is toch sprake van een belasting en vallen deze heffingen onder de bepaling in art. 104 Grondwet.
Bij een bestemmingsheffing staat de opbrengst centraal. Die opbrengst wordt gebruikt voor van tevoren vastgestelde (milieu)doelen. Er bestaat een verband tussen de heffing en de uitgave die bekostigd wordt uit de heffing. Het is echter niet zo dat de maatregelen die de overheid bekostigt uit de heffing, als een directe contraprestatie voor de heffing kunnen worden opgevat.
Retributies zijn geen belastingen. Bij retributies verricht de overheid een individuele dienst waarvoor de retributie de tegenprestatie is.

De onderstaande milieuheffingen vinden hun grondslag in de Wet milieubeheer:

Gemeentelijke afvalstoffenheffing en reinigingsrechten
Op grond van art. 15.33 Wm kan elke gemeente een heffing instellen, ter bestrijding van de kosten verbonden aan het beheer van huishoudelijke afvalstoffen. De heffing is verschuldigd door degenen die feitelijk gebruik maken van een perceel, waarvoor de gemeente de verplichting heeft de huishoudelijke afvalstoffen op te halen. De reinigingsrechten zijn gebaseerd op art. 277 Gemeentewet en hebben het karakter van een retributie. Alleen wanneer feitelijk gebruik wordt gemaakt van de diensten van de gemeentelijke reinigingsdienst mag het recht worden opgelegd. Gemeenten mogen niet tegelijkertijd een afvalstoffenheffing en een reinigingsrecht opleggen.

Provinciale grondwaterheffing
Op grond van art. 15.34 Wm kunnen de provincies een heffing opleggen voor het onttrekken van grondwater. De opbrengsten van deze heffing moeten worden gebruikt voor de vergoeding van schade als gevolg van besluiten inzake grondwateronttrekkingen. Deze heffing is dus een bestemmingsheffing.

Daarnaast zijn milieuheffingen gebaseerd op bijzondere milieuwetten, zoals de Wet verontreiniging oppervlaktewateren (art. 18 Wvo) en de Meststoffenwet (art. 14). De grondslag voor de heffing op grond van de Wet verontreiniging oppervlaktewateren is de hoeveelheid of de hoedanigheid dan wel beide van de

209

stoffen die in een jaar worden geloosd (art. 19 lid 1 Wvo). Omdat het niet mogelijk is van alle huishoudens en kleine bedrijven de kwantiteit en kwaliteit van het afvalwater te meten, wordt voor hen een forfaitaire grondslag voor de heffing gebruikt: het inwonersequivalent van maximaal 3 vervuilingseenheden. De heffing op basis van de Meststoffenwet wordt geheven van landbouwers die dierlijke mest produceren, waarbij de hoogte afhankelijk is van de hoeveelheid fosfaat en stikstof die geproduceerd wordt.

Voorts zijn milieuheffingen gebaseerd op de Wet belastingen op milieugrondslag. In deze Wet zijn belastingen opgenomen voor brandstoffen, grondwater leidingwater en afvalstoffen. Daarnaast bevat de Wet belastingen op milieugrondslag ook een regulerende energiebelasting.

6.10.3 Subsidies

Een regeling voor subsidies is opgenomen in titel 15.3 van de Wet milieubeheer. Daarnaast zijn de regels van titel 4.2 van de Algemene wet bestuursrecht van toepassing. In die titel zijn algemene bepalingen over het verlenen van subsidies opgenomen die van toepassing zijn op de milieusubsidies op grond van titel 15.3 Wm.

Op grond van art. 15.13 Wm kan de minister van VROM subsidies verstrekken voor activiteiten op het gebied van het milieubeheer die bij amvb of ministeriële regeling zijn aangewezen. In het Besluit milieusubsidies zijn algemene bepalingen opgenomen voor subsidies. Dit besluit is van toepassing op alle bij ministeriële regelingen te verlenen milieusubsidies. Op het terrein van het milieubeheer is het Besluit milieusubsidies alleen niet van toepassing op subsidies voor bodemsanering. Inhoudelijk is invulling gegeven aan art. 15.13 Wm door vele ministeriële regelingen.

6.10.4 Schadevergoedingen

In de art. 15.20 – 15.23 Wm is een regeling opgenomen voor de vergoeding van schade als gevolg van bepaalde milieubesluiten of als gevolg van het van toepassing worden van bepaalde amvb's, een ministeriële regeling of een verordening. Het gaat bijvoorbeeld om de besluiten tot intrekking of wijziging van de vergunning op grond van de art. 8.22 lid 2, 8.23 lid 1 of 8.25 lid 1 Wm.

Degene tot wie zo'n besluit is gericht, kan de geleden schade vergoed krijgen die door het besluit is veroorzaakt, voorzover die schade redelijkerwijs niet of niet geheel te zijnen laste behoort te blijven. Een recht op schadevergoeding bestaat echter alleen, voorzover op een andere wijze niet is of kan worden voorzien in een redelijke vergoeding. De omvang van de vergoeding wordt naar billijkheid bepaald. Er bestaat dus geen plicht tot het vergoeden van de volledige schade.

De kosten van de toekenning van schadevergoeding komen ten laste van het bevoegde gezag (het gezag dat het besluit nam dat de schade veroorzaakte), tenzij de vergoeding met instemming van de Minister heeft plaatsgehad (art. 15.22 Wm). Begrijpelijk is dat het beleid van de Minister met betrekking tot het al dan niet verlenen en de hoogte van de schadevergoedingen bepalend is voor de toekenning. Dat beleid voor de toekenning van schadevergoeding is neergelegd in een circulaire: de Circulaire schadevergoedingen 1997. Deze circulaire bevat een terughoudend beleid ten aanzien van de toekenning van schadevergoedingen.

6.10.5 Fonds luchtverontreiniging

Op grond van de art. 15.24 – 15.28 Wm kan schadevergoeding worden uitgekeerd, niet ter compensatie van nadeel als gevolg van de uitvoering van milieubeleid, maar voor schade als gevolg van milieuvervuiling zelf. Het gaat om schade als gevolg van plotseling optredende luchtverontreiniging. Voor het begrip luchtverontreiniging wordt in art. 15.25 lid 2 Wm verwezen naar de Wet inzake de luchtverontreiniging. Door alleen schade als gevolg van plotseling optredende luchtverontreiniging te vergoeden (het 'evenementsvereiste'), wordt schade als gevolg van zure regen van vergoeding uitgesloten.
Deze schadevergoeding wordt toegekend uit een Fonds luchtverontreiniging. Dit fonds is een rechtspersoon en wordt beheerd door de minister van VROM.
De gedupeerde als gevolg van luchtverontreiniging kan schadevergoeding worden toegekend welke redelijkerwijs niet of niet geheel te zijnen laste behoort te blijven (art. 15.25 lid 1 Wm). De vergoeding wordt naar billijkheid bepaald (art. 15.26 lid 1 Wm).

De uitkering uit het fonds heeft een aanvullend karakter. Het is expliciet de bedoeling dat slechts de schade die niet op andere wijze vergoed kan worden, bijvoorbeeld door een privaatrechtelijke vordering, uit het fonds wordt vergoed (art. 15.26 lid 2 Wm). Schade die minder dan vijfhonderd gulden bedraagt, kan niet vergoed worden.

In de praktijk worden de meeste verzoeken om een uitkering uit het Fonds luchtverontreiniging gedaan door de agrarische sector. Meestal gaat hem om schade aan de gewassen. Daarnaast worden uitkeringen gedaan ter vergoeding van autolakschade. Het fonds is daarom nauwelijks als een milieuschadefonds te karakteriseren.

> In het kader van het project herijking van de VROM-regelgeving bestaat het voornemen om de regeling voor het Fonds luchtverontreiniging in te trekken (Kamerstukken II, 2003/04 29 200 XI, nr. 7, p. 31-32).

6.10.6 Statiegeld en retourpremies

Statiegeld en retourpremies zijn vergoedingen voor het innemen van bepaalde verpakkingen of producten. Art. 15.32 Wm geeft de mogelijkheid om bij amvb, in

211

het belang van de bescherming van het milieu, een verplichting te geven tot het in rekening brengen van statiegeld en tot het na gebruik innemen tegen terugbetaling van het statiegeld voor verpakkingen en voor bepaalde stoffen, preparaten of andere producten. Ook kan in een amvb voor verpakkingen en stoffen, preparaten en andere producten de verplichting worden opgelegd de verpakkingen, of de stoffen, preparaten of andere producten in te nemen tegen een retourpremie.

Van de mogelijkheid om bij amvb een statiegeld- of retourpremiesysteem op te leggen is nooit gebruik gemaakt. De bestaande statiegeldsystemen zijn gebaseerd op vrijwillige afspraken daarover.

6.10.7 Afvalbeheersbijdragen

Om te komen tot meer preventie en hergebruik van afvalstoffen (autowrakken, autobanden, koelkasten, batterijen) worden door producenten gezamenlijk afvalbeheersstructuren opgezet en beheerd (zie § 6.9.4). Onderdeel van die structuur is het storten van een afvalbeheersbijdrage per eenheid stof, preparaat of product dat op de Nederlandse markt wordt gebracht in een gezamenlijk beheerd fonds ter financiering van de verwijdering. De bereidheid om een beheersstructuur op te zetten en in stand te houden voor deze producten is in belangrijke mate afhankelijk van de zekerheid dat een ieder die een dergelijke stof, preparaat of product op de Nederlandse markt brengt deze financiële bijdrage levert.

Daartoe is in titel 15.10 van de Wet milieubeheer een regeling opgenomen inzake het algemeen verbindend verklaren van een tussen bedrijven afgesproken regeling voor een financiële bijdrage voor het beheer van producten. Door een algemeen verbindend verklaring van een overeenkomst inzake een afvalbeheersbijdrage wordt bewerkstelligd dat een ieder die een bepaalde stof, preparaat of een ander product op de markt wil brengen, verplicht is een afvalbeheersbijdrage af te dragen. Deze afvalbeheersbijdrage heeft tot doel de financiering van de voor deze stoffen, preparaten of producten opgezette beheersstructuur. De regeling in de Wet milieubeheer heeft dus een ondersteunend karakter.

Voor auto's , land- en tuinbouwfolies, kunststofgevelelementen en oud papier en karton zijn overeenkomsten inzake verwijderingsbijdragen algemeen verbindend verklaard.

6.11   Emissiehandel

6.11.1 Inleiding

Een nieuw instrument van milieubeleid is neergelegd in hoofdstuk 16 van de Wet milieubeheer. De handel in broeikasgasemissierechten is een instrument waarbij niet per handeling of inrichting wordt bepaald aan welke eisen moet worden voldaan om verontreiniging van het milieu zoveel mogelijk te beperken of te voorkomen, maar waarbij een systeem wordt opgezet dat milieuvervuilers aanzet tot het verminderen van emissies op een kostenefficiënte wijze.

Door emissiehandel worden milieuproblemen op een bovenlokale, inrichting-overschrijdende wijze aangepakt. Niet de emissie van een individuele inrichting wordt gereguleerd, maar die van alle onder de regeling voor emissiehandel vallen inrichtingen samen. Als gevolg daarvan is emissiehandel niet een geschikt instrument voor emissie met lokale gevolgen. Daarvoor kan beter gekozen worden voor een aanpak per inrichting of per bedrijfventerrein. Emissiehandel is een instrument dat bij uitstek geschikt is voor de emissie van stoffen met mondiale gevolgen.

Emissiehandel kan op verschillende manieren worden ingericht. In hoofdlijnen kunnen twee systemen worden onderscheiden: het prestatiegerichte handels-systeem en het 'cap and trade systeem'.

> Bij het prestatiegerichte systeem wordt vastgelegd hoeveel emissie veroorzaakt mag worden per eenheid productie of per eenheid gebruikte energie. Dit is een relatieve norm of prestatienorm. Indien het lukt om minder emissie te veroorzaken per eenheid product of per eenheid gebruikte energie (men werkt emissie-efficiënter) dan verdient men emissierechten die men kan verkopen. Wordt meer geëmitteerd dan volgens de norm zou mogen, dan moet men emissierechten bijkopen. In een dergelijk systeem bestaat een prikkel om de emissie per eenheid product of eenheid gebruikte energie terug te brengen, maar doordat de norm niet absoluut is maar relatief, is er geen totaal maximum aan emissies (een emissie-plafond) verzekerd. Bij grotere productie of meer inzet van energie is het immers, ook volgens de prestatienorm (dus zonder de noodzaak emissierechten te kopen), toegestaan meer te emitteren. Wel kan door het periodiek bijstellen van de prestatienorm getracht worden te voorkomen dat het emissieplafond stijgt.

> Bij het cap and trade-systeem wordt tevoren een absoluut maximum aan emissies voor een bepaalde periode vastgesteld. Deze totale hoeveelheid emissierechten wordt vervolgens verdeeld over de marktdeelnemers. Deze verdeling kan plaatsvinden via een veiling of door gratis toekenning (grandfathering). Bij grandfathering wordt voor de verdeling gekeken naar de emissies zoals die werden veroorzaakt op het moment van inwerkingtreding van de emissiehandel. De markt kan volgens dit systeem alleen werken indien alle bestaande emissies 'gedekt' worden door emissierechten. Handel kan vervolgens ontstaan indien bedrijven minder gaan emitteren dan zij rechten hebben, bijvoorbeeld doordat zij emissiebeperkende maatregelen nemen of de productie beperken. Indien zij emissierechten verkopen aan andere marktdeelnemers, kunnen deze meer emitteren.

In Nederland is in 1997 begonnen met het ontwikkelen van een systeem van emissiehandel voor stikstofoxiden (NOx). In het voorjaar van 2003 is een voorontwerp verschenen van een regeling voor een emissiehandelssysteem voor NOx in hoofdstuk 16 van de Wet milieubeheer. Dit handelssysteem ging uit van het prestatiegerichte systeem. De Nederlandse ontwikkelingen zijn echter ingehaald door het snel tot stand komen van een Europese richtlijn voor emissiehandel in broeikasgassen (2003/87/EG, PbEG 2003, L 275/32). Deze richtlijn betreft alleen de handel in CO_2.

> De Europese richtlijn voor de handel in broeikasgassen heeft mede tot doel om te kunnen voldoen aan de verplichtingen die voortvloeien uit het Raamverdrag van de Verenigde Naties inzake klimaatverandering en de gezamenlijke nakoming van de daaruit voortvloeiende verplichtingen, in het bijzonder van het daarbij behorende Kyoto-protocol. Het op basis van de EG-richtlijn totale aantal toe te wijzen emissierechten is gekoppeld aan het plafond van het Kyoto-protocol.

In reactie op deze EG-richtlijn is het voorontwerp voor hoofdstuk 16 Wm herschreven en mede toegeschreven op een handelssysteem voor CO_2. Uiteindelijk is echter eerst een Implementatiewet EG-richtlijn handel in broeikas-gasemissierechten (CO_2) tot stand gebracht (Stb. 2004, 511) en per 1 januari 2005 in werking is getreden. Een voorstel voor een handelssysteem voor de emissie van NOx is daarna gedaan en is inmiddels door de Eerste Kamer aangenomen (Kamerstukken 29 766). In deze paragraaf worden beide systemen en de wettelijke regeling daarvoor in hoofdstuk 16 beschreven.

De wettelijke regeling voor de handel in emissierechten is in hoofdzaak neergelegd in hoofdstuk 16 Wm. In hoofdstuk 2 van de Wm is een paragraaf gewijd aan de instelling van de Nederlandse emissieautoriteit. In hoofdstuk 18 Wm zijn handhavingsbepalingen opgenomen die door de Nederlandse emissie-autoriteit kunnen worden toegepast. Aan hoofdstuk 20 Wm zijn ten slotte bepalingen inzake de rechtsbescherming tegen besluiten in het kader van de emissiehandel toegevoegd.

6.11.2 Handel in broeikasgasemissierechten

Het systeem voor de handel in broeikasgasemissierechten gaat uit van een systeem waarbij de rechten vooraf worden toegewezen aan de partijen die aan de handel deelnemen. De CO_2-emissiehandel werkt met perioden van 5 jaar. De eerste periode, die vooruitloopt op de periode voor internationale handel op grond van het Kyoto-protocol, duurt echter maar drie jaar tot eind 2007.

De verdeling van emissierechten

De EG-richtlijn handel in broeikasgasemissierechten heeft betrekking op broeikasgassen, genoemd in bijlage II bij de richtlijn. Behalve kooldioxide (CO_2), wordt daar ook methaan (CH4), lachgas (N2O), onvolledig gehalogeerde fluorkoolwaterstoffen (HFC's), perfluorkoolstof (PFK's) en zwavelhexafluoride (SF6) genoemd. De richtlijn richt zich echter op activiteiten in installatie genoemd in bijlage I en dat zijn alleen activiteiten die leiden tot de emissie van CO_2. Op dit moment kan alleen monitoring van CO_2 voldoende nauwkeurig en zeker plaats vinden om een handelssysteem uit te voeren. De regeling voor de emissiehandel in de Wet milieubeheer is beperkt tot de inrichtingen die onder de richtlijn vallen. Naar schatting zijn dat 260 bedrijven. Nederlandse bedrijven die minder dan 25 kiloton CO_2 per jaar uitstoten, hebben bovendien de mogelijkheid gekregen om in de eerste periode niet deel te nemen aan de handel in CO_2-emmissierechten (de zogenaamde 'opt-out').

De lidstaten van de EU hebben een emissieplafond toegedeeld gekregen voor de periode 2005-2008. Dit nationale plafond wordt vervolgens verdeeld over de deelnemende inrichtingen. Hierbij is gekozen voor het systeem van 'grandfathering'. De emissierechten worden gratis verdeeld op basis van historische rechten.

De eerste stap voor de toewijzing is een nationaal toewijzingsplan, geregeld in de artikelen 16.23 en verder Wm. Dit nationale toewijzingsplan moet worden goedgekeurd door de Commissie. De tweede stap wordt gevormd door een besluit over het totale aantal emissierechten dat wordt toegewezen en de verdeling van die rechten. De derde stap, ten slotte, is de daadwerkelijke verlening van emissierechten aan de deelnemende inrichtingen (de emittenten).

Het nationale toewijzingsplan

Het nationale toewijzingsplan wordt vastgesteld door de minister van Economische zaken en de Minister van VROM. Het eerste toewijzingsplan is na goedkeuring van het plan op 7 juli 2004, op 20 augustus 2004 vastgesteld. Het nationale toewijzingsplan bestaat uit de volgende verplichte onderdelen:

- een aanduiding van het totale aantal broeikasgasemissierechten dat de ministers voornemens zijn in de planperiode toe te wijzen (art. 16.25 lid 1 onder a Wm)
- criteria aan de hand waarvan de toewijzing van emissierechten zal plaatsvinden (art. 16.25 lid 1 onder b Wm)
- Een lijst van alle inrichtingen waarvoor de ministers voornemens zijn broeikasgasemissierechten toe te wijzen, onder vermelding van het aantal emissierechten dat zij voornemens zijn toe te wijzen aan die inrichtingen (art. 16.25 lid 1 onder c Wm)

- een aanduiding van het deel van het totale aantal broeikasgas-emissierechten, dat elk kalenderjaar zal worden verdeeld (art. 16.25 lid 1 onder d).

Het besluit tot toewijzing en de toekenning van emissierechten
Op basis van het nationale toewijzingsplan, wordt vervolgens één toewijzings-besluit gemaakt op grond van art. 16.29 Wm e.v. In dit besluit wordt vastgelegd hoeveel rechten elk van de deelnemers krijgt toegewezen.
De *toekenning* van de rechten vindt vervolgens door de Nederlandse emissie-autoriteit per jaar plaats. Dit zijn gebonden besluiten omdat de toe te kennen rechten per individuele inrichting al in het nationale toewijzingsbesluit zijn vastgelegd. De toekenning vindt feitelijk plaats door de overschrijving van de emissierechten op een rekening van de inrichting in het register voor handel in broeikasgasemissierechten.

De emissievergunning
Een deelnemer aan de emissiehandel moet een emissievergunning aanvragen indien deze één of meer installaties exploiteert met activiteiten die emissies van CO_2 veroorzaken (art. 16.5 Wm). De Nederlandse emissieautoriteit beslist op de aanvraag voor de emissievergunning. De aanvraag voor een emissievergunning vindt plaats door indiening van een monitoringsprotocol(art. 16.6 lid 2 Wm), dat voldoet aan de eisen van de artikelen 4 en 5 van het Besluit handel in emissierechten. Het monitoringsprotocol maakt deel uit van de vergunning. Een emissievergunning kan worden geweigerd indien de emissieautoriteit er niet van overtuigd is dat de aanvrager de emissies voldoende kan monitoren.
Deze emissievergunning heeft alleen tot doel een goede monitoring en handhaving van de emissiehandel te verzekeren en bevat dus geen verplichtingen ten aanzien van de emissie van de inrichting. Inrichtingen die onder het handelssysteem voor CO_2 vallen, zullen dus naast de emissievergunning op grond van art. 16.5 Wm aan de vergunningplicht van art. 8.1 Wm moeten blijven voldoen. Aan art. 8.13a Wm is een tweede lid toegevoegd dat bepaalt dat aan een vergunning op grond van hoofdstuk 8 Wm voor een inrichting waarop art. 16.5 Wm betrekking heeft, in beginsel geen voorschriften worden verbonden met emissiegrenswaarden voor broeikasgassen of ter bevordering van een zuinig gebruik van energie. Alleen indien het stellen van emissie-eisen aan broeikasgassen noodzakelijk is om significante gevolgen voor het milieu in de onmiddellijke omgeving van de inrichting te voorkomen, kan hierop een uitzondering worden gemaakt. In het derde lid van art. 8.13a is bepaald dat dergelijke voorschriften vervallen indien deze voor bedoelde inrichtingen al waren gesteld.

Monitoring en verificatie

De achilleshiel van de emissiehandel wordt gevormd door de monitoring van de feitelijke emissies. Om toegelaten te worden tot de emissiehandel moet een deelnemer een emissievergunning hebben. Voorwaarde voor het verkrijgen van de emissievergunning is het beschikken over een monitoringsprotocol.

In het monitoringsprotocol moet worden aangegeven op welke wijze de jaarvracht van uitgestoten emissies en het brandstof en grondstofverbruik wordt bepaald, geregistreerd en bewaard. Elk jaar dient het bedrijf op de in het monitoringsprotocol aangegeven wijze, een emissieverslag te maken (art. 16.12 lid 1 onder b Wm). Dit verslag moet worden geverifieerd door een onafhankelijke verificateur en vervolgens bij de Nederlandse emissieautoriteit worden ingediend voor 1 april van het jaar volgend op het verslagjaar. De Nederlandse emissie-autoriteit kan uiterlijk op 30 september van datzelfde jaar verklaren dat het verslag niet voldoet aan de daaraan gestelde eisen (art. 16.16 Wm).

Afrekenen

Uit het emissieverslag op grond van het monitoringsprotocol volgt hoeveel emissies een inrichting in een kalenderjaar heeft veroorzaakt. Op grond van art. 16.37 Wm levert degene die de inrichting drijft met betrekking tot ieder kalenderjaar voor 1 mei van het daaropvolgende kalenderjaar het met de totaal veroorzaakte emissie overeenkomende aantal broeikasgasemissierechten in (per ton geëmitteerde CO_2 moet één emissierecht worden ingeleverd). Ingeleverde emissierechten worden onverwijld ingetrokken (art. 16.38 Wm).

Handel in emissierechten kan plaatsvinden door ieder die een rekening in het emissieregister heeft. Voor ondernemingen met een emissievergunning wordt automatisch een rekening in dat register geopend, maar ook instanties die niet willen emitteren (handelaren of milieuverenigingen) kunnen een rekening in het emissieregister openen en gaan handelen. De overdracht van broeikasgas-emissierechten vindt plaats door af- en bijschrijving in het emissieregister.

6.11.3 Handel in NOx-emissierechten

Het systeem voor de handel in NOx-emissierechten is een prestatiegericht systeem. Dit is een wezenlijk ander systeem dan het systeem dat voor de handel in broeikasgassen geldt. Bij de handel in CO_2 worden de emissierechten vooraf toegewezen. Bij de handel in NOx vindt een berekening achteraf van de emissierechten plaats. Onder de werkingssfeer van het systeem vallen NOx-installaties die onder een bij amvb aangewezen categorie vallen. Dat zijn NOx-verbrandingsinstallaties boven een bepaald vermogen en NOx-procesinstallaties (met uitzondering van de keramische industrie en bepaalde ovens in de glasindustrie). Naar schatting betreft dit 240 bedrijven. Overigens zullen de meeste bedrijven die meedoen aan de handel in NOx ook deelnemen aan de handel in broeikasgasemissierechten.

De wettelijk regeling voor de handel in NOx-emissierechten wordt in hoofdstuk 16 van de Wet milieubeheer ingevoegd, in titel 16.3 (de artikelen 16.47 tot en met 16.62).

De prestatienorm

Het aantal NOx-emissierechten wordt berekend door de hoeveelheid verbruikte brandstof of vervaardigd product van de NOx-installatie te vermenigvuldigen met een in een jaar vastgestelde prestatienorm. De prestatienorm is dus een rekeneenheid die gebruikt wordt bij de vaststelling van het aantal NOx-emissierechten die voor elk emissiejaar worden opgebouwd. Die prestatienorm wordt vastgesteld in een amvb op grond van art. 16.50 Wm. De bedoeling is om de norm tot 2010 vast te stellen, waarbij de norm elk jaar 'strenger' wordt.

De handel in NOx-emissierechten is neutraal in de zin dat het aantal opgebouwde emissierechten stijgt en daalt naar gelang sprake is van meer of minder energieverbruik of productie. Een emittent die meer energie verbruikt heeft in een jaar, heeft in dat jaar ook meer emissierechten opgebouwd. Wanneer in het opvolgende jaar echter wel emissiereducerende maatregelen worden genomen, houdt de emittent emissierechten over, die verhandeld kunnen worden. De reductie van NOx-emissie zou derhalve in dit systeem bereikt worden doordat een stimulans wordt gegeven voor NOx-efficiëntie van het brandstofgebruik of de productie.

Emissievergunningen verkoopplafond

Alle installaties die onder de werking van de handel in NOx-emissierechten vallen moeten beschikken over een emissievergunning van de Nederlandse emissieautoriteit. In die emissievergunning wordt aan de hand van uniforme objectieve criteria een verkoopplafond vastgesteld (art. 16.49 lid 3 Wm). Dit is in beginsel een vastgesteld getal dat per inrichting zal verschillen. Aan de hand van dat verkoopplafond wordt het aantal NOx-emmissierechten vastgesteld dat ten hoogste mag worden overgedragen. De reden voor dit verkoopplafond is dat pas op 1 april van het jaar volgend op het emissiejaar precies vast wordt gesteld hoeveel NOx/emissierechten zijn opgebouwd. Indien op dat moment het aantal verkochte rechten, het aantal opgebouwde rechten ruim zou overtreffen en deze niet zouden kunnen worden aangevuld (door koop van rechten of door reductie van emissies), worden de milieudoelstellingen niet gerealiseerd. Het verkoopplafond moet dus niet zo laag zijn dat de handel te zeer wordt belemmerd en ook niet zo hoog dat emissies ongedekt blijven door rechten.

De bepalingen inzake de emissievergunning voor de handel in broeikasgas-emissierechten zijn (met enkele uitzonderingen en aanvullingen) van
218

overeenkomstige toepassing voor de emissievergunning voor de handel in NOx-emissierechten. Dat betekent dat bij de aanvraag een monitoringsprotocol moet worden gevoegd en dat na afloop van elk jaar een emissieverslag moet worden gemaakt. In het emissieverslag moeten de emissie, het brandstofverbruik en het aantal opgebouwde NOx-emissierechten worden verantwoord. Het emissie-verslag moet worden gevalideerd door een onafhankelijke verificateur voordat het voor 1 april van het jaar volgend op het emissiejaar wordt ingediend bij de emissieautoriteit (art. 16.49 jo. 16.12 lid 2 Wm).

Koop, sparen, lenen en compenseren
Na afloop van elk emissiejaar heeft de emittent 4 maanden de tijd (van 1 januari tot 1 mei) om NOx-emissierechten te kopen en te verkopen. Daarnaast kan hij in beperkte mate NOx-emissierechten sparen om ze in een jaar volgend op het emissiejaar in te leveren (art. 16.53 lid 1 onder a Wm). Andersom kan de emittent indien hij extra emissierechten nodig heeft om aan de norm te voldoen in beperkte mate emissierechten gebruiken (lenen) die hij pas in een later emissiejaar zal opbouwen (art. 16.53 lid 1 onder b Wm). Aan deze mogelijkheid tot het sparen en lenen van NOx-emissierechten is een grens gesteld om te voorkomen dat het afrekenen (het nemen van emissiereducerende maatregelen of het kopen van emissierechten) jaar na jaar wordt verschoven. Die grens (het maximaal aantal rechten dat kan worden gespaard en geleend) wordt in een amvb vastgelegd.
Op grond van art. 16.54 Wm moet de emittent, indien hij op 1 mei na het emissiejaar over te weinig NOx-emissierechten beschikt, deze in het jaar volgend op het emissiejaar compenseren. Naast de compensatieplicht heeft de emissieautoriteit ook de bevoegdheid een bestuurlijke boete op te leggen.
De emittent kan overigens alleen over de NOx-emissierechten beschikken voorzover deze voor 1 mei van het jaar volgend op het emissiejaar in het Register voor de handel in NOx-emissierechten zijn geregistreerd.

6.11.4 Rechtsbescherming

In het kader van de emissiehandel worden, zoals hiervoor uiteengezet, in verschillende fasen besluiten genomen die van belang zijn voor de feitelijke toedeling van emissierechten aan individuele bedrijven.

Voor de handel in broeikasgasemissierechten wordt in het nationale toewijzingsplan de totale hoeveelheid te verdelen emissierechten aangegeven, de criteria voor toewijzing, maar ook al een lijst van alle inrichtingen waarbij aangegeven wordt welke rechten men verwacht dat elk individueel bedrijf zal krijgen. Het nationale toewijzingsplan wordt echter niet als een besluit of een verzameling van besluiten aangemerkt, maar als een beleidsregel. Beroep tegen het nationale toewijzingsplan is uitgesloten in art. 20.2, lid 1, onder c Wm.

219

Wel staat rechtsbescherming open tegen het nationale toewijzingsbesluit. Doordat het toewijzingsplan, inclusief de lijst van naar verwachting te verdelen emissierechten al is goedgekeurd door de Commissie, is de vraag of de nationale bestuursrechter snel zal aannemen dat een toewijzingsbesluit dat niet strijd met een toewijzingsplan, toch onrechtmatig zal achten. De toetsing lijkt beperkt tot de vraag of de in het plan aangenomen feiten juist zijn en of het toewijzingsplan op de juiste wijze is vertaald naar het toewijzingsbesluit.

Bij de rechtsbescherming tegen het toewijzingsbesluit is een regeling getroffen voor een zogenaamde 'bestuurlijke lus'. Tegen het toewijzingsbesluit staat beroep open bij de Afdeling bestuursrechtspraak van de Raad van State, zonder voorafgaand bezwaar. De Afdeling behandelt alle zaken tegen één toewijzings-besluit gevoegd (art. 20.5 lid 1 Wm). In gevallen waarin de Afdeling meent dat het beroep gegrond is, doet de Afdeling binnen achttien weken een tussenuitspraak, waarbij aan de ministers de gelegenheid wordt gegeven om de geconstateerde gebreken te herstellen (art. 20.5a lid 2 Wm). Binnen tien weken na de tussenuitspraak dienen de ministers het toewijzingsbesluit te wijzigen met inachtneming van de uitspraak. Het gewijzigde nationale toewijzingsbesluit vervangt dan het oorspronkelijke nationale toewijzingsbesluit (art. 16.31 Wm).

> In een eerste tussenuitspraak op de gevoegde beroepen van 39 appellanten tegen het toewijzingsbesluit van broeikasgasemissierechten voor de planperiode 2005-2007 van 8 april 2005 heeft de Afdeling bestuursrechtspraak verschillende beroepen gegrond verklaard. Dat oordeel is gebaseerd op verschillende gronden, bijvoorbeeld op het feit dat bij het bepalen van sommige historische emissies onvoldoende rekening is gehouden met bijzondere omstandigheden, op het feit dat verschillende installaties ten onrechte niet als 'bekende nieuwkomer' zijn aangemerkt en op rekenfouten bij het bepalen van de historische emissies.

Belanghebbenden die pas door het gewijzigde toewijzingsbesluit in hun belangen zijn geschaad kunnen binnen vier weken beroep instellen tegen het gewijzigde besluit (art. 20.1 lid 4 en 5 Wm). De Afdeling dient vervolgens binnen acht weken na het indienen van de beroepen tegen het gewijzigde nationale toewijzingsbesluit een einduitspraak te doen. Dit betekent dat in totaal binnen veertig weken een einduitspraak moet zijn gedaan (art. 20.1, lid 2 Wm). Er wordt hierbij aangenomen dat deze einduitspraak niet snel een gegrond verklaring van het beroep zal inhouden. Eventuele fouten zouden door de Afdeling hersteld kunnen worden door zelf in de zaak te voorzien.

Tegen de emissievergunning, zowel die voor de handel in CO_2-emissierechten als NOx-emissierechten, staat beroep open ingevolge art. 20.1 Wm.

6.11.5   Handhaving

De zorg voor de handhaving van de regeling voor emissiehandel in hoofdstuk 16 Wm wordt in art. 18.2f opgedragen aan de Nederlandse emissieautoriteit. De sancties die de Nederlandse emissieautoriteit kan toepassen, zijn gereguleerd in hoofdstuk 18 van de Wet milieubeheer.

Op grond van artikel 18.6a Wm heeft de Nederlandse emissieautoriteit de bevoegdheid om ter naleving van de bepalingen inzake de vergunningplicht van artikel 16.5 e.v. Wm een dwangsom op te leggen. In artikel 18.7a Wm is expliciet bepaald dat de minister van VROM ten aanzien van het bepaalde in hoofdstuk 16 Wm geen aanvullende bevoegdheid heeft tot het toepassen van bestuursdwang. Dat betekent dat ten aanzien van overtredingen inzake de regeling voor emissiehandel geen bestuursdwang kan worden toegepast.

De belangrijkste sanctie die kan worden ingezet ter naleving van de regeling voor emissiehandel is een – voor het milieurecht – nieuwe sanctie: de bestuurlijke boete. Een regeling daarvoor is getroffen in de artikelen 18.16a tot en met 18.16q Wm.

Nog een voor het milieurecht nieuwe sanctie neergelegd in artikel 18.16p Wm. Het bestuur van de Nederlandse emissieautoriteit stelt elk jaar een overzicht van personen op ten aanzien van wie een boete is opgelegd en onherroepelijk is geworden, wegens het niet inleveren van de emissierechten die overeenkomen met de feitelijk veroorzaakte emissie (art. 16.37 lid 1 Wm). Dit wordt 'naming and shaming' genoemd.

Ten slotte kan de emissievergunning bij wijze van sanctie worden ingetrokken, indien binnen een periode van vier jaar een persoon tweemaal voor hetzelfde feit bestuurlijke boeten zijn opgelegd en die boeten binnen die periode onherroepelijk zijn geworden (art. 18.12 lid 3 Wm).

6.12   Milieuverslaglegging

In de Wet milieubeheer is in hoofdstuk 12 een regeling voor milieuverslaglegging worden opgenomen. De regeling heeft betrekking op de verslaglegging door bepaalde, milieubelastende bedrijven aan het publiek en aan de overheid. De bedrijven die een milieuverslag moeten maken, zijn aangewezen bij het Besluit milieuverslaglegging (Stb. 1998, 655). Alleen inrichtingen die ernstige nadelige gevolgen voor het milieu kunnen veroorzaken, kunnen worden aangewezen. Bovendien kunnen alleen inrichtingen worden aangewezen als milieu-verslagplichtig wanneer voor die inrichtingen gedeputeerde staten het bevoegd gezag zijn voor de vergunningverlening op grond van de Wet milieubeheer. Dit betreft ongeveer 250 bedrijven.

In hoofdstuk 12 Wet milieubeheer wordt onderscheid gemaakt tussen twee soorten milieuverslagen: het publieksverslag (art. 12.2 en 12.3) en een overheidsverslag (art. 12.4).

Publieksverslag

Het publieksverslag is in de eerste plaats bedoeld voor omwonenden van het bedrijf en voor milieuorganisaties. Het publieksverslag moet op hoofdlijnen een beschrijving geven van de nadelige gevolgen voor het milieu die door het bedrijf in het verslagjaar zijn veroorzaakt. Bovendien moeten op hoofdlijnen de maatregelen en voorzieningen worden beschreven die ter bescherming van het milieu zijn getroffen.

> Een wetsvoorstel tot afschaffing van het publieksverslag is in behandeling bij de Tweede Kamer (Kamerstukken II, 2004/05, 29 972). Uit evaluatieonderzoek zou blijken dat het publiekverslag niet aan zijn verwachtingen voldoet. Een afschaffing zou bijdragen aan het verminderen van de administratieve lasten van het bedrijfsleven.

Overheidsverslag

Het overheidsverslag integreert vele rapportageverplichtingen van de betrokken bedrijven aan de overheid. De onderwerpen waarover gegevens die in een overheidsverslag moeten komen te staan zijn in bijlage II van het Besluit milieuverslaglegging (Stb. 1998, 655) vastgelegd. In een uitvoeringsregeling zijn modellen opgenomen waarin per bedrijfstak de gegevens die moeten worden opgenomen, zijn aangegeven.

De gegevens van het overheidsverslag hebben betrekking op:

– de nadelige gevolgen voor het milieu, die de inrichting in het verslagjaar heeft veroorzaakt,
– de maatregelen en voorzieningen die in het verslagjaar met betrekking tot de inrichting zijn getroffen in het belang van de bescherming van het milieu en
– de redelijkerwijs te verwachten ontwikkelingen in het eerstvolgende verslagjaar.

De vereiste gegevens moeten echter wel nodig zijn in verband met de handhaving van de voor het bedrijf geldende milieuvoorschriften, het formuleren en monitoren van milieubeleid door de overheid of het uitvoeren van regelgeving van de Europese Unie.

Vanaf 1 januari 2004 geldt de verplichting voor het bevoegd gezag tot vergunningverlening op grond van de Wet milieubeheer en de Wvo om de rapportages die zij verlangen met het oog op de handhaving van de vergunning via het overheidsverslag te vragen. Slechts gemotiveerd kan van deze hoofdregel worden afgeweken, bijvoorbeeld indien het noodzakelijk is dat gegevens over bepaalde emissies niet per jaar, maar per kwartaal worden verstrekt (zie art. 8.12 lid 4 en 8.13 lid 2 Wm, jo art. 3 lid 7 en 4 Besluit milieuverslaglegging).

6.13 Bedrijfsinterne milieuzorg

Om binnen bedrijven aandacht en zorg voor de milieueffecten van de bedrijfs-voering te realiseren, is het noodzakelijk dat inzicht bestaat in de effecten van de activiteiten van het bedrijf op het milieu. Bovendien is inzicht in de effecten van milieubeschermende maatregelen nodig. Grote en middelgrote bedrijven imple-menteren daarom steeds vaker een bedrijfsintern milieuzorgsysteem. Een be-drijfsintern milieuzorgsysteem (BIM) is 'een samenhangend geheel van beleids-matige, organisatorische en administratieve maatregelen, gericht op het inzicht krijgen in, het beheersen van en waar mogelijk verminderen van de effecten van de bedrijfsvoering op het milieu'.

Een milieuzorgsysteem is in de eerste plaats een intern managementsysteem en de invoering van een milieuzorgsysteem is dan ook niet verplicht.
Een milieuzorgsysteem bestaat uit verschillende elementen:
– een milieubeleidsverklaring;
– een milieuprogramma;
– integratie van milieuzorg in de bedrijfsvoering;
– metingen en registraties;
– interne controles;
– interne opleiding en voorlichting;
– interne en externe rapportages;
– doorlichting van het totale milieuzorgsysteem.

Met de ontwikkeling van milieuzorgsystemen is de behoefte aan een gestandaar-diseerde beoordeling van zorgsystemen gekomen. Die standaardisering kan worden verkregen door certificatie van milieuzorgsystemen.
Een bedrijf dat beschikt over een gecertificeerd bedrijfsintern milieuzorgsysteem is in beginsel in staat om de voor het bedrijf bestaande milieuvoorschriften na te leven. Certificatie geeft echter geen garantie dat die naleving ook daadwerkelijk plaats vindt. Toezicht op de naleving van de voorschriften door de overheid blijft daarom nodig.

Doelgroepenbeleid
Bedrijfsinterne milieuzorg past in het zogenaamde 'doelgroepenbeleid'. Daarmee wordt bedoeld dat voor een bepaalde doelgroep (landbouw, industrie, detailhandel, verkeer, consumenten enz.) milieubeleid wordt gemaakt. Voor de industrie wordt bij het doelgroepenbeleid uitgegaan van de gedachte dat de milieuproblemen het best kunnen worden aangepakt in overleg met de bedrijven, waarbij de bedrijven zelf verantwoordelijk zijn voor het realiseren van in het doelgroepenoverleg vastgestelde taakstellingen. Dit noemen we ook wel zelfregulering (§ 1.5).

In het doelgroepenoverleg worden emissiereducties vastgesteld die bereikt zouden moeten worden. Met de meest milieubelastende bedrijfstakken wordt vervolgens per bedrijfstak overleg gevoerd over de maatregelen die getroffen zullen worden. Dit resulteert in een intentieverklaring met daarin de integrale milieutaakstelling. Deze intentieverklaring wordt vervolgens uitgewerkt in een bedrijfsmilieuplan (BMP). Bedrijfsmilieuplannen en bedrijfsinterne milieuzorgsystemen moeten goed op elkaar aansluiten. Afspraken die zijn neergelegd in bedrijfsmilieuplannen zullen doorwerken in de milieuvergunning, doordat het bevoegd gezag bij de verlening van vergunningen met de afspraken rekening zal houden. Er is echter geen garantie dat de gemaakte afspraken in de vergunning zullen worden opgenomen. De afspraken kunnen immers niet in de plaats komen van de afweging die in het kader van de vergunningverlening moet plaatsvinden (zie § 6.7.3).

Milieuzorgsysteem en de Wet milieubeheer-vergunning
Het opstellen van bedrijfsinterne milieuzorgsystemen is een vorm van zelfregulering. Het is in het belang van de overheid om deze vorm van zelfregulering te stimuleren. Het past echter niet bij het karakter van het bedrijfsintern milieuzorgsysteem om zo'n systeem wettelijk voor te schrijven. Wel kan op grond van art. 8.12 lid 3 en art. 8.13 Wm een aantal organisatorische en administratieve voorschriften in een Wet milieubeheer-vergunning worden opgenomen, die aansluiten bij een bedrijfsintern milieuzorgsysteem.

> In een wetsvoorstel tot aanpassing van de Wet milieubeheer aan de IPPC-richtlijn wordt voorgesteld artikel 8.13 aan te vullen met de mogelijkheid om voorschriften te verbinden aan de vergunning gericht op het treffen van organisatorische en administratieve maatregelen (Kamerstukken II 2003/04, 29 711, nr. 2).

Milieuzorgsystemen hebben niet tot doel de milieuvergunning te vervangen. Wel kan, indien een bedrijf beschikt over een goed functionerend milieuzorgsysteem, de wijze van vergunningverlening en ook de wijze van toezicht en controle op de naleving van de vergunning worden gewijzigd. De milieuvergunning kan dan tot een vergunning op hoofdzaken worden beperkt (zie § 6.7.4).

7. Strafrecht en milieu

7.1 Inleiding

Het schenden van milieuvoorschriften, zoals het oprichten van een inrichting zonder vergunning op grond van de Wet milieubeheer of het zonder vergunning lozen van gevaarlijke stoffen in oppervlaktewater, kan niet alleen via het bestuursrecht (zie § 5.6), maar ook via het strafrecht worden aangepakt. In dit hoofdstuk komt, na de inleiding, eerst aan de orde onder welke voorwaarden gedragingen strafbaar zijn (§ 7.2). Daarna volgt een korte beschrijving van de fasen van het strafproces (§ 7.3) en tenslotte wordt ingegaan op de relatie tussen de handhaving van milieurecht via het strafrecht en via het bestuursrecht (§ 7.4).

7.1.1 Wat is strafrecht?

Het begrip strafrecht duidt op het geheel van voorschriften die aangeven onder welke voorwaarden de staat mag straffen en het geheel van regels die omschrijven waaruit deze straf mag bestaan. Het omvat de ge- en verboden op overtreding waarvan straf is gesteld, en de daaraan verbonden sancties. Het omvat ook de rechten en plichten van politie en justitie bij de handhaving van strafbaar gestelde bepalingen. We kennen ook een bestuursrechtelijk handhavingsstelsel (zie § 5.6) en een privaatrechtelijk handhavingsstelsel (zie § 8.5). Het strafrechtelijke en bestuursrechtelijke systeem onderscheiden zich van het privaatrechtelijke systeem doordat in het strafrecht en bestuursrecht de overheid handhavend optreedt, terwijl in het privaatrecht de burger handhavend optreedt. Wel kan de burger in het bestuurs- en strafrecht een verzoek tot handhaving aan de overheid doen. Eén van de verschillen tussen het strafrechtelijke en het bestuursrechtelijke systeem is dat in het bestuursrechtelijke systeem het bestuur de sanctie zonder tussenkomst van een rechter kan opleggen, terwijl in het strafrecht niet het bestuur, maar justitie belast is met het opleggen van sancties.

Legaliteitsbeginsel
Het strafrechtelijke sanctiesysteem kan alleen worden toegepast in gevallen die door de wetgever zijn aangegeven. Voorwaarde voor strafbaarheid is dat bij wet uitdrukkelijk is gesteld dat de schending van een bepaalde norm strafbaar is. Dit strafrechtelijke legaliteitsbeginsel is neergelegd in art. 1 lid 1 van het Wetboek van Strafrecht (Sr). Dit artikel luidt:

> 'Geen feit is strafbaar dan uit kracht van een daaraan voorafgegane wettelijke strafbepaling.'

Deze legaliteitseis wordt streng gehanteerd wanneer een strafbaarstelling ten nadele van de verdachte werkt. Wanneer het gaat om regels die ten gunste van de verdachte uitwerken, zoals gronden die de strafbaarheid uitsluiten, wordt ook ongeschreven (niet in wettelijke bepalingen neergelegd) recht aanvaard.

De legaliteitseis stelt de rechter regelmatig voor problemen. Het is namelijk niet altijd gemakkelijk om vast te stellen of een bepaald feit onder een strafbepaling valt. Daarvoor is een interpretatie van de strafbepaling noodzakelijk. De vraag hoe ver de rechter daarin mag gaan, is afhankelijk van de vraag hoe strikt het legaliteitsbeginsel wordt toegepast.

Uit het feit dat art. 1 lid 1 Sr spreekt van een *voorafgegane* strafbepaling volgt dat een strafbepaling geen terugwerkende kracht kan hebben. Indien een bepaald feit is begaan (bijvoorbeeld het storten van afval in de bodem) en pas daarna die gedraging strafbaar is gesteld, kan die gedraging niet alsnog worden bestraft. Op de mogelijkheid van terugwerking van strafbepalingen maakt art. 1 lid 2 Sr een uitzondering in de gevallen dat die terugwerking gunstig is voor de verdachte. Art. 1 lid 2 Sr luidt:

> 'Bij verandering in de wetgeving na het tijdstip waarop het feit begaan is, worden de voor de verdachte gunstigste bepalingen toegepast.'

Strafrechtelijke sanctionering vindt plaats door middel van strafbepalingen. Een voorbeeld van een strafbepaling is art. 173a Sr.:

> 'Hij die opzettelijk en wederrechtelijk een stof op of in de bodem, in de lucht of in het oppervlaktewater brengt, wordt gestraft: 1. met gevangenisstraf van ten hoogste twaalf jaren of geldboete van de vijfde categorie, indien de schuldige weet of ernstige redenen heeft om te vermoeden dat daarvan gevaar voor de openbare gezondheid of levensgevaar voor een ander te duchten is; 2. met gevangenisstraf van ten hoogste vijftien jaren of geldboete van de vijfde categorie, indien de schuldige weet of ernstige redenen heeft om te vermoeden dat daarvan levensgevaar voor een ander te duchten is en het feit iemands dood ten gevolge heeft.'

Overigens zijn niet alle normschendingen strafrechtelijk gesanctioneerd. Neem bijvoorbeeld de zorgplicht uit art. 1.1a lid 1 Wm: 'Een ieder neemt voldoende zorg voor het milieu in acht.' Tegen overtreding van deze norm kan niet strafrechtelijk worden opgetreden, want noch in dit artikel, noch in een andere wettelijke bepaling staat dat overtreding van de zorgplicht strafbaar is.

7.1.2 Indeling van het strafrecht

Materieel en formeel strafrecht
Binnen het strafrecht kan onderscheid worden gemaakt tussen materieel en formeel

strafrecht (zie ook § 1.3). Het materiële strafrecht bepaalt welke feiten strafbaar zijn, wie dader is en met welke strafrechtelijke sancties het strafbare feit wordt bedreigd. Tot het formele strafrecht (het strafprocesrecht) behoren de regelingen voor het opsporen van de strafbare feiten, voor het bewijs van die feiten en de wijze waarop de strafbaarheid wordt vastgesteld en de sancties worden uitgevoerd

Gewoon en bijzonder strafrecht
Binnen het strafrecht kan ook onderscheid worden gemaakt tussen gewoon of commuun strafrecht en bijzonder strafrecht. Het gewone of commune strafrecht bevat de strafrechtelijke bepalingen uit het Wetboek van Strafrecht en het Wetboek van Strafvordering. Het bijzonder strafrecht omvat de strafrechtelijke bepalingen die niet in de Wetboeken van Strafrecht en Strafvordering zijn opgenomen, maar die te vinden zijn in andere wetten, zoals de Wet op de economische delicten (Wed), de milieuwetten, en in amvb's en verordeningen.
Volgens art. 91 Sr zijn de bepalingen van de Titels I – VIIIA van het Eerste Boek van het Wetboek van Strafrecht ('Algemene bepalingen') ook toepasselijk op feiten waarop bij andere wetten of verordeningen straf is gesteld, tenzij de wet anders bepaalt. Dit betekent dat de algemene bepalingen van het gewone strafrecht, zoals bijvoorbeeld de bepalingen over straffen en maatregelen, strafuitsluitingsgronden, poging en deelneming, in beginsel ook gelden voor het milieustrafrecht.

Economisch strafrecht
Overtredingen van milieuvoorschriften worden doorgaans niet in de betreffende milieuwetten strafbaar gesteld, maar in de Wet op de economische delicten (Wed). Dit deel van het milieustrafrecht wordt om die reden tot het economisch strafrecht gerekend.

7.1.3   Waar is het strafrecht te vinden?

Materieel strafrecht
Het materiële strafrecht is in de eerste plaats te vinden in het Wetboek van Straf-recht, maar daarnaast ook in bijzondere wetgeving, zoals bijvoorbeeld de Wet op de economische delicten en de milieuwetten, en in amvb's en verordeningen.
In het Wetboek van Strafrecht zijn bepalingen opgenomen over straffen en algemene leerstukken (bijvoorbeeld over samenloop van strafbare feiten) en een groot aantal strafbaarstellingen. De hier genoemde delicten worden commune delicten genoemd. Dit wetboek bestaat uit drie boeken: algemene bepalingen, misdrijven en overtredingen. Misdrijven worden over het algemeen als ernstiger en meer afkeurenswaardig beschouwd dan overtredingen. Meerdere factoren bepalen of een strafbaar feit wordt ingedeeld als misdrijf of als overtreding. Een belangrijke factor is of sprake is van opzet.

Bij misdrijven gaat het bijvoorbeeld om delicten als moord, doodslag, mishandeling, diefstal, verduistering, oplichting, valsheid in geschrift en deelneming aan een criminele organisatie. Bij overtredingen kan bijvoorbeeld worden gedacht aan 'burengerucht' (art. 431 Sr) en 'openbare dronkenschap' (art. 453 Sr).

Het onderscheid tussen misdrijven en overtredingen heeft allerlei gevolgen. Zo is de poging tot een overtreding niet strafbaar, terwijl die tot een misdrijf wel strafbaar is (art. 45 Sr). Verder is de verjaringstermijn voor misdrijven langer dan die voor overtredingen (art. 70 Sr) en is de maximale strafbedreiging voor overtredingen in het algemeen lager dan die voor misdrijven.
Veel delicten zijn in bijzondere wetten opgenomen. Art. 1a van de Wet op de economische delicten bevat een opsomming van milieudelicten, waarmee de bepalingen uit de milieuwetten worden 'aangehaakt' aan de Wed.

Zo bepaalt art. 1a sub 1 Wed onder meer dat het schenden van voorschriften, gesteld bij of krachtens art. 1 lid 1 Wvo een economisch delict is. Art. 1 lid 1 Wvo bepaalt: 'Het is verboden om zonder vergunning met behulp van een werk afvalstoffen, verontreinigende of schadelijke stoffen, in welke vorm ook, te brengen in oppervlaktewateren.' Het schenden van deze bepaling is een economisch delict.

Formeel strafrecht
Regels inzake het formeel strafrecht of strafprocesrecht zijn te vinden in het Wetboek van Strafvordering en in de Wet op de economische delicten. Ook in de Grondwet staan regels van formeel strafrecht, zoals bijvoorbeeld in het derde lid van art. 113 Gw: 'Een straf van vrijheidsontneming kan uitsluitend door de rechterlijke macht worden opgelegd.' Verder bevat ook het Verdrag tot bescherming van de rechten van de mens en de fundamentele vrijheden (EVRM) regels van formeel strafrecht. In dit verdrag worden minimumeisen gesteld aan de kwaliteit van het strafproces. Zo heeft op grond van art. 6 EVRM een ieder tegen wie een vervolging is ingesteld recht op een behandeling van zijn zaak binnen een redelijke termijn door een onpartijdig en onafhankelijk gerecht, op een in beginsel openbare behandeling, op voldoende tijd en faciliteiten die nodig zijn voor de voorbereiding van zijn verdediging en op de bijstand van een raadsman.

7.1.4 Het milieustrafrecht

Het milieustrafrecht is het strafrecht dat betrekking heeft op de schending van strafbepalingen terzake van de bescherming van het milieu. Enkele strafbaarstellingen van milieudelicten zijn te vinden in het Wetboek van Strafrecht, de meeste strafbepalingen zijn opgenomen in de bijzondere milieuwetten. Het milieustrafrecht behoort daarom voor een klein deel tot het gewone strafrecht, maar is voor het grootste deel bijzonder van aard.

Milieubepalingen in het Wetboek van Strafrecht

Twee bepalingen uit het Wetboek van Strafrecht behoren tot het milieustrafrecht. De strafbepalingen in art. 173a en art. 173b Sr hebben de bescherming van de gezondheid van de mens ten doel. In deze bepalingen is strafbaar gesteld het opzettelijk en wederrechtelijk (art. 173a Sr) of verwijtbaar door schuld (culpoos) en wederrechtelijk (art. 173b Sr) brengen van een stof op of in de bodem, in de lucht of in het oppervlaktewater, indien de schuldige weet of ernstige reden heeft om te vermoeden dat daarvan gevaar voor de openbare gezondheid of levensgevaar voor een ander te duchten is en (voor sub 2) het feit iemands dood ten gevolge heeft. Met deze artikelen is beoogd overkoepelende strafbepalingen te maken waarmee ernstige milieucriminaliteit van allerlei aard kan worden bestraft.

Toch zijn de strafbaarstellingen uit de art. 173a en 173b Sr niet op elke ernstige milieucriminaliteit toe te passen. Dat komt in de eerste plaats doordat slechts die gedragingen strafbaar zijn, die een gevaar vormen voor *de mens*. Wanneer als gevolg van het in de bodem, in de lucht of in het oppervlaktewater brengen van een stof geen gevaar vormen de openbare gezondheid of levensgevaar te duchten is, maar wél het milieu sterk wordt vervuild, kunnen de art. 173a en 173b Sr niet worden toegepast.

Zo werden in de beruchte TCR-zaak (Tanker Cleaning Rotterdam) (Hof 's-Gravenhage 17 april 1996, NJ 1996, 574) de daders van grootscheepse lozingen van sterk verontreinigd afvalwater op het oppervlaktewater, in navolging van het vonnis van de rechtbank, vrijgesproken ten aanzien van het ten laste gelegde op grond van art. 173a Sr. Het Hof overwoog: 'Dat dergelijke lozingen ernstige schade (kunnen) brengen aan het aquatisch milieu is voor het hof buiten twijfel, doch daarop ziet de onderhavige norm niet.' Overigens werden de daders wel veroordeeld voor eveneens ten laste gelegde 'valsheid in geschrift' en 'deelneming aan een criminele organisatie'.

Het gebruik van deze strafbepalingen voor milieuverontreinigende gedragingen uit het Wetboek van Strafrecht is moeilijk, omdat het vervullen van de diverse onderdelen van de strafbepalingen niet eenvoudig te bewijzen is. Zo is het niet gemakkelijk te bewijzen dat kennis of een vermoeden bestond bij de verdachte van het gevaar dat als gevolg van zijn handelingen kon optreden, en het is ook niet makkelijk te bewijzen dat door de gedragingen gevaar voor de openbare gezondheid of levensgevaar te duchten is. Voor het bewijs dat 'gevaar voor de openbare gezondheid te duchten is', moeten de gevolgen van de gedraging voorzienbaar zijn. De voorzienbaarheid van gevolgen voor de gezondheid van de mens is echter van veel factoren afhankelijk, terwijl de risico's van vele stoffen voor de mens nog onvoldoende bekend zijn. Bovendien is onvoldoende dat wordt aangetoond dat het een feit van algemene bekendheid is dat een bepaalde stof ernstig gevaar voor de mens kan opleveren; bewezen moet worden dat de verdachte op de hoogte was dat dat gevaar te duchten was als gevolg van zijn gedraging.

229

Ingeval van milieuverontreinigende gedragingen wordt in de praktijk ook veel gebruik gemaakt van strafbepalingen uit het Wetboek van Strafrecht die niet specifiek betrekking hebben op het milieu, zoals valsheid in geschrift (art. 225 Sr) en deelneming aan een organisatie die tot oogmerk heeft misdrijven te plegen (art. 140 Sr). De schending van milieuvoorschriften gaat vaak gepaard met valsheid in geschrift. In veel gevallen wordt de voorkeur gegeven aan het vervolgen op grond van deze commune delicten.

Wet op de economische delicten
De Wed is van groot belang voor de strafbaarstelling van overtredingen op grond van de bijzondere milieuwetten. Deze bijzondere milieudelicten zijn in de Wed als economisch delict strafbaar gesteld. Voordeel hiervan is dat voor alle milieu-delicten dezelfde regels gelden inzake opsporing, berechting en sanctionering.
De Wed bevat bepalingen van materieel en van formeel strafrecht. In art. 1a Wed zijn de artikelen uit de milieuwetten opgenomen die strafbaar zijn gesteld. Hierbij is een onderverdeling gemaakt in drie categorieën. Vervolgens bepaalt art. 2 Wed per onderdeel of de schending van deze bepalingen een misdrijf of een overtreding is. Het zijn van een misdrijf of overtreding, in combinatie met de indeling in een bepaalde categorie, is bepalend voor de hoogte en soort van de strafbedreiging. In art. 6 Wed staat welke hoofdstraffen kunnen worden opgelegd.
De Wed bevat bepalingen die op een aantal punten afwijken van de gewone strafrechtelijke regelingen. Zo kent de Wed een aantal bevoegdheden voor opspo-ringsambtenaren en de officier van justitie die verder gaan dan de bevoegdheden op grond van het gewone formele strafrecht. Deze bevoegdheden komen aan de orde in § 7.3.1 en § 7.3.2. Ook zijn in de Wed straffen en maatregelen opgenomen die niet in het gewone strafrecht voorkomen. Deze sancties komen aan de orde in § 7.3.3.

Gelede normstelling en administratieve afhankelijkheid
In art. 1a Wed is niet direct te zien welke gedragingen strafbaar zijn. De gedragingen die via art. 1a Wed zijn strafbaar gesteld, zijn schendingen van de voorschriften die bij of krachtens milieuwetten zijn gesteld. Die voorschriften (ge-en verboden) zijn dus neergelegd in een andere wet dan de Wed, maar ook kan het voorschrift staan in bijvoorbeeld een amvb of een vergunning.

> Art. 1a sub 1 Wed noemt bijvoorbeeld art. 8.40 lid 1 Wm. Volgens art. 8.40 lid 1 Wm kunnen bij amvb met betrekking tot daarbij aangewezen categorieën van inrichtingen regels worden gesteld die nodig zijn ter bescherming van het milieu. Het schenden van algemene regels in een amvb die krachtens art. 8.40 Wm is vastgesteld is derhalve op basis van art. 1a sub 1 Wed een economisch delict.
> Ook art. 26 Wvo wordt in art. 1a sub 1 Wed genoemd. Dit artikel bepaalt dat een gedraging in strijd met een voorschrift verbonden aan een Wvo-vergunning, verboden is. Overtreding van het Wvo-vergunningvoorschrift vormt dus een economisch delict.

Dat de overtreding van voorschriften verbonden aan de vergunning op grond van de Wet milieubeheer een economisch delict is, volgt uit art. 18.18 Wm jo. art. 1a sub 1 Wed.

De wetgevingstechniek waarbij in de wet een bepaling is neergelegd die wordt ingevuld door een andere bepaling heet 'gelede normstelling'. Deze techniek wordt in het milieurecht veel toegepast. Zo wordt art. 18.18 Wm inhoudelijk ingevuld door de voorschriften uit de vergunning op grond van de Wet milieubeheer en wordt art. 8.40 Wm ingevuld door de algemene regels in de amvb's die op grond van deze bepaling zijn vastgesteld. Deze inhoudelijke voorschriften bepalen de materiële normstelling van de strafbepaling. De bestuursorganen die deze voorschriften vaststellen, bepalen daardoor tevens de inhoud van de straf-bepalingen. Dit wordt de 'administratieve afhankelijkheid' van het milieustrafrecht genoemd. Die administratieve afhankelijkheid is een essentieel kenmerk van het milieustrafrecht, aangezien de inhoud van veel milieudelicten door het bestuur wordt bepaald.

De administratieve afhankelijkheid kan tot allerlei problemen en onduidelijkheden leiden. Zo rijst bijvoorbeeld de vraag of de strafrechter bij de beoordeling van de overtreding van een vergunningvoorschrift gebonden is aan de interpretatie die de bestuursrechter aan een bepaald begrip geeft, zoals het begrip 'afvalstof' of het begrip 'inrichting'. Uitgaande van de autonomie van het strafrecht, heeft de strafrechter ten dele een eigen toetsingsbevoegdheid en is hij niet absoluut gebonden aan de uitleg door de bestuursrechter. Wel houdt de strafrechter in de meeste gevallen rekening met de gebruikelijke interpretatie van begrippen door het bestuur en de bestuursrechter. In sommige gevallen wordt aan eenzelfde bepaling of begrip echter een verschillende uitleg gegeven. Dit is uit een oogpunt van rechtseenheid niet wenselijk, maar volgt uit het feit dat de bestuurs- en strafrechter op basis van verschillende criteria en andere belangen afwegingen maken.

De Hoge Raad heeft recentelijk in diverse arresten bepaald dat de strafrechter, behoudens uitzonderingen, als er in een zaak een bestuursrechtelijke rechtsgang is gevolgd, moet uitgaan van het oordeel van de bestuursrechter.

Een Wm-vergunning werd door de bestuursrechter met terugwerkende kracht vernietigd. Vanwege deze vernietiging wordt in de strafrechtelijke procedure vervolgens niet bewezen geacht dat in deze periode is gehandeld in strijd met een rechtsgeldig verleende vergunning. Daarop volgt vrijspraak terzake van de overtreding van toenmalige vergunningvoorschriften (HR 17 juni 2003, M en R 2004/2, nr. 12 m.nt. Hendriks).

Een ander probleem doet zich voor wanneer het bestuur vage normen stelt, die dan niet alleen nauwelijks via het bestuursrecht, maar ook moeilijk via het strafrecht zijn te handhaven.

In het milieurecht betreffen de voorschriften doorgaans niet de aantastingen van het milieu op zichzelf. In veel gevallen is de norm dat bepaalde handelingen niet zonder vergunning mogen worden verricht. De administratieve afhankelijkheid van het milieustrafrecht brengt mee dat in veel gevallen niet de aantastingen van het milieu op zichzelf zijn strafbaar gesteld, maar de schending van de door het bestuur vastgestelde voorschriften.

Zo is niet het vervuilen van een rivier strafbaar, maar het lozen van afvalstoffen op oppervlaktewater zonder vergunning daarvoor, of het overtreden van vergunningvoorschriften waarin bijvoorbeeld staat hoeveel eenheden van een bepaalde schadelijke stof maximaal mogen worden geloosd.

7.2 Strafbaarheid

7.2.1 Voorwaarden voor strafbaarheid

Om te kunnen voldoen aan het legaliteitsbeginsel van art. 1 Sr moet de wetgever in de wet zo duidelijk mogelijk aangeven welke gedragingen wel en welke niet strafbaar zijn gesteld. Dit onderscheid is niet alleen van belang voor de rechter die moet beslissen of een bepaalde gedraging kan worden bestraft met een sanctie, maar ook voor politie en justitie die strafrechtelijk onderzoek doen. Allerlei handelingen van politie en justitie zijn immers alleen toegestaan indien het vermoeden bestaat dat een strafbaar feit is begaan.

De wetgever formuleert daarom voorwaarden voor strafbaarheid. Die voorwaarden zijn deels opgenomen in delictsomschrijvingen. Een delictsomschrijving is de wettelijke omschrijving van het strafbare feit (delict). De onderdelen waaruit een delictsomschrijving bestaat (zoals de gedraging en/of de voorwaarden waaronder de gedraging is strafbaar gesteld) worden (delicts)bestanddelen genoemd. Het beantwoorden aan een delictsomschrijving is – uiteraard – een voorwaarde voor strafbaarheid van een gedraging. Een gedraging die binnen de delictsomschrijving valt, hoeft echter nog geen strafbaar feit te zijn. Er zijn nog andere voorwaarden waaraan moet zijn voldaan, wil er sprake zijn van een strafbaar feit: de gedraging moet ook wederrechtelijk en aan schuld te wijten zijn. Indien een gedraging aan een delictsomschrijving beantwoordt, wordt wel vermoed dat ook aan deze twee voorwaarden voor strafbaarheid is voldaan, maar dat hoeft niet. Zoals hieronder uiteen wordt gezet, kan het feit toch niet wederrechtelijk zijn en/of kan soms aan de dader van de gedraging toch geen verwijt worden gemaakt.

Een strafbaar feit – een feit dat voldoet aan de voorwaarden voor strafbaarheid – kan dus gedefinieerd worden als een (menselijke) gedraging die aan een delictsomschrijving beantwoordt, die wederrechtelijk is en aan schuld te wijten is.

Voorwaarden voor strafbaarheid

---

1. menselijke gedraging

2. gedraging valt binnen delictsomschrijving

3. gedraging is wederrechtelijk

4. gedraging is verwijtbaar

Menselijke gedraging
Een eerste voorwaarde is dat het gaat om een menselijke gedraging. Hieruit volgt dat dieren geen strafbare feiten kunnen plegen en dat het moet gaan om een gedraging. Het hebben van een bepaalde overtuiging is niet strafbaar. Alleen iets doen of nalaten kan strafbaar zijn. Omdat alleen menselijke gedragingen strafbaar kunnen zijn, zal – wanneer in een delictsomschrijving sprake is van een onrechtmatige situatie – altijd worden nagegaan *wie* die situatie heeft veroorzaakt of heeft laten voortbestaan. De onrechtmatige situatie zal altijd moeten worden herleid tot een gedraging.
Het spreken van een *menselijke* gedraging is, hoewel gebruikelijk, ietwat misleidend omdat in het (Nederlandse) strafrecht niet alleen mensen (natuurlijke personen) maar ook rechtspersonen strafbare feiten kunnen plegen (art. 51 Sr).
In het milieurecht worden strafrechtelijk gesanctioneerde milieuvoorschriften in veel gevallen geschonden door bedrijven. In het milieurecht zullen de rechtspersonen die bedrijven vormen dus vaak dader zijn. Of een rechtspersoon strafbaar is, hangt er in de eerste plaats van af of de rechtspersoon geadresseerde is van de strafbepaling. Dit criterium vormt in de praktijk weinig problemen omdat bijna alle milieudelicten ook door rechtspersonen kunnen worden begaan. In de tweede plaats moet worden nagegaan of de gedragingen van de natuurlijke personen kunnen worden toegerekend aan de rechtspersoon. Zie hierover § 7.2.2.

Delictsomschrijving
De tweede voorwaarde voor strafbaarheid is de eis dat de gedraging binnen een delictsomschrijving moet vallen. De bestanddelen uit de delictsomschrijving moeten derhalve kunnen worden bewezen.

233

Wederrechtelijkheid en rechtvaardigingsgronden

De derde voorwaarde voor strafbaarheid is de wederrechtelijkheid van de gedraging. Het is dus niet voldoende dat de delictsomschrijving is vervuld. Feiten die niet wederrechtelijk zijn, zijn niet strafbaar. In sommige delictsomschrijvingen is de wederrechtelijkheid van het feit als bestanddeel in de delictsomschrijving opgenomen (zie bijvoorbeeld art. 173a en 173b Sr). Wanneer dan de wederrechtelijkheid ontbreekt, wordt ook niet voldaan aan de eis dat de gedraging binnen een delictsomschrijving valt.

> Zo is in de delictsomschrijving van zaaksbeschadiging (art. 350 Sr) als bestanddeel opgenomen dat het vernielen, beschadigen, onbruikbaar maken of wegmaken van enig goed dat geheel of ten dele aan een ander toebehoort, opzettelijk en wederrechtelijk moet plaatsvinden.

De wederrechtelijkheid, en daarmee de strafbaarheid, kan worden weggenomen door zogenaamde rechtvaardigingsgronden (het feit wordt gerechtvaardigd en is daarom niet strafbaar).

> Een voorbeeld is de opticien die na sluitingstijd een bril verkocht aan iemand die zijn bril verloren had en dus hulpbehoevend was. De opticien was niet strafbaar wegens overtreding van de voorgeschreven winkelsluitingstijd, omdat de ongeschreven plicht tot hulpverlening zwaarder woog (HR 15 oktober 1923, NJ 1923, p. 1329). Hij kon een beroep doen op de rechtvaardigingsgrond 'overmacht' (art. 40 Sr).

Verwijtbaarheid en schulduitsluitingsgronden

De vierde voorwaarde voor strafbaarheid is dat degene die de strafbepaling heeft geschonden hieraan schuld heeft. De (rechts)persoon moet verwijtbaar hebben gehandeld om strafbaar te kunnen zijn. De verwijtbaarheid, en daarmee de strafbaarheid, kan worden weggenomen indien sprake is van een schulduitsluitingsgrond (de dader is niet strafbaar). Het kan zijn dat iemand die een gedraging heeft verricht die binnen een delictsomschrijving valt niet strafbaar is omdat de gedraging hem niet kan worden verweten.

> Dat is bijvoorbeeld het geval wanneer het feit de dader als gevolg van een geestelijke stoornis niet kan worden toegerekend (art. 39 Sr).

De rechtvaardigingsgronden en schulduitsluitingsgronden vormen samen de strafuitsluitingsgronden. Wanneer het feit of de dader niet strafbaar is, kan geen straf volgen. De strafuitsluitingsgronden zijn deels in de wet verankerd en deels in de jurisprudentie. De algemene bepalingen zijn opgenomen in de art. 39 – 43 Sr. Daarnaast gelden de niet-wettelijk vastgestelde strafuitsluitingsgronden 'ontbreken van de materiële wederrechtelijkheid' en 'ontbreken van alle schuld'. Ook op basis van bepalingen die zijn gesteld bij of krachtens wettelijke bepalingen kunnen strafuitsluitingsgronden van toepassing zijn. Zo zal de gedraging van iemand conform een milieuvergunning niet zo snel strafbaar zijn op basis van een andere strafbepaling.

7.2.2   Daderschap

De hierboven besproken voorwaarden voor strafbaarheid gaan uit van de 'standaardsituatie' van het strafbare feit: de gedraging die onder een delictsomschrijving valt, die wederrechtelijk is en aan schuld te wijten, wordt verricht door één persoon. Bij het plegen van het strafbare feit kunnen echter meer personen betrokken zijn, bijvoorbeeld indien de gedragingen van meer personen bij elkaar genomen een strafbaar feit opleveren of indien de ene persoon door zijn gedraging de andere persoon aanzet tot het plegen van een strafbaar feit. Hoewel in zo'n geval de gedraging van een persoon niet of althans niet volledig een delictsomschrijving vervult (een voorwaarde voor strafbaarheid), kan deze gedraging toch strafbaar zijn: de strafbaarheid wordt uitgebreid. Hieronder worden enkele uitbreidingen kort besproken.

Deelneming aan strafbare feiten
Volgens art. 47 Sr kunnen als dader van een strafbaar feit worden bestraft:
–   zij die het feit plegen;
–   zij die het feit doen plegen;
–   zij die het feit medeplegen;
–   zij die het feit opzettelijk uitlokken.
Art. 47 Sr noemt deze personen de daders van een strafbaar feit; het gaat hierbij om verschillende vormen van daderschap. De pleger van het feit is degene die zelf de gedraging verricht die onder de delictsomschrijving valt (de zojuist genoemde 'standaardsituatie'). De andere personen (doen-pleger, medepleger en uitlokker) werken mee aan het verrichten van die gedraging maar vervullen zelf vaak niet alle bestanddelen van de delictsomschrijving. Toch worden zij aangemerkt als dader van het delict.

> Zo is degene die door het doen van een belofte een ander ertoe brengt een milieudelict te plegen, zelf ook strafbaar wegens uitlokking van dat milieudelict. Indien twee personen in onderlinge samenwerking een milieudelict begaan, kunnen zij strafbaar zijn wegens medeplegen van dat milieudelict.

Daarnaast bepaalt art. 48 Sr dat een persoon ook strafbaar is indien deze medeplichtig is aan een misdrijf. Dit betreft personen die opzettelijk behulpzaam zijn bij het plegen van het misdrijf of personen die opzettelijk gelegenheid, middelen of inlichtingen hebben verschaft tot het plegen van het misdrijf.

Daderschap en rechtspersoon

Een bijzondere vorm van daderschap die in de jurisprudentie is ontwikkeld, is het 'functionele daderschap', waarbij een persoon die niet de delictshandeling heeft verricht, wel als dader wordt beschouwd.

> Voor functioneel daderschap is vereist dat de strafbare gedraging kan worden geïnterpreteerd als handelen door middel van een ander. Bovendien moet de verdachte – degene die als functioneel dader wordt beschouwd – de geadresseerde zijn van de norm die de bepaling beoogt te beschermen. Ook moet de feitelijke gedraging (die door een ander is verricht) aan de verdachte kunnen worden toegerekend. Deze toerekening aan de verdachte is mogelijk als deze verdachte kon beschikken over het al dan niet plaatsvinden van de handeling en als dat plaatsvinden van die handeling (of van soortgelijke handelingen) ook werd aanvaard.

De criteria voor het functioneel daderschap van de natuurlijke persoon zijn in de jurisprudentie op vergelijkbare wijze toegepast op de rechtspersoon. In recente jurisprudentie is evenwel voor de rechtspersoon niet langer sprake van het toepassen van de leer van het functioneel daderschap, maar wordt de zelfstandige status van het daderschap van de rechtspersoon onderstreept. Duidelijk werd dit in 2003 in het Drijfmest-arrest. De Hoge Raad geeft in dit arrest invulling aan eisen waaraan moet zijn voldaan om een rechtspersoon als dader van een strafbaar feit aan te kunnen merken.

> De verdachte was beheerder van een stuk land. De vennootschap die eigenaar is van het land belastte een werknemer met het feitelijk beheer. Naar aanleiding van het in strijd met de voorschriften uitrijden van drijfmest over het land, veroordeelt het Hof de beheerder omdat deze niet aannemelijk had gemaakt dat voldoende in het werk was gesteld om het delict te voorkomen. De Hoge Raad vernietigt deze uitspraak nu het Hof niet heeft vastgesteld wat precies de taken en bevoegdheden van de beheerder waren en dus niet kon bepalen wat deze in het werk had kunnen stellen.
> In beschouwingen voorafgaand aan dit arrest overweegt de Hoge Raad dat de wet geen maatstaven bevat voor het daderschap van rechtspersonen en dat de wet de rechter voor het ontwikkelen van maatstaven geheel vrij heeft gelaten. Blijkens de wetsgeschiedenis is sprake van daderschap van een rechtspersoon als een gedraging redelijkerwijs aan de rechtspersoon kan worden toegerekend. Deze redelijke toerekening is afhankelijk van de omstandigheden van het geval, waaronder de betreffende gedraging, aldus de Raad. Oriëntatiepunt voor dit toerekenen is dat de gedraging plaatsvindt of wordt verricht binnen de sfeer van een rechtspersoon. De Raad beschrijft vervolgens vier omstandigheden. Daarbij gaat het kort gezegd erom dat de handelende (of nalatende) persoon werkzaam moet zijn voor de rechtspersoon, dat de gedraging past binnen de normale bedrijfsvoering, dat de gedraging ten dienste staat van de rechtspersoon en dat sprake is van 'beschikken en aanvaarden' zoals hiervoor genoemd (HR 21 oktober 2003, LJN AF7938).

Mogelijk betekent deze jurisprudentie een verruiming van de strafrechtelijke aansprakelijkheid voor de rechtspersoon. Toekomstige jurisprudentie moet hierover meer duidelijkheid geven.

Feitelijk leidinggeven
Behalve de rechtspersoon kan ook de feitelijk leidinggevende worden aangeklaagd. De feitelijk leidinggevende is degene die opdracht heeft gegeven tot, of feitelijk heeft leidinggegeven aan een delictshandeling (art. 51 lid 2 Sr). Voor dit feitelijk leidinggeven zijn in de 'Slavenburg-arresten' criteria ontwikkeld.

> In de Slavenburg-arresten heeft de Hoge Raad bepaald dat van feitelijk leiding geven sprake is indien de betreffende functionaris, hoewel daartoe bevoegd en redelijkerwijs gehouden, maatregelen ter voorkoming van de gewraakte gedragingen achterwege laat en bewust de aanmerkelijke kans aanvaardt dat de verboden gedraging zich zal voordoen (HR 16 december 1986, NJ 1987, 321 m.nt. 't Hart).

Deze criteria zijn strenger dan die uit het vorengenoemde Drijfmest-arrest, omdat het bij het feitelijk leidinggeven gaat om het *bewust aanvaarden* van een kans dat een verboden gedraging zich voordoet. Van een rechtspersoon wordt dit bewustzijn niet geëist. Het kan zich dus voordoen dat, wanneer beide zijn aangeklaagd, de rechtspersoon *wel* en de feitelijk leidinggever *niet* wordt veroordeeld.

7.2.3 Aansprakelijkheid van de overheid voor milieudelicten

Ook overheden (Staat, provincie, gemeente, regionaal openbaar lichaam of waterschap) kunnen als rechtspersonen milieudelicten plegen. Dan komt de vraag aan de orde of een overheid kan worden vervolgd voor het begaan van een strafbaar feit.

> De exploitant van de gemeentelijke stortplaats, die in beheer van de gemeente is, kan bijvoorbeeld handelen zonder de vereiste vergunning of – indien wel een vergunning is verleend – de vergunningvoorschriften overtreden.

In de strafwetgeving is nergens expliciet uitgesloten dat de publiekrechtelijke rechtspersonen en ambtenaren strafrechtelijk aansprakelijk kunnen zijn. Ook art. 51 Sr maakt geen onderscheid tussen privaatrechtelijke en publiekrechtelijke rechtspersonen. In de rechtspraak is de vervolgbaarheid van overheden echter ingeperkt. Daarbij wordt een onderscheid gemaakt tussen de Staat enerzijds en lagere overheden anderzijds. De Staat kan blijkens de jurisprudentie niet strafrechtelijk vervolgd worden. Het Openbaar Ministerie zal, wanneer het de Staat vervolgt, niet ontvankelijk worden verklaard.

237

Naar aanleiding van de verontreiniging van de bodem op de Vliegbasis Volkel als gevolg van de overslag van kerosine, werd de Staat der Nederlanden (het Ministerie van Defensie) vervolgd wegens het overtreden van de zorgplichtbepaling in de Wet bodembescherming. De Hoge Raad oordeelt echter dat de handelingen van de Staat geacht moeten worden te strekken tot de behartiging van het algemeen belang. Voorts werd gesteld dat voor de handelingen van de Staat de ministers en staatssecretarissen verantwoording schuldig zijn aan de Staten-Generaal en dat zij voor ambtsmisdrijven strafrechtelijk kunnen worden vervolgd en berecht. Volgens de Hoge Raad strookt het niet met dit stelsel dat de Staat zelf voor zijn handelingen strafrechtelijk aansprakelijk kan worden gesteld. (HR 25 januari 1994, NJ 1994, 598, m.nt. Corstens).

Aanvankelijk leek het erop dat ook lagere overheden niet strafrechtelijk konden worden vervolgd. De Hoge Raad heeft echter vastgesteld dat de strafrechtelijke immuniteit voor de lagere publiekrechtelijke rechtspersonen slechts geldt indien 'de desbetreffende gedragingen naar haar aard en gelet op het wettelijke systeem rechtens niet anders dan door bestuursfunctionarissen kunnen worden verricht in het kader van de uitvoering van de aan het openbaar lichaam opgedragen bestuurstaak, zodat uitgesloten is dat derden in zoverre op gelijke voet als het openbaar lichaam aan het maatschappelijk verkeer deelnemen'

Dat gebeurde in de geruchtmakende Pikmeer-zaak. De gemeente Boarnsterhiem had bij baggerwerkzaamheden in de Groundaem het daarbij vrijgekomen met PAK's verontreinigde slib zonder de vereiste vergunning in het Pikmeer gestort. Een gemeenteambtenaar werd vervolgd wegens het feitelijke leiding geven aan dit door de gemeente gepleegde milieudelict. De Hoge Raad oordeelt dat de ambtenaar hiervoor niet vervolgd kan worden indien de gemeente zelf niet ook vervolgd zou kunnen worden (HR 23 april 1996, NJ 1996, 513; Pikmeer I). De zaak wordt terugverwezen naar het Hof Leeuwarden om te beoordelen of de gemeente inderdaad niet vervolgbaar zou zijn. Het Hof oordeelt uiteindelijk dat de gemeente in dit geval wel te vervolgen is, omdat zij niet heeft gehandeld ter behartiging van de opgedragen bestuurstaak. Daarom staat ook niets in de weg aan de vervolging van de ambtenaar. De ambtenaar moet een boete betalen. In het arrest op het beroep in cassatie tegen dit arrest van het Hof Leeuwarden heeft de Hoge Raad het criterium voor de vervolgbaarheid van overheden beperkt zoals hiervoor aangegeven. (HR 6 januari 1998, NJ 1998, 367, m.nt. Hullu; Pikmeer II).

7.3   Strafproces

Het materiële strafrecht moet worden verwezenlijkt door het formele strafrecht, via het strafproces. Binnen het strafproces kunnen drie fasen worden onderscheiden, die we in deze paragraaf bespreken: de opsporing (§ 7.3.1), de vervolging (§ 7.3.2) en het opleggen van een straf of maatregel (§ 7.3.3).

Het strafproces

FASE 1	OPSPORING	(opsporingsambtenaar)
FASE 2	VERVOLGING	(OvJ)
FASE 3	OPLEGGEN VAN STRAF OF MAATREGEL	(strafrechter)

7.3.1 Opsporing

Drie typen opsporingsambtenaren

Een opsporingsonderzoek is de eerste fase van een strafproces. Met de opsporing van milieudelicten zijn drie categorieën opsporingsambtenaren belast: het Openbaar Ministerie (OM), de politie en de zogenoemde buitengewone opsporingsambtenaren.

Het OM is te beschouwen als de spin in het web: het OM leidt het opsporingsonderzoek en kan bevelen geven aan andere opsporingsambtenaren. In alle arrondissementen zijn officieren van justitie aangewezen die in het bijzonder de opsporing van milieudelicten in hun portefeuille hebben (milieuofficieren). Bovendien zijn er regionale milieucentra (RMC's).

De politie is belast met de opsporing van alle strafbare feiten, dus ook die op het milieuterrein. Ter verbetering van de opsporing van zware milieudelicten worden vaste politiemilieuteams ontwikkeld. Per regio zijn er servicepunten handhaving (Sephs) tot stand gekomen, ondergebracht bij de regionale milieudiensten. Dit is gebeurd op basis van bestuursovereenkomsten tussen alle overheden die bij de handhaving van de milieuwetgeving zijn betrokken.

Bij tal van bestuursorganen, zoals gemeenten, provincies, waterschappen en de ministeries van Verkeer en Waterstaat en VROM, zijn buitengewone opsporingsambtenaren aangewezen voor de opsporing van milieudelicten. Doorgaans zijn dit ambtenaren die al met de bestuursrechtelijke handhaving van milieuregelgeving belast zijn. Bij de aanwijzing tot buitengewoon opsporings-ambtenaar wordt aangegeven tot de opsporing van welke milieudelicten de (strafrechtelijke) opsporingsbevoegdheid beperkt is.

In 1985 werd een 'Milieubijstandsteam' in het leven geroepen, ter ondersteuning van het bestaande opsporingsapparaat, bij de bestrijding van zware milieudelicten. De organisatie van deze ondersteuning wijzigde in de loop van de tijd en sinds

2002 is de VROM-Inlichtingen- en Opsporingsdienst operationeel, welke zich bezighoudt met de grotere en complexere opsporingsonderzoeken, zoals de grensoverschrijdende criminaliteit op het gebied van afval.

Bevoegdheden van opsporingsambtenaren
Opsporingsambtenaren zijn belast met de opsporing van strafbare feiten. Zij hebben, naast de bevoegdheden die iedereen heeft zoals het met toestemming van bewoners betreden van woningen, een aantal bijzondere opsporingsbevoegdheden. Deze bijzondere bevoegdheden zijn voor de opsporing van milieudelicten vooral te vinden in het Wetboek van Strafvordering (zoals het staande houden van een verdachte en het aanhouden voor verhoor van een verdachte) en in de Wed. De bevoegdheden uit het Wetboek van Strafvordering kunnen in beginsel voor alle strafbare feiten worden gebruikt. De bevoegdheden uit de Wed kunnen worden ingezet voor de opsporing van Wed-delicten. Omdat milieudelicten strafbaar zijn gesteld in de Wed, kunnen de Wed-bevoegdheden voor deze delicten worden gebruikt.

In de Wed staan onder andere bevoegdheden tot:
– inbeslagneming (art. 18 Wed);
– inzage van gegevens en bescheiden (art. 19 Wed);
– toegang tot plaatsen (art. 20 Wed);
– het nemen van monsters (art. 21 Wed);
– het onderzoeken van vervoermiddelen en de controle daarvan (art. 23 Wed).

De Wed bevat voorts in art. 24a een medewerkingsplicht. Een ieder is verplicht aan de opsporingsambtenaren binnen de door hen gestelde termijn alle medewerking te verlenen die deze redelijkerwijs kunnen vorderen bij de uitoefening van hun bevoegdheden. Het opzettelijk niet voldoen aan een vordering in het kader van de Wed is een economisch delict (art. 26 Wed).

Verhouding tussen opsporing en toezicht
Van de (strafrechtelijke) opsporing moet het (bestuursrechtelijke) toezicht worden onderscheiden (zie § 5.6.5). Toezicht heeft primair een preventief karakter: gecontroleerd wordt of bepaalde normen worden nageleefd. Opsporing is het onderzoek (onder leiding van de officier van justitie) naar aanleiding van een redelijk vermoeden dat een strafbaar feit is begaan. Het onderscheid tussen opsporing en toezicht is in de praktijk soms lastig te maken, omdat buitengewone opsporingsambtenaren meestal ook een toezichthoudende taak hebben. Het is dan niet altijd op voorhand duidelijk in welke hoedanigheid de ambtenaar optreedt. Of bij bepaalde handelingen van toezicht of van opsporing sprake is, is echter wel van belang. Bij het uitoefenen van toezichtsbevoegdheden is de burger verplicht medewerking te verlenen. Het niet meewerken aan deze verplichting is strafbaar

240

gesteld in art. 184 Sr. Aan opsporingshandelingen hoeft de verdachte niet actief mee te werken. Indien een verdachte wordt gehoord, is hij niet tot antwoorden verplicht. Dit moet hem voor het verhoor worden meegedeeld (art. 29 Sv).

Aangezien onduidelijkheid kan bestaan over de bevoegdheidsgrondslag van de betrokken ambtenaar (toezichthouder of opsporingsambtenaar) en om oneigenlijk gebruik van de toezichtsbevoegdheden te voorkomen, wordt er wel voor gepleit om de toezichthoudende – en opsporingsbevoegdheden niet in één ambtenaar te verenigen.

7.3.2 Vervolging

De processen-verbaal, die een resultaat zijn van de opsporing van strafbare feiten door algemene en bijzondere opsporingsambtenaren, worden gezonden aan de officier van justitie. De officier van justitie heeft vervolgens de keuze tussen:

- het afzien van vervolging (seponeren);
- het sluiten van een transactie met de verdachte;
- het dagvaarden van de verdachte en daarmee starten van een rechtsgeding.

In het Wetboek van Strafvordering zijn veel dwangmiddelen opgenomen die ten behoeve van het strafvorderlijke onderzoek kunnen worden ingezet. Wel moet daarvoor worden voldaan aan de daarin opgenomen voorwaarde. Op grond van de art. 28 en 29 Wed beschikt de officier van justitie over een aantal extra bevoegdheden, wanneer de vervolging een strafbaar feit betreft dat onder de werking valt van de Wed. Op grond van art. 28 kan de officier van justitie voorlopige maatregelen nemen 'indien ernstige bezwaren tegen de verdachte zijn gerezen en tevens de belangen welke door het vermoedelijk overtreden voorschrift worden beschermd een onmiddellijk ingrijpen vereisen'. Deze voorlopige maatregel kan bestaan uit het bevel aan de verdachte:

- zich te onthouden van bepaalde handelingen;
- zorg te dragen dat in het bevel aangeduide voorwerpen die vatbaar zijn voor inbeslagneming, opgeslagen en bewaard worden op een in het bevel aangegeven plaats.

Op grond van art. 29 Wed kan de rechter, op vordering van de officier van justitie en op voordracht van de rechter-commissaris die met het gerechtelijk vooronderzoek is belast, de volgende voorlopige maatregelen bevelen:

- gehele of gedeeltelijke stillegging van de onderneming van verdachte waarin het delict wordt vermoed te zijn begaan;
- onderbewindstelling van de onderneming van verdachte;
- gehele of gedeeltelijke ontzetting van bepaalde rechten of gehele of gedeeltelijke ontzegging van bepaalde voordelen, welke rechten of voordelen de verdachte in verband met zijn onderneming zijn of zouden kunnen worden toegekend.

Met deze voorlopige maatregelen kan worden opgetreden wanneer het wenselijk is dat een overtreding binnen korte tijd wordt stopgezet om bijvoorbeeld nadelige gevolgen voor het milieu te beperken. Het opzettelijk handelen of nalaten in strijd met de voorlopige maatregelen wordt in art. 33 Wed aangemerkt als economisch delict.

Seponeren
De officier van justitie is niet verplicht elk strafbaar feit te vervolgen; hij mag beslissen in bepaalde gevallen niet tot vervolging over te gaan. Dat de officier van justitie deze beleidsvrijheid heeft, is een gevolg van het opportuniteitsbeginsel dat voor het optreden van het Openbaar Ministerie geldt. Dit recht om van vervolging af te zien, volgt uit art. 167 lid 2 Sv: 'Van vervolging kan worden afgezien op gronden aan het algemeen belang ontleend.' Ook kan de officier van justitie na een gerechtelijk vooronderzoek afzien van verdere vervolging (art. 244 lid 1 Sv).
Onderscheid kan worden gemaakt tussen een technisch sepot en een beleidssepot. Een technisch sepot is gestoeld op de overtuiging dat vervolging geen succes zal hebben, bijvoorbeeld wanneer de officier van justitie van oordeel is dat onvoldoende bewijs bestaat dat de verdachte het strafbare feit heeft gepleegd. Bij deze afweging loopt de officier vooruit op de vragen uit art. 348 en 350 Sv.
Bij een beleidssepot ziet de officier van justitie van vervolging af ondanks dat hij wel van oordeel kan zijn dat de verdachte een strafbaar feit heeft gepleegd en een veroordeling daarvoor mogelijk is. Een beleidssepot kan op verschillende gronden gebaseerd zijn, bijvoorbeeld op het feit dat ten aanzien van het strafbare feit al bestuurlijk wordt gehandhaafd. Ook kan een beleidssepot zijn ingegeven door de omstandigheid dat slechts geringe schade door het strafbare feit is veroorzaakt.
De officier van justitie kan ook voorwaardelijk seponeren (art. 244 lid 3 Sv). Dit houdt in dat de officier van justitie de verdachte bericht dat hij onder bepaalde voorwaarden niet zal vervolgen. De bevoegdheid voorwaardelijk te seponeren bestaat alleen ten aanzien van beleidssepots, niet voor technische sepots.

Transactie
Ook kan de officier van justitie voor aanvang van de terechtzitting de verdachte een transactievoorstel doen. Hij stelt dan een of meer voorwaarden ter voorkoming van strafvervolging. Een transactie is een rechtsfiguur tussen de officier van justitie die afstand doet van zijn recht tot vervolging en de verdachte die voldoet aan een aan hem gestelde voorwaarde (art. 74 Sr). Die voorwaarde bestaat meestal uit het voldoen van een geldsom aan de Staat, maar kan soms ook bestaan uit het doen van afstand van bepaalde goederen of vergoeding van veroorzaakte schade. Indien sprake is van een verdenking van een Wed-delict kan op grond van art. 36 Wed worden getransigeerd. Een voorwaarde die op grond van deze bepaling aan de transactie worden verbonden is dat de verdachte herstelmaatregelen treft: hij moet alsnog doen wat hij wederrechtelijk heeft nagelaten.

Op grond van art. 37 Wed kan ook aan het bestuur – binnen bepaalde grenzen – een strafrechtelijke transactiebevoegdheid verleend worden. In 2000 is daartoe het Transactiebesluit milieudelicten (Stb. 2000, 320) in werking getreden.

Op basis daarvan hebben een aantal aangewezen bestuursorganen voor kleinere milieudelicten een transactiebevoegdheid. Het OM heeft richtlijnen opgesteld voor deze proef, die beperkt is tot enkele arrondissementen . Het gaat hier om een experiment dat loopt tot 2006.

Beklag niet-vervolging
Een belanghebbende kan bij het gerechtshof beklag doen als het Openbaar Ministerie niet tot vervolging van een delict overgaat of de vervolging niet voortzet. Het beklag over het niet vervolgen van strafbare feiten is geregeld in art. 12 Sv. Dit beklag vormt de mogelijkheid voor derden, zoals omwonenden, om aan te dringen op vervolging van milieudelicten. Het Hof kan, wanneer het van oordeel is dat een vervolging moet worden ingesteld of moet worden voortgezet, het Openbaar Ministerie bevelen om de vervolging alsnog in te stellen of voort te zetten.

De dagvaarding
Met de dagvaarding begint het eigenlijke rechtsgeding. De dagvaarding bestaat uit drie onderdelen:
– de oproep om te verschijnen;
– een mededeling van wat ten laste wordt gelegd: de tenlastelegging;
– een overzicht van een aantal rechten die de verdachte heeft in verband met de dagvaarding.
Door de tenlastelegging laat de officier van justitie weten voor welk feit de vervolging plaatsvindt. De tenlastelegging bevat een opgave van het feit dat ten laste wordt gelegd met vermelding omstreeks welke tijd en waar ter plaatse het feit zou zijn begaan en de wettelijke voorschriften waarbij het feit is strafbaar gesteld. Tevens bevat het de vermelding van de omstandigheden waaronder het feit zou zijn begaan.

De terechtzitting
Het onderzoek op de terechtzitting vormt de voorbereiding voor de beraadslaging van de rechter(s). De strafrechter zal eerst een beslissing moeten nemen over de vragen uit art. 348 Sv (de voorvragen). Indien het onderzoek ter terechtzitting doorgaat zal hij ook een beslissing moeten nemen over de vragen uit art. 350 Sv (de hoofdvragen). De grondslag voor de beraadslaging van de rechter(s) is de tenlastelegging en het onderzoek ter terechtzitting. De beraadslaging richt zich eerst op de vragen van art. 348 Sv:
1. is de dagvaarding geldig?
2. is de officier van justitie ontvankelijk?

3. is de rechter bevoegd?
4. zijn er redenen om de vervolging te schorsen?

Wanneer het antwoord op de eerste drie vragen positief is en op de laatste vraag negatief, kan worden overgegaan tot de beraadslaging over de punten van art. 350 Sv:

5. is bewezen dat het ten laste gelegde feit door de verdachte is begaan?
6. welk strafbaar feit levert het bewezen verklaarde op?
7. is de verdachte strafbaar?
8. welke straf of maatregel zal worden opgelegd?

Voor het bewijs is een aantal regels vastgesteld waaraan de strafrechter zich moet houden. De rechter mag bewijs alleen aannemen op grond van één van de in de art. 339 – 340 Sv genoemde bewijsmiddelen. Om na te gaan of het ten laste gelegde feit een strafbaar feit oplevert, moet worden nagegaan of door het bewezen verklaarde alle bestanddelen van een delictsomschrijving worden vervuld en of sprake is van een rechtvaardigingsgrond voor het delict. Voor de strafbaarheid van de verdachte is van belang of een schulduitsluitingsgrond van toepassing is. De vragen van art. 350 Sv corresponderen met de voorwaarden voor strafbaarheid, zoals genoemd in § 7.2.1.

De uitkomst van de beraadslaging over de punten van art. 348 en 350 Sv kan leiden tot verschillende uitspraken. Dit is in het onderstaande schema tot uitdrukking gebracht:

Uitspraken van de strafrechter

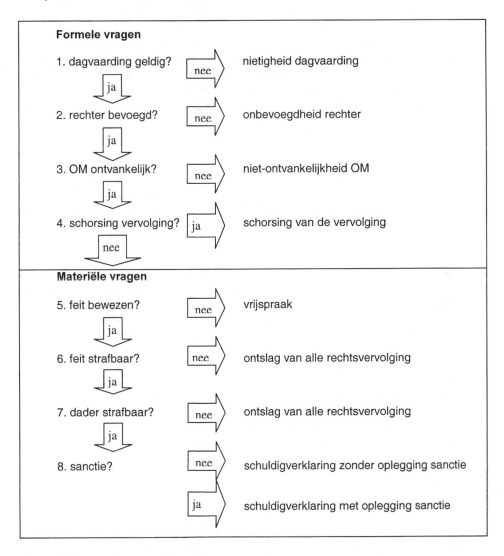

Bij het opleggen van de straf of maatregel heeft de strafrechter relatief veel vrijheid. Hij kan zelfs helemaal van het opleggen van een straf of maatregel afzien op grond van art. 9a Sr: 'Indien de rechter dit raadzaam acht in verband met de geringe ernst van het feit, de persoonlijkheid van de dader of de omstandigheden waaronder het feit is begaan, dan wel die zich nadien hebben voorgedaan, kan hij in het vonnis bepalen dat geen straf of maatregel zal worden opgelegd.' Dit wordt het rechterlijk pardon genoemd.

Indien de rechter wel een straf of maatregel oplegt, zal hij in zijn vonnis moeten motiveren waarom voor een bepaalde straf of maatregel is gekozen. Meestal wordt daarvoor de standaardformule gebruikt 'dat de straf in overeenstemming is met de ernst van het feit, de omstandigheden waaronder dit is begaan en de persoon van de verdachte'. In de volgende paragraaf zal aan de orde komen welke straffen en maatregelen kunnen worden opgelegd.

7.3.3 Sancties

De strafrechter kan, wanneer is bewezen verklaard dat het telastegelegde feit door de verdachte is begaan, dit feit strafbaar is (geen rechtvaardigingsgrond) en de verdachte strafbaar is (geen schulduitsluitingsgrond), overgaan tot het opleggen van een straf of maatregel.

Straffen
De straffen kunnen worden onderscheiden in hoofdstraffen en bijkomende straffen. Een hoofdstraf en een bijkomende straf kunnen apart worden opgelegd. Het is dus niet noodzakelijk voor het opleggen van een bijkomende straf dat ook een hoofdstraf is opgelegd.

Uit art. 5 Wed volgt dat alleen de straffen of tuchtmaatregelen uit de Wed of de bijzondere wet waarin het delict is opgenomen van toepassing zijn bij delicten die zijn opgenomen in art. 1 en 1a Wed. In de Wed worden in art. 6, 7 en 8 de hoofdstraffen, bijkomende straffen en maatregelen opgesomd die kunnen worden opgelegd als straf op het plegen van economische delicten.

De Wed bevat een aantal sancties die het gewone strafrecht niet kent. Omdat de Wed zich vooral richt op delicten die worden begaan bij bedrijfsactiviteiten, is een aantal sancties opgenomen die bedrijven kunnen treffen. Bovendien is een aantal van de sancties op grond van de Wed reparatoir van aard, dat wil zeggen gericht op herstel in de rechtmatige toestand.

In het Wetboek van Strafrecht zijn de straffen opgenomen in titel II. De maatregelen staan in titel IIA. Sr. De hoofdstraffen uit het Wetboek van Strafrecht zijn: gevangenisstraf, hechtenis, taakstraf, geldboete en dienstverlening (art. 9 lid 1 Sv). De geldboete die maximaal voor een strafbaar feit kan worden opgelegd, wordt aangegeven door een bepaalde categorie (één tot en met zes). Het bedrag dat correspondeert met deze categorie is te vinden in art. 23 lid 4 Sr. Het zevende lid van art. 23 maakt het mogelijk om voor strafbare feiten gepleegd door een rechtspersoon maximaal de geldboete op te leggen uit de naastgelegen hogere

categorie, wanneer de boetebedragen geen passende bestraffing vormen.
De taakstraf is sinds 2001 opgenomen als zelfstandige straf. Art. 9 lid 2 Sr bepaalt dat de rechter in plaats van een gevangenisstraf of een geldboete een taakstraf kan opleggen. De taakstraf bestaat uit het verrichten van onbetaalde arbeid of uit een leerstraf, dan wel een combinatie van beide.

De hoofdstraffen voor Wed-milieudelicten (art. 1a Wed) zijn opgesomd in art. 6 Wed:
– gevangenisstraf (voor misdrijven maximaal twee of zes jaar);
– hechtenis (voor overtredingen maximaal zes maanden of één jaar);
– geldboete (voor misdrijven maximaal de vierde of vijfde categorie; voor overtredingen maximaal de vierde categorie.

Bij veroordeling van een rechtspersoon tot een geldboete kan een geldboete worden opgelegd van de naast hogere categorie. Indien het strafmaximum dat voor het delict is vastgesteld de vierde categorie is, kan dit dus worden verhoogd tot maximaal de vijfde categorie (art. 23 lid 7 Sr). Op die wijze is het mogelijk dat voor sommige milieudelicten de maximum geldboete kan worden opgelegd (de zesde categorie).

De bijkomende straffen op basis van het Wetboek van Strafrecht (art. 9 lid 1) zijn:
– de ontzetting van bepaalde rechten (bijvoorbeeld het recht om een bepaald beroep uit te oefenen);
– de verbeurdverklaring van bepaalde voorwerpen of vorderingen;
– de openbaarmaking van de rechterlijke uitspraak.
De bijkomende straffen die in de Wed (art. 7) zijn opgenomen, zijn dezelfde als die in het Wetboek van Strafrecht. Daarnaast kent de Wed als extra bijkomende straf de gehele of gedeeltelijk stillegging•van de onderneming van de veroordeelde, waarin het economisch delict is begaan, voor ten hoogste één jaar. Bij deze bijkomende straf kan op grond van art. 10 lid 1 Wed worden bevolen dat de veroordeelde hem van overheidswege ten behoeve van zijn onderneming verstrekte bescheiden inlevert (bijvoorbeeld de milieuvergunning), in zijn onderneming aanwezige voorraden onder toezicht verkoopt en medewerking verleent bij de inventarisatie van die voorraden.

Maatregelen
De maatregelen kunnen worden onderscheiden in vermogensrechtelijke en niet-vermogensrechtelijke maatregelen. De vermogensrechtelijke maatregelen (art. 36a e.v. Sv) zijn:
– onttrekking aan het verkeer (bijvoorbeeld van drugs en vuurwapens) en
– ontneming van het wederrechtelijk verkregen voordeel.

De niet-vermogensrechtelijke sancties zijn:
- plaatsing in een psychiatrisch ziekenhuis en
- terbeschikkingstelling (tbs).

De maatregelen op grond van de Wed (art. 8) zijn:
- de onderbewindstelling van de onderneming van de veroordeelde, waarin het economische delict is begaan, voor ten hoogste drie jaar bij een misdrijf en ten hoogste twee jaar bij een overtreding;
- het opleggen van de verplichting tot verrichting van hetgeen wederrechtelijk is nagelaten, tenietdoening van hetgeen wederrechtelijk is verricht en verrichting van prestaties tot het goedmaken van een en ander, alles op kosten van de veroordeelde.

Deze laatste maatregel is reparatoir van karakter en heeft dezelfde strekking als de bestuursrechtelijke sanctie bestuursdwang.

De strafrechter kan door het opleggen van een maatregel bijvoorbeeld bevelen illegaal gestorte afvalstoffen uit de bodem te verwijderen of een in een vergunning voorgeschreven voorziening aan te brengen.

7.4 Relatie tot bestuursrechtelijke handhaving

Nu twee wegen bestaan om de handhaving van het milieurecht tot stand te brengen, via het bestuursrecht en via het strafrecht, is het interessant na te gaan hoe de verhouding is tussen beide handhavingsmogelijkheden. De verhouding tussen bestuursrechtelijke handhaving (zie § 5.6) en de strafrechtelijk handhaving betreft vier elementen. De verhouding wordt in de eerste plaats gekenmerkt door de administratieve afhankelijkheid van het milieustrafrecht. Deze afhankelijkheid is in § 7.1.4 besproken. In de tweede plaats betreft de verhouding de vraag naar de rol van het strafrecht bij de handhaving van het milieurecht. De discussie hierover vindt meestal plaats aan de hand van het 'ultimum remedium beginsel'. In de derde plaats betreft de verhouding tussen de beide handhavingssystemen het vraagstuk van de samenloop van de bestuursrechtelijke en de strafrechtelijke handhaving. Tenslotte komt de verhouding tussen de beide handhavingssystemen naar voren bij het vraagstuk betreffende de gevolgen van bestuurlijk gedogen voor de strafrechtelijke handhaving. We behandelen hier de elementen die niet al eerder in dit hoofdstuk zijn besproken.

7.4.1 De rol van het strafrecht

Lange tijd is de houding aangenomen dat het in de eerste plaats een taak is van het

248

bestuur om het milieurecht te handhaven. Het strafrecht zou slechts toegepast moeten worden wanneer geen andere, bestuursrechtelijke handhavingsmiddelen zouden kunnen worden ingezet. Voor dit standpunt werd gewezen op de eerstverantwoordelijkheid van het bestuur en op het zeer ingrijpende karakter van de sancties in het strafrecht. Het strafrecht zou slechts als laatste redmiddel mogen worden ingezet.

Hiertegenover staat het standpunt dat het Openbaar Ministerie een eigen taak en verantwoordelijkheid heeft bij het vervolgen van milieudelicten, naast de taken en verantwoordelijkheid van bestuursorganen bij de handhaving. Per geval zou bekeken moeten worden of straf- of bestuursrechtelijk optreden meer effectief is.

In overlegsituaties tussen politie, Openbaar Ministerie en bestuur (het driehoeks-overleg) is geprobeerd criteria vast te stellen op grond waarvan in een bepaald geval kan worden bepaald of bestuurs- en/of strafrechtelijke handhaving meer gewenst is. Daarbij wordt dan bijvoorbeeld gekeken naar de ernst van de over-treding, het effect van eerder bestuursrechtelijk optreden en de verwijtbaarheid van de gedraging. Thans wordt gestreefd naar een geïntegreerde handhaving. Zowel het bestuursrechtelijk als het strafrechtelijk optreden dient afzonderlijk en in combinatie gericht te zijn op het verzekeren van een behoorlijk handhavingsniveau en op het beperken van de gevolgen van de milieuovertredingen. Samenwerking tussen de betrokken toezichthoudende, opsporende en vervolgende instanties is daarbij van groot belang. Het overleg en de afstemming tussen de instanties die met bestuursrechtelijke en strafrechtelijke handhaving van milieuovertredingen belast zijn, moet plaatsvinden door gezamenlijke strategieën, prioriteitstelling, programmering, informatieuitwisseling en optreden. Om dit te realiseren zijn handhavingsstructuren en samenwerkingsoverleggen in het leven geroepen (zie ook § 7.3.1).

7.4.2 Samenloop van straf- en bestuursrechtelijke sancties

Uitgangspunt is dat een strafrechtelijke sanctie tegelijkertijd met een bestuursrech-telijke sanctie kan worden opgelegd voor dezelfde overtreding. De strafrechtelijke sanctie kan als ondersteuning dienen voor bestuurlijk optreden (een brief van het OM maakt wellicht meer indruk op de overtreder dan een schrijven van B en W, waardoor hij eerder de overtreding staakt), maar ook als aanvulling.

> Wanneer bijvoorbeeld een discotheek meer decibellen produceert dan volgens de milieuvergunning is toegestaan, kan zowel met het bestuursrecht worden opgetreden door bijvoorbeeld een last onder dwangsom op te leggen, als met het strafrecht door een proces-verbaal op te maken.

Deze samenloop is niet bij wet verboden. De reden hiervoor is dat de aard van beide typen sancties verschilt. Een bestuursrechtelijke sanctie is erop gericht om de

249

rechtmatige toestand te herstellen (reparatoire sanctie), terwijl een strafrechtelijke sanctie tot doel heeft te straffen (punitieve sanctie) met als achterliggende doelen het voorkomen van recidive en afschrikking.

Wel verbiedt art. 68 Sr dat iemand twee maal voor hetzelfde feit wordt vervolgd. Dit beginsel heet het 'ne bis in idem'-beginsel en is beperkt tot strafrechtelijke sancties. In verband met dit beginsel wordt in de literatuur echter wel gediscussieerd over de samenloop van bestuurs- en strafrechtelijke sancties wanneer een bestuursrechtelijke sanctie een meer punitief dan reparatoir karakter draagt, zoals de bestuurlijke boete (zie § 5.6.3). In dat geval zou de samenloop met een strafrechtelijk sanctie kunnen leiden tot een 'bis in idem'. De samenloop van straf- en bestuursrechtelijke handhaving wordt in de rechtspraak echter niet verboden.

7.4.3   *Gevolgen van het bestuurlijke gedogen voor het strafrecht*

In § 5.6.4 is aangegeven dat niet elke overtreding bestuursrechtelijk wordt gehandhaafd. De vraag is welke gevolgen het bestuurlijk gedogen heeft voor de mogelijkheid om door middel van het strafrecht op te treden. Daarbij kan gedacht worden aan de mogelijkheden van het Openbaar Ministerie om gedoogde overtredingen te vervolgen en aan de strafbaarheid van gedoogde overtredingen.

Vervolgingsbeleid
Indien sprake is van een gedoogsituatie die in overeenstemming is met het ook door het OM onderschreven gedoogbeleid, zal het OM niet snel tot vervolging overgaan. Vraag is echter of het OM als gevolg van bestuurlijk gedogen ook niet langer bevoegd is te vervolgen. Deze vraag is natuurlijk vooral relevant voor die gevallen waarin door de betrokken officier van justitie niet is ingestemd met het gedoogbesluit.
In de rechtspraak wordt het uitgangspunt gehanteerd dat het Openbaar Ministerie bij het vervolgingsbeleid op geen enkele manier gebonden is aan toezeggingen van het bestuur dat niet handhavend zal worden opgetreden. Het bestuur is niet verantwoordelijk voor de strafrechtelijke vervolging en dus is het Openbaar Ministerie daar niet aan gebonden (bijvoorbeeld HR 17 december 1985, NJ 1986, 591. m.nt ThWvV). Ook het beleid van het Openbaar Ministerie is dat bestuurlijk gedogen niet zonder meer reden is om af te zien van strafrechtelijke vervolging. Indien door het OM zelf het vertrouwen is gewekt dat niet tot vervolging zal worden overgegaan, bijvoorbeeld omdat de officier van justitie met de gedoogsituatie heeft ingestemd, kan de vervolgingsbevoegdheid van het OM door het vertrouwensbeginsel worden aangetast.

Strafbaarheid

Bestuurlijk gedogen zou ook gevolgen kunnen hebben voor de strafbaarheid van het feit of de dader. Het bestuurlijk gedogen kan als verweer in het kader van de artt. 348 en 350 Sv (zie § 7.3.2) worden gevoerd. Wanneer wordt gehandeld in overeenstemming met de voorschriften verbonden aan een schriftelijke gedoogver-klaring van een bestuursorgaan (een gedoogbeschikking), zou een beroep op het gedogen een rechtvaardigende werking kunnen hebben. Ook kan worden berede-neerd dat wanneer een situatie is gedoogd, een beroep kan worden gedaan op de ongeschreven schulduitsluitingsgrond 'afwezigheid van alle schuld'. Dan wordt gesteld dat men, als gevolg van het gedogen, niet op de hoogte was van de wederrechtelijkheid van de gedraging. Dit argument gaat echter niet op wanneer actief is gedoogd. Dan zal de gedoogde immers duidelijk zijn gemaakt dat hij wederrechtelijk handelde.

In de rechtspraak is inmiddels enige duidelijkheid ontstaan over de gevolgen van bestuurlijk gedogen. Het blijkt dat aan gedogen niet snel een rechtvaardigende of schulduitsluitende werking wordt toegekend.

Het 'multimodale transportcentrum Amsterdam Westpoint VOF' had een inrichting in werking zonder de vereiste Wm-vergunning (art. 8.1 lid 1 Wm). Dit handelen van Westpoint werd expliciet gedoogd door de gemeente Amsterdam, die zelf het bedrijf voor de helft in handen had. Het gedogen was echter in strijd met het bestuurlijke gedoogbeleid van de minister van VROM. Het Amsterdamse Openbaar Ministerie was het dan ook niet eens met de gang van zaken. Nadat het bedrijf eerst een transactievoorstel had afgewezen, besloot de officier van justitie een strafvervolging in te stellen wegens het overtreden van art. 8.1 lid 1 Wm. Volgens de rechtbank komt door het gedogen niet alleen het vervolgingsrecht van de officier van justitie niet te vervallen, maar heeft het gedogen ook geen rechtvaardigende of schulduitsluitende werking (Rb Amsterdam 5 maart 1996, M en R 1996, 74 m.nt. De Lange).

Aan een gedoogbeschikking komt voor de strafrechtelijke handhaving niet dezelfde kracht toe als aan een daaraan voorafgaande vergunning, aldus de Hoge Raad in de onderstaande zaak.

Een inrichting te Amsterdam voor het op- en overslaan van gevaarlijke afvalstoffen is na een overname niet meer in het bezit van een vergunning. B en W van Amsterdam verlenen een gedoogbeschikking. Op een vervolging door het OM spreekt het Hof vrij van het telastgelegde 'zonder een daartoe verleende vergunning', omdat de gedoogbeschikking niet te onderscheiden zou zijn van de vergunning. De Hoge Raad oordeelt dat het standpunt van het Hof, dat het voor de strafrechtelijke handhaving geen verschil maakt of men een gedoogbeschikking dan wel een milieuvergunning heeft, blijkt geeft van een onjuiste rechtsopvatting (HR 9 april 2002, NJ 2002, 535 m.nt. YB).

Straftoemeting

Tenslotte kan het feit dat een overtreding door het bestuur is gedoogd, gevolgen hebben voor de straftoemeting. Gedogen kan dan een grond voor strafvermindering zijn. De strafrechter houdt bij de straftoemeting rekening met de omstandigheden waaronder de strafbare gedraging heeft plaatsgevonden. De omstandigheid dat de strafbare gedraging door het bestuur is gedoogd, kan dus in de straftoemeting doorwerken. In de praktijk valt de straf dan vaak lager uit.

8. Privaatrecht en milieu

8.1 Inleiding

De laatste decennia is de betekenis van het privaatrecht voor het milieu toegenomen. In dit hoofdstuk behandelen we een aantal onderwerpen binnen het privaatrecht die voor het milieurecht van betekenis zijn. In de eerste plaats geven we in deze paragraaf aan wat privaatrecht is en waar het is te vinden. Vervolgens behandelen we de criteria waaraan moet worden voldaan om iemand privaatrechtelijk aansprakelijk te stellen voor door hem veroorzaakte milieuschade. Het kan hierbij gaan om een onrechtmatige daad (§ 8.2) of om een bijzondere aansprakelijkheid die iemand bijvoorbeeld als producent kan hebben (§ 8.3). Twee partijen kunnen ook gebonden zijn aan afspraken die ze zelf onderling hebben gemaakt door het sluiten van een overeenkomst. We bespreken in § 8.4 enkele regels die van toepassing zijn bij een koopovereenkomst, in het bijzonder wanneer na de koop van een onroerende zaak bodemverontreiniging aan het licht komt.

De overheid en particulieren kunnen de middelen die het privaatrecht biedt niet in onbeperkte mate inzetten ingeval er ook publiekrechtelijke middelen voorhanden zijn. In de jurisprudentie zijn daartoe criteria ontwikkeld die we bespreken in § 8.5. Tot slot bespreken we een aantal kenmerken van het voeren van een proces voor de burgerlijke rechter in § 8.6.

8.1.1 Wat is privaatrecht?

In het privaatrecht, ook wel aangeduid als burgerlijk of civiel recht, worden alle rechtsbetrekkingen tussen burgers onderling geregeld. Het privaatrecht is dan ook complex en uitgebreid. Voor het milieurecht zijn echter maar enkele onderdelen van belang. In deze paragraaf bieden we een kader aan de hand waarvan we de thema's die we behandelen, kunnen plaatsen binnen het privaatrecht.

Het privaatrecht is in eerste instantie in te delen in het formele en het materiële privaatrecht. Het formele privaatrecht, aangeduid als het burgerlijk procesrecht, geeft aan op welke wijze procedures voor de burgerlijke rechter gevoerd moeten worden. Het materiële privaatrecht geeft de inhoudelijke regels waaraan burgers zich in het rechtsverkeer moeten houden. Ook de overheid is soms gebonden aan deze materiële privaatrechtelijke regels, bijvoorbeeld indien zij in een contractuele relatie met een burger staat. Het materiële privaatrecht bevat zowel regels van dwingendrechtelijke aard (waarvan door partijen niet mag worden afgeweken) als regels van regelende aard (waarvan partijen afspraken kunnen maken waarbij dan wordt afgeweken).

In dit hoofdstuk behandelen we met name materiële privaatrechtelijke regels die binnen het vermogensrecht vallen. Het vermogen van een persoon is het geheel van rechten en verplichtingen dat op een bepaald moment aan die persoon toekomt en op geld waardeerbaar is. Het kan hierbij gaan om een natuurlijke persoon of om een rechtspersoon. Onder het vermogen vallen bijvoorbeeld schulden, eigendoms-recht en rechten uit overeenkomsten, zoals een koop- of een arbeidsovereenkomst. Ook andere handelingen hebben gevolgen voor de samenstelling van het vermogen zoals een schenking of het toebrengen van schade aan een derde.

Tussen twee of meer personen kan een rechtsbetrekking ontstaan, krachtens welke de één tot iets gerechtigd is, waartoe de ander verplicht is. Deze rechtsbetrekking wordt verbintenis genoemd. Verbintenissen kunnen in de eerste plaats voortvloeien uit afspraken die twee personen door middel van een overeenkomst met elkaar maken, zoals bijvoorbeeld de koop van een stuk grond. In beginsel zijn partijen vrij om te bepalen op welke wijze en onder welke voorwaarden ze met elkaar een verbintenis willen aangaan. In het privaatrecht zijn echter wel een aantal dwingende bepalingen opgenomen waar de verbintenis niet mee in strijd mag zijn.

Een verbintenis kan in de tweede plaats ontstaan indien een persoon bijvoorbeeld een handeling verricht in strijd met de wet, waardoor een andere persoon schade lijdt. De verbintenis vloeit dan niet voort uit een overeenkomst maar uit de wet. In dat geval wordt de handeling aangeduid als een onrechtmatige daad (zie § 8.2). De wet kent ook een zogenoemde 'kwalitatieve aansprakelijkheid', voor personen die in een bepaalde hoedanigheid of kwaliteit optreden, bijvoorbeeld voor de producent van een gevaarlijke stof, indien sprake is van milieuschade door deze stof (zie § 8.3).

8.1.2   Waar is het privaatrecht te vinden?

De regels van het formele privaatrecht zijn te vinden in het Wetboek van Burgerlijke Rechtsvordering en in de Faillissementswet. Het materiële privaatrecht is te vinden in verschillende wetboeken. Het grootste deel is te vinden in het Burgerlijk Wetboek. Daarnaast bevatten onder meer het Wetboek van Koophandel, de Huurwet, de Pachtwet en de Auteurswet regels van materieel privaatrecht.

Het Burgerlijk Wetboek en het Wetboek van Koophandel stammen uit 1838 en zijn gebaseerd op de Code Civil en de Code de Commerce uit Frankrijk. Gedurende lange tijd is aan een herziening gewerkt, met als doel een meer systematische indeling van het privaatrecht, waarin tevens de maatschappelijke ontwikkelingen zijn verwerkt. Het nieuwe Burgerlijk Wetboek, dat voor een groot deel in 1992 is ingevoerd, is onderverdeeld in 8 boeken, onder meer betreffende personen- en familierecht, rechtspersonenrecht, erfrecht, zakelijke rechten en verkeer en vervoer. In dit hoofdstuk zullen vooral bepalingen uit boek 3 (vermogensrecht), boek 6 (algemeen verbintenissenrecht) en boek 7 (bijzondere overeenkomsten) worden besproken.

Voor een deel zijn de bepalingen voor verbintenissen in het handelswezen, zoals het verzekeringsrecht en vennootschapsvorming, in het Wetboek van Koophandel te vinden. Wanneer de invoering van het nieuwe Burgerlijk Wetboek is voltooid, zal het Wetboek van Koophandel komen te vervallen. Opmerking verdient dat het materiële privaatrecht constant onderhevig is aan nieuwe ontwikkelingen. Dit betekent dat ook het Burgerlijk Wetboek met regelmaat wordt aangepast of uitgebreid.

8.1.3   De Europese richtlijn milieuaansprakelijkheid

Na een lange voorbereidingstijd trad in 2004 een Europese richtlijn in werking met betrekking tot het voorkomen en herstellen van milieuschade (2004/35/EG, PbEG 2004 L 143/56). De richtlijn regelt de aansprakelijkheid voor schade aan natuurlijke habitats en aan flora- en faunasoorten die worden beschermd door de Vogel- en Habitatrichtlijn. Ook de wateren die onder de Kaderrichtlijn water vallen, worden door deze richtlijn beschermd. De richtlijn zal het mogelijk maken veroorzakers van schade aan deze beschermde natuurlijke rijkdommen aansprake-lijk te houden, ook als het rijkdommen betreft die niemand toebehoren en die geen marktwaarde hebben.

De aansprakelijkheid richt zich op de exploitant van een beroepsactiviteit die schade veroorzaakt. De richtlijn kent wel diverse verweren, onder meer het 'state of the art'- verweer, dat inhoudt dat er geen aansprakelijkheid is voor emissies die in die tijd niet als schadelijk werden aangemerkt.

De termijn voor het implementeren van de richtlijn in nationaal recht loopt tot 30 april 2007. Hoewel de implementatie voor het Nederlandse aansprakelijkheidsrecht mogelijk slechts beperkte wijzigingen met zich mee zal brengen, zijn er enkele nieuwe elementen. Die betreffen onder meer de mogelijkheden voor de overheid om bij aantasting van publieke natuurlijke rijkdommen als bevoegd gezag herstel te vorderen of kosten te verhalen. Ook op het gebied van het vaststellen van herstelmaatregelen bevat de richtlijn nieuwe elementen, die moeten worden omgezet in nationale wetgeving.

8.2   Aansprakelijkheid op grond van onrechtmatige daad

In deze paragraaf wordt behandeld onder welke voorwaarden iemand op grond van onrechtmatige daad aansprakelijk kan worden gesteld voor door hem veroorzaakte schade. Ook komen enkele onderwerpen aan de orde die samenhangen met deze aansprakelijkheid, zoals kostenverhaal door de overheid bij bodemsanering en het stellen van financiële zekerheid. Tevens bespreken we enkele bijzondere aansprakelijkheidsregelingen.

8.2.1   *Onrechtmatige daad*

Artikel 6:162 lid 2 BW omschrijft het begrip onrechtmatige daad:

> 'Als onrechtmatige daad worden aangemerkt een inbreuk op een recht en een doen of
> nalaten in strijd met een wettelijke plicht of met hetgeen volgens ongeschreven recht
> in het maatschappelijk verkeer betaamt, een en ander behoudens de aanwezigheid van
> een rechtvaardigingsgrond.'

Wanneer het plegen van een onrechtmatige daad aan iemand kan worden
toegerekend, volgt daaruit een verplichting tot het vergoeden van de schade die de
ander daardoor lijdt, aldus art. 6:162 lid 1 BW. Voor het aan de dader kunnen
toerekenen van de daad, moet deze te wijten zijn aan zijn schuld of aan een oorzaak
die krachtens de wet of de in het verkeer geldende opvattingen voor zijn rekening
komt (art. 6: 162 lid 3 BW). Er is geen verplichting tot schadevergoeding als de
geschonden norm niet strekt tot bescherming tegen de geleden schade (art. 6:163
BW). We bespreken hierna de vijf voorwaarden waaraan, gezien deze bepalingen,
moet zijn voldaan, voordat sprake is van aansprakelijkheid uit onrechtmatige daad:

- onrechtmatigheid;
- relativiteit;
- schade;
- toerekening;
- causaal verband.

Onrechtmatigheid
De eerste voorwaarde is dat de daad onrechtmatig moet zijn. Artikel 6:162 lid 2
BW bepaalt dat een daad onrechtmatig is indien deze kan worden aangemerkt als
a. een inbreuk op een recht, of
b. een doen of nalaten in strijd met een wettelijke plicht, of
c. een doen of nalaten in strijd met hetgeen volgens ongeschreven recht in het
maatschappelijk verkeer betaamt.

ad a. Inbreuk op een recht
Er is sprake van een inbreuk op een recht als iemand in de uitoefening van zijn
subjectieve rechten wordt aangetast, zoals bijvoorbeeld zijn recht op eigendom. De
Hoge Raad bepaalde reeds in 1914 dat het toebrengen van hinder aan buren een
onrechtmatige inbreuk op het eigendomsrecht betekent.

> Het ging toen om de situatie van het toebrengen van hinder door het geraas en
> gedreun van de koek- en banketbakker Krul aan de spiegel- en lijstenmaker Joostens.
> Deze hinder in het normale gebruik van eigendom werd door de Hoge Raad, net als

beschadiging van een zaak zelf, beschouwd als aantasting van het eigendomsrecht (HR 30 januari 1914, NJ 1914, p. 497).

Tot nog toe is het nog niet door de rechter aanvaard dat er een subjectief recht op een leefbaar milieu bestaat. Indien dat wel zou worden aanvaard, zou het milieubelang ieders éigen belang zijn en zou aantasting van het milieu onrechtmatig zijn jegens een ander. In dat geval zou veel vaker dan nu het geval is een beroep op onrechtmatige daad kunnen worden gedaan wanneer iemand het milieu vervuilt.

ad b. Strijd met een wettelijke plicht
Onder een wettelijke plicht wordt verstaan een verplichting die voortvloeit uit wettelijke regelingen, zoals bijvoorbeeld de Wet milieubeheer. Ook vallen de uitvoeringsvoorschriften in amvb's en vergunningen eronder. Wanneer wordt gehandeld zonder vergunning of in strijd met vergunningvoorschriften, is er eveneens sprake van onrechtmatigheid.

Een voorbeeld waarin de Hoge Raad het handelen zonder vergunning onrechtmatig oordeelt, biedt de zaak Zegwaard B.V. Zegwaard stortte zonder vergunning tuinafval in Hoek van Holland. De Hoge Raad oordeelt dat Zegwaard een mate van hinder veroorzaakt die door de Hinderwet wordt verboden. Daarmee handelt Zegwaard onrechtmatig tegenover de omwonenden, die juist door de Hinderwet worden beschermd (HR 17 september 1982, NJ 1983, 278).

In 1981 bepaalt de Hoge Raad dat ook handelen in strijd met vergunningvoorschriften onrechtmatig is jegens de omwonenden.

De omwonenden van de Houthandel Van Dam hadden last van geluidsoverlast. Ze vorderden bij de rechter dat Van Dam moet voldoen aan de voorwaarden die aan zijn Hinderwetvergunning waren verbonden. De Hoge Raad oordeelt dat schending van vergunningvoorschriften in beginsel een onrechtmatige daad oplevert tegenover degene voor wiens bescherming de normen zijn gesteld (HR 9 januari 1981, NJ 1981, 227).

Artikel 1.1a Wm bevat een zorgplichtbepaling, waaruit voortvloeit dat een ieder verantwoordelijk is voor het zoveel mogelijk voorkomen van nadelige gevolgen van zijn handelingen voor het milieu. Bij de beoordeling of de wettelijke zorgplicht is overtreden, zal moeten worden bezien of er zorgvuldig is gehandeld. In het derde lid van het artikel is aangegeven dat de mogelijkheden voor optreden voor de burgerlijke rechter, op grond van aansprakelijkheid, niet door deze publiekrechtelijke zorgplichtbepaling wordt aangetast. De verankering van de zorgplichtbepaling in de Wm maakt dat er ingeval van schending van deze bepaling sprake kan zijn van onrechtmatigheid op grond van 'een doen of nalaten in strijd met een wettelijke plicht'. Bij het instellen van een vordering op grond van onrechtmatige daad zou daar dan een beroep op kunnen worden gedaan. Dit biedt een voordeel, omdat anders moet worden aangetoond dat de ongeschreven regels van de maatschappelijke zorgvuldigheid worden geschonden (zie hieronder). De Hoge Raad heeft inmiddels, in een zaak over asbestverontreiniging na brand, geoordeeld dat art. 1.1a Wm geen norm bevat die voor de aansprakelijkheid van saneringskosten zelfstandige betekenis heeft naast art. 6:162 BW (HR 7 november 2003, NJ 2004, 292). In dit geval kan dus geen beroep op art. 1.1a worden gedaan.

ad c. Strijd met maatschappelijke zorgvuldigheid
Een andere grond voor onrechtmatigheid van handelingen, is de strijdigheid van een handelen of nalaten met de maatschappelijke zorgvuldigheid. Hiermee wordt bedoeld dat het gedrag in strijd is met ongeschreven normen. Wanneer een bepaald belang niet door een geschreven norm wordt beschermd, kan er op grond van de zorgvuldigheidseis toch sprake zijn van een onrechtmatige daad.

Bij een beroep op de zorgvuldigheid kan een afweging worden gemaakt tussen de belangen die bij de milieuaantasting gebaat zijn en de door deze aantasting geschade belangen, zoals in het – al in hoofdstuk 2 genoemde – Kalimijnen-arrest.

De Franse Mines de Potasse D'Alsace (MDPA) loosden afvalzouten in de Rijn, waardoor de komkommerkwekers in het Westland schade leden. De tuinders vorderden in 1974 een vergoeding van de geleden en te lijden schade. De Hoge Raad weegt de belangen tegen elkaar af. Het wordt in strijd met de zorgvuldigheid geacht dat de MDPA zich onvoldoende de belangen van de benedenstrooms gelegen kwekers heeft aangetrokken. De benedenstroomse gebruiker van de rivier mag in beginsel verwachten dat de rivier niet door omvangrijke lozingen bovenmatig wordt vervuild (HR 23 september 1988, NJ 1989, 743).

Handelen overeenkomstig een milieuvergunning betekent niet altijd dat dit handelen niet onrechtmatig is. Ook handelingen die met een milieuvergunning worden verricht, mogen niet in strijd zijn met de maatschappelijke zorgvuldigheid. De normen uit het privaatrecht vullen in dat geval de regels van het publiekrecht aan.

De Hoge Raad deed daarover uitspraak in een geding tussen Lekkerkerker, de eigenaar van een boomgaard, en Vermeulen, een transportbedrijf. Vermeulen was met een vergunning een waterplas naast de boomgaard van Lekkerkerker aan het dempen met stadsvuil. Door deze activiteit ondervond Lekkerkerker grote schade aan zijn boomgaard, doordat het stadsvuil voor de boomgaard schadelijke vogels (kraaien, roeken) aantrok. De aanwezigheid van een vergunning voor Vermeulen betekent niet dat de eigenaren rondom de waterplas alle schade of hinder moeten dulden (HR 10 maart 1972, NJ 1972, 278).

De wet geeft verschillende gronden die een gedraging kunnen rechtvaardigen die in beginsel onrechtmatig is, zoals noodweer en overmacht. Noodweer kan schade-veroorzakend gedrag rechtvaardigen omdat iemand zijn eigen of andermans lijf, eerbaarheid of goed verdedigt (art. 41 Sr). Overmacht kan gedrag recht-vaardigen omdat een verplichting van hogere orde moet worden nagekomen (art. 40 Sr) .

Dit laatste is bijvoorbeeld het geval als iemand een tak van de boom in andermans tuin afbreekt om die tak te gebruiken voor het redden van een kind dat in het water is gevallen.

Bedacht moet worden dat het bij deze rechtvaardigingsgronden om strafrechtelijke bepalingen gaat. Rechtvaardiging uit strafrechtelijk oogpunt betekent niet nood-zakelijkerwijs dat ook civielrechtelijke aansprakelijkheid vervalt.

Soms moet een onrechtmatige gedraging worden geduld vanwege zwaarwegende maatschappelijke belangen. Art. 6:168 BW bepaalt dat de rechter op grond van deze belangen een verbodsvordering kan afwijzen. De benadeelde houdt dan wel zijn recht op schadevergoeding. Dit kan zich voordoen bij een overheidshandeling die onrechtmatig is en waarbij die onrechtmatigheid door een beroep op de zwaarwegende belangen in combinatie met een aanbod tot schadevergoeding, kan worden weggenomen.

Relativiteit
Naast de voorgaande criteria voor de onrechtmatigheid van het gedrag is vereist dat de norm die wordt geschonden het getroffen belang beoogt te beschermen. Art. 6:163 BW luidt:

'Geen verplichting tot schadevergoeding bestaat, wanneer de geschonden norm niet strekt tot bescherming tegen de schade zoals de benadeelde die heeft geleden.'

Dit wordt het relativiteits- of Schutznormvereiste genoemd. Daarbij wordt onderzocht of de eiser tot de kring van de personen hoort die door de norm wordt beschermd, of de soort schade binnen de bescherming van de overtreden norm valt, en of de wijze waarop de schade is ontstaan binnen de bescherming van de overtreden norm valt. De aansprakelijkheid voor de schade vloeit voort uit het niet naleven van juist die norm die het belang van de getroffen persoon moet beschermen.

Een voorbeeld ter verduidelijking: een bedrijf treft niet alle benodigde voorzieningen aan de luchtzuiveringsinstallatie en handelt daarmee in strijd met de voorschriften uit de milieuvergunning. Het productieproces is hierdoor goedkoper dan het proces van een concurrerend bedrijf, dat wel aan de voorschriften voldoet. De schade die het concurrerende bedrijf dientengevolge lijdt, valt niet onder de bescherming van de door het nalatige bedrijf geschonden norm, want de norm is gericht op de bescherming van het milieu en niet op de bescherming van de bedrijfsbelangen van derden.

De rechter moet bepalen of in een bepaald geval de geschonden norm tot doel had het aangetaste belang te beschermen. Aan het relativiteitsvereiste moet zowel bij geschreven als ongeschreven normen, zoals de hiervoor besproken zorgvuldigheidsnormen, worden voldaan.

De vraag van de relativiteit speelt een belangrijke rol in de situaties waarin de Staat probeert de schoonmaakkosten van verontreinigde grond op de vervuilers te verhalen. In verschillende arresten is aan de orde geweest of verontreiniging van de bodem als onrechtmatig *jegens de overheid* kan worden beschouwd in perioden waarin het belang van een schone bodem nog niet in beleid en wetgeving werd beschermd. De mogelijkheid voor de Staat om de gemaakte kosten te verhalen bij bodemsanering en de vraag wanneer wordt voldaan aan de relativiteitseis, komen aan de orde in § 8.2.4.

Schade
De volgende voorwaarde voor aansprakelijkheid uit onrechtmatige daad is dat de daad schade moet hebben veroorzaakt. Het kan gaan om twee soorten schade: vermogensschade en immateriële schade. Beide vormen van schade kunnen zich ook voordoen bij milieuaantasting. Vermogensschade is financiële schade: geleden verlies of gederfde winst. Naast zaak- en letselschade kan deze schade bijvoorbeeld ook bestaan uit de kosten die moeten worden gemaakt om herstelmaatregelen te treffen.

Zaakschade wordt bijvoorbeeld geleden door een tuinder die zijn gewassen besproeit met slootwater dat verontreinigd blijkt te zijn met chemische stoffen die het gewas aantasten. Een buurman-tuinder heeft na een grondontsmetting op de betreffende sloot verontreinigd spoelwater geloosd. Hoewel de buurman volgens de voorschriften werkt, pleegt hij een onrechtmatige daad door zonder waarschuwing op de sloot te lozen (Rb. Den Haag 1 februari 1985, NJ 1985, 635).

De immateriële schade omvat de onstoffelijke schade, zoals pijn, aantasting van de eer en goede naam en gederfde levensvreugde. Alleen in bepaalde gevallen komt immateriële schade voor vergoeding in aanmerking.
Wanneer milieuschade leidt tot aantasting van een persoon of zijn vermogen, kan

die schade voor vergoeding in aanmerking komen. De schade aan het milieu zelf echter is niet gemakkelijk op geld te waarderen, omdat door deze schade niet direct iemand in zijn vermogen of persoon wordt aangetast. Soms kan een dergelijke aantasting leiden tot het maken van kosten ter preventie of herstel van de gevolgen van de aantasting. Dan ontstaat wel voor vergoeding in aanmerking komende schade. Denk bijvoorbeeld aan een vervuilde bodem die moet worden gesaneerd. De burgerlijke rechter heeft een mogelijkheid aangereikt om de kosten die worden gemaakt tot preventie, beperking of herstel van milieuschade vergoed te krijgen (zie § 8.2.3).

Vaak resteert nog schade die niet vergoed blijft, omdat een situatie is ontstaan waarin herstel of een daarmee gelijkwaardige toestand niet meer mogelijk is. Voorbeelden van deze vorm van schade zijn bijvoorbeeld de vogels en vissen die sterven door olieverontreiniging, het uitsterven van een bepaalde diersoort of de aantasting van de ozonlaag. Deze schade wordt zuivere ecologische schade genoemd. Deze vorm van schade komt met behulp van een onrechtmatige-daadsactie tot nog toe nog niet voor vergoeding in aanmerking. Het is problematisch aan te geven wie een dergelijke vordering in zou moeten stellen, aan wie de schadevergoeding ten goede moet komen en ook hoe die schade is te berekenen.

Toerekening
De vierde voorwaarde voor aansprakelijkheid uit onrechtmatige daad is dat de daad aan de dader kan worden toegerekend. Art. 6:162 lid 3 BW bevat de criteria voor deze toerekening. De daad moet te wijten zijn aan de schuld van de dader, of aan een oorzaak die krachtens de wet of de in het verkeer geldende opvattingen voor zijn rekening komt. Er is sprake van schuld als de dader zijn handeling kan worden verweten. Soms kan de dader daarbij een beroep doen op een schuld-uitsluitingsgrond, bijvoorbeeld als hij in een overmatige emotionele reactie tot verdediging overgaat.

Soms kan de onrechtmatige gedraging worden toegerekend aan een persoon die in een bepaalde hoedanigheid verantwoordelijk wordt geacht. Deze bijzondere vorm van aansprakelijkheid wordt kwalitatieve aansprakelijkheid of risico-aansprakelijkheid genoemd. Dat geldt bijvoorbeeld in de werkgever-werknemer relatie of voor de eigenaar van een dier. Ook bij de uitoefening van een bepaald beroep of het verrichten van bepaalde handelingen kan sprake zijn van een kwalitatieve aansprakelijkheid.
In geval van bepaalde milieugevaarlijke activiteiten bestaan ook bepalingen over risico-aansprakelijkheid, zoals bijvoorbeeld voor de exploitant van een stortplaats of een boorgat. In § 8.3 bespreken we een aantal kwalitatieve aansprakelijkheden die voor het milieurecht van belang zijn.

261

Causaal verband

De vijfde voorwaarde voor een onrechtmatige daad is dat er sprake moet zijn van een causaal verband tussen de daad en de schade. Dat wil zeggen dat aangetoond moet worden dat de schade door de daad is veroorzaakt. Schade die ook zou zijn ontstaan zonder dat de onrechtmatige daad was voorgevallen, komt niet voor vergoeding op grond van art. 6:162 BW in aanmerking. De onrechtmatige gedraging moet de voorwaarde zijn geweest voor het ontstaan van de schade.

Over de omvang van de schade die voor rekening van de dader komt, is bepaald dat de schade naar redelijkheid en billijkheid ten laste van de aangesprokene mag worden gebracht. Dat is bijvoorbeeld niet zo als de schade zeer uitzonderlijk of een ver verwijderd gevolg van de daad is. Dit criterium wordt aangeduid met de 'toerekening naar redelijkheid' en is door de Hoge Raad verwoord in het Waterwingebied-arrest.

> In deze zaak ging het om de schade die was veroorzaakt door een in een natuurgebied verongelukte vrachtwagen, waarop tanks met dieselolie stonden. De olie stroomde het natuurgebied in en verontreinigde het oppervlaktewater van de sloten. Het waterleidingbedrijf moest extra maatregelen treffen om te voorkomen dat de drinkwatervoorziening al te zeer zou worden geschaad. De schade nam grote vormen aan. De vraag was of de schade aan de drinkwatervoorziening ook voor rekening van de dader kon worden gebracht. De Hoge Raad bevestigt het oordeel van het Hof dat de schade aan de dader kan worden toegerekend. De belangrijkste overweging is dat de schade geen uitzonderlijk gevolg was van de daad, omdat te verwachten is dat schade aan de grond schade aan het drinkwater tot gevolg heeft (HR 20 maart 1970, NJ 1970, 251).

Bij milieuaantasting kan het moeilijk zijn aan te tonen, dat er een causaal verband is tussen de milieuaantasting en de schade. In veel gevallen is het niet geheel duidelijk dat de schade alleen het gevolg is van de verontreiniging. De langzame aantasting van de gezondheid van een persoon kan bijvoorbeeld behalve door verontreiniging ook veroorzaakt worden door andere omgevingsfactoren en de levenswijze van het slachtoffer.

Onrechtmatige overheidsdaad

Ook de overheid kan bij de uitoefening van haar taak op onrechtmatige wijze schade toebrengen aan haar burgers. Dan is er sprake van een onrechtmatige overheidsdaad. Bij overheidshandelen geldt dat er sprake moet zijn van legitiem optreden van de overheid. Wanneer de wettelijke basis voor een bepaalde overheidshandeling ontbreekt, kan het optreden van het overheidsorgaan onrechtmatig zijn. Ook kan onrechtmatig overheidshandelen onrechtmatig zijn als er sprake is van strijd met de algemene beginselen van behoorlijk bestuur (zie § 5.4). Zo kan het overheidsoptreden onrechtmatig zijn wanneer de overheid onvoldoende zorgvuldigheid in acht neemt bij de uitoefening van haar bevoegdheden. Dat kan bijvoorbeeld voorkomen als de overheid bevoegdheden gebruikt voor een ander doel dan waarvoor de bevoegdheid was gegeven (verbod van détournement de pouvoir) of wanneer de overheid een bevoegdheid gebruikt die zij onder afweging van de verschillende belangen, in redelijkheid niet had mogen gebruiken (verbod van willekeur).

8.2.2 Eigendom en hinder

Naast het algemene aansprakelijkheidsrecht van Boek 6 biedt Boek 5 in art. 37 BW een bepaling die burgers kunnen gebruiken in geval van hinder. Boek 5 gaat over de zakelijke rechten. Dat zijn de rechten die iemand op een zaak kan hebben, zoals eigendom en het recht van opstal. Hinder kan een inbreuk op een dergelijk recht vormen. De onrechtmatigheid van de hinder en de aansprakelijkheid voor schade moet worden bepaald aan de hand van de criteria uit art. 6:162 BW.

In deze paragraaf bespreken we enkele aspecten van het instellen van een privaatrechtelijke actie op grond van hinder. Daartoe besteden we eerst aandacht aan het begrip eigendom.

Eigendom
De regelgeving over eigendom is opgenomen in Boek 5, titel 1 tot en met 3, van het BW. Het eigendomsrecht is een exclusief recht. Dat betekent dat de eigenaar niet hoeft te dulden dat een ander van zijn zaak gebruik maakt. De eigenaar heeft het recht de zaak van een ieder die de zaak zonder recht houdt, op te eisen. De eigendom bestaat op alle bestanddelen van de zaak.

Het eigendomsrecht kan worden beperkt door anderen die rechten hebben gekregen om de zaak te gebruiken, bijvoorbeeld door verhuur, erfpacht of bruikleen. Daarnaast kunnen wettelijke voorschriften het eigendomsrecht beperken, zoals het burenrecht. Tenslotte kunnen beperkingen voortvloeien uit publiekrechtelijke regelingen zoals de Woningwet en de Monumentenwet, bijvoorbeeld de voorwaarden die worden gesteld aan de wijze waarop een huis wordt gebouwd en welke voorzieningen zich in het huis moeten bevinden.

Hinder
Boek 5 BW regelt welke bevoegdheden en verplichtingen eigenaren van naburige erven tegenover elkaar hebben. Een eigenaar mag niet op onrechtmatige wijze hinder toebrengen aan eigenaren van andere erven. Onder hinder wordt bijvoorbeeld verstaan het verspreiden van rumoer, trillingen, stank, rook of gassen of het onthouden van licht (art. 5:37 BW). De vorderingen die op grond van hinder kunnen worden ingesteld zijn het verzoek om een verbod of gebod van bepaald gedrag.

De vraag of er sprake is van ongeoorloofde hinder wordt gekoppeld aan de vraag of de hinder volgens art. 6:162 BW (het onrechtmatige daadsartikel, zie § 8.2.1) al dan niet onrechtmatig is.

> In de in § 8.2.1 genoemde zaak Vermeulen/Lekkerkerker was de vraag aan de orde of de hinder veroorzaakt door Vermeulen kon worden aangemerkt als een zodanige inbreuk op het eigendomsrecht van Lekkerkerker dat er sprake was van een onrechtmatige daad. De Hoge Raad oordeelt dat de vraag of hinder als inbreuk op het eigendomsrecht kan worden beschouwd, afhangt van de ernst van die hinder en de omstandigheden waaronder deze plaatsvindt. In dit geval acht de Hoge Raad de handelingen van Vermeulen onrechtmatig jegens Lekkerkerker (HR 10 maart 1972, NJ 1972, 278).

Een beroep op de hinderbepaling kan dus ook worden gedaan indien de publiekrechtelijke regelingen tekort schieten. De situatie kan zich bijvoorbeeld voordoen dat omwonenden van een bedrijf ernstige overlast ondervinden van het bedrijf, terwijl het bedrijf handelt overeenkomstig de voorschriften uit de milieuvergunning. Het privaatrecht heeft in dit geval de functie van het stellen van aanvullende normen.

8.2.3   Vorderingen op grond van onrechtmatige daad

De bewijslast bij aansprakelijkheid uit onrechtmatige daad ligt bij de benadeelde. Hij moet bewijzen dat de pleger onrechtmatig heeft gehandeld. De benadeelde hoeft echter niet aan te tonen dat voldaan is aan het relativiteitsvereiste van art. 6: 163 BW. Degene die wordt aangesproken, de gedaagde, zal moeten aantonen dat aan dat vereiste niet wordt voldaan.

Indien sprake is van een onrechtmatige daad kan voor de burgerlijke rechter worden gevorderd:

– schadevergoeding;
– een verbod;
– een rechterlijk bevel;
– een verklaring voor recht;
– herstel in de vorige toestand.

Als aan alle voorwaarden voor de onrechtmatige daad is voldaan, kan een vordering worden ingesteld tot het vragen van een schadevergoeding, een verbod of een bevel. Alleen bij de verbods- of bevelacties hoeft de normschending zich nog niet te hebben voorgedaan. Er moet wel sprake zijn van een dreigende aantasting van belangen die door artikel 6:162 BW worden beschermd. Belangenorganisaties hebben de mogelijkheid een verbod of bevel te vorderen. Een verbod zal in de meeste gevallen voor de milieuorganisaties ook het meest

doeltreffend zijn. Naast het vorderen van een bevel of verbod kan een dwangsom worden geëist, op grond waarvan voor iedere toekomstige en onrechtmatige gedraging een bedrag moet worden betaald.
Een vordering waarbij herstel in de vorige toestand wordt gevraagd, beoogt alleen het feitelijk herstel van geleden schade.

In 1991 deed de rechtbank Rotterdam een opmerkelijke uitspraak over een vordering tot schadevergoeding door een belangenorganisatie. Uitdrukkelijk werd daarbij gesteld dat het ging om een vergoeding van de kosten die de milieuorganisatie vrijwillig heeft gemaakt bij het beperken van de gevolgen van de aantasting van het – door de organisatie behartigde – milieubelang. Er was dus geen sprake van een directe vergoeding van de schade aan het milieu zelf.

> De eigenaar van het schip Borcea veroorzaakte in 1988 een ernstige olieverontreiniging aan de kusten van Zeeland en Zuid-Holland. De Vereniging tot Bescherming van Vogels heeft samen met vogelasielen en vogelopvangcentra gezorgd voor het van het strand afvoeren van met olie besmeurde vogels, en heeft vervolgens die vogels gereinigd, verzorgd en gehuisvest. Door deze activiteiten hebben de vogelbeschermers aanzienlijke kosten gemaakt. De vordering tot schadevergoeding van de vogelbeschermers is gebaseerd op de onrechtmatige daad van het lozen van stookolie op zee. De rechtbank overweegt dat het voor de vergoeding van de geleden schade wel moet gaan om door de vereniging zélf geleden schade, dat wil zeggen de kosten van de opvang van de vogels (Rb. Rotterdam 15 maart 1991, M en R 1991/12, nr. 30 m.nt. Kottenhagen-Edzes).

Verjaring van de vordering tot schadevergoeding
In het algemeen geldt dat de vordering tot vergoeding van schade verjaart 5 jaar na de dag volgende op die waarop de benadeelde zowel met de schade als met de daarvoor aansprakelijke persoon bekend is geworden en in elk geval door verloop van 20 jaren na de gebeurtenis die de schade heeft veroorzaakt (art. 3:310 lid 1 BW).
In art. 3:310 lid 2 BW is een speciale verjaringsregeling opgenomen met betrekking tot claims op grond van milieuschade. Er is sprake van aansprakelijkheid tot 30 jaar na de gebeurtenis waardoor de schade is veroorzaakt. De schade kan zijn ontstaan door verontreiniging van de lucht, water en bodem of ten gevolge van stoffen die een bijzonder gevaar voor personen of zaken opleveren.
Art. 3:310 BW bepaalt dat onder gebeurtenis wordt verstaan: een plotseling optredend feit, een voortdurend feit (start van de termijn nadat het feit is opgehouden te bestaan) of een opeenvolging van feiten met dezelfde oorzaak (start van de termijn na het laatste feit).
In veel gevallen wordt milieuschade pas in een zeer laat stadium onderkend. Er kan dan op dat moment al sprake zijn van verjaring. Dat geldt bijvoorbeeld voor de

265

gevallen van bodemverontreiniging die zich hebben voorgedaan in de jaren zestig. Veelal wordt de verjaringstermijn echter gestuit, tenminste wanneer de gevallen bekend zijn. Dat betekent dat de verjaring wordt gestopt, meestal door het instellen van een rechtsvordering, en een nieuwe termijn begint te lopen.

8.2.4 Kostenverhaal door de overheid bij bodemsanering

In deze paragraaf bespreken we de mogelijkheid voor de overheid om vergoeding te vorderen in het geval zij kosten heeft gemaakt bij het opruimen van bodemverontreiniging.

Sinds de ontdekking van de bodemverontreiniging te Lekkerkerk in 1978 heeft de Staat veel aandacht besteed aan de sanering van verontreinigde grond. In 1982 kwam de Interimwet Bodemsanering tot stand op basis waarvan de minister van VROM bevoegd werd de gemaakte kosten van onderzoek en sanering te verhalen op de veroorzaker van de bodemverontreiniging. In 1994 zijn de saneringsbepalingen opgenomen in de Wet bodembescherming.

Sinds 1983 hebben de Staat en de landsadvocaat gewerkt aan het opsporen en aansprakelijk stellen van veroorzakers van bodemverontreiniging. Veel problemen bij het verhaal door de Staat op de verontreiniger ontstonden bij de gevallen van verontreiniging die waren veroorzaakt in de jaren vijftig tot zeventig. Voor die gevallen was het de vraag of de verontreiniging destijds tegenover de Staat onrechtmatig was.

Voor de onrechtmatigheid moet worden onderzocht of er sprake is van één van de gronden genoemd in § 8.2.1 onder a, b en c: inbreuk op een subjectief recht, een handelen in strijd met een wettelijke plicht of een doen of nalaten in strijd met de maatschappelijke zorgvuldigheid. In de gevallen waar grond in eigendom is van de overheid, is er sprake van een inbreuk op een subjectief recht. De overheid gaat echter in de meeste gevallen tot het schoonmaken van de verontreinigde grond over ter behartiging van het algemeen belang. Voor verontreiniging ontstaan in de jaren vijftig tot zeventig biedt de 'strijd met een wettelijke plicht' geen grondslag voor de onrechtmatigheid. Destijds was er nog geen sprake van wettelijke normen waarin regels ter bescherming van de bodem waren opgenomen. Voor de beantwoording van de vraag of de verontreiniging onrechtmatig is, moet dan worden aangetoond dat er sprake was van een doen of nalaten in strijd met de maatschappelijke zorgvuldigheid.

Daarbij moet bovendien worden onderzocht of de verontreiniging ook *tegenover de Staat* onrechtmatig is, met andere woorden of is voldaan aan het relativiteitsvereiste. Dat betekent dat moet worden bepaald vanaf welk moment de verontreiniger had moeten beseffen dat de Staat zich het belang van de bodem aantrok en saneringskosten zou (moeten) gaan maken.

De Hoge Raad bepaalde dat in ieder geval de verontreiniging op het eigen bedrijfsterrein die was veroorzaakt ná 1 januari 1975 geacht wordt onrechtmatig te zijn jegens de Staat (HR 24 april 1992, NJ 1993, 643; Van Wijngaarden/ Staat). Vanaf dat moment kan worden gezegd dat de overheid zich het belang van het saneren van de bodem aantrok en dat het voor de verontreiniger voldoende duidelijk was of behoorde te zijn dat de overheid zich dit saneringsbelang zou aantrekken. Richtinggevend voor de uitspraak was de openbare discussie uit de jaren zeventig en tachtig over de verontreiniging van de bodem, zoals blijkt uit parlementaire stukken.

De Hoge Raad heeft zich in 1994 ook uitgesproken over de gevallen waarin sprake was van verontreiniging van andere terreinen dan de eigen bedrijfsterreinen.

> Dat betrof onder meer de verontreinigingen die tussen 1950 en 1970 door Shell in Gouderak en Duphar in de Volgermeerpolder waren veroorzaakt. De Staat wilde bereiken dat eerder dan 1975 een aansprakelijkheid voor verontreiniging van andermans terrein werd aangenomen. De Hoge Raad wijkt echter niet af van haar eerdere uitspraken over de eigen bedrijfsterreinen en oordeelt dat de verontreiniging van vòòr 1975 niet onrechtmatig was jegens de Staat en dat de saneringskosten die de Staat in deze gevallen heeft gemaakt voor rekening van de Staat komen (HR 30 september 1994, M en R 1994/11, 112 m.nt. Kottenhagen-Edzes).

Na veel discussie is in de Wet bodembescherming een regeling opgenomen om in bepaalde gevallen kosten toch te kunnen verhalen van het saneren van verontreinigingen die voor 1 januari 1975 zijn veroorzaakt (zie § 9.3.2).

8.2.5   Vergoeding van schade

Financiële zekerheid
In veel gevallen is het bij ernstige gevallen van milieuverontreiniging onmogelijk voor de veroorzaker de geleden schade te vergoeden. Om die reden hebben potentiële schadeveroorzakers zich aangesloten bij een verzekering of een fonds, waaruit in ieder geval aan de slachtoffers een schadevergoeding kan worden betaald.

In sommige gevallen bestaat er een plicht tot het stellen van financiële zekerheid. Een dergelijke plicht is opgenomen in de Wet bodembescherming (art. 16 Wbb). Ook in het kader van de Wet milieubeheer is het mogelijk financiële zekerheid te eisen. Het op art. 8.15 lid 1 Wm gebaseerde Besluit financiële zekerheid milieubeheer (Stb. 2003, 71) maakt het mogelijk voor bepaalde inrichtingen aan een milieuvergunning voorschriften te verbinden tot het stellen van financiële zekerheid, onder meer ter dekking van eventuele aansprakelijkheid voor milieu- schade. Onder de verplichting tot het stellen van financiële zekerheid kan worden verstaan een verzekering, bankgarantie of borgtocht (zie § 6.7.3).

Verzekering van schade

Sinds 1998 is een milieuschadeverzekering verkrijgbaar. Deze biedt een bepaalde dekking voor het risico van verontreiniging. De dekking van de verzekering is onafhankelijk van de aansprakelijkheid, dat wil zeggen dat zij wordt geboden ongeacht de vraag of de verzekerde volgens het civiele recht aansprakelijk kan worden gehouden voor de schade. De benadeelde kan de verzekeraar direct tot vergoeding van schade aanspreken. De polis bevat tal van beperkingen voor de omvang van de schade.

> De verzekering betreft met name de kosten van sanering en daarmee samenhangende schade, voorzover de sanering betrekking heeft op verontreiniging die het rechtstreeks en uitsluitend gevolg is van een emissie van milieugevaarlijke stoffen, die op zijn beurt is veroorzaakt door verwezenlijking van een onder de verzekering gedekt gevaar. Het gaat hierbij met name om bodem- en oppervlakewaterverontreiniging door het uitvoeren van werk door de verzekerde.

Deze schadeverzekering laat de overige aansprakelijkheid, ingevolge het BW, van de veroorzaker van milieuschade, onverlet.

Ook in andere gevallen zullen slachtoffers, wanneer het niet mogelijk is de dader van de milieuschade te traceren, een financiële dekking moeten kunnen krijgen. Voor dergelijke gevallen is het instellen van een schadefonds noodzakelijk. Er bestaat een Fonds luchtverontreiniging (zie § 6.10.5).
Over de oprichting van een algemeen milieuschadefonds, gericht op het herstellen van ecologische schade die voortvloeit uit incidenten, wordt al lange tijd gesproken. De verwezenlijking ervan laat echter nog op zich wachten, onder meer met het oog de EG-milieuaansprakelijkheidsregelgeving (zie § 8.1.3).

8.3 Kwalitatieve aansprakelijkheid voor milieuschade

Naast de aansprakelijkheid op grond van art. 6:162 BW, is ook in andere wettelijke bepalingen een grondslag neergelegd voor aansprakelijkheid voor milieuschade. Deze speciale bepalingen zijn er op gericht vast te leggen welke personen voor schade, veroorzaakt door bepaalde milieuverontreinigende activiteiten aansprakelijk kunnen worden gesteld. Dit worden kwalitatieve aansprakelijkheden of risicoaansprakelijkheden genoemd. Dit betekent dat deze personen louter op basis van hun kwaliteit aansprakelijk zijn. Het is dan niet van belang of hen een verwijt kan worden gemaakt. In 1995 is een aantal voor het milieurecht belangrijke artikelen aan Boek 6 en Boek 8 BW toegevoegd. We bespreken hier enkele van deze bijzondere aansprakelijkheden.

Kwalitatieve aansprakelijkheden in het BW

De art. 6:175– 178 BW regelen de aansprakelijkheid voor schade door gevaarlijke stoffen en de daardoor ontstane verontreiniging van lucht, water of bodem. De regeling is van toepassing op personen die handelen in de uitoefening van een beroep of bedrijf. In de artikelen wordt een aantal risico-aansprakelijkheden gevestigd. Zo is de exploitant van een boorgat aansprakelijk voor uitstroming van delfstoffen (art. 6:177 BW) en de exploitant van een stortplaats is aansprakelijk voor de schade die vóór of ná de sluiting van de stortplaats is ontstaan tengevolge van verontreiniging van lucht, water en bodem met de daar voor die sluiting gestorte stoffen (art. 6:176 BW).

Om te weten welke stoffen als gevaarlijke stoffen worden beschouwd, wordt bij amvb een lijst opgesteld. Deze – niet limitatieve – lijst is vastgesteld in het Uitvoeringsbesluit aansprakelijkheid voor gevaarlijke stoffen en milieu-verontreiniging (Stb. 1994, 888, Stb. 2002, 169). In elk geval gaat het om stoffen die ontplofbaar, oxiderend, ontvlambaar, licht ontvlambaar of zeer licht ontvlam-baar, dan wel giftig of zeer giftig zijn.

In de art. 6:185-6:193 BW zijn bepalingen opgenomen over de aansprakelijkheid van de producent voor de schade veroorzaakt door gebrekkige producten. De EG-regelgeving inzake productaansprakelijkheid ligt aan deze regeling ten grondslag. Voor het milieurecht kunnen deze bepalingen van belang zijn, bijvoorbeeld indien er sprake is van milieuschade door lekkende vaten of door gebrekkige bestrijdings-middelen. Sinds 2000 vallen ook landbouwproducten onder de productaansprake-lijkheid. De productaansprakelijkheid heeft niet alleen betrekking op eindproduct-en, maar ook op grondstoffen en afvalstoffen die bestemd zijn voor hergebruik.

Ook de art. 6:173 en 6:174 BW zijn van belang in verband met lekkende vaten of een lekkende olietank. In die artikelen is de aansprakelijkheid voor schade door roerende zaken of opstallen geregeld.

Boek 8 BW bevat een aantal afdelingen met bepalingen over de aansprakelijkheid voor schade die ontstaat tijdens het vervoer van gevaarlijke stoffen per schip, weg of spoor.

Kwalitatieve aansprakelijkheden in bijzondere regelingen

Voor een aantal onderwerpen is in aparte wetten een regeling voor de aansprakelijkheid voor milieuschade opgenomen. De belangrijkste zijn de regelingen voor schade door kernongevallen, verontreiniging door olie of bodemverontreiniging. De regelingen inzake kernongevallen en olieverontreiniging door schepen zijn gebaseerd op internationale verdragen (zie § 2.4). In deze wetten wordt aangegeven op wie de aansprakelijkheid rust voor schade veroorzaakt door een kernongeval of verontreiniging door olie. Bij kernongevallen is degene die de kerninstallatie exploiteert aansprakelijk. Bij olieverontreiniging door schepen berust die aansprakelijkheid bij degene die op het moment van het ongeval de eigenaar van het schip was.

Verdrag van Lugano

In 1993 ondertekende Nederland met zeven andere staten in Lugano het Verdrag inzake de wettelijke aansprakelijkheid voor schade door milieugevaarlijke activiteiten (Trb. 1993, 149). Dit milieuschadeverdrag vertoont overeenkomst met de Nederlandse regeling voor milieugevaarlijke stoffen in de art. 6:175 en 6:176 BW. Het gaat uit van een risico-aansprakelijkheid voor degenen die beroeps- of bedrijfsmatig werken met gevaarlijke stoffen of preparaten, genetisch gemo-dificeerde of micro-organismen alsmede voor exploitanten van afvalverwerkingsinstallaties en stortplaatsen. Op grond van dit verdrag is er ook aansprakelijkheid als het risico onbekend was. Op dit punt verschilt het verdrag van de regeling voor gevaarlijke stoffen in art. 6: 175 BW. De schade die volgens het verdrag vergoed kan worden, omvat ook de kosten tot herstel, waaronder behalve het herstel van vernietigde milieucomponenten ook kan vallen de introductie van een equivalent van de vernietigde milieucomponent. In het verdrag wordt milieuorganisaties het recht toegekend een vordering tot herstel van het beschadigde belang of verbod van een handeling te vragen. Deze bepaling kan evenwel niet van toepassing verklaard worden.

Dit verdrag is nog altijd niet in werking getreden, hetgeen lijkt samen te hangen met de ontwikkeling van een nieuw EG-milieuaansprakelijkheidsregime (zie § 8.1).

8.4 Koopovereenkomst en milieuverontreiniging

Nadat in de vorige paragrafen de aansprakelijkheid op grond van onrechtmatige daad en de bijzondere aansprakelijkheden zijn behandeld, bespreken we in deze paragraaf een aantal criteria uit het privaatrecht voor het sluiten van een overeenkomst. Behalve bij de contractuele relaties in geval van onroerende zaken, speelt het milieuprivaatrecht ook een rol bij bijvoorbeeld bedrijfsovernames, vervoer van gevaarlijke stoffen en een arbeidsovereenkomst. Zo kan de werkgever aansprakelijk zijn voor schade die de werknemer in het bedrijf oploopt door het werken met gevaarlijke stoffen, zoals asbest. We beperken ons tot een bespreking van de koopovereenkomst voor onroerende zaken waarbij sprake is van milieuverontreiniging.

Als na verkoop van een onroerende zaak bodemverontreiniging aan het licht komt, rijst de vraag voor wiens risico dit komt. De beantwoording van die vraag is afhankelijk van de uitleg van de koopovereenkomst, de omstandigheden waaronder deze werd aangegaan en de vereisten die zijn geformuleerd in art. 7:17 BW. Ingevolge art. 7:17 lid 1 BW moet de afgeleverde zaak aan de overeenkomst beantwoorden. Indien blijkt dat een koper verontreinigde grond heeft gekocht, zou hij kunnen stellen dat hij niet datgene heeft gekregen waarop hij recht heeft. Art. 7:17 lid 2 BW bepaalt dat een zaak niet aan de overeenkomst beantwoordt indien zij niet de eigenschappen bezit die de koper op grond van de overeenkomst mocht verwachten. De koper mag die eigenschappen verwachten die voor een normaal gebruik van de zaak nodig zijn en waarvan hij de aanwezigheid niet hoeft te betwijfelen, alsmede de eigenschappen die nodig zijn voor een bijzonder gebruik dat bij de overeenkomst is voorzien.

Welke eigenschappen de koper concreet mocht verwachten, hangt af van de omstandigheden van het geval. Als er onenigheid bestaat over de overeenkomst wordt bekeken wat naar de aard van de overeenkomst uit de wet, de gewoonte en de redelijkheid en billijkheid voortvloeit. Daarbij spelen de maatschappelijke opvattingen over het milieu in zijn algemeenheid en wat de koper op grond van de overeenkomst mocht verwachten een rol.

Indien er sprake is van ernstige verontreiniging en er noodzaak bestaat tot sanering van de bodem over te gaan, zal een normaal gebruik van de grond meestal niet mogelijk zijn. Bij de vraag of de levering van de grond aan de overeenkomst beantwoordt, speelt ook de aard van de onroerende zaak en de door de koper beoogde gebruiksfunctie een rol. Wanneer een koper tuinbouwgrond koopt en de verkoper is daarvan op de hoogte maar levert toch verontreinigde grond, dan komt de verkoper de overeenkomst niet na.

Een verkoper heeft een mededelingsplicht als hij weet of moet weten dat de zaak voor normaal gebruik ongeschikt is. Als hij dat niet meedeelt, zal geconcludeerd worden dat de geleverde zaak niet aan de overeenkomst beantwoordt. Als de verkoper onwetend is, dan wel verkoper en koper over dezelfde informatie beschikken, en de professionele koper laat na onderzoek te doen, dan verschuift het risico in de richting van de koper. In het algemeen kan gezegd worden dat naarmate de koper professioneler is, zijn onderzoeksplicht ten tijde van de koop zwaarder gaat wegen. De partijen nemen bij de overeenkomst veelal ook expliciet een regeling op over eventuele milieuaantasting van de grond. Uit de onderstaande zaak blijkt dat een 'onbekendheidsclausule' een verkoper niet vrijwaart van een claim voor onbekende bodemvervuiling.

In 1993 verkocht Christiaanse zijn woonboerderij aan Van Dijk. Voor de koopovereenkomst was de standaardakte van de Nederlandse Vereniging voor Makelaars gebruikt. Dit contract bevat de garantiebepaling dat de onroerende zaak bij de eigendomsoverdracht de feitelijke eigenschappen zal bezitten die voor normaal gebruik nodig zijn en de 'onbekendheidsclausule' dat de verkoper niet bekend is met enige verontreiniging van de bodem. Uit bodemonderzoek dat Van Dijk liet doen, bleek dat de bodem in de buurt van een oude schuur dermate vervuild was dat voor een nieuw te bouwen schuur geen bouwvergunning verleend zal worden, zolang de grond niet gesaneerd was. Voor Van Dijk was dit een groot probleem omdat hij de schuur had willen herbouwen voor het houden van dieren. Aan Van Dijk wordt de vordering tot schadevergoeding toegewezen omdat hij er redelijkerwijs van uit mocht gaan dat 'normaal' gebruik in de koopovereenkomst van het verkochte als

271

woonboerderij mede omvatte het afbreken en herbouwen van de schuur. De garantie hield ook in dat hij erop mocht vertrouwen dat hij de schuur zou kunnen verbouwen zonder saneringskosten te maken. De onbekendheidsclausule doet niet af aan deze garantie (Hoge Raad 28 januari 2000, TMA 00-3, p. 73-78 m.nt. Bierbooms).

Als een koper verontreinigde grond blijkt te hebben gekocht, kan hij zich beroepen op de tekortkoming van de verkoper in de nakoming van de overeenkomst. Van groot belang is dat de koper aan de verkoper binnen een redelijke termijn nadat hij de vervuiling heeft ontdekt of redelijkerwijs had behoren te ontdekken, te kennen geeft dat de nakoming van de overeenkomst onvoldoende is.

Een andere mogelijkheid is het instellen van een vordering tot vernietiging van de overeenkomst op grond van dwaling. Dat betekent dat de koper zich erop beroept dat hij een verkeerde voorstelling van zaken heeft gehad. Dit doet zich voor als de verkoper de koper niet of verkeerd heeft ingelicht of als de verkoper bij het sluiten van de overeenkomst dezelfde onjuiste voorstelling van zaken had.

Een gemeente verkoopt een industrieterrein waarvoor een bouwplicht geldt. Vervolgens blijkt dat er sprake is van bodemverontreiniging. De koper beroept zich op dwaling, omdat de gemeente wist dat er sprake was van illegale stortactiviteiten ter plaatse en de koper daarover had moeten informeren (Rb. Breda 11 november 1997, TMA 1998, p. 74).

8.5 Privaatrecht naast publiekrecht

Een belangrijke vraag is of het aanvaardbaar is dat de overheid en de burgers gebruik maken van privaatrechtelijke bevoegdheden, terwijl ook de mogelijkheid bestaat publiekrechtelijke middelen in te zetten. Dit vraagstuk wordt aangeduid als de 'twee-wegenleer'. Het speelt met name een rol bij de vraag of de overheid, ter handhaving van normen uit het bestuursrechtelijke milieurecht, gerechtigd is om gebruik te maken van privaatrechtelijke middelen.

Tegen het handelen in strijd met een vergunning kan bijvoorbeeld zowel een bestuursrechtelijke last onder dwangsom worden opgelegd als een civiele dwangsom op grond van onrechtmatige daad worden gevorderd.

De Hoge Raad deed over dit onderwerp enkele belangrijke uitspraken. We geven in deze paragraaf een korte beschrijving van de daarin geformuleerde criteria.

Twee-wegenleer
Bij de beoordeling van de vraag of de inzet van privaatrechtelijke middelen door de

Staat mogelijk is, moeten volgens de Hoge Raad een aantal aspecten worden betrokken. Deze bevoegdheid heeft de overheid niet – aldus de Hoge Raad – als door het gebruik van een privaatrechtelijke bevoegdheid (zoals de uitoefening van het eigendomsrecht of de bevoegdheden om een vordering op grond van onrechtmatige daad bij de burgerlijke rechter in te stellen), de publiekrechtelijke regeling op onaanvaardbare wijze wordt doorkruist. Daarbij moet worden gelet op:

– de inhoud en strekking van de publiekrechtelijke regeling (die mede kan blijken uit haar geschiedenis);
– de wijze waarop en de mate waarin in het kader van die regeling de belangen van de burgers zijn beschermd;
– geschreven en ongeschreven regels van het publiekrecht;
– het met de regeling verkregen resultaat: kan door gebruikmaking van een publiekrechtelijke regeling een vergelijkbaar resultaat worden behaald?

In 1993 heeft de Hoge Raad een uitspraak gedaan over de mogelijkheid voor de overheid om het privaatrecht als handhavingsinstrument te gebruiken. Aan de orde was een geschil tussen de Staat en de metaalverwerker Magnus.

Magnus had twee partijen zinkresidu opgeslagen in de haven van Rotterdam. Deze partijen zouden op den duur worden doorgevoerd naar Brazilië. Voor de opslag van de partijen had Magnus een vergunning nodig op grond van de (toenmalige) Wet chemische afvalstoffen. De Staat vreesde dat het zinkresidu bodemverontreiniging zou veroorzaken en vervolgens saneringskosten met zich mee zou brengen. In kort geding vordert de Staat afvoer van het zinkresidu en vraagt daarbij om het opleggen van een dwangsom voorzover Magnus het zinkresidu niet afvoert. De Hoge Raad vindt de inzet van de privaatrechtelijke dwangsom geoorloofd, omdat daarmee minder tijd moeite en kosten zijn gemoeid dan wanneer bestuursdwang moet worden toegepast. (HR 22 oktober 1993, M en R 1994/1, 1 m.nt. Kottenhagen-Edzes). In die tijd bestond nog niet de mogelijkheid van een publiekrechtelijke dwangsom. Nu zou de inzet van een privaatrechtelijke dwangsom niet geoorloofd worden geacht.

Voor burgers en belangenorganisaties kan ook de behoefte bestaan om gebruik te maken van privaatrechtelijke vorderingen, ook al bestaat de mogelijkheid een verzoek te doen tot toepassing van bestuursrechtelijke sancties. De vorderingen die op grond van het privaatrecht kunnen worden ingesteld zijn in bepaalde gevallen effectiever dan de vorderingen op grond van het bestuursrecht. Zo kan in een privaatrechtelijke vordering worden gevraagd om het uitspreken van een verbod van een bepaalde handeling en om het verkrijgen van schadevergoeding. De Hoge Raad heeft zich in het Kuunders-arrest over deze vraag uitgesproken. De Raad heeft daarbij bepaald dat zowel milieuorganisaties als individuele burgers van deze privaatrechtelijke weg gebruik kunnen maken.

Boer Kuunders bouwde in 1990 een stal voor een varkensmesterij naast het natuurgebied 'De Bult', een onderdeel van de Deurnse Peel. Kuunders kon met de bouw beginnen 10 jaar na de eerste aanvraag voor de nodige bouw- en hinderwetvergunningen. In die tien jaar hadden milieuorganisaties in verschillende procedures getracht de bouw van de stal tegen te houden. Toen Kuunders dan toch met de bouw mocht beginnen, eisten de milieuorganisaties in kort geding het stopzetten van de bouwwerkzaamheden. Kuunders beweerde dat de milieuorganisaties niet ontvankelijk moesten worden verklaard, omdat zij ook de mogelijkheid hadden langs administratiefrechtelijke weg (bestuursdwang) aan de gedragingen van Kuunders een einde te maken (HR 18 december 1992, NJ 1994, 139). De Hoge Raad oordeelt dat zowel de milieuorganisaties als individuele burgers het recht hebben gebruik te maken van de privaatrechtelijke middelen naast de publiekrechtelijke middelen.

8.6   Burgerlijk procesrecht

Het burgerlijk procesrecht geeft aan op welke wijze de procedures voor de burgerlijke (of: civiele) rechter gevoerd moeten worden. In de eerste plaats moet worden bekeken of de rechter bevoegd is. Vervolgens is het de vraag of de eiser in zijn vordering ontvankelijk is.

Als er sprake is van voorschriften van privaatrechtelijke aard of als de eiser zich baseert op een regel van privaatrecht, is in beginsel de burgerlijke rechter *bevoegd* over het geschil te oordelen. De bevoegdheid van de rechter is nooit een probleem zodra bijvoorbeeld wordt gesteld dat sprake is van een onrechtmatige daad. Of een eiser bij de burgerlijke rechter *ontvankelijk* is in zijn beroep, is in de eerste plaats afhankelijk van de mogelijkheid om gebruik te maken van een andere rechtsgang Het is mogelijk dat tegen een besluit beroep bij de bestuursrechter openstaat. In de tweede plaats is een eiser alleen ontvankelijk wanneer deze een eigen belang heeft bij een zaak.

De burgerlijke rechter heeft de rol van 'restrechter' als tegen bepaalde handelingen van de overheid geen beroep bij de bestuursrechter mogelijk is. Het gaat dan bijvoorbeeld om het beroep tegen algemeen verbindende voorschriften of tegen het feitelijk handelen van de overheid (zie § 5.7.4).

Voor de ontvankelijkheid is het van belang dat er sprake is van (dreigende) schade aan het eigen belang van de eiser. Wanneer een algemeen-belangorganisatie ingeval van milieuschade een vordering bij de burgerlijke rechter wil indienen, kan onduidelijk zijn of sprake is van schade aan het eigen belang. Een uitspraak van de Hoge Raad bracht in 1986 op dit punt duidelijkheid.

Een aantal milieuverenigingen vroeg de president van de rechtbank in kort geding om de gemeente Amsterdam te verbieden bagger uit de Amsterdamse grachten te storten in de Nieuwe Meer. De gemeente beschikte daarvoor niet over de vergunning die krachtens de Wet verontreiniging oppervlaktewateren benodigd was. De Hoge Raad overweegt dat de milieuorganisaties bij de burgerlijke rechter een verbodsvordering terzake van milieuaantasting kunnen instellen. Bij gebreke van de mogelijkheid van een dergelijke bundeling van de betrokken milieubelangen in rechte, wordt een efficiënte rechtsbescherming tegen een dreigende aantasting van die belangen – 'die in de regel grote groepen burgers tezamen raken, terwijl de gevolgen van een eventuele aantasting ten aanzien van ieder van die burgers zich evenwel moeilijk laten voorzien' – aanzienlijk bemoeilijkt. De Hoge Raad verklaart de milieuverenigingen ontvankelijk (HR 27 juni 1986, NJ 1987, 743 m.nt. WHH; De Nieuwe Meer).

Ingevolge deze uitspraak zijn milieuorganisaties ontvankelijk in vorderingen tot het verkrijgen van een rechterlijk verbod van een onrechtmatige gedraging die een aantasting betekent van de belangen welke die organisaties blijkens hun statutaire doelstelling behartigen. De bevoegdheid voor belangenorganisaties tot het instellen van een vordering – zowel groepsacties als algemeen-belangacties – is inmiddels neergelegd in art. 3:305a BW. Art. 305a lid 1 luidt:

'Een stichting of vereniging met volledige rechtsbevoegdheid kan een rechtsvordering instellen die strekt tot bescherming van gelijksoortige belangen van andere personen, voorzover zij deze belangen ingevolge haar statuten behartigt.'

De eis van volledige rechtsbevoegdheid betekent dat een informele vereniging op grond van dit artikel geen rechtsbevoegdheid heeft. Een andere eis waaraan voldaan moet zijn is dat de organisatie voorafgaand aan het instellen van de vordering in de gegeven omstandigheden voldoende getracht heeft het gevorderde door overleg met de gedaagde te bereiken (art. 3:305a lid 2 BW).

Burgerlijk proces
Het burgerlijk proces heeft specifieke kenmerken. De burgerlijke rechter is in zekere mate lijdelijk: twee partijen doen hun verhaal tegenover een onpartijdige derde. Bij de burgerlijke rechter geldt verplichte procesvertegenwoordiging. Dat wil zeggen dat de partijen door een advocaat of procureur moeten zijn vertegenwoordigd. Bij de kantonrechter is er echter geen verplichte proces-vertegenwoordiging. Het proces voor de burgerlijke rechter verloopt deels schriftelijk. Beide partijen moeten worden gehoord. Dit is gebaseerd op het beginsel van hoor en wederhoor. De behandeling van het geschil is openbaar, tenzij de rechter om gewichtige redenen een behandeling van het geschil met gesloten deuren nodig acht. De procedure kost meestal veel geld, niet in de laatste plaats vanwege de kosten van de advocaat. De in het ongelijk gestelde partij moet meestal ook de proceskosten van de in het gelijk gestelde partij betalen.
De regels voor het burgerlijk proces zijn vooral te vinden in het Wetboek van burgerlijke rechtsvordering (zie ook § 4.3.4).

Voorlopige voorziening
Wanneer er een spoedeisend belang is bij de behandeling van een geschil, is het voor partijen mogelijk een versnelde procedure voor de burgerlijke rechter te starten, waarbij een voorlopige voorziening wordt gevraagd. Dit wordt de kort gedingprocedure genoemd (art. 254-260 Rv). Daarin wordt een uitspraak gedaan die 'uitvoerbaar bij voorraad' is. Dat betekent dat de uitspraak onmiddellijk ten uitvoer kan worden gelegd. Bij de behandeling van dit geding treedt de voorzieningenrechter van de rechtbank op als alleensprekende rechter. Hij mag oordelen over alle geschillen, dus ook die geschillen die normaliter aan de kantonrechter worden voorgelegd. In kantonzaken kan evenwel ook de kantonrechter een voorlopige voorziening treffen (art. 254 lid 4 Rv). Een voorlopige voorziening bij de civiele rechter kan niet gevraagd worden voor zaken waarvoor een bestuursrechtelijke voorlopige voorziening open staat (zie § 5.7.5).

In een kort geding wordt, als voorlopige voorziening, een verbod of bevel gevorderd. Om dat af te kunnen dwingen wordt meestal ook om het opleggen van een civielrechtelijke dwangsom gevraagd, bij overtreding van het gevraagde bevel of verbod. Voor iedere overtreding of iedere dag dat een overtreding voortduurt, is de overtreder dan een boete verschuldigd. De volgende zaak illustreert wat dit kan betekenen.

> Recyclingbedrijf Rutte handelde in strijd met de opgelegde vergunningvoorschriften door stank te veroorzaken aan omwonenden boven de voorgeschreven stankconcentratienorm. De President van de Rechtbank had aan de omwonenden een rechterlijk bevel toegewezen dat het bedrijf moest voldoen aan de voorschriften, op straffe van verbeurte van een dwangsom van f. 2.500,- voor iedere dag dat het bedrijf in gebreke bleef met een maximum van f. 250.000,-. Het bedrijf bleef de vergunningvoorschriften overtreden en heeft de gehele dwangsom, f. 250.000,- moeten betalen aan de eiser, een door de omwonenden opgerichte rechtspersoon (Pres. Rb. Amsterdam, 14 april 1988, M en R 1988/8, nr. 60 m.nt. Gerritzen-Rode).

Een uitspraak van de voorzieningenrechter is een voorlopig oordeel. Eventueel kunnen partijen in een gewone (bodem)procedure een definitief oordeel van de rechter krijgen. Het gebeurt echter niet vaak dat na een civiel kort geding nog in een bodemprocedure verdere uitspraak wordt gevraagd. Vaak is de versnelde procedure van het kort geding, met eventueel hoger beroep en cassatie, al voldoende voor partijen.

9. Sectorale milieuwetgeving

9.1 Inleiding

In de voorgaande hoofdstukken hebben we, naast de Wet milieubeheer, de verschillende rechtsgebieden en hun betekenis voor het milieurecht behandeld. Deze informatie vormt de basis voor een nadere bestudering van de sectorale milieuwetten, dat wil zeggen de wetten die zich tot één milieuthema beperken, zoals bijvoorbeeld de Wet inzake de luchtverontreiniging (Wlv) of de Wet verontreiniging oppervlaktewateren (Wvo).

De sectorale wetten zijn deels gelieerd aan de Wet milieubeheer. De Wet milieubeheer bevat onder meer regels omtrent de totstandkoming van besluiten, de handhaving van voorschriften en het instellen van beroep. Deze (procedurele) regels gelden niet alleen voor de Wm zelf, maar ook voor veel sectorale milieuwetten. In die wetten wordt dan verwezen naar de Wm. De inhoudelijke normen zijn, met uitzondering van het onderdeel afvalstoffen dat in hoofdstuk 10 van de Wm is opgenomen, wél nog steeds te vinden in de sectorale milieuwetten of in daarop gebaseerde regelingen.

In dit hoofdstuk behandelen we een aantal sectorale milieuwetten op het gebied van water (§ 9.2), bodem (§ 9.3), lucht (§ 9.4), stoffen (§ 9.5) en geluid (§ 9.6). We bespreken per milieuthema kort de stand van zaken van het beleid, de opbouw van de wetten en een aantal inhoudelijke voorwaarden. Tot het milieurecht worden ook gerekend de rechtsgebieden die zich richten op de bescherming van de natuurwaarden en de relatie tussen de ruimtelijke ordening en het milieu. Deze onderdelen van het milieurecht worden behandeld in § 9.7 en § 9.8. In § 9.9 wordt kort aandacht besteed aan een aantal regelingen die gezamenlijk kunnen worden aangeduid als het agrarisch milieurecht.

9.2 Water

9.2.1 Beleid

Water vervult in Nederland een belangrijke functie voor de samenleving. De overheidszorg ten aanzien van het waterbeheer richt zich zowel op de waterkering en het beheer van de waterhuishouding als op de kwaliteit van het water. Daarmee wordt invulling gegeven aan art. 21 Gw, dat bepaalt dat de overheidszorg is gericht op de veiligheid en bewoonbaarheid van het land en de bescherming en verbetering van het leefmilieu. Het waterkwantiteitsbeheer betreft onder meer het waterpeilbeheer en de afvoer van overtollig water. Met het kwaliteitsbeheer wordt de kwaliteit van het aquatisch ecosysteem bewaakt ten behoeve van onder meer de drinkwater- en industriewatervoorziening, de visserij en de recreatie. Dit kwaliteitsbeheer gebeurt door collectieve zuiveringsmaatregelen (rioolwater-zuiveringsinstallaties), door het beheersen van lozingen via vergunningen, en door het saneren van waterbodems.

Het waterkwaliteits- en kwantiteitsbeheer zijn nauw met elkaar verweven. De samenhang tussen het kwaliteits- en kwantiteitsbeheer is in de loop der jaren steeds meer onderkend. In de Vierde Nota waterhuishouding is het waterhuishoudkundig beleid uitgezet voor de jaren 1998-2006. Dit nationale beleidsplan is gebaseerd op de Wet op de waterhuishouding. De Vierde Nota legt de nadruk op een gebiedsgerichte aanpak. Wat de emissies betreft verschuift de aandacht van de klassieke puntbronnen (industriële en huishoudelijke lozingen) naar de meer 'diffuse' bronnen van waterverontreiniging, vanuit bijvoorbeeld de landbouw, de bouw, het scheepvaart- en weg- en luchtverkeer. De Vierde Nota zet de lijn voort van de in de Derde Nota waterhuishouding (1989) uitgezette strategie om te komen tot integraal waterbeheer. Daarbij wordt uitgegaan van de samenhang tussen beheersmaatregelen ten aanzien van oppervlaktewater en grondwater en worden ook de relaties met aangrenzende beleidsterreinen als ruimtelijke ordening, milieubeheer en natuurbeheer in toenemende mate in het oog gehouden. Deze benadering wordt de watersysteembenadering genoemd. Daarin past ook de stroomgebiedsbenadering die in de Europese waterregelgeving tot ontwikkeling is gekomen (zie § 3.7).

De hoogwaterproblemen uit de jaren 1993 en 1995 hebben bijgedragen aan een nieuwe manier van denken over het omgaan met water. Het ruimte geven aan rivieren, met bijvoorbeeld retentiegebieden voor het tijdelijk bergen van water alvorens het water af te voeren, staat centraal in de rapportage van de Commissie Waterbeheer 21^e eeuw.

Deze wijzigingen in het nationale waterbeleid en de Europese stroomgebieds-gerichte waterkwaliteitsvereisten vormen een belangrijke basis voor een integratie van de waterwetgeving die in 2004 door de regering is aangekondigd (Kamerstukken II, 2003/04, 29 694, nr. 1).

9.2.2 Regelgeving

De nationale regelgeving voor het water ondergaat als gevolg van de Europese Kaderrichtlijn water belangrijke veranderingen. De Kaderrichtlijn water (2000/60, PbEG 2000 L 327/1) bevat een samenhangend wettelijk kader voor het waterbeheer. De richtlijn kent een ruime doelstelling, die betrekking heeft op het oppervlaktewater, het grondwater en het kustwater. In 2015 moet al het water in Europa in een 'goede toestand' verkeren. Daarbij gaat het zowel om een goede chemische toestand als om een goede ecologische toestand van het water. De richtlijn bevat een fasering voor het realiseren van de doelstellingen door de lidstaten. Uitzonderingen op de normstelling zijn mogelijk, bijvoorbeeld als het gaat om 'kunstmatige en sterk veranderde waterlichamen'. Uit de stroomgebieds-benadering van de richtlijn volgt dat in Nederland vier stroomgebieden zijn te onderscheiden: de Rijn, de Maas, de Schelde en de Eems. De implementatietermijn van de richtlijn, die eindigde in 2004, is door Nederland niet gehaald. De Kaderrichtlijn zal op termijn diverse waterrichtlijnen vervangen. Zie over de Kaderrichtlijn water en de overige EG-waterregelgeving § 3.7. De implementatie van de Kaderrichtlijn water zal in Nederland onder meer plaatsvinden in de Wet op de waterhuishouding en de Wet verontreiniging oppervlaktewateren. Ook andere waterwetten zullen wijziging ondergaan. Dat geldt onder meer voor de Grondwaterwet, omdat in vervolg op de Kaderrichtlijn een nieuwe Grondwater-richtlijn wordt voorbereid.

In deze paragraaf behandelen we enkele wetten die betrekking hebben op het beheer van het Nederlandse water. Het gaat om de Wet verontreiniging opper-vlaktewateren, de Grondwaterwet, de Wet op de waterhuishouding en de Wet verontreiniging zeewater. In § 2.4 is reeds een aantal internationale waterverdragen behandeld.

Wet verontreiniging oppervlaktewateren

In 1970 trad de Wet verontreiniging oppervlaktewateren (Wvo) in werking. Met de Wvo wordt beoogd de kwaliteit van de oppervlaktewateren te verbeteren. Het vergunningvereiste van de wet is met name gericht op de vervuiling door zogenaamde 'puntbronnen', zoals lozingen van huishoudens of bedrijven en het reguleren van activiteiten in of nabij een oppervlaktewater waardoor vervuiling optreedt. De verontreiniging door meer 'diffuse' bronnen die niet aan een persoon zijn toe te schrijven, valt niet onder het vergunningenstelsel van de Wvo.

De Wvo regelt de passieve beheerstaak, waarmee wordt bedoeld het juridisch beheer door de vergunningverlening, de normstelling, de heffing, de subsidiëring en de controle op de lozingen. Het actieve beheer, zoals de aanleg van rioolwaterzuiveringsinstallaties (rwzi's), moet worden uitgevoerd door de waterkwaliteitsbeheerders en bedrijven en is niet in de Wvo geregeld.

Begrip oppervlaktewater

Aangezien de Wvo het voorkomen en het tegengaan van de verontreiniging van oppervlaktewateren tot doel heeft, is het allereerst van belang te weten wat met het begrip oppervlaktewater precies wordt bedoeld. De wet zwijgt hierover, maar in de jurisprudentie is het begrip wel ingevuld.

De Hoge Raad heeft een ruime uitleg aan het begrip gegeven: een – anders dan louter incidenteel aanwezige – aan het aardoppervlak en aan de open lucht grenzende water-massa (met inbegrip van een bedding waarin zodanige watermassa al dan niet bij

279

voortduring voorkomt), tenzij daarin als gevolg van rechtmatig gebruik ten behoeve van een specifiek doel geen normaal samenhangend geheel van levende organismen en een niet-levende omgeving (ecosysteem) aanwezig is, dan wel het een ter berging van afval gegraven bekken betreft waarin slechts in een overgangsfase water aanwezig is en zich nog geen normaal ecosysteem heeft ontwikkeld (HR 30 november 1982, AB 1983, 265; M en R 1983/4, nr. 38).

In andere jurisprudentie is onder meer bepaald dat niet onder het begrip oppervlaktewater valt: bassins en bezinkbedden. Wel valt daaronder: het water dat van tijd tot tijd droog staat (zoals de uiterwaarden van een rivier) en de wateren die in verbinding staan met andere wateren.

Beheer oppervlaktewater
Het beheer van de oppervlaktewateren is in Nederland opgedragen aan en verdeeld over twee bestuursinstanties. Het beheer van de zogenoemde rijkswateren is opgedragen aan het Rijk (art. 3 lid 1 Wvo), dat wil zeggen Rijkswaterstaat. De minister van Verkeer en waterstaat is hier het bevoegd gezag. Als rijkswateren zijn onder meer aangewezen de grote rivieren, het IJsselmeer, het Amsterdam-Rijnkanaal, het Noordzeekanaal, de Waddenzee, het Eems-Dollardgebied, de Deltawateren en het territoriale deel van de Noordzee, en bepaalde wateren die hiermee in open verbinding staan. Voor de overige wateren zijn de waterkwaliteitsbeheerders, dat wil zeggen de besturen van de waterschappen, het bevoegd gezag (art. 3 lid 2 Wvo). (Zie over de waterschappen § 4.3.3.)

Absoluut lozingsverbod
In de Wvo is zowel een absoluut als een relatief lozingsverbod opgenomen (art. 1 Wvo). Het absolute lozingsverbod (art. 1 lid 3 Wvo) houdt in dat lozing van bepaalde, zeer schadelijke stoffen in het oppervlaktewater op welke wijze dan ook *altijd verboden* is. Bij amvb kan worden bepaald voor welke oppervlaktewateren het verbod geldt.

De in art. 1 lid 3 bedoelde stoffen zijn bij amvb aangewezen (Uitvoeringsbesluit art. 1 derde lid Wet verontreiniging oppervlaktewateren). De lijst van stoffen uit de bijlage bij deze amvb bevat een aantal afvalstoffen, verontreinigende stoffen of schadelijke stoffen, zoals organische halogeenverbindingen, cadmium en kankerverwekkende stoffen. In art. 3 van de amvb staat echter dat deze stoffen eerst door de minister van V en W moeten worden aangewezen. Deze aanwijzing heeft tot nu toe niet plaatsgevonden, waardoor feitelijk geen absoluut lozingsverbod in Nederland bestaat.

Op grond van art. 1a Wvo bestaat de mogelijkheid emissiegrenswaarden vast te stellen voor de lozing van bepaalde (zeer schadelijke) stoffen. Dat is gebeurd voor een twintigtal stoffen.

Relatief lozingsverbod; directe lozingen

Het relatieve lozingsverbod is het belangrijkste instrument van de Wvo. Het omvat het vergunningstelsel en de mogelijkheid om algemene regels te stellen ter regulering van lozingen. Het vergunningstelsel houdt in de eerste plaats in dat het *verboden* is om *zonder vergunning* met behulp van een werk afvalstoffen, verontreinigende of schadelijke stoffen in het oppervlaktewater te brengen (art. 1 lid 1 Wvo). Wanneer dus met behulp van een werk op het oppervlaktewater wordt geloosd, is een vergunning nodig. De Wvo zelf geeft geen omschrijving van het begrip 'werk'. Uit de wetsgeschiedenis van de Wvo en de jurisprudentie blijkt dat het gaat om een pijp, goot of filter, gebonden aan een vaste plaats.

Het vergunningstelsel houdt in de tweede plaats in dat het verboden is om zonder vergunning op andere wijze dan met behulp van een werk de in het eerste lid bedoelde stoffen in het oppervlaktewater te brengen (art. 1 lid 3 Wvo). Lozingen op andere wijze dan met behulp van een werk zijn (niet-limitatief) opgesomd in art. 4 Uitvoeringsbesluit art. 1 derde lid Wvo. Voorbeelden zijn lozingen die worden gedaan met behulp van schepen of tankauto's en het leggen van afvalstoffen in het winterbed van een rivier.

Lozingen met behulp van een werk of op andere wijze dan met behulp van een werk worden *directe lozingen* genoemd.

> Er is bijvoorbeeld sprake van een directe lozing wanneer een bedrijf, dat langs een rivier is gelegen, koelwater (de afvalstof) met behulp van een pijp (een werk) rechtstreeks in die rivier (het oppervlaktewater) loost. Hiervoor is dus een Wvo-vergunning vereist op grond van artikel 1 lid 1 Wvo.

De werkingssfeer van het Wvo-vergunningstelsel is ruim. Zeer uitlopende activiteiten zijn in de loop der jaren in de rechtspraak als lozing in de zin van de Wvo aangemerkt. Dat is gebeurd op basis van uitspraken van het EG Hof van Justitie, naar aanleiding van prejudiciële vragen van de Nederlandse rechter over de uitleg van het begrip lozing.

> Het EG-Hof van Justitie deed in 1999 twee belangrijke uitspraken over de reikwijdte van het begrip 'lozing' uit richtlijn 76/464 (HvJEG 29 september 1999, M en R 1999/12, nr. 108 en 109, zaken C-232/97 en C-231/97). De vraag was of het plaatsen van gecreosoteerde palen in oppervlaktewateren en het neerslaan van verontreinigde stoom als een lozing moeten worden beschouwd. Het Hof heeft het lozingenbegrip ruim uitgelegd, waarbij centraal staat dat de verontreiniging is toe te schrijven aan de handeling van een persoon. Diffuse bronnen moeten worden aangepakt door middel van specifieke programma's. Een deel van de verontreinigingsbronnen die in Nederland als diffuse bron werden aangemerkt, valt op basis van deze jurisprudentie ook onder het begrip lozing, zoals bepaalde emissies van bestrijdingsmiddelen en meststoffen.

Deze ruime uitleg van het begrip lozing betekent voor Nederland een aanzienlijke uitbreiding van de vergunningplicht. Deze vergunningplicht is overigens ingeperkt doordat vergunningvervangende amvb's zijn totstandgekomen (zie hierna).

Indirecte lozingen

Er is géén Wvo-vergunning nodig wanneer het gaat om een lozing met behulp van een werk dat op een ander werk is aangesloten (art. 1 lid 2 Wvo). Dit zijn de indirecte lozingen. Met de wat cryptische omschrijving 'een werk dat op een ander werk is aangesloten' wordt bedoeld: een pijp, goot, enz. (een werk) die op een riolering (een ander werk) is aangesloten. De ratio hierachter is dat de beheerder van de riolering (degene die direct loost) al een Wvo-vergunning nodig heeft.

Niet alle indirecte lozingen zijn uitgezonderd van de Wvo-vergunningplicht. Ten eerste is wel een Wvo-vergunning vereist als het gaat om lozingen die wel via een werk, maar niet via de riolering, zijn aangesloten op een zuiveringtechnisch werk in gebruik bij overheid (art. 1 lid 2 Wvo). Ten tweede zijn bij amvb 19 categorieën bedrijven aangewezen die voor hun lozingen op het riool wél een Wvo-vergunning nodig hebben (Besluit ex artikel 1 tweede lid, en 31 vierde lid, Wet verontreiniging oppervlaktewateren). Grof gezegd zijn dit de zware, vervuilende bedrijven, waaronder de petrochemische industrie en de papier- en kartonindustrie.

Bij indirecte lozingen geldt dus als hoofdregel dat geen Wvo-vergunning nodig is. Dit betekent echter niet dat zo maar allerlei stoffen in de riolering gebracht mogen worden. Ook lozingen op de riolering zijn aan regels gebonden. Deze regels zijn niet in de Wvo te vinden, maar in de Wet milieubeheer .

Voor inrichtingen worden voorschriften voor indirecte lozingen opgenomen in de Wm-vergunning (art. 8.1 Wm) of in de amvb die de vergunningplicht vervangt (art. 8.40 Wm).

Voor indirecte lozingen die niet vanuit inrichtingen plaatsvinden, zoals huishoudens, is een regeling opgenomen in de art. 10.30 – 10.32 Wm (zie § 6.9.5).

Schematisch weergegeven ontstaat het volgende beeld voor de regulering van directe en indirecte lozingen:

Regulering van lozingen

DIRECTE LOZINGEN

= met werk of op andere wijze dan met behulp van werk

hoofdregel: Wvo-vergunning vereist (art. 1 leden 1 en 3 Wvo)

INDIRECTE LOZINGEN

= met werk op ander werk

hoofdregel:	geen Wvo-vergunning vereist (art. 1 lid 2, eerste volzin Wvo)
- inrichtingen:	voorschriften in Wm-vergunning ex art. 8.1 Wm of amvb ex art.8.40 Wm
- niet-inrichtingen:	regels in arttt. 10.15-10.16d Wm en Besluit lozingsvoorschriften milieubeheer
uitzondering:	wel Wvo-vergunning vereist (art. 1 lid 2 tweede volzin Wvo) - voor 19 categorieën van bedrijven (art. 1 lid 2 tweede volzin Wvo jo. Besluit ex art. 1 tweede lid en 31 vierde lid Wvo) - als het een werk is dat is aangesloten op een rwzi in gebruik bij de overheid

---

In de lozingsvergunning worden voorschriften worden gesteld ter bescherming van de belangen waarvoor vergunning vereist wordt. Dat is de waterkwaliteit, maar ook de doelmatigheid van de zuivering. De bescherming van waterbodems tegen verontreiniging valt ook binnen de reikwijdte van de Wvo. De vergunning dient bepalingen te bevatten over aard en hoeveelheid van de te lozen stoffen. Zonder deze gegevens zouden lozingen van onbekende aard en omvang worden vergund.

De Afdeling bestuursrechtspraak van de Raad van State concludeert over een vergunning voor een bloembollenbedrijf, waarin alleen middelvoorschriften zijn opgenomen en is nagelaten te motiveren hoe deze middelvoorschriften zijn te herleiden tot een bepaalde reductiedoelstelling, dat hier 'in feite lozingen van onbekende aard en omvang zijn vergund' (ABRvS 12 maart 1999, M en R 1999/7/8, nr. 68 m.nt. Verschuuren en Vogelezang-Stoute).

Op de vergunningverlening zijn de bepalingen in de art. 3 – 9a Wvo van toepassing. De procedure voor de vergunningverlening is dezelfde als die voor de totstandkoming van de Wm-vergunning (art. 7 Wvo). Op de handhaving van de Wvo-vergunning zijn bepalingen van hoofdstuk 18 Wm van toepassing (art. 30 Wvo). Op het beroep is hoofdstuk 20 Wm van overeenkomstige toepassing (art. 16 Wvo).

Algemene regels
Op basis van de art. 2a – 2d is het mogelijk bij amvb algemene regels te stellen ter regulering van daarbij aangewezen categorieën van lozingen. Deze regels betreffen niet alleen lozingen als zodanig, maar ook andere handelingen waardoor verontreinigende stoffen in oppervlaktewateren kunnen worden gebracht. Op dit moment zijn onder meer algemene regels vastgesteld voor stedelijk afvalwater (Stb. 1996, 140), huishoudelijk afvalwater (Stb. 1997, 21), open teelt en veehouderij (Stb. 2000, 43) en de glastuinbouw (Stb. 2002, 109).

Afstemming Wvo en Wm
Bij de totstandkoming van de Wet milieubeheer is ervoor gepleit de regelgeving voor water in de Wm te integreren. Dat is echter niet gebeurd. De Wvo-vergun-ningverlening werd als een dermate essentieel onderdeel van het waterbeheer beschouwd dat het niet wenselijk werd geacht dit inhoudelijk bij de milieuvergun-ningverlening te betrekken. Wel is een afstemmingsconstructie voor de Wvo- en de Wm-vergunningen gemaakt in de art. 7b – 7e Wvo en de artt. 8.28 – 8.34 Wm (zie § 6.7.7).

Normstelling
De Wvo kent de mogelijkheid bij amvb normen vast te stellen in de vorm van emissiegrenswaarden (art.1a) en van milieukwaliteitseisen of waterkwaliteits-doelstellingen (art. 1c).
De emissiegrenswaarden geven aan welke concentratie van stoffen ten hoogste mag voorkomen in het afvalwater. Er bestaan grenswaarden voor een aantal stoffen, waaronder kwik, cadmium, asbest en DDT. De grenswaarden moeten door de vergunningverlenende overheid in acht worden genomen.
De waterkwaliteitsdoelstellingen zijn streefwaarden voor het oppervlaktewater met het oog op bepaalde functies van dat water. Op het vaststellen van deze waarden zijn de bepalingen van hoofdstuk 5 Wm over het vaststellen van milieukwaliteits-eisen van toepassing (art. 1c Wvo). In het Besluit kwaliteitsdoelstellingen en metingen (Stb. 1983, 606) zijn waterkwaliteitsdoelstellingen vastgesteld voor drinkwater, zwemwater en water voor bepaalde vissen. Dit besluit bevat per waterfunctie een lijst met normen voor bepaalde stoffen. Ook vermeldt het besluit zaken als de zuurgraad, de kleur en de temperatuur van het water.
Tot voor kort waren veel milieukwaliteitseisen voor stoffen (alleen) in de Vierde Nota Waterhuishouding opgenomen en niet in regelgeving. Naar aanleiding van

een uitspraak van het EG Hof van Justitie zijn deze normen in 2004 opgenomen in de ministeriële Regeling milieukwaliteitseisen gevaarlijke stoffen oppervlakte-wateren (Stcrt. 2004, 247).

Heffing
De Wvo biedt voor de waterkwaliteitsbeheerder de mogelijkheid een heffing in te stellen ter financiering van de kosten van de bestrijding van de water-verontreiniging (art. 17 – 28 Wvo). Deze heffing is een bestemmingsheffing, waarvan echter ook een sterk regulerende werking uitgaat. De heffingsplichtigen zijn de bedrijven en de huishoudens (zie verder § 6.10.2).

Rioleringsbeheer
Voor het beheer van de kwaliteit van het water is ook het rioleringsbeheer van belang. Gemeenten hebben op grond van art. 10.33 Wm een zorgplicht voor het doelmatig inzamelen en transporteren van afvalwater dat vrijkomt bij de binnen haar grondgebied gelegen percelen.
Op grond van de Wet milieubeheer zijn gemeenten verplicht een rioleringsplan op te stellen (art. 4.22 – 4.24 Wm). In dat plan wordt een overzicht opgenomen van de activiteiten terzake van het beheer en onderhoud van de riolering (zie § 6.4). Bij de vaststelling van het gemeentelijk rioleringsplan dient rekening te worden gehouden met het eventueel aanwezige gemeentelijke milieubeleidsplan (art. 4.22 lid 3 Wm).

Grondwaterwet
De Grondwaterwet (Gww) beoogt een goed beheer van het grondwater, gericht op een optimaal en selectief gebruik van dit water. De Gww gaat alleen over het kwantitatieve beheer, dat wil zeggen over de onttrekking van grondwater en in samenhang daarmee de kunstmatige infiltratie van water in de bodem. De kwaliteit van het grondwater is in het algemeen afhankelijk van de activiteiten die op of in de bodem plaatsvinden. Daarom is de kwaliteit van het grondwater primair geregeld in de Wet bodembescherming (zie § 9.3.2). De Gww bevat wel één kwaliteits-bepaling: een vergunning voor het infiltreren mag alleen worden verleend als er geen gevaar is voor verontreiniging van het grondwater (art. 14a Gww).
De beheersing van het grondwaterpeil is onder meer van belang voor de be-scherming van de bodem, de bebouwing, de gewassen, en voor de kwaliteit van na-tuurgebieden. Onttrekkingen van grondwater voor een laagwaardig gebruik, zoals beregening van grasland, worden in het kader van anti-verdrogingsbeleid veelal afgebouwd.
De uitvoering van deze wet ligt bij de provincies. Dat gebeurt via verordeningen van provinciale staten en via vergunningverlening door gedeputeerde staten (GS). Voor het verrichten van activiteiten die gevolgen hebben voor de grondwaterstand is een vergunning van GS vereist. GS vragen onder meer advies aan door de provincies ingestelde technische commissies van deskundigen (art. 14 – 15, 16 – 30

Gww). De Gww kent gedoogplichten voor bepaalde onttrekkingen en infiltraties, en bevat ook een schadevergoedingsregeling (art. 31 – 42).

Op het totstandkomen van de Gww-vergunning zijn de bepalingen voor het totstandkomen van de Wm-vergunning en de afdeling 3.4 Awb van toepassing (art. 17 Gww). Voor het beroep verwijst art. 43 naar hoofdstuk 20 Wm.

Wet op de waterhuishouding

De uit 1990 daterende Wet op de waterhuishouding (Wwh) heeft een tweeledige doelstelling. De wet stelt regels voor een samenhangend en doelmatig waterhuishoudingsbeleid en – beheer. Daarnaast stelt de wet nadere regels voor het kwantiteitsbeheer van het oppervlaktewater.

In de wet staat de planvorming centraal (art. 3 – 11 Wwh). Allereerst wordt op rijksniveau de Nota Waterhuishouding vastgesteld, waarin de hoofdlijnen van het ten aanzien van de landelijke waterhuishouding te voeren beleid worden aangegeven. Het nationale waterhuishoudings- en milieubeleidsplan moeten op elkaar worden afgestemd (zie § 6.4).

Op provinciaal niveau moeten ook waterhuishoudingsplannen worden opgesteld. Deze dienen over en weer te worden afgestemd op de provinciale milieubeleids-plannen en de streekplannen. Tevens moeten het Rijk en de beheerders van de regionale wateren een beheersplan opstellen voor hun wateren. De rijks- en provinciale plannen moeten (in beginsel) tenminste eens per vier jaren worden herzien.

Voor het kwantiteitsbeheer van het oppervlaktewater kent de wet in daartoe aan te wijzen gevallen een registratieverplichting voor degene die water loost of onttrekt (art. 12 – 23 Wwh). De wet bepaalt ook dat de waterkwantiteitsbeheerder in aan te wijzen gevallen peilbesluiten vaststelt, waarin de waterstanden zijn aangegeven die moeten worden gehandhaafd. Voor bepaalde gevallen is een vergunning nodig om water te kunnen lozen in, of te onttrekken aan het oppervlaktewater (art. 24 – 33 Wwh). Aan de vergunning kunnen voorschriften worden verbonden ter bescherming van het belang van de waterhuishouding. De vergunning vermeldt tenminste de waterhoeveelheden die mogen worden afgevoerd (art. 24 lid 5 – 6 Wwh).

Wet verontreiniging zeewater

De uit 1977 daterende Wet verontreiniging zeewater (Wvz) bevat bepalingen ter voorkoming van het in de zee brengen van giftige stoffen of stoffen die in zeewater niet kunnen worden omgezet in biologisch onschadelijke stoffen. Niet alle lozingen vallen onder deze wet. Zo is bijvoorbeeld op de lozing van radioactieve stoffen de Kernenergiewet van toepassing.

Het belangrijkste instrument van de Wvz is het absolute lozingsverbod. Op grond van art. 3 lid 1 Wvz zijn bij amvb (Besluit ex artikel 3 lid 1 Wvz) categorieën van stoffen aangewezen die niet mogen worden geloosd. Op deze regel bestaan twee uitzonderingen. Ten eerste mogen wel stoffen worden geloosd die slechts als sporen voorkomen in andere stoffen (art. 3 lid 3 Wvz). Ten tweede is in artikel 2 van het Besluit ex artikel 3 lid 1 Wvz een aantal stoffen van het verbod uitgezonderd.

De lozing van overige afvalstoffen, verontreinigende of schadelijke stoffen is ook verboden, maar hiervoor kan de minister van V&W ontheffing verlenen (art. 4 jo. art. 7 Wvz). Feitelijk is hier dus sprake van een relatief lozingsverbod. De minister van V en W beslist op het verzoek om ontheffing in overeenstemming met de minister van VROM. Op de totstandkoming van de ontheffing zijn de bepalingen voor de totstandkoming van de Wm-vergunning van toepassing en is te vinden in afdeling 13.2 Wm en afdeling 3.4 Awb (art. 8 Wvz). Op de handhaving van de Wvz is hoofdstuk 18 Wm van toepassing (art. 12 Wvz). Voor het beroep verwijst art. 10 Wvz naar hoofdstuk 20 Wm.

9.3 Bodem

9.3.1 *Beleid*

Het bodembeleid wordt ontwikkeld op nationaal niveau. Het Rijk heeft als taak te zorgen voor een goede bodemkwaliteit zodat duurzaam gebruik van de bodem mogelijk is. Provincies en gemeenten voeren het bodembeleid uit.

Het beleid richt zich op zowel op het voorkomen van verontreiniging en aantasting van de bodem, als op sanering van verontreinigde bodems.

De uitgangspunten voor het bodembeleid staan in het NMP3 (1998). Daarin wordt aangegeven dat de omvang van de bodemverontreiniging in Nederland niet goed bekend is. Naar schatting bedraagt het aantal ernstig verontreinigde locaties 175.000, waarvan circa 35% urgente sanering behoeft. In 2005 moet de omvang landsdekkend in kaart zijn gebracht.

Ook het waterbodembeheer, waaronder de waterbodemsanering, maakt deel uit van de bodembescherming. Het Saneringsprogramma Waterbodem rijkswateren 2001 – 2004 maakt melding van ruim 300 locaties waarvan voor ruim 200 bekend is dat er ernstige verontreiniging is of vermoed wordt. Waterbodemsanering vindt vooral plaats bij onderhoudsbaggerwerk.

Het bodembeleid, zoals vastgelegd in beleidsstukken en in regelgeving, heeft de afgelopen decennia vele wijzigingen ondergaan. In dat beleid staat de saneringsproblematiek centraal.

Nadat grootschalige bodemverontreinigingen bekend werden, zoals de 'Lekkerkerkaffaire' in 1981 (waar een woonwijk op een voormalige stortplaats voor bedrijfsafval gebouwd bleek te zijn) kwam het bodemsaneringsbeleid tot ontwikkeling. De bodemsanering werd in gang gezet met de Interimwet bodemsanering (1983). De Wet bodembescherming (Wbb) trad, na vele jaren van voorbereiding, in 1987 in werking.

De regeling van de Interimwet bodemsanering werd in 1994 opgenomen in de Wbb. In de loop van de jaren negentig stagneerde de bodemsanering. In 1997 besloot het kabinet tot een beleidswijziging in het bodemsaneringsbeleid om deze stagnatie weg te nemen. Het uitvoeringsprogramma BEVER (Beleidsvernieuwing bodemsanering) kwam tot stand. Deelnemende partijen waren het IPO, de VNG en de ministeries van VROM, EZ, LNV, V enW, en Financiën. De saneringsdoelstelling werd aangepast. In plaats van het 'multifunctioneel saneren' (waarbij de bodem na schoonmaak voor gebruik door elke functie geschikt zou zijn) kwam nu het 'functiegericht saneren' (waarbij de bodem na schoonmaak geschikt zou zijn voor het beoogde gebruik). Decentralisatie van bevoegdheden, een meer flexibele uitvoering en handhaving en 'kosteneffectief saneren' werden beoogd met het nieuwe beleid (Kabinetsstandpunt functiegerichte en kosteneffectieve aanpak bodemverontreiniging, Kamerstukken II 1999/00, 25 411, nr. 7).

In 2002 volgt een nieuw Kabinetsstandpunt, gericht op een nieuwe aanpak van de historische verontreinigingen (Kabinetsstandpunt beleidsvernieuwing bodem-saneringsbeleid, Kamerstukken II, 2001/02, 28 199, nr. 1).

In 2003 presenteert het kabinet een aantal vernieuwingen in het het bodembeschermingsbeleid (Beleidsbrief bodem, Kamerstukken 28 663, nr. 13). De voortgaande milieuschade door het bodemgebruik, de versnippering van het beleid zijn onder meer aanleiding voor deze vernieuwing. Meer eigen verant-woordelijkheid voor maatschappelijke partijen, eenvoudiger regelgeving, landelijke kaders en besluitvorming door het bevoegd gezag bodemsanering, meer mogelijk-heden voor gebiedsgerichte oplossingen en een sterkere koppeling van bodembeheer aan risico's zijn enkele kernpunten. Daarbij wordt gestreefd naar een integratie van de verschillende beleidskaders die er zijn voor grond, bagger en bouwstoffen.

Praktijkproblemen op het gebied van de bodemsanering klinken door in enkele onderzoeken naar deze praktijk. Zo concludeert de VROM-Inspectie op basis van een onderzoek naar het toezicht van provincies en gemeenten bij bodemsaneringen 'in eigen beheer' (dat wil zeggen door particulieren), dat slechts bij 4 van de 22 bevoegde gezagen het toezicht kwantitatief en kwalitatief voldoet (Bodem in Zicht II, 2003). De Algemene Rekenkamer concludeert in een onderzoek naar de voortgang van de bodemsanering dat de minister van VROM onvoldoende 'grip' heeft op de bodemsanering. Er is tot nu toe geen sprake is van een samenhangende planning, het nieuwe beleid behoeft nog uitwerking en aan het nieuwe beleid zal pas vanaf 2010 invulling gegeven kunnen worden, vanwege kabinetsbezuinigingen op de bodemsanering (Algemene Rekenkamer, 2005). De minister geeft in een reactie hierop onder meer aan dat het beleid door provincies en gemeenten zal worden geïmplementeerd.

9.3.2 Regelgeving

De bespreking van de regelgeving voor de bodem beperken we tot de Wet bodembescherming en bijbehorende uitvoeringsregels. Regels en voorschriften ter bescherming van de bodem zijn ook te vinden in andere wetten, waaronder de Wet milieubeheer, de Meststoffenwet, de Ontgrondingenwet, de Mijnwetgeving en de Wet op de ruimtelijke ordening.

Wet bodembescherming

De uit 1986 daterende Wet bodembescherming (Wbb) ziet zowel op het voorkomen en beperken van bodemverontreiniging als op het saneren van de verontreinigde bodem, inclusief de waterbodem. De Wbb is aanvullend ten opzichte van diverse andere wetten. De voorrangsregeling in art. 99 Wbb houdt onder meer in dat Wbb-bepalingen niet van toepassing zijn als er regels gelden op grond van de Wvo.

Bescherming van de bodem

Anders dan de meeste andere milieuwetten kent de Wbb geen vergunningplicht. De wet kent een stelsel van algemene regels ter bescherming van de bodem.
De art. 6 – 12 Wbb bieden een grondslag voor het bij amvb stellen van regels over het verrichten van bepaalde categorieën handelingen waarbij verontreinigende stoffen op of in de bodem worden gebracht. Dit kan onder meer gaan om handelingen die stoffen aan de bodem toevoegen (meststoffen), om het uitvoeren van werken op of in de bodem (de aanleg van pijpleidingen en ontginningen) of om het transport van bodemverontreinigende stoffen. Op basis van deze artikelen (en veelal mede op basis van andere wetten) zijn diverse amvb's vastgesteld.

> Voorbeelden van Wbb-amvb's zijn: het Stortbesluit bodembescherming (Stb. 1993, 55), het Infiltratiebesluit bodembescherming (Stb. 1993, 233), Bouwstoffenbesluit bodem- en oppervlaktewaterbescherming (Stb. 1995, 567), het Lozingenbesluit bodembescherming (Stb. 1997, 649), het Besluit kwaliteit en gebruik overige organische meststoffen (Stb. 1998, 86) en het Besluit opslaan in ondergrondse tanks (Stb. 1998, 414).

De art. 15 – 19 Wbb bevatten een ruim geformuleerde, niet-limitatieve opsomming van soorten verboden die in de amvb's gesteld kunnen worden en een opsomming van verplichtingen welke de amvb's kunnen inhouden.

> Het kan hier bijvoorbeeld gaan om een verbod tot het verrichten van handelingen zonder te voldoen aan gestelde meldingsverplichtingen. Ook kan het gaan om de verplichting tot het stellen van financiële zekerheid voor het nakomen van de gestelde regels, of ter dekking van de aansprakelijkheid voor schade aan de bodem.

Van de algemene regels kan wel vrijstelling of ontheffing worden verleend. Dat kan alleen als het belang van de bescherming van de bodem zich daartegen niet verzet (art. 64-68 Wbb). Een handeling in strijd met een voorschrift dat aan een vrijstelling of een ontheffing is verbonden, is verboden. Een ontheffing kan niet worden verleend als er sprake is van een inrichting waarvoor op basis van de Wet milieubeheer een vergunningplicht geldt.

Op de totstandkoming en wijziging van deze ontheffingen zijn de bepalingen van afdeling 3.4 Awb van toepassing. Op de handhaving van de Wbb zijn bepalingen uit hoofdstuk 18 Wm van toepassing (art. 95 lid 1 Wbb). Voor het beroep verwijst art. 87 Wbb naar hoofdstuk 20 Wm, voorzover er geen beroep op de burgerlijke rechter open staat, zoals in het geval van de art. 73 – 75 Wbb.

Art. 13 Wbb bevat een zorgplicht. Degene die een bepaalde handeling verricht als bedoeld in de art. 6 – 11 Wbb en die weet of redelijkerwijs had kunnen vermoeden dat door die handelingen de bodem kan worden verontreinigd of aangetast, is verplicht alle maatregelen te nemen die redelijkerwijs van hem kunnen worden ge-vergd om de verontreiniging te voorkomen, te saneren of te beperken. Uit dit artikel vloeit voort dat een ieder die handelingen op of in de bodem verricht, gehouden is zorgvuldig te zijn en accuraat op te treden (zie § 6.2).

Bij amvb kunnen op grond van de art. 69 – 72 regels worden gesteld inzake onderzoek in het belang van de bescherming van de bodem. Dat kan gaan om onderzoek van overheidswege en om onderzoek door 'een rechthebbende op een grondgebied' indien daar sprake is van een handeling die de bodem kan verontreinigen of aantasten (art. 72).

Sanering van de bodem

Hoofdstuk IV (art. 21 – 63) Wbb gaat over de verontreinigde bodem en de sanering daarvan. Hier zijn onder meer geregeld:

- de beoordeling van de reinigbaarheid van de grond;
- de wijze waarop verontreinigende handelingen moeten worden gemeld;
- de wijze waarop en door wie sanering van de verontreinigde grond moet worden verricht.
- de bevoegdheden en taken bij ernstige verontreiniging of een ongewoon voorval;
- de bevoegdheden en taken voor GS en B en W en de procedures bij sanering;
- verplichte aankoop van grond of woning door gemeenten bij ernstige bodemverontreiniging;
- regels inzake de sanering van de waterbodem;
- bepalingen met betrekking tot onderhoudsbaggerwerk.

Hoewel de Wbb het initiatief tot en uitvoering van de sanering primair bij de verontreiniger of eigenaar van de verontreinigde grond legt, is het in veel gevallen niet eenvoudig de veroorzaker te vinden. In die gevallen zal de overheid zelf moeten overgaan tot het opruimen van de verontreiniging om te voorkomen dat deze verdere schade veroorzaakt. Op de mogelijkheden voor de overheid tot verhaal van kosten wordt aan het eind van deze paragraaf ingegaan.

De regeling voor de 'sanering in eigen beheer' is op grond van de huidige wet in hoofdlijnen als volgt.
Wie een handeling verricht als bedoeld in de art. 6 – 11 Wbb en daarbij bodemverontreiniging of -aantasting veroorzaakt, moet dit melden bij GS. Daarbij moet worden aangegeven welke maatregelen getroffen (zullen) worden (art. 27 Wbb). Degene die voornemens is te saneren, meldt, na onderzoek, bij GS hoe hij wil saneren (art. 28 Wbb). Bij een vermoeden van ernstige verontreiniging wordt ook een saneringsplan ingediend (art. 39). GS stellen naar aanleiding van deze melding, of eventueel na nader onderzoek, vast of er sprake is van een 'geval van ernstige verontreiniging' (art. 29 Wbb).

> Het gaat bij ernstige verontreiniging om een geval van verontreiniging waarbij de bodem zodanig is of dreigt te worden verontreinigd dat de functionele eigenschappen die de bodem voor mens, plant of dier heeft, ernstig zijn of dreigen te worden verminderd (art. 1 Wbb). Art. 36 Wbb geeft aan dat in een amvb wordt bepaald welke gevallen zijn aan te duiden als gevallen van ernstige bodemverontreiniging. Dit artikel is evenwel nog niet in werking getreden. De beoordeling van de bodemverontreiniging geschiedt daarom op basis van de Circulaire streefwaarden en interventiewaarden bodemsanering (Stcrt. 2000, 39). Deze circulaire bevat de zogenaamde interventiewaarden, aan de hand waarvan beoordeeld wordt of er sprake is van ernstige bodemverontreiniging.

Bij de beschikking waarin wordt vastgesteld dat er sprake is van een geval van ernstige verontreiniging, wordt door gedeputeerde staten ook vastgesteld of van urgentie sprake is (art. 37 Wbb). De ministeriële 'Circulaire saneringsregeling Wet bodembescherming: beoordeling en afstemming' vervult hierbij een belangrijke functie.

> De urgentie van de sanering ziet op de specifieke omstandigheden en de actuele risico's. Ook hier ontbreekt een amvb voor het invullen van het begrip 'urgentie'. De urgentie wordt daarom bepaald op grond van de Circulaire saneringsregeling Wet bodembescherming: beoordeling en afstemming. Het bevoegd gezag moet bij deze beoordeling in het concrete geval in ieder geval rekening houden met het risico voor mens, plant en dier als gevolg van blootstelling aan de verontreiniging en verspreiding, gegeven het gebruik van de bodem op het ogenblik waarop de beschikking wordt gegeven.

GS kunnen bij de beschikking aangeven welke tijdelijke beveiligingsmaatregelen aan de sanering vooraf dienen te gaan. In bepaalde gevallen kan worden toegestaan dat maatregelen worden getroffen die leiden tot het isoleren, beheersen en controleren van de verontreiniging.

Met het saneren kan niet worden begonnen voordat GS het saneringsplan hebben goedgekeurd. De wet bevat voor dit plan criteria (art. 39).

Op grond van de art. 30 – 35 Wbb kunnen GS bij ernstige verontreiniging of aantasting van de bodem door een ongewoon voorval de noodzakelijke maatregelen nemen. GS kunnen een bevel geven tot het staken van de verontreinigende handeling te staken of tot het op het verontreinigde gebied toelaten van personen voor onderzoek of voor het wegnemen van de oorzaak.

Saneringsbevel
Als in een concrete situatie sprake is van een geval van ernstige verontreiniging, kunnen GS een bevel geven tot het verrichten van nader onderzoek of tot sanering van de bodem (art. 43 Wbb). Dit saneringsbevel kan zijn gericht tot degene die de bodem heeft verontreinigd of tot de eigenaar/erfpachter van de grond. Alvorens een saneringsbevel wordt gegeven, moet de betrokkene de gelegenheid hebben gehad te saneren of andere maatregelen te treffen (art. 45 lid 3 Wbb).

Het saneringsbevel kan niet aan iedere eigenaar/erfpachter van een verontreinigd grondgebied worden opgelegd, omdat niet iedere eigenaar/erfpachter verantwoordelijk is te stellen voor de verontreiniging. Art. 46 Wbb bepaalt wanneer geen saneringsbevel worden gegeven.

Convenant regeling bedrijfsterreinen
Voor het bedrijfsleven is de dreiging van het saneringsbevel niet aantrekkelijk. In veel gevallen is het rendabeler als bedrijven de sanering zelf kunnen plannen, beheersen en integreren in hun bedrijfsvoering. Overheid en bedrijfsleven hebben met de zogenoemde BSB-operatie (Bodemsanering in bedrijf zijnde bedrijfsterreinen) een regeling getroffen waarbij bedrijven vrijwillig meewerken aan de inventarisatie van de mate van verontreiniging op hun bedrijfsterrein en waarbij de overheid meebetaalt aan de saneringskosten. Deze regeling is in 2001 vastgelegd in een convenant.

Verhaal van saneringskosten door de Staat
Wanneer de Staat zelf tot het treffen van de saneringsmaatregelen moet overgaan, biedt de wet de mogelijkheid voor de Staat om de kosten van de sanering te verhalen op degene door wiens onrechtmatige daad de verontreiniging is veroorzaakt (art. 75 lid 1 Wbb).

In bepaalde gevallen kan de Staat ook kosten verhalen wanneer de veroorzaker van een verontreiniging niet op grond van onrechtmatige daad aansprakelijk is. Art. 75 lid 6 Wbb stelt hierbij wel twee voorwaarden. In de eerste plaats moet de veroorzaker de ernstige gevaren gekend hebben of behoorde hij deze te kennen op het moment van verontreiniging. In de tweede plaats moet er sprake zijn van ernstige verwijtbaarheid. In deze gevallen kan dus ook verhaal van kosten plaatsvinden ingeval van verontreiniging vóór 1975 (zie § 8.2.4). Voor het bepalen van de ernstige verwijtbaarheid wordt – aldus art. 75 lid 6 – in het bijzonder gekeken naar de bedrijfsvoering die in vergelijkbare bedrijven wordt gevoerd en de bestaande alternatieven voor de gedraging van de veroorzaker. De formulering 'in het bijzonder' lijkt ruimte te bieden voor het aannemen van ernstige verwijtbaarheid in andere gevallen. In de uitspraak van de Hoge Raad inzake de Shell-zaak (HR 30 september 1994, M en R 1994, 112) geeft deze echter aan dat het – gezien de lange parlementaire gevechten over de relativiteit (zie § 8.2.1 en 8.2.4) – niet op de weg van de rechter ligt om ook buiten de in de wet genoemde gevallen te spreken van ernstige verwijtbaarheid.

In art. 75 lid 3 is de ongerechtvaardigde verrijking als grondslag voor het kunnen verhalen van saneringskosten opgenomen. Er is sprake van ongerechtvaardigde verrijking als het vermogen van de eigenaar van de grond door de sanering is toegenomen, terwijl de kosten van de sanering voor rekening van de overheid komen. Bij de toewijzing van de vordering tot ongerechtvaardigde verrijking is onder meer van belang of de verrijkte eigenaar op het moment van de verwerving van de grond wist of behoorde te weten dat de grond verontreinigd was en ge-saneerd zou moeten worden.

Nieuwe regelgeving en wijziging van de Wet bodembescherming
Vooruitlopend op de uitgebreide wijziging van de Wet bodembescherming is in 2002, op grond van art. 38 lid 3 Wbb het Besluit locatiespecifieke omstandigheden (Stb. 2002, 192) in werking getreden (Stb. 2002, 500). Op grond van dit besluit kan het bevoegd gezag op basis van locatiespecifieke omstandigheden afwijken van het uitgangspunt van art. 38 lid 1 tot het volledig verwijderen van de verontreiniging.
De functiegerichte aanpak van de bodemverontreiniging zal in de Wbb worden vastgelegd. De wetswijziging die begin 2005 in behandeling is bij de Eerste Kamer (Kamerstukken I 2004/05, 29 462) heeft als uitgangspunten:

- een nieuwe saneringsaanpak,
- een op bedrijven toegespitste saneringsplicht met een wettelijke basis voor een bijdrageregeling, en
- een nieuw financieel hoofdstuk dat aan decentrale overheden meer flexibiliteit biedt.

9.4   Lucht

9.4.1   Beleid

Een belangrijke oorzaak van de verontreiniging van de lucht is de toename van het gebruik van energie in de vorm van brandstoffen. Bronnen die hieraan bijdragen zijn onder andere de (petrochemische) industrie, energiecentrales, het gemotoriseerde verkeer, de landbouw en huishoudens.

Op mondiale schaal leidt de luchtverontreiniging onder meer tot aantasting van de ozonlaag en tot het broeikaseffect. Een belangrijke oorzaak van de aantasting van de ozonlaag is de uitstoot van CFK's (chloorfluorkoolwaterstoffen), die tot gevolg hebben dat de ozonlaag wordt afgebroken. De belangrijkste veroorzaker van het broeikaseffect is kooldioxide (CO_2), dat met name vrijkomt bij verbranding van fossiele brandstoffen en hout. Op mondiale schaal zijn afspraken gemaakt ter bestrijding van de ozonproblematiek (het Protocol van Montreal) en ter beperking van het broeikaseffect (Klimaatverdrag en Kyoto Protocol) (zie § 2.4). Deze verdragen vormen de basis voor (Europese en) nationale regelgeving, zoals het Besluit ozonlaagafbrekende stoffen Wms 2003 (Stb. 2003, 360) en de wijziging van de Wm ter regeling van de handel in broeikasgasemissierechten en stikstofoxiden (zie § 6.11).

Belangrijke andere luchtverontreinigende stoffen zijn stikstofoxiden, zwaveloxiden, vluchtige organische stoffen (VOS) en ammoniak. Problemen die hieruit voortvloeien zijn verzuring en eutrofiëring van bodem en water, en ozon aan de grond. Terwijl ozon in de hogere atmosfeer beschermt tegen schadelijke stralen van de zon, is het aan de grond een stof die de menselijke gezondheid bedreigt. Smog (zomersmog) ontstaat als chemische stoffen onder de invloed van de zon gaan reageren tot onder andere ozon. Een andere vorm van smog is de wintersmog, die wordt veroorzaakt door een combinatie van zwaveldioxide en mist. Steeds duidelijker wordt dat ook de zogenoemde zwevende deeltjes (fijn stof) gezondheidsbedreigend zijn.

Het Nederlandse milieubeleid is erop gericht om enerzijds de uitstoot van verontreinigende stoffen te verminderen en anderzijds om te voorkomen dat mensen te hoge concentraties van bepaalde stoffen inademen.

Voorgenomen maatregelen tegen verzuring zijn onder meer te vinden in de NMP's, het Bestrijdingsplan verzuring en de Notitie motortechniek en brandstoffen. Met de integrale aanpak mestproblematiek wordt een programma uitgevoerd dat de ammoniakuitstoot moet verminderen. In de kabinetsnotitie 'Erop of eronder' is aangegeven hoe Nederland van plan is per 2010 voor zwaveldioxide, stikstofoxiden, ammoniak en vluchtige organische stoffen aan de EG-luchtkwaliteitsnormen te voldoen (Kamerstukken II, 2003/04, 28 663, nr. 12). De invoering van brandstofnormen en stimuleringsmaatregelen, bijvoorbeeld gericht op het gebruik van schonere dieselvoertuigen, moeten de emissies van het verkeer terugdringen. In aanvulling op algemene maatregelen zal de aanpak van plaatselijke knelpunten nodig zijn, met name langs rijkswegen.Ook infrastructurele maatregelen worden hier voorzien (Kamerstukken II, 2003/04, 28 663, nr. 8).

Er is een landelijk meetnet luchtkwaliteit en een landelijke emissieregistratie. Beide zijn te vinden op de website van het Rijksinstituut voor Volksgezondheid en Milieu (www.rivm.nl/milieu).

9.4.2 Regelgeving

Wet inzake de luchtverontreiniging
De belangrijkste wet ter bescherming van de lucht is, naast de Wet milieubeheer, de uit 1970 daterende Wet inzake de luchtverontreiniging (Wlv). Deze wet heeft tot doel het voorkomen en beperken van luchtverontreiniging ter bescherming van mensen, dieren, planten en goederen en meer in het algemeen de instandhouding en kwaliteit van het ecosysteem.

De Wlv is een raam- of kaderwet. Dat betekent dat veel regels zijn uitgewerkt in amvb's en ministeriële besluiten (zie § 1.3 en § 6.1). Na de inwerkingtreding van de Wet milieubeheer is een aantal belangrijke bepalingen uit de Wlv vervallen en in al dan niet gewijzigde vorm overgeheveld naar de Wm, zoals de bepalingen over inrichtingen, kwaliteitsdoelstellingen en beroep. De vroegere Wlv-vergunning voor inrichtingen is geïntegreerd in de Wet milieubeheer-vergunning. De basis voor het stellen van regels over de kwaliteit van de lucht is nu te vinden in de Wet milieubeheer, in het bijzonder in hoofdstuk 5 over milieukwaliteitseisen (zie § 6.5). De onderwerpen die in de afgeslankte Wlv zijn blijven staan, gaan over de regels die kunnen worden vastgesteld over toestellen, brandstoffen en verontreinigende handelingen, de voorzieningen die moeten worden getroffen in bijzondere omstandigheden en over het verrichten van metingen ter bepaling van de luchtverontreiniging en over beroep en handhaving.

De art. 13 – 18 Wlv zijn een basis voor het vaststellen van amvb's, ter voorkoming of beperking van de luchtverontreiniging, met betrekking tot toestellen, brandstoffen en verontreinigende handelingen. In deze amvb's kunnen onder meer verbodsbepalingen, mogelijkheden tot het stellen van nadere eisen of een vergunningplicht worden opgenomen (art. 13 lid 2 en 14 Wlv). Op de totstandkoming van deze vergunningen zijn de bepalingen uit afdeling 13.2 Wm en afd. 3.4 Awb van toepassing (art. 16 Wlv).

Op basis van art. 13 Wlv kwamen diverse amvb's tot stand ter uitvoering van EG-richtlijnen inzake luchtkwaliteit (zie § 3.7). Een voorbeeld is het Besluit zwavelgehalte brandstoffen.

Het Besluit zwavelgehalte brandstoffen bevat maximumgehaltes voor diverse soorten brandstoffen. Daarin zijn de eisen geïmplementeerd van richtlijn 2003/17/EG, betreffende de kwaliteit van benzine en dieselbrandstof zijn daarin geïmplementeerd. Per 2009 mag alleen zwavelvrije benzine en diesel in het wegverkeer worden toegepast.

Een ander voorbeeld zijn de besluiten met emissie-eisen voor stookinstallaties.

Het Besluit emissie-eisen milieubeheer stookinstallaties A (Bees A) en het Besluit emissie-eisen milieubeheer stookinstallaties B bevatten eisen voor de uitstoot van zwaveldioxide en stikstofoxiden. Het bevoegd gezag mag in bepaalde gevallen afwijken van deze normen. Daarbij moeten wel het nationaal en provinciaal milieubeleidsplan in acht worden genomen. Bees A is in 2005 aangepast ter implementatie van de Europese richtlijn 2001/80 voor grote stookinstallaties.

Een besluit dat recentelijk sterk in de belangstelling staat, is het Besluit luchtkwaliteit (Stb. 2001, 269). In 2004 en 2005 hebben diverse projecten, met name op het gebied van wegenaanleg en nieuwbouwplannen, vertraging opgelopen omdat deze projecten de toets van de rechter aan de eisen van het Besluit luchtkwaliteit niet konden doorstaan (zie bijvoorbeeld ABRvS 15 september 2004, AB 2005, 12 m.nt. ChB; wegaanpassing A2).
In dit Besluit zijn de milieukwaliteitsnormen uit de Europese luchtkwaliteits-richtlijnen geïmplementeerd. Het gaat hierbij om dochterrichtlijnen van de Kaderrichtlijn luchtkwaliteit (zie par. 3.7). Het Besluit luchtkwaliteit is gebaseerd op zowel de Wlv als op (hoofdstuk 5 van) de Wm.

Het Besluit luchtkwaliteit bevat grens- en richtwaarden voor onder meer zwaveldioxide, stikstofdioxide, stikstofoxiden, zwevende deeltjes, lood, koolmonoxide en benzeen. Deze waarden gelden voor de buitenlucht in heel Nederland. Een richtwaarde is een waarde, die 'zoveel mogelijk' moet worden bereikt. Een grenswaarde moet op een bepaald tijdstip worden bereikt. Het bevoegd gezag moet de grenswaarden in acht nemen bij de uitoefening van bevoegdheden die gevolgen hebben voor de luchtkwaliteit, bijvoorbeeld bij besluiten over wegaanleg. Het Besluit kent voor diverse stoffen ook plandrempels en alarmdrempels. Bij overschrijding van een plandrempel moeten B en W een plan opstellen waarin zij aangeven hoe en wanneer voldaan zal worden aan de grenswaarden. Bij overschrijding van een alarmdrempel is sprake van een risico voor de gezondheid, waarna maatregelen met het oog op dit gevaar kunnen worden genomen, bijvoorbeeld zoals neergelegd in de Smogregeling 2001.

De grenswaarden moeten uiterlijk per 2010 zijn bereikt. Op verzoek van de Tweede Kamer zal de implementatie van de EG-luchtkwaliteitsnormen, die nu in het Besluit luchtkwaliteit is neergelegd, bij wet geregeld gaan worden (Kamerstukken II, 2002/03, 27 793, nr. 9).

De art. 43 – 53 Wlv geven regels voor het treffen van maatregelen bij bijzondere omstandigheden, zoals (dreigende) luchtverontreiniging die een aanmerkelijk gevaar oplevert voor de gezondheid of die een onduldbare hinder of ernstige schade kan veroorzaken. De commissaris der Koning(in) van de provincie waarin het gevaar ontstaat, is bevoegd te bevelen tot sluiting van een inrichting, het buiten werking stellen van een toestel of het staken van een handeling. Ook kan de commissaris bij bijzondere omstandigheden van tijdelijke aard ter bescherming van de gezondheid algemene voorschriften geven.

Over metingen van luchtverontreiniging (art. 59 – 62 Wlv) kunnen in een amvb regels worden opgenomen, bijvoorbeeld over de dichtheid van de meetpunten, de frequentie van de metingen en de toe te passen meetmethoden. Verder kan bij amvb een verplichting worden opgenomen voor degene wiens onroerende zaak voor de metingen moet worden gebruikt en kan daaraan het recht worden verbonden op het verkrijgen van schadevergoeding.

De bestuurlijke handhaving van de Wlv vindt plaats op basis van hoofdstuk 18 Wm. De verbodsbepalingen van de Wlv, neergelegd in de art. 91 en 92, zijn strafbaar gesteld in de Wet op de economische delicten.

Een wijziging van de Wlv, ter implementatie van de EG-richtlijn 2001/81, inzake nationale emissieplafonds, is begin 2005 bij het parlement aanhangig (Kamerstukken I 2004/05, 29 422 C). Ingevolge deze richtlijn dienen jaarlijks nationale emissieprognoses te worden opgesteld.

9.5   Stoffen

9.5.1   Beleid

Van de meeste van de tienduizenden chemische stoffen die op de markt zijn, zijn weinig gegevens bekend.

> Bij chemische stoffen moet bijvoorbeeld gedacht worden aan zware metalen, dioxines, chlooraromaten (onder andere PCB's) en polycyclische aromatische koolwaterstoffen (PAK's).

Weinig gegevens van deze stoffen zijn openbaar. Inzicht in de kwaliteit van de wel beschikbare gegevens ontbreekt veelal. Er zijn onzekerheden over gezondheids- en milieueffecten van bijvoorbeeld stoffen met een hormoonverstorende werking. Risicobeperkende maatregelen worden veelal pas genomen nadat problemen daadwerkelijk zijn opgetreden. De bewijslast voor de risico's voor mens en ecosysteem ligt in veel gevallen bij de overheid, die hier onvoldoende invulling aan kan geven. Aldus, in een notendop, enkele problemen op het beleidsterrein van de chemische stoffen, zoals beschreven in de Strategienota omgaan met stoffen (SOMS, TK 2000/01, 27 646, nr. 2). In deze Nota en in de Voortgangsrapportage Uitvoering Strategie omgaan met stoffen (2001) worden de contouren van een nieuw nationaal stoffenbeleid geschetst. Daarin is ook een lijst opgesteld van circa 60 stoffen die aanleiding geven tot zeer ernstige zorg.

De uitwerking van het nationale stoffenbeleid in nieuwe regelgeving hangt samen met de Europese ontwikkelingen inzake een nieuw stoffenbeleid. De Europese Commissie heeft in 2001 in een Witboek Chemische stoffen (COM(2001) 88 def.) een strategie neergelegd voor een toekomstig stoffenbeleid. De Commissie constateert dat de huidige regelgeving een groot gebrek aan kennis omtrent de eigenschappen en toepassingen van bestaande stoffen tot gevolg heeft. Meer dan 100.000 stoffen zijn op de markt zonder getest te zijn. Slechts een 140-tal is onderwerp van risicobeoordeling. De beoordeling verloopt te traag en is te kostbaar. De Commissie heeft, op basis van dit Witboek, voorstellen voor nieuwe regelgeving ontwikkeld (COM(2003) 644 def.). Dit voorstel omvat onder andere een nieuwe verordening, REACH genaamd (Registration, Evaluation and Authorisation of Chemicals), die in de plaats zal komen van vele bestaande verordeningen en richtlijnen inzake het op de markt brengen en gebruiken van chemische stoffen. Op basis van REACH zullen bedrijven die de betreffende stoffen produceren, importeren of gebruiken, verplicht zijn informatie te verzamelen over stofeigenschappen, de risico's te beoordelen en de nodige maatregelen te nemen. Het op art. 95 EG-verdrag gebaseerde voorstel van de Commissie is in 2005 in behandeling bij het Parlement en de Raad (zie: europe.eu.int.comm/environment/chemicals/reach.htm).

Ook bestrijdingsmiddelen bestaan uit chemische stoffen. Voor bestrijdings-middelen geldt evenwel ook specifiek beleid en specifieke regelgeving. In Nederland worden veel bestrijdingsmiddelen gebruikt, onder meer in de intensieve land- en tuinbouw. Bij bestrijdingsmiddelen moet onderscheid gemaakt worden tussen gewasbeschermingsmiddelen, die vooral in de land- en tuinbouw worden gebruikt, en biociden, die vooral door de industrie en in huishoudens worden gebruikt. Tot biociden worden onder meer gerekend koelwatermiddelen, desinfectiemiddelen, houtverduurzamingsmiddelen en aangroeiwerende verven. Het gebruik van bestrijdingsmiddelen heeft consequenties voor zowel de bodem als het water en de lucht. Veel middelen hopen zich op in het milieu en spoelen uit naar het grondwater of komen in het oppervlaktewater, met als gevolg overschrij-ding van normen voor het grondwater en voor het oppervlaktewater.

Voor gewasbeschermingsmiddelen kwamen in de afgelopen 20 jaar diverse beleidsplannen en bestuursovereenkomsten tot stand. De doelstellingen van het Meerjarenplan gewasbescherming om het gebruik en de emissies van bestrijdingsmiddelen terug te dringen, werden maar ten dele gerealiseerd. De afhankelijkheid van bestrijdingsmiddelen verminderde niet, zo bleek uit evaluaties. Een nieuwe beleidsnota 'Duurzame gewasbescherming' bevat afspraken voor de periode tot 2010 (TK 2003/04, 27 859, nr. 47). Ook werd in 2003 een nieuwe bestuursovereenkomst gesloten tussen de ministers van VROM en LNV en diverse belangenorganisaties. Voor de groep biociden ontbreekt een overkoepelend beleidsplan.

Op Europees niveau is voor gewasbeschermingsmiddelen een nieuw beleid in ontwikkeling dat gericht is op een meer duurzaam gebruik van deze middelen. De Europese Commissie heeft daartoe de mededeling 'Op weg naar een strategie voor een duurzaam gebruik van pesticiden' gepubliceerd (COM (2002) 349 def.) Deze strategie past in het 6^e Europese Milieuactieprogramma. Doelstellingen van de strategie zijn onder meer:
- het minimaliseren van de aan het gebruik van bestrijdingsmiddelen verbonden gevaren en risico's voor gezondheid en milieu;
- een beter toezicht op gebruik en distributie;
- vermindering van de hoeveelheden van de gevaarlijkste werkzame stoffen, door veiligere alternatieven;
- stimulering van een vermindering van het gebruik, onder meer door bestrijdingsmiddelenvrije teeltmethoden;
- een transparant rapportage- en monitoringsysteem.

Consultatierondes voor de uitwerking van deze strategie zijn in 2005 gaande (zie europe.eu.int/comm/environment/ppps/home.htm).

9.5.2 Regelgeving

Milieugevaarlijke stoffen
De huidige Europese stoffenregelgeving heeft als basis onder meer de uit 1967 daterende, nadien veelvuldig gewijzigde, richtlijn 67/548 inzake de indeling, de verpakking en het kenmerken van gevaarlijke stoffen. Verordening 793/93 (PbEG 1993 L 84/1) betreft de evaluatie en het beheer van risico's van bestaande stoffen. Voor preparaten (mengsels van stoffen, waaronder bestrijdingsmiddelen) bevat Preparatenrichtlijn 1999/45 (PbEG 1999 L 200/1) regels voor het indelen, verpakken en kenmerken. Daarnaast zijn er vele richtlijnen en verordeningen voor specifieke stoffen, zoals richtlijn 76/769 (PbEG 1976 L 262/201) inzake het beperken van bepaalde gevaarlijke stoffen en preparaten. Deze EG-richtlijnen zijn voor een belangrijk deel geïmplementeerd in de Wet milieugevaarlijke stoffen.

Wet milieugevaarlijke stoffen
De uit 1985 daterende Wet milieugevaarlijke stoffen (Wms) bevat regels ter bescherming van mens en milieu tegen gevaarlijke stoffen en preparaten. De wet richt zich op de gehele levensloop van stoffen en preparaten: van vervaardiging en

299

toepassing tot en met het zich ontdoen ervan. De wet is opgezet als kaderwet, zodat bij amvb op betrekkelijk eenvoudige wijze de EG-regelgeving kan worden geïmplementeerd.

Wat onder stoffen en preparaten moet worden verstaan, is gedefinieerd in art. 1 lid 1 Wms. Stoffen in de zin van de Wms zijn 'chemische elementen en hun verbindingen, zoals deze voorkomen in de natuur of door toedoen van de mens worden voortgebracht'. Preparaten zijn 'mengsels of oplossingen van stoffen'. Tot stoffen in de zin van de Wms worden niet gerekend voedings- en genotmiddelen en diervoeders (art. 1 lid 2 Wms). Deze worden via de Warenwet gereguleerd. De Wms kan bij amvb van toepassing worden verklaard op micro-organismen (art. 1 lid 3 Wms), bijvoorbeeld om producten van de biotechnologie te reguleren.

Art. 2 Wms bevat een zorgplicht voor een ieder die beroepshalve een stof of een preparaat vervaardigt, aan een ander ter beschikking stelt, in Nederland invoert of toepast. Die persoon is verplicht tot het treffen van maatregelen als hij weet of redelijkerwijs had kunnen vermoeden dat door zijn handelingen met de stof gevaren optreden voor mens of milieu.

De wet bevat in art. 3 een kennisgevingsstelsel, zowel voor het produceren als voor het verhandelen van een stof. Degene die voornemens is een stof te vervaardigen of, al dan niet verwerkt in een preparaat, in te voeren, moet van dat voornemen kennisgeven aan de minister van VROM (art. 3 lid 1). Degene die een stof vervaardigt, moet vervolgens kennisgeven van het voornemen de stof voor de eerste maal aan een ander ter beschikking te stellen (art. 3 lid 2). De art. 3 – 8 Wms bevatten regels over onder meer de gegevens die bij de kennisgeving moeten worden overgelegd. De minister maakt de kennisgeving bekend in de Staatscourant en legt de gegevens over de stof ter inzage (art. 9 – 12 Wms). Bij aanvaarding van de kennisgeving als 'volledig', mag de stof een bepaalde termijn na kennisgeving worden geproduceerd, geïmporteerd of verhandeld. De minister kan in bijzondere gevallen extra onderzoek vereisen. Beperkende maatregelen moeten bij afzonderlijk besluit worden genomen, bijvoorbeeld op basis van art. 24 Wms (zie hierna).

De kennisgeving is uitgewerkt in het Kennisgevingsbesluit Wet milieugevaarlijke stoffen (Stb. 1986, 592). De inhoudelijke beoordeling van de nieuwe stoffen is neergelegd in de Regeling risicobeoordeling nieuwe stoffen Wms (Stcrt. 1994, 133).

Een belangrijke beperking van het kennisgevingsstelsel is dat het alleen geldt voor nieuwe stoffen (dat wil zeggen de stoffen die op of na 18 september 1981 werden ingevoerd of in de handel gebracht). Het is niet van toepassing op de bestaande stoffen (art. 19 Wms).

Hoofdstuk 3 van de wet bevat bepalingen ten behoeve van onderzoek inzake stoffen die al op de markt zijn. Zo moet nieuwe kennis over het gevaar van een stof aan de minister worden gemeld (art. 20 Wms). De minister kan ook opdracht gegeven tot het leveren van bepaalde gegevens (art. 21) en tot het meewerken aan door de overheid te verrichten onderzoek (art. 22). Hij kan ook opdracht geven tot het verrichten van onderzoek (art. 23). Tevens is bepaald dat de minister een lijst vaststelt van stoffen die, vanwege hun effect op mens en milieu, bijzondere aandacht behoeven. De minister dient naar deze stoffen regelmatig onderzoek uit te (laten) voeren (art. 22 Wms).

Bij amvb kunnen regels worden vastgesteld over het vervaardigen, verhandelen en gebruiken van stoffen en preparaten, als er een redelijk vermoeden bestaat dat handelingen met de stoffen ongewenste effecten hebben op mens en milieu (art. 24 Wms).

Op grond van artikel 24 Wms zijn onder andere vastgesteld: het Cadmiumbesluit Wms 1999, Stb. 1999, 149, zoals gewijzigd Stb. 2004, 340); het Besluit vluchtige organische stoffen Wms (Stb. 1999, 529); het Vuurwerkbesluit Wms (Stb. 2002, 33, zoals gewijzigd Stb. 2004, 418); het Besluit genetisch gemodificeerde organismen Wms (Stb. 1993, 435, zoals gewijzigd Stb. 2004, 418); het Besluit ozonlaag-afbrekende stoffen Wms 2003 (Stb. 2003, 360, zoals gewijzigd Stb. 2004, 238).

Vervolgens kent de Wms nog enkele verplichtingen. Fabrikanten en importeurs van stoffen en preparaten zijn verplicht om geproduceerde, geïmporteerde en verhandelde hoeveelheden stoffen en preparaten te registreren (art. 32 Wms). Ook zijn er regels gesteld over de wijze van verpakking, en het aanduiden en aanbevelen van de stoffen en preparaten (art. 34 – 39 Wms).

De minister is bevoegd in bijzondere omstandigheden de noodzakelijke maatregelen te treffen indien een stof of preparaat een onduldbaar gevaar oplevert voor mens en milieu (art. 40 Wms). Dat kan inhouden het stopzetten van het vervaardigen of invoeren van de stoffen, of het in beslag nemen daarvan.

Het is de bedoeling dat de Wms wordt geïntegreerd in de Wet milieubeheer. Daartoe is hoofdstuk 9 Wm gereserveerd. In 2002 heeft de minister reeds een 'Proeve van wetsvoorstel Hoofdstuk 9 Stoffen en producten' het licht doen zien. Deze diende als discussiestuk en als basis voor inbreng bij de ontwikkeling van regelgeving op EG-niveau.

Bestrijdingsmiddelen
In de Europese regelgeving voor bestrijdingsmiddelen staan twee richtlijnen centraal: richtlijn 91/414/EEG, inzake het op de markt brengen en gebruiken van gewasbeschermingsmiddelen (PbEG 1991 L 230/1) en richtlijn 98/8/EG, inzake het op de markt brengen en gebruiken van biociden (PbEG 1998 L 123/1). Daarnaast is er andere regelgeving die (mede) betrekking heeft op bestrijdingsmiddelen, zoals diverse residurichtlijnen, de Preparatenrichtlijn (1999/45/EG), de verordening voor Ozonlaagafbrekende stoffen (2037/2000) en de verordening In- en uitvoer gevaarlijke chemische stoffen (304/2003).

Bestrijdingsmiddelenwet 1962

De richtlijnen 91/414 (gewasbeschermingsmiddelen) en 98/8 (biociden) hebben het toelatingsstelsel voor bestrijdingsmiddelen ingrijpend gewijzigd. Deze richtlijnen introduceren een dubbel beoordelings- en besluitvormingsstelsel: eerst vindt op EG-niveau besluitvorming plaats over de werkzame stof(fen) van een bestrijdingsmiddel. Vervolgens vindt op nationaal niveau besluitvorming plaats over het bestrijdingsmiddel, dat wil zeggen het product op basis van de werkzame stof(fen), dat op de markt komt. De lidstaat-bevoegdheden tot beoordeling en besluitvorming wordt sterk ingeperkt doordat een positief EG-besluit over de betreffende werkzame stof(fen) één van de toelatingsvereisten is en doordat de richtlijnen beginselen bevatten voor de beoordeling en de besluitvorming door de lidstaten. De richtlijnen 91/414 en 98/8 kennen ook een stelsel van wederzijdse erkenning. Dit houdt in dat een toelating door een lidstaat in beginsel wordt erkend door een andere lidstaat als daar voor hetzelfde middel een toelating wordt aangevraagd. Van die erkenning kan wel worden afgeweken op grond van lidstaatspecifieke omstandigheden. Al met al is de nationale regelgeving voor bestrijdingsmiddelen sterk geharmoniseerd.

Voor de bestrijdingsmiddelen die al op de markt zijn en waarvan de werkzame stof nog niet op EG-niveau herbeoordeeld is, geldt er een overgangstermijn, welke verlengd is tot 2008. Over de interpretatie van deze overgangsbepalingen, en over de ruimte voor een lidstaat om gedurende deze periode af te wijken van de richtlijn, bestaat veel onduidelijkheid. Dat heeft geleid tot jurisprudentie en tot prejudiciële vragen aan het Hof van Justitie (zie hierna).

De Bestrijdingsmiddelenwet 1962 (Bmw) stelt regels over de handel in en het gebruik van bestrijdingsmiddelen. Deze termen worden in art. 1 lid 1 gedefinieerd:

> Een gewasbeschermingsmiddel is een werkzame stof of preparaat dat één of meer werkzame stoffen bevat, bestemd om te worden gebruikt voor een aantal limitatief in de wet opgesomde doeleinden, waaronder de bescherming van planten tegen ongewenste organismen en het doden van ongewenste planten.
> Een biocide wordt op vergelijkbare wijze gedefinieerd. Hier gaat het om andere bestemmingen, onder meer om het vernietigen, onschadelijk maken of afweren van schadelijke organismen of het voorkomen van de effecten daarvan.

Voor de gewasbeschermingsmiddelen is de minister van LNV, in overeenstemming met de bewindslieden van VROM, VWS en SZW bevoegd gezag. Voor de biociden was dat tot voor kort de minister van VWS, in overeenstemming met de drie andere bewindslieden. Per 2005 is de zorg voor het biocidenbeleid, met uitzondering van het gebied van de residuen, overgegaan naar de minister van VROM (Stb. 2004, 696). De Bmw moet hieraan nog worden aangepast.

In de Bmw staat het toelatingsinstrument centraal. De wet verbiedt het afleveren, voorhanden of in voorraad hebben, invoeren en gebruiken van een bestrijdingsmiddel dat niet conform de Bmw is toegelaten of – voorzover het een biocide betreft – is toegelaten of geregistreerd (art. 2 lid 1 Bmw).

Voor 'biociden met een gering risico' is geen toelating vereist maar alleen een registratie, dat wil zeggen een administratieve toets. Een biocide met een gering risico is een middel dat als werkzame stof uitsluitend één of meer communautair aangewezen stoffen heeft die geen aanleiding tot bezorgdheid geven (art. 1 lid 1 onder i Bmw).

Er zijn diverse uitzonderingen op het vereiste dat een middel een toelating moet hebben.

Zo geldt er een uitzonderingsregeling voor middelen die kennelijk bestemd zijn voor uit- of doorvoer (art. 2 lid 3). Ook kunnen er een zogenoemde 'opgebruik- en uitverkooptermijn' worden toegestaan bij intrekking van een toelating' (art. 2 lid 5).
De betrokken minister kan daarnaast bij regeling de Bmw ten aanzien van bepaalde (groepen van) middelen geheel buiten toepassing verklaren (art. 1 lid 3 Bmw). De Regeling uitzondering bestrijdingsmiddelen bevat een lijst met uitgezonderde middelen (Stcrt. 1978, 98).

De criteria voor toelating zijn neergelegd in art. 3. Op grond van de stand van de wetenschappelijke en technische kennis en op grond van onderzoek moet vastgesteld zijn dat het middel voldoende werkzaam is en dat het geen schadelijke of onaanvaardbare uitwerkingen heeft.

Onder meer mag het middel geen schadelijke uitwerking op de gezondheid hebben van mens en dier en op het grondwater en geen onaanvaardbare effect op het milieu. Het mag de hoedanigheid van voedingsmiddelen niet schaden. Het mag de gezondheid niet schaden of de veiligheid niet in gevaar brengen van degene die het middel toepast en van diegenen die na toepassing door het verrichten van werk met het middel of de residuen daarvan in aanraking komen. Het mag ook het welzijn van de te bestrijden gewervelde dieren niet onnodig schaden (art. 3 lid 1 Bmw).

Ook moet worden voldaan aan door de minister te stellen regels over het gehalte aan werkzame stof en over de samenstelling, kleur, vorm, afwerking, verpakking en etikettering. Een deel van de regels inzake verpakking en aanduiding is, bij de implementatie van de Preparatenrichtlijn, overgeheveld naar een Wms-regeling (Stcrt. 2004, 139).
Een toelatingsvereiste is tevens dat de werkzame stof is aangewezen bij communautaire maatregel (art. 3 lid 2 Bmw).

Een deel van de wettelijke criteria is, op basis van art. 3a Bmw, uitgewerkt bij of krachtens amvb, bijvoorbeeld in het Besluit milieutoelatingseisen bestrijdingsmiddelen (Stb. 1995, 37).

Er zijn diverse uitzonderingsregelingen voor middelen die niet aan de toelatingsvereisten voldoen. Naarmate in de afgelopen jaren duidelijker werd dat veel bestaande middelen niet aan de actuele toelatingscriteria voldeden, kwamen er diverse uitzonderingsregelingen in de wet om deze middelen toch op de markt te houden, met name met het oog op landbouwbelangen. Meerdere van deze regelingen sneuvelden echter bij de rechter. Daarnaast legde de rechter over enkele uitzonderingsregelingen prejudiciële vragen voor aan het Hof van Justitie.

> Voor middelen die al op de markt zijn en waarvan nog geen EG-beoordeling van de werkzame stof heeft plaatsgevonden, is in 2002 de 'aanwijzing en van rechtswege toelating' opgenomen. Dit is een ingrijpende wijziging waarmee de herbeoordeling van deze middelen wordt opgeschort in afwachting van de EG-beoordeling van de stof. De nationale herbeoordeling van middelen die al op de markt zijn, kan daarmee voor lange tijd stagneren. Over dit instrument van de van rechtswege toelating heeft het College van Beroep voor het bedrijfsleven (CBB) in een uitspraak op een beroep van milieuorganisaties, prejudiciële vragen voorgelegd aan het Hof van Justitie (CBB 22 juli 2004, JM 2004, 97 m.nt. Van Herwijnen).
> Vanouds is er een ontheffings- en vrijstellingsregeling voor onvoorziene noodsituaties (art. 16a). In 2003 werd voor bestaande middelen die niet aan de toelatingscriteria voldoen in art. 16aa een extra ministeriële vrijstellingsregeling toegevoegd met het oog op dringende landbouwbelangen. Het CBB heeft ook hierover, in een uitspraak op een beroep van milieuorganisaties tegen een vrijstellingsregeling op basis van art. 16aa, een groot aantal prejudiciële vragen gesteld (CBB 25 maart 2005, LJN AT2557).

De procedure voor toelating houdt kort gezegd in dat degene die een middel op de markt wil brengen een aanvraag tot toelating doet. Op dat verzoek wordt beslist door het College voor de toelating van bestrijdingsmiddelen (CTB). Het CTB is een zelfstandig bestuursorgaan, bestaande uit onafhankelijke deskundigen. De bevoegdheden van het CTB zijn neergelegd in de art. 1a-1m Bmw (zie ook de CTB-website: www.ctb-wageningen.nl). Regels voor het aanvragen van een toelating en de behandeling daarvan, waaronder dossiervereisten, zijn opgenomen in de Regeling toelating bestrijdingsmiddelen 1995 (Stcrt. 1995, 41).
Een toelating of registratie geldt voor een bij toelating te bepalen termijn van ten hoogste tien jaar. Verlenging is mogelijk indien is gebleken dat het middel nog aan de criteria voldoet. Zonodig kan worden verlengd voor de periode die met de beoordeling van een verlengingsaanvraag is gemoeid (art. 5 lid 1 Bmw). Een toelating of registratie moet worden ingetrokken indien niet meer wordt voldaan aan de criteria (art. 7 lid 1 Bmw).

Bij een toelating worden altijd voorschriften gegeven over onder meer de doeleinden waarvoor het middel gebruikt mag worden en de toepassing . Daarnaast *kunnen* bij een toelating voorschriften worden gegeven voor bijvoorbeeld de wijze van toepassing. *Waar mogelijk* worden voor een gewasbeschermingsmiddel voorschriften gegeven inzake de toepassing van beginselen van geïntegreerde bestrijding.

Sinds kort is deze bepaling uitgewerkt in de amvb Besluit beginselen geïntegreerde gewasbescherming (Stb. 2004, 485).

Voor biociden worden bij de toelating voorschriften gegeven voor een rationele toepassing van maatregelen die het gebruik zoveel mogelijk beperken (art. 5 lid 2 Bmw). De toevoeging 'waar mogelijk', zoals voor gewasbeschermingsmiddelen, ontbreekt hier.

Ook in de wet zelf en in uitvoeringsbesluiten op grond van de wet worden voorschriften gegeven waaraan moet worden voldaan bij het omgaan met de bestrijdingsmiddelen (art. 10-16 Bmw). Een voorbeeld is hier het Besluit luchtvaartuigtoepassingen bestrijdingsmiddelen (Stb. 1984, 233). De wet zelf bevat een zorgplichtbepaling, gericht op het voorkomen van gevaar en van het buiten het te behandelen object raken van bestrijdingsmiddelen (art. 13 lid 4).

Tegen een besluit op grond van de Bmw kan een belanghebbende (na een uitspraak op bezwaar) beroep instellen bij het College van Beroep voor het bedrijfsleven (art. 8 Bmw).
De Bmw bevat sinds kort enkele bepalingen over toezicht (art. 16c en 16d) en over bestuursrechtelijke handhaving, waaronder het toepassen van bestuursdwang (art. 16f). Overtreding van ge- en verbodsbepalingen is strafbaar gesteld in de Wet op de economische delicten. Bij de handhaving van Bmw-voorschriften zijn onder meer de Algemene Inspectiedienst (ministerie LNV), de Arbeidsinspectie, de Inspectie Gezondheidsbescherming (ministerie VWS) en de VROM-Inspectie betrokken.

Eind 2004 zijn voorbereidingen gestart om te komen tot een ingrijpende wijziging van de Bmw (Kamerstukken 2004/05, 27 858 nr. 51).

9.6 Geluidhinder

9.6.1 Beleid

De grootste veroorzakers van geluidsoverlast zijn het verkeer (weg-, rail- en luchtverkeer) en de industrie. Van oudsher zijn in Nederland de industrie- en woonfuncties dicht bij elkaar geplaatst, wat heeft geleid tot een groot aantal saneringssituaties. De saneringsoperatie voor industrielawaai is zo goed als gereed, maar voor wegverkeerslawaai is de saneringsomvang veel groter dan aanvankelijk geraamd. Aanpak van de meest urgente situaties kan met de huidige budgetten nog tot 2017 duren (Kamerstukken II 2002/03, 28 600 IX, nr. 13).

Door de technische vooruitgang is te verwachten dat in de loop der jaren steeds stillere apparaten en transportmiddelen zullen worden ontwikkeld. Naast de brongerichte aanpak kunnen ook maatregelen in de omgeving van de bronnen bijdragen aan een verlaging van de hinder, bijvoorbeeld het isoleren van woningen en het plaatsen van geluidswallen naast wegen. Een andere maatregel is het aangeven van een zone rond de bron, waarbinnen geen woningen of andere milieugevoelige bestemmingen mogen worden gebouwd.

De regering streeft sinds 1998 naar een vernieuwing van het geluidhinderbeleid waarbij bevoegdheden sterk gedecentraliseerd worden (Kamerstukken II 1997/98, 26 057, nr. 1). Nadat een eerder wetsvoorstel tot modernisering van het geluidsbeleid in 2003 werd ingetrokken, is in 2004 een nieuw wetsvoorstel tot wijziging van de Wet geluidhinder (Kamerstukken II 2004/05, 29 879, nr. 3) ingediend. Binnen dit wetsvoorstel hebben ook andere wetgevingstrajecten, zoals de 'herijking' (zie § 1.4.2) een belangrijke plaats. De implementatie en uitvoering van de Europese richtlijn Omgevingslawaai (zie hierna) wordt beschouwd als een eerste stap in de modernisering van het geluidsbeleid.

9.6.2 Regelgeving

De EG-regelgeving op het gebied van geluid omvat een groot aantal richtlijnen die maximaal toelaatbare geluidsniveaus voor producten voorschrijven. Daarnaast kwam in 2002 de richtlijn Omgevingslawaai tot stand. Deze richtlijn inzake de evaluatie en beheersing van omgevingslawaai (2002/49/EG, PbEG L 189), heeft als belangrijkste doelen:
- de introductie van een Europese dosismaat voor geluid,
- het opstellen van geluidsbelastingkaarten en actieplannen en
- het bevorderen van de communicatie over het geluidsbeleid met de burgers.

Deze richtlijn is in 2004 geïmplementeerd, onder meer in de Wet geluidhinder en in het Besluit omgevingslawaai (Stb. 2004, 338 en 339). De wijzigingen houden onder meer in dat in 2007 geluidsbelastingkaarten moeten zijn opgesteld en in 2008 de actieplannen op basis daarvan.

Hierna wordt ingegaan op de Wet geluidhinder (Wgh). Bedacht moet worden dat ook andere nationale wetgeving betrekking heeft op geluidhinder. De Wet milieubeheer reguleert de hinder afkomstig van inrichtingen. Daarbij kan het gaan om de kleine en grotere lawaaimakers (zie voor de Wet milieubeheer hoofdstuk 6 van dit boek). Daarnaast zijn de Luchtvaartwet en de Wet luchtvaart van groot belang voor de regulering van geluidhinder rond luchtvaartterreinen. Deze wetten komen hierna kort aan de orde. Ook de Spoorwegwet en de Tracéwet zijn met het oog op geluid van belang. Tenslotte bevatten provinciale en gemeentelijke verordeningen bepalingen ter bestrijding van geluidhinder.

Wet geluidhinder
In de uit 1979 daterende Wet geluidhinder (Wgh) zijn regels opgenomen over het voorkómen en beperken van geluidhinder. De wet kent een zeer gedetailleerde regelgeving, zowel in de wet zelf als in uitvoeringsbesluiten, die niet gemakkelijk te overzien is. Sinds de inwerkingtreding van de Wet milieubeheer is een groot aantal bepalingen uit de Wgh vervallen. De wet bevat nu nog bepalingen over toestellen en geluidwerende voorzieningen en zonering rond industrieterreinen en (spoor)wegen. We behandelen slechts een aantal aspecten van deze wet.

Een eerste kenmerk van de Wgh is dat de wet zelf normen bevat voor geluidhinder. In de andere milieuwetten zijn de normen meestal te vinden in amvb's of ministeriële regelingen.

> Zo bepaalt art. 46 Wgh dat de geluidsbelasting op woningen rond een industrieterrein ten hoogste 50 decibel-ampère (dB(A)) mag bedragen. Deze waarde wordt aangeduid als de voorkeursgrenswaarde. In bepaalde gevallen en onder bepaalde voorwaarden mag door gedeputeerde staten, via de zogenaamde 'hogere waarde procedure' van deze norm worden afgeweken tot 60 of 65 dB(A), de maximale grenswaarde (art. 47 en 48). Ook voor de geluidsbelasting langs wegen bedraagt de voorkeursgrenswaarde 50 dB(A) (art. 82).

Een tweede kenmerk van de Wgh is dat bij de zonering op grond van deze wet is voorzien in een koppeling met de besluitvorming in het kader van de ruimtelijke ordening. Bij het vaststellen van zones rond industrieterreinen en langs wegen bestaat de verplichting om de consequenties van deze zones voor de ruimtelijke ordening in het bestemmingsplan te verwerken.

De regels in de Wgh voor toestellen en geluidwerende voorzieningen bieden een basis voor het vaststellen van algemene regels bij amvb. Voor toestellen kunnen deze amvb's betrekking hebben op het vervaardigen, invoeren, in voorraad hebben, te koop aanbieden of vervoeren van toestellen of op het gebruik anders dan in particuliere huishoudens (art. 2 Wgh). De algemene regels kunnen bijvoorbeeld een vergunningplicht of een vereiste van keuring bevatten. Op de totstandkoming van vergunningen zijn de bepalingen van afd. 13.2 Wm en afd. 3.4 Awb van toepassing (art. 5 lid 1 Wgh). Inmiddels is een groot aantal amvb's vastgesteld met vereisten waaraan toestellen moeten voldoen ter beperking van de geluidhinder.

> Voorbeelden zijn de besluiten ten aanzien van de geluidsproductie van motorvoertuigen, bromfietsen en sportmotoren.

De bepalingen over zonering rond industrieterreinen (hoofdstuk IV Wgh) geven aan op welke wijze een zone moet worden vastgesteld, welke normen in de zones gelden en hoe doorwerking van de zones naar de ruimtelijke ordening plaatsvindt. Zonering rond industrieterreinen is alleen verplicht als zich op dat terrein een bepaalde categorie inrichtingen bevindt (art. 41 Wgh). Deze inrichtingen zijn aangeduid in art. 2.4 van het Inrichtingen- en vergunningenbesluit milieubeheer. Het gaat vooral om de 'grote lawaaimakers'. Art. 8.8 lid 3, onder a Wm bepaalt dat bij de beoordeling van de vergunningaanvraag wordt getoetst of de normen van de Wgh niet worden overschreden. Ten behoeve van de vergunningverlenging voor inrichtingen is er een ministeriële Handreiking industrielawaai en vergunning-verlening.

De zonering langs wegen geldt van rechtswege. Dat wil zeggen dat daarover geen besluit meer hoeft te worden genomen. De breedte van de zones langs wegen ligt vast in de wet (hoofdstuk VI). Langs een weg in een stedelijk gebied, bestaande uit drie of meer rijstroken, moet 350 meter in acht worden genomen (art. 74 Wgh). Op basis van hoofdstuk VII van de Wgh is een amvb vastgesteld inzake de zonering langs spoor-, tram- en metrowegen (Besluit geluidhinder spoorwegen, Stb. 1987, 122).

De Wgh maakt bij de zonering onderscheid tussen 'bestaande situaties' en 'nieuwe situaties'. De normen voor de bestaande situaties zijn minder streng dan die voor nieuwe situaties. De wet geeft aan wanneer sprake is van een bestaande situatie. Het gaat bij bestaande situaties om zich reeds naast elkaar bevindende industrieën en woningen, waarbij de mate van geluidsbelasting minder gemakkelijk is weg te nemen. In eerste instantie zullen maatregelen aan de bron kunnen worden getroffen, vervolgens maatregelen in de 'overdrachtssfeer' (geluidschermen) en tot slot kan worden gedacht aan het verwijderen van de industrie of de woningen. Op basis van de zones kan worden bepaald welke ontwikkelingen rondom een terrein nog mogelijk zijn. Uitbreiding van industrie is alleen toegestaan indien wordt voldaan aan de binnen een zone geldende geluidsnormen. Bij nieuwe woningbouwplannen moet ook worden bekeken of deze plannen overeenstemmen met de geluidszonering en de ruimtelijke consequenties daarvan.

Indien de maatregelen aan de bron of door zonering ter beperking van de ge-luidhinder niet voldoende zijn, kunnen er voorzieningen aan woningen getroffen worden. Hoofdstuk VIIIA bevat daarvoor een regeling. Het gaat daarbij om isolatie. In dit hoofdstuk is de hoogst toelaatbare geluidsbelasting binnen woningen vastgesteld op 35 - 40 dB(A). De geluidbelasting wordt gemeten aan de gevel. De wet maakt hierbij een uitzondering voor de zogenoemde 'dove gevel'.

> Gevels zonder te openen delen die voldoen aan een bepaalde geluidswering, zijn uitgezonderd van het begrip gevel (art. 1 lid 1 Wgh). Daardoor gelden voor deze 'dove gevels' de normen voor gevels van woningen niet. Bouwen op geluidbelaste locaties kan daardoor gemakkelijker zijn.

Hoofdstuk X Wgh bevat een regeling voor de wijze waarop de kosten van het treffen van maatregelen in zones rond industrieterreinen en langs wegen worden verdeeld over onder meer het Rijk en de exploitanten van de betreffende inrichtingen.

Tegen een besluit tot zonevaststelling dat geen deel uitmaakt van het vaststellen of herzien van een bestemmingsplan, kan beroep worden ingesteld. Art. 20 Wm is hierop van overeenkomstige toepassing (art. 146 Wgh). Op de handhaving van de Wgh voorschriften zijn de art. 18.3 – 18.16 Wm van toepassing (art. 148 Wgh).

In 2004 is een voorstel tot ingrijpende wijziging van de Wgh ingediend, getiteld modernisering instrumentarium geluidbeleid, eerste fase (Kamerstukken II, 2004/05, 29 879, nrs. 1-3). Centraal staat hier de decentralisatie van bevoegdheid, met name voor het vaststellen van hogere geluidswaarden. Deze bevoegdheid wordt grotendeels gedecentraliseerd naar burgemeester en wethouders. Daarnaast zal de Interimwet stad-en-milieubenadering (Kamerstukken II, 2004/05, 29 871) doorwerken in de gewijzigde Wgh. In dat kader zullen, onder voorwaarden, waarden vastgesteld kunnen worden die nog hoger liggen dan de maximale grenswaarden. De mogelijkheden tot het afwijken van de wettelijke normen worden hiermee vergroot.

Luchtvaartwetgeving
Vliegtuiglawaai wordt gereguleerd in de luchtvaartwetgeving. In de Luchtvaartwet zijn in de artikelen 18 – 30C regels gesteld voor het voorkomen en beperken van geluidhinder door vliegtuigen.

Het betreft hier het aanwijzen van luchtvaartterreinen en van geluidszones, zowel voor burger- als voor militaire vliegvelden. De minister van V en W respectievelijk de minister van Defensie kunnen, in overeenstemming met de minister van VROM, terreinen aanwijzen, mits deze passen in het Rijksbeleid zoals neergelegd in een Planologische Kernbeslissing (PKB). Buiten een zone die moet worden vastgesteld rondom het luchtvaartterrein mag de geluidsbelasting door landende en opstijgende vliegtuigen niet hoger zijn dan de geldende norm. De zone rond een luchtvaartterrein moet worden verwerkt in bestemmingsplannen die betrekking hebben op de binnen de zone gelegen gronden. Daartoe geeft de minister van VROM een aanwijzing aan de gemeenteraden in kwestie.

De luchthaven Schiphol valt sinds begin 2003 niet meer onder de Luchtvaartwet maar onder de Wet luchtvaart. In de uit 1992 daterende Wet luchtvaart is daartoe in 2002 een nieuw, op de luchthaven Schiphol gericht hoofdstuk, toegevoegd (Stb. 374). De aanleiding tot deze wijziging was het realiseren van de vijfde baan van Schiphol, hetgeen op grond van de Luchtvaartwet niet mogelijk was. Het instrument van de aanwijzing is in deze nieuwe wettelijke regeling verlaten. Het is de bedoeling dat in de toekomst een soortgelijke regeling in de Wet luchtvaart van toepassing wordt op de andere luchtvaartterreinen.

> De regeling voor Schiphol is uitgewerkt in twee amvb's: het Luchthaven-indelingbesluit Schiphol (Stb. 2002, 591) en het Luchthavenverkeerbesluit Schiphol (Stb. 2002, 592). Het Luchthavenindelingbesluit bevat ruimtelijke maatregelen, zoals bouw- en gebruiksbeperkingen. Het Luchthavenverkeerbesluit is gericht op de aspecten externe veiligheid, geluid, lokale luchtverontreiniging en geur; het bevat onder meer grenswaarden voor de geluidbelasting.

In de loop der jaren zijn verschillende normen voor luchtvaartlawaai ontwikkeld. Er worden normen onderscheiden voor lawaai bij grote luchtvaartterreinen (Besluit geluidbelasting grote luchtvaart, Stb. 1991, 22), bij kleine luchtvaartterreinen (Besluit geluidbelasting kleine luchtvaart, Stb. 1996, 668) en voor het nachtelijk vliegverkeer (art. 25 lid 4 Luchtvaartwet).
Een deel van deze normen is nu vervallen voor Schiphol. Terwijl in het kader van de Luchtvaartwet de geluidbelasting rond Schiphol werd gereguleerd door geluidszones, kent het nieuwe stelsel van de Wet luchtvaart een stelsel van grenswaarden voor een totaal volume van de geluidbelasting, grenswaarden voor handhavingspunten en regels voor het baan- en routegebruik.

9.7   Natuurbescherming

9.7.1   Beleid

Sinds de jaren 60 is de bescherming van de natuur uitdrukkelijk een onderdeel van het overheidsbeleid. In eerste instantie is via het nationale ruimtelijke beleid (planologische kernbeslissingen) gepoogd waardevolle natuurgebieden te beschermen. In het Natuurbeleidsplan 1990 is het idee van de 'ecologische hoofd-structuur' geïntroduceerd. Het doel is om belangrijke ecosystemen te behouden, te herstellen of te ontwikkelen. Gebieden met verschillende natuurwaarden worden in de ecologische hoofdstructuur (EHS) opgenomen. In het Structuurschema Groene Ruimte is de ruimtelijke doorwerking van het natuur- en landschapsbeleid neergelegd. De opvolger van het Natuurbeleidsplan uit 1990 is de nota 'Natuur voor mensen, mensen voor natuur' (Nota natuur, bos en landschap in de 21^e eeuw) van 2000. Deze nota heeft tot doel een samenhangender en transparanter natuurbeleid tot stand te brengen, maar brengt geen grote wijziging in het beleid. De ecologische hoofdstructuur wordt als succesvol beschouwd en het beleid terzake wordt gecontinueerd. Wel wordt aangekondigd dat de doelstellingen voor het verwerven van natuurterreinen te ambitieus waren en naar beneden toe moeten worden bijgesteld. De EHS zou in 2018 gereed moeten zijn. De ruimtelijke vertaling van de EHS wordt opgenomen in de Nota Ruimte (zie hierna § 9.8.2).

Op het terrein van de soortenbescherming introduceert de nota 'Natuur voor mensen, mensen voor natuur' een nieuw beleidsdoel. In 2020 moeten voor alle in 1982 in Nederland voorkomende soorten en populaties duurzame leefcondities aanwezig zijn. Het instrument hiertoe is het opstellen van soorten-beschermingsplannen voor enkele belangrijke en bedreigde soorten (zogenaamde Rode Lijst-soorten)

Het ministerie van LNV is verantwoordelijk voor het natuurbeleid. Daartoe wordt jaarlijks door het Natuurplanbureau (onderdeel van RIVM) een Natuurbalans uitgebracht, waarin de voortgang van het natuurbeleid, waaronder de totstandkoming van de EHS, wordt geanalyseerd. Elke vier jaar maakt dit bureau een Natuurverkenning.

Eerder dan de oprichting van specifieke milieuorganisaties zijn al verschillende actieorganisaties opgericht die zich richten op de bescherming van de natuur. Sinds het einde van de 19e eeuw bestaan in ons land organisaties die zich richten op het behoud van de natuur, zoals de Vereniging tot Bescherming van Vogels (1899), Staatsbosbeheer (1899) en de Vereniging tot bescherming van Natuurmonumenten (1905). Pas veel later werd een aantal milieuorganisaties opgericht, zoals de Vereniging tot Behoud van de Waddenzee, de Stichting Natuur en Milieu, de Vereniging tot Behoud van het IJsselmeer, de Werkgroep Noordzee, het Wereld Natuur Fonds en Greenpeace Nederland.
Op internationaal niveau is de World Conservation Union (vroeger genaamd IUCN) de grootste natuurbeschermingsorganisatie. Daarbij zijn alle belangrijke nationale (zoals de Stichting Natuur en Milieu) en internationale milieuorganisaties (zoals Greenpeace) en ook regeringen aangesloten.

9.7.2 Regelgeving

Bescherming van natuurgebieden
Regelgeving over de bescherming van de natuur was aan het begin van deze eeuw te vinden in provinciale verordeningen. Daarin waren bepalingen opgenomen over het landschapsschoon, gericht op het weren van ontsierende reclame-opschriften en op stort- en opslagplaatsen. In de loop der jaren is een groot aantal wettelijke regelingen voor de natuurbescherming totstandgekomen. In 1928 werd de Natuurschoonwet tot stand gebracht, met een regeling voor de instandhouding van landgoederen die een karakteristiek onderdeel vormen van het natuurschoon. Wanneer een terrein wordt aangemerkt als landgoed, brengt dat met name fiscale voordelen met zich mee.
In 1961 kwam de Boswet tot stand. Deze wet heeft tot doel de instandhouding van de omvang en hoedanigheid van bossen en andere houtopstanden te bewaren. De wet bevat regels over het melden van het vellen van bomen, de plicht tot

herplanting en de mogelijkheid van een kapverbod.

De Vogelwet van 1936 en de Wet bedreigde uitheemse diersoorten van 1975 zijn inmiddels vervangen door de Flora- en faunawet. De Natuurbeschermingswet van 1967 is vervangen door de Natuurbeschermingswet 1998.

De Nederlandse regelgeving op het terrein van natuurbescherming is sterk beïnvloed door het Europese natuurbeschermingsrecht. Dat betreft met name de regeling in de Vogelrichtlijn van 1979 (79/409/EEG) en de Habitatrichtlijn van 1992 (92/43/EEG). Ook vele internationale verdragen waarin afspraken zijn neergelegd ter bescherming van gebieden en soorten hebben het Nederlandse natuurbeschermingsrecht beïnvloed (zie § 2.4).

In deze paragraaf behandelen we twee wetten die betrekking hebben op gebieds- en soortenbescherming. De Natuurbeschermingswet 1998 is gericht op de bescherming van speciaal daartoe aangewezen gebieden. De Flora- en faunawet bevat de mogelijkheid tot bescherming van speciale planten- en diersoorten.

Gebiedsbescherming
De Natuurbeschermingswet 1998 (Stb. 1998, 403) heeft de Natuurbeschermingswet uit 1967 vervangen. De wet heeft tot doel de natuurwetenschappelijke waarden en het natuurschoon te beschermen.
De ministers van LNV, VROM en V en W stellen eenmaal in de acht jaar een natuurbeleidsplan vast (art. 3-9 Nbwet). In dit plan zijn de hoofdlijnen opgenomen van het beleid inzake de algemene natuur- en landschapswaarden, bescherming van gebieden, soortenbescherming, voorlichting en onderzoek en de internationale ontwikkelingen van het natuurbeleid (art. 5 Nbwet).
In artikel 6 is een afstemmingsconstructie opgenomen tussen het natuurbeleidsplan, het nationale milieubeleidsplan en de nota waterhuishouding. De ruimtelijke aspecten van het natuur- en landschapsbeleid dienen neergelegd te worden in een structuurschema als bedoeld in artikel 2a WRO (art. 9 Nbwet). De vraag kan gesteld worden of de Nota Ruimte, die het Structuurschema Groene Ruimte vervangt, als een structuurschema in de zin van art. 2a WRO kan worden beschouwd.
In de artikelen 9a tot en met 9d is een regeling opgenomen op grond waarvan het RIVM wetenschappelijke rapportages uitbrengt over de toestand van natuur, bos en landschap en mogelijke toekomstige ontwikkelingen daarin (de Natuurverkenning) en van de stand van zaken in de uitvoering van het natuurbeleid (de Natuurbalans) (zie www.RIVM.nl).
Op grond van de Natuurbeschermingswet 1998 kan de minister van LNV terreinen of wateren die van algemeen belang zijn om hun natuurwetenschappelijke betekenis of natuurschoon aanwijzen als beschermd natuurmonument (art. 10 Nbwet). Daarnaast *moet* de minister van LNV gebieden aanwijzen, die zich kwalificeren als gebieden die aangewezen moeten worden op grond van de Vogelrichtlijn en de Habitatrichtlijn (art. 10a). In art. 15a is een bepaling

opgenomen op grond waarvan de aanwijzing op grond van art. 10a voorrang heeft boven die op grond van art. 10. Een gebied kan niet op beide grondslagen zijn aangewezen. Voor een overzicht van de beschermde gebieden kan men terecht op de website van het ministerie van LNV: www.minlnv.nl.

In de artikelen 11-15 is de procedure van de aanwijzing geregeld. Daarbij wordt verwezen naar paragraaf 3.4 Awb. Voor de beschermde natuurmonumenten en de gebieden aangewezen op grond van art. 10a gelden verschillende regelingen inzake de rechtsgevolgen van die aanwijzing.

Het belangrijkste rechtsgevolg van de aanwijzing als *beschermd natuurmonument* is dat een vergunning moet worden aangevraagd om *in* het gebied handelingen te verrichten die schadelijk kunnen zijn voor het natuurmonument (art. 16). Als een schadelijke handeling wordt in elk geval aangemerkt een handeling die de wezenlijke kenmerken van het beschermd natuurmonument aantast. De vergunning mag alleen worden verleend overeenkomstig het voorzorgsbeginsel. Dat wil zeggen dat met zekerheid moet vaststaan dat de handelingen de natuurlijke kenmerken van het gebied niet aantasten (art. 16 lid 3). Van deze regel mag alleen worden afgeweken ingeval dwingende redenen van groot openbaar belang het verlenen van de vergunning noodzakelijk maken. Bij de aanwijzing kunnen handelingen worden vermeld waarvoor ook indien deze *buiten* het natuurmonument worden verricht een vergunningplicht geldt (externe werking, art. 16 lid 4 Nbwet)

De vergunning kan worden verleend door gedeputeerde staten of, voor bij amvb aangewezen handelingen, door de minister van LNV (art. 16 lid 6 Nbwet). Het betreft dan bijvoorbeeld handelingen van nationaal belang, zoals gaswinning in de Waddenzee of uitvoering van dijkversterkingen. De procedure voor de vergunningverlening is geregeld in hoofdstuk 8 van de wet.

Een tweede rechtsgevolg van de aanwijzing als beschermd natuurmonument is dat gedeputeerde staten, in overeenstemming met de eigenaar of gebruiker van het beschermd natuurmonument, een beheersplan *kunnen* vaststellen (art. 17). Het beheersplan wordt vastgesteld voor 6 jaren en heeft het behoud, herstel of de ontwikkeling van een natuurmonument ten doel. Voor de handelingen die overeenkomstig het beheersplan worden verricht in het natuurmonument is geen vergunning nodig (art. 16 lid 5). De eigenaar en gebruiker zijn verplicht zorg te dragen voor naleving van het beheersplan (art. 17 lid 4).

De rechtsgevolgen van de aanwijzing van gebieden op grond van art. 10a Natuurbeschermingswet 1998 zijn neergelegd in de artikelen 19a tot en met 19ka.

In de eerste plaats bestaat de *verplichting* voor gedeputeerde staten om, na overleg met de eigenaar, gebruiker en andere belanghebbenden, voor het gebied een beheersplan op te stellen waarin de instandhoudingsdoelstellingen worden beschreven en wordt aangegeven welke instandhoudingsmaatregelen dienen te worden getroffen. Een beheersplan moet zijn vastgesteld binnen 3 jaar na aanwijzing van het gebied op grond van art. 10a Nbwet en heeft betrekking op een periode van maximaal 6 jaren. Voor handelingen in overeenstemming met het beheersplan bestaat geen vergunningplicht (art. 19d lid 2 Nbwet).

Een tweede rechtsgevolg van de aanwijzing als gebied op grond van art. 10a Nbwet 1998 is de vergunningplicht voor het realiseren van projecten of andere handelingen die de kwaliteit van de natuurlijke habitats en de habitats van soorten in de gebieden kunnen verslechteren of een verstorend effect kunnen hebben op de soorten waarvoor het gebied is aangewezen. Zodanige projecten zijn in ieder geval projecten die de natuurlijke kenmerken van het desbetreffende gebied kunnen aantasten (art. 19d lid 1 Nbwet)

Deze vergunning wordt verleend door gedeputeerde staten of, indien dat bij amvb voor bepaalde projecten of andere handelingen of categorieën gebieden is bepaald, door de minister van LNV (art. 19d lid 3 Nbwet).

In de artikelen 19e tot en met 19h is aangegeven op welke wijze het bevoegd gezag een afweging moet maken naar aanleiding van de aanvraag om vergunning krachtens art. 19d Nbwet. Deze bepalingen vormen een implementatie van het bepaalde in artikel 6 van de Habitatrichtlijn.

Voor nieuwe projecten of andere handelingen, die afzonderlijk of in combinatie met andere projecten of handelingen, 'significante gevolgen' kunnen hebben voor en gebied, moet door de initiatiefnemer eerst een 'passende beoordeling' worden gemaakt. Indien op grond van die passende beoordeling blijkt dat de natuurlijke kenmerken niet worden aangetast, kan de vergunning worden verleend.

Indien dat niet het geval is kan de vergunning onder strikte voorwaarden toch worden verleend. Dat kan alleen indien geen alternatieve oplossingen voor het project of de handeling bestaan en voorts, - als het gaat om gebieden waarin geen prioritair type natuurlijk habitat of prioritaire soort als bedoeld in I en II van de Habitatrichtlijn voorkomt -, alleen om 'dwingende redenen van groot openbaar belang met inbegrip van sociale of economische aard'. Bij gebieden waarin wel een prioritair type habitat of een prioritaire soort voorkomt, is vergunningverlening alleen mogelijk op argumenten die verband houden met de menselijke gezondheid, de openbare veiligheid of voor het milieu wezenlijke gunstige effecten, of – maar dan pas na advies van de Europese Commissie – om andere dwingende redenen van groot openbaar belang.

Indien een vergunning om redenen van groot openbaar belang wordt verleend, moet daarin worden voorgeschreven dat compenserende maatregelen worden getroffen.

Tenslotte zijn enkele rechtsgevolgen aan de aanwijzing van gebieden op grond van art. 10 en 10a Nbwet dezelfde. Op grond van art. 19l geldt een zorgplicht voor een ieder ten aanzien van de instandhouding van beide soorten gebieden. Op grond van art. 20 Nbwet kan de toegang tot beide soorten gebieden, indien dat noodzakelijk is voor de bescherming van de natuurwaarden daarin, worden beperkt. In artikel 21 is ten slotte de mogelijkheid opgenomen voor gedeputeerde staten om feitelijke maatregelen te treffen om te voorkomen dat natuurwetenschappelijke waarden of natuurschoon verdwijnen. De eigenaar en gebruiker moeten die maatregelen gedogen.

Een ander instrument uit de Natuurbeschermingswet betreft de aanwijzing door gedeputeerde staten van beschermde landschapsgezichten (art. 23 Nbwet). De gemeenteraad van de gemeente waarin het beschermd landschapsgezicht is gelegen, stelt ter bescherming van een beschermd landschapsgezicht een bestemmingsplan vast als bedoeld in de Wet op de Ruimtelijke Ordening (art. 26 Nbwet).

Soortenbescherming
De regelingen die zijn gericht op de soortenbescherming gaan over de bescherming van, de jacht op of de handel in planten en dieren. Deze regelingen zijn opgenomen in de Flora- en faunawet die in 1998 is vastgesteld, maar pas in 2002 in werking is getreden. In die wet zijn de Vogelwet 1936, de Jachtwet, de Nuttige Dierenwet 1914, de Wet bedreigde uitheemse diersoorten, het In- en uitvoerbesluit bedreigde uitheemse dier- en plantensoorten en de art. 22 – 25 van de Natuurbeschermingswet 1967 geïntegreerd. Daarnaast worden in de Flora- en faunawet ook de Vogelricht-lijn (1979) en de Habitatrichtlijn (1992) geïmplementeerd.
De Flora- en faunawet is gericht op het instandhouden van de planten- en diersoorten die in het wild voorkomen. In hoofdstuk 2 is de aanwijzing van beschermde soorten geregeld. De aanwijzing is verschillend geregeld voor planten en dieren. Te beschermen plantensoorten zijn op grond van art. 3 Ffwet aangewezen (positieve lijst) in art. 2 en bijlage I bij het Besluit aanwijzing dier- en plantensoorten (Stb. 2000, 523).
Op grond van art. 4 Ffwet worden in beginsel alle inheemse in het wild levende zoogdieren (met uitzondering van de bruine rat, de zwarte rat en de huismuis), vogels, amfibieën, reptielen en vissen (met uitzondering van die waarop de Visserijwet 1963 van toepassing is) als beschermd aangewezen. Hierop zijn vervolgens uitzonderingen gemaakt (negatieve lijst) op grond van art. 6 Ffwet, in art. 3 en 4 het Besluit aanwijzing dier- en plantensoorten. Dit betreft de gedomesticeerde zoogdieren van de soorten bunzing, konijn en varken en de gedomesticeerde vogels van de soorten grauwe gans, Europese kanarie, de rotsduif en de wilde eend. Ook zijn aanvullingen (voor insecten, in het bijzonder vlinders) gemaakt op grond van art. 4 lid 2 Ffwet (opgenomen in bijlage 2 bij het Besluit aanwijzing dier- en plantensoorten).

In artikel 2 van de Flora- en faunawet is een zorgplicht opgenomen. Dat wil zeggen dat voor iedereen de verplichting geldt voldoende zorg in acht te nemen voor de in het wild levende dieren en planten, alsmede voor hun directe leefomgeving.
Vervolgens bevat de wet verbodsbepalingen over onder meer het plukken van

beschermde inheemse plantensoorten, het verstoren van beschermde inheemse diersoorten en het bezitten, vervoeren, verhandelen en uitzetten in de natuur van beschermde in- en uitheemse planten- en diersoorten (art. 8 –12).

De Flora- en faunawet bevat in hoofdstuk IV een regeling voor de aanwijzing door gedeputeerde staten van een plaats die van wezenlijke betekenis is voor een beschermde inheemse plantensoort of beschermde inheemse diersoort (de beschermde leefomgeving). Dit betreft plaatsen buiten een beschermd natuurmonument, zoals bijvoorbeeld een houtwal, een walkant of zelfs één boom.

Voor de regulering van de jacht is een apart hoofdstuk gereserveerd. De jacht is in beginsel toegestaan op bepaalde wildsoorten: de haas, de fazant, de patrijs, de wilde eend, het konijn en de houtduif (art. 32).

In een Titel III zijn vele bepalingen inzake vrijstellingen, ontheffingen en vergunningen opgenomen, op grond waarvan uitzonderingen kunnen worden gemaakt op de verboden in de Flora- en faunawet. Zo kunnen vrijstellingen worden verleend van de verboden ten aanzien van dieren om belangrijke schade aan geteelde gewassen, vee, bossen, visserij, wateren en flora en fauna te voorkomen (art. 65, 66 en 68 Ffwet). Dit zijn deels algemene vrijstellingen (in een amvb) en deels een aanvullende ontheffingsmogelijkheid. Deze vrijstellingen moeten in relatie met de regeling voor de jacht worden gezien: op de dieren waarop de vrijstelling van toepassing is, mag gejaagd worden.

Een algemene vrijstellings- en ontheffingsmogelijkheid is tenslotte in art. 75 Ffwet opgenomen. Voor de soorten die (slechts) op grond van Nederlands beleid worden beschermd geldt als voorwaarde voor een vrijstelling dat geen afbreuk mag worden gedaan aan een gunstige staat van instandhouding van de betreffende soort. Voor op grond van Europees recht (de Vogel- en Habitatrichtlijn) te beschermen soorten zijn de voorwaarden voor het verlenen van vrijstellingen en ontheffingen strenger (art. 75 lid 5 Ffwet).

9.8 Ruimtelijke ordening en milieu

9.8.1 Beleid

Het nationale milieubeleid is gericht op het bereiken van een algehele verbetering van de milieukwaliteit. Bij de uitwerking van het milieubeleid op regionaal of lokaal niveau blijkt dat de gewenste kwaliteit of de snelheid waarmee een bepaalde kwaliteit gehaald dient te worden per gebied verschilt. De reden hiervoor is dat zich verschillen kunnen voordoen in emissies, kwetsbaarheid van het milieu of de functies van een gebied.

In het Actieplan Gebiedsgericht Milieubeleid (1990) wordt gebiedsgericht milieubeleid omschreven als: 'milieubeleid dat voor bepaalde gebieden wordt ontwikkeld, gericht op de instandhouding, herstel of ontwikkeling van de functies of eigenschappen van die gebieden. Het is gericht op processen waarvan oorzaak en gevolg zich binnen hetzelfde gebied afspelen en kan zowel op landelijk als stedelijk gebied betrekking hebben.' Het gebiedsgericht milieubeleid heeft betrekking op milieuproblemen als verstoring, ammoniak, verdroging en vermesting van grond- en oppervlaktewater.

Sinds het begin van de jaren tachtig wordt beleid gemaakt voor specifieke gebieden, zoals stiltegebieden en grondwaterbeschermingsgebieden. In deze benadering werd een milieuaspect via een stelsel van verboden en stimulerende maatregelen beschermd.

In het NMP4 en in de discussienota inzake de toekomst van de milieuwetgeving, 'Met recht verantwoordelijk' (2001) is apart aandacht besteed aan de bijdrage van het milieubeleid aan de kwaliteit van de leefomgeving en de relatie tussen milieubeleid en ruimtelijk ordeningsbeleid. Ook in de Nota Ruimte wordt expliciet ingegaan op de integratie van milieuaspecten bij gebiedsgerichte plannen. Daarbij wordt gekozen voor een systeem waarbij het rijk een basismilieukwaliteit vastlegt (minimumnormen) en kaders biedt, waarbinnen lokale overheden ruimte hebben bij het plannen van concrete projecten. De basiskwaliteit heeft bijvoorbeeld betrekking op geluidbelasting, luchtkwaliteit en externe veiligheid.

De inmiddels niet langer van kracht zijnde Experimentenwet Stad en milieu (1999-2004) bevatte de mogelijkheid om in daartoe aangewezen gebieden (experimenten) onder voorwaarden af te wijken van milieukwaliteitsnormen, met het doel een zuinig en doelmatig ruimtegebruik te bereiken en de leefkwaliteit in het stedelijk gebied te versterken. Samen met betrokkenen konden gemeenten maatwerk leveren waarbij eventuele afwijking van de milieunormen moest worden gecompenseerd met andere aspecten die van belang zijn voor de leefkwaliteit. Een voorstel voor een Interimwet stad-en-milieubenadering – met op hoofdlijnen dezelfde benadering als in de Experimentenwet Stad en milieu, maar niet langer beperkt tot aangewezen experimenten - is in behandeling bij de Tweede Kamer. Op grond van die regeling kan van wettelijke normen inzake lucht, geluid, bodem en stank worden afgeweken teneinde de menging van functies mogelijk te maken (Kamerstukken 2004/05, 29 871).

9.8.2 Regelgeving

In deze paragraaf worden de instrumenten behandeld waarmee het gebiedsgericht milieubeleid wordt uitgevoerd. Deze zijn in de eerste plaats te vinden in de Wet milieubeheer en daarnaast in de wetgeving betreffende de ruimtelijke ordening. Een specifiek instrument voor het bereiken van afstemming tussen verschillende functies is zonering.

De regelingen in de Wet milieubeheer die gericht zijn op gebiedsbescherming zijn bijvoorbeeld de aanduiding van milieubeschermingsgebieden op grond van de

317

provinciale milieuverordening en de vaststelling van milieukwaliteitseisen. Deze regelingen kwamen al aan de orde in § 6.3 en § 6.5.

Wet op de Ruimtelijke Ordening

Bij de behandeling van het gebiedsgericht milieubeleid kwam reeds naar voren dat voor het bereiken van een goede kwaliteit van de leefomgeving behalve de milieuregelgeving ook wetten nodig zijn die de indeling van de ruimte reguleren. De milieuregelgeving geeft vaak dwingende regels voor een aanpak van de bron (bijvoorbeeld een industrie) en de effecten die deze bron kan hebben op de omgeving. Hier gaat het om het ecologisch inpasbaar maken van menselijke handelingen. Aan de hand van de ruimtelijke regelgeving wordt een plan geschetst voor de indeling van de ruimte, waarin de plaatsing van verschillende functies en voorzieningen (zoals bijvoorbeeld wonen, industrie en een spoortracé) ten opzichte van elkaar wordt geregeld. Daarbij staat de ruimtelijke structuur van een gebied centraal. Aan deze structuur worden door de samenleving steeds andere eisen gesteld. We behandelen hier het instrumentarium op grond van de Wet op de Ruimtelijke Ordening. Tot slot gaan we kort in op de mogelijkheid tot het stellen van afstandsnormen op grond van de milieuwetgeving.

De Wet op de Ruimtelijke Ordening (WRO) en de uitvoeringsregels in het Besluit ruimtelijke ordening 1985 geven regels over de wijze waarop verschillende plannen voor de verdeling van de ruimte moeten worden vastgesteld. De wet kent van oudsher een decentrale opzet. Dat betekent dat de uitvoering van de wetgeving voor een groot deel aan de lagere overheden is overgedragen. De activiteiten van de provincies en het Rijk worden echter steeds belangrijker. De wet stelt regels voor het vaststellen van plannen op rijks-, regionaal en lokaal niveau. De plannen op rijks- en provinciaal niveau kunnen concrete beleidsbeslissingen inhouden. Deze onderdelen van de plannen moeten doorwerken in 'lagere' plannen. Tegen deze concrete beleidsbeslissingen staat bovendien beroep open. De plannen op lokaal niveau (de bestemmingsplannen) bevatten alleen rechtstreeks bindende bepalingen. Tegen het bestemmingsplan kan dan ook, met uitzondering van de daarin vertaalde concrete beleidsbeslissingen uit plannen van het rijk of de provincie, beroep worden ingesteld.

Planologische kernbeslissing

Plannen die op rijksniveau worden vastgesteld, kunnen bestaan uit structuurschetsen, structuurschema's en andere nota's. Deze plannen worden planologische kernbeslissingen (PKB's) genoemd. Na een procedure, waarbij ook de Tweede Kamer is betrokken, stelt de ministerraad ze vast.
Structuurschetsen bevatten voornemens voor de lange termijn van de overheid over één of meer aspecten van het nationale ruimtelijke beleid.

Verschillende structuurschetsen zijn samengevoegd in de Vierde Nota Ruimtelijke Ordening Extra (VINEX). De ruimtelijke aspecten van de ecologische hoofdstructuur zijn nu opgenomen in het Structuurschema Groene Ruimte. Dit structuurschema bevat de doelstellingen van het nationaal ruimtelijk beleid voor onder meer land- en tuinbouw, natuur, landschap, en cultuurhistorie.
In januari 2001 is een PKB deel 1, van de Vijfde Nota Ruimtelijke Ordening, de nota 'Ruimte maken, ruimte delen' vastgelegd. In een PKB deel 2 zijn de resultaten van de inspraak en de resultaten van bestuurlijk overleg en adviezen neergelegd. Een kabinetsstandpunt over de nota (PKB deel 3) is wel opgesteld, maar niet in de Tweede Kamer behandeld. Inmiddels was besloten tot het opstellen van een Nota Ruimte, waarin behalve de vijfde nota Ruimtelijke ordening ook de ruimtelijk relevante nota's van het ministerie van LNV en van V en W worden geïntegreerd. De Nota Ruimte is inmiddels door de Tweede Kamer behandeld. In april 2005 is een aan de moties van de Tweede Kamer aangepaste versie van de Nota Ruimte aan de Tweede Kamer gezonden (Kamerstukken 2004/05, 29 435, nr. 153).

In de planologische kernbeslissingen kunnen milieuaspecten worden opgenomen, voorzover die voor het ruimtelijke beleid van belang zijn. Het is niet wettelijk vereist dat de nationale ruimtelijke en milieuplannen op elkaar moeten worden afgestemd. Met een afstemmingsregeling zou, aldus de wetgever, tekort worden gedaan aan de specifieke karaktertrekken van beide plannen. Op milieuterrein moet één nationaal milieubeleidsplan worden opgesteld. Voor het nationale ruimtelijke beleid kunnen echter meerdere PKB's worden vastgesteld. De procedure voor het vaststellen van de PKB's is bovendien zwaarder dan die voor het vaststellen van een nationaal milieubeleidsplan.

Voorbeelden van planologische kernbeslissingen zijn de Nota over de Waddenzee en de Nota Betuweroute.

Voor de vaststelling van een PKB is goedkeuring van de Staten-Generaal vereist.
Afhankelijk van de wijze waarop de voornemens zijn geformuleerd, meer of minder indicatief, zal van de PKB's kunnen worden afgeweken. Wanneer er weinig beleidsruimte bestaat, heeft de ruimtelijke ordening een meer centralistisch karakter. Als in de PKB concrete beleidsbeslissingen zijn opgenomen moeten deze in acht worden genomen bij de vaststelling van andere plannen, zoals bijvoorbeeld het streekplan en bestemmingsplan. Voor de elementen die niet als concrete beleidsbeslissingen zijn aan te merken, geldt dat de lagere overheden rekening moeten houden met de PKB. Voor afwijking van deze onderdelen van de PKB moeten de lagere overheden voldoende motivering geven. Om een bindende doorwerking van de PKB naar gemeenteniveau te bewerkstelligen, kan de Minister een aanwijzing geven aan de gemeenteraad om een bestemmingsplan vast te stellen of te herzien. Voor het geven van een dergelijke aanwijzing moet er wel sprake zijn

van een bovengemeentelijk belang. Tegen een PKB kan alleen in beroep worden gegaan bij de Afdeling bestuursrechtspraak voorzover er sprake is van een concrete beleidsbeslissing.

Streekplan
Op provinciaal niveau kunnen provinciale staten de ruimtelijke ontwikkelingen in een gebied vastleggen in het streekplan. Het plan bevat een omschrijving van de gewenste ontwikkelingen in een gebied en een aantal kaarten met de hoofdlijnen van de gewenste ontwikkelingen. Via dit provinciale plan kunnen de rijks- en de gemeentelijke voornemens op elkaar worden afgestemd. De voorbereiding van het streekplan vindt plaats volgens de procedure in afdeling 3.4 van de Awb. Het streekplan wordt in beginsel eens per 10 jaren herzien. Het streekplan moet worden afgestemd met de provinciale plannen op het gebied van het milieubeleid en de waterhuishouding. In het geval dat de plannen niet met elkaar in overeenstemming zijn, geldt de regel van 'haasje-over' (zie § 6.4). Deze regel heeft tot gevolg dat het meest recente plan de basis biedt voor de besluitvorming. In een aantal provincies zijn omgevingsplannen opgesteld waarin de verschillende plannen samen zijn gevoegd, zoals het milieubeleidsplan, waterhuishoudingsplan en het streekplan (§ 6.4). Het streekplan is niet bindend, tenzij er sprake is van concrete beleidsbeslissingen. Deze beleidsbeslissingen dienen bij de vaststelling van een regionaal structuurplan of een bestemmingsplan in acht worden genomen. De minister van VROM kan provinciale staten verplichten tot het herzien van het streekplan als een concrete beleidsbeslissing kennelijk in strijd is met het nationaal ruimtelijk beleid. Van de overige elementen van het streekplan kunnen gemeenten bij de vaststelling van het bestemmingsplan afwijken, mits daarvoor voldoende redenen kunnen worden aangevoerd. Een bestemmingsplan wordt altijd ter goedkeuring voorgelegd aan gedeputeerde staten. Gedeputeerde staten kunnen op grond van het streekplan een aanwijzing geven aan de gemeente over de inhoud van een bestemmingsplan (art. 37 lid 5 WRO). Ook tegen het streekplan is beroep bij de Afdeling bestuursrechtspraak mogelijk voorzover het betreft de concrete beleidsbeslissingen.

Bestemmingsplan
Op gemeentelijk niveau wordt in het rechtstreeks bindende bestemmingsplan de ruimtelijke ordening geregeld. Daarnaast bestaat op gemeentelijk niveau het niet-bindende structuurplan, waaruit alleen beleidsvoornemens over de ruimtelijke ordening zijn te lezen.
De gemeenteraad is verplicht voor het gebied van de gemeente dat niet tot de bebouwde kom behoort, een bestemmingsplan vast te stellen. Voor het gebied binnen de bebouwde kom is de gemeenteraad daartoe bevoegd. In het plan wordt de bestemming van de grond aangegeven. Het bestemmingsplan bestaat uit kaarten, voorschriften en eventueel een beschrijving op hoofdlijnen. De voorschriften kunnen gaan over de bebouwing, het gebruik van de grond en opstallen en het gebruik maken van bevoegdheden. Deze voorschriften zijn bindend voor het nemen

van besluiten op basis van het bestemmingsplan. In het bestemmingsplan kan worden bepaald dat voor bepaalde werken een aanlegvergunning nodig is.

Als het bestemmingsplan is vastgesteld door de gemeenteraad moet het worden goedgekeurd door gedeputeerde staten.

Er zijn verschillende vormen van bestemmingsplannen, die ook gecombineerd kunnen voorkomen. Dit zijn:

- een gedetailleerd bestemmingsplan: dit plan bevat tot in details wat wel of niet toelaatbaar is;
- een globaal eindplan: in dit plan worden slechts de doelstellingen van het plan aangegeven, waardoor het plan een flexibel karakter krijgt;
- een globaal nader uit te werken plan: dit plan bevat een verplichting voor B en W tot nadere uitwerking van het plan.

Bij deze laatste vorm van bestemmingsplannen kan een beschrijving op hoofdlijnen worden gevoegd. Daarin wordt per bestemming het doel of de doeleinden aangegeven die met het oog op een goede ruimtelijke ordening aan de in het plan begrepen gronden worden toegekend en de wijze waarop deze worden nagestreefd.

Voor de doorwerking van het provinciaal ruimtelijk beleid naar het gemeentelijk beleid kunnen gedeputeerde staten aanwijzingen geven over de inhoud van bestemmingsplannen. De aanwijzingen moeten hun grondslag vinden in het streekplan en het moet gaan om bovengemeentelijke belangen.

De minister kan het goedkeuringsbesluit van gedeputeerde staten vervangen als hij meent dat de goedkeuring in ernstige strijd is met het nationale beleid.

Het bestemmingsplan richt zich tot overheid en burgers en is voor beide bindend. Beroep kan worden ingesteld tegen het door gedeputeerde staten genomen goedkeuringsbesluit of tegen het ministeriele besluit ter vervanging van de goedkeuring van gedeputeerde staten. Het beroep kan echter niet meer worden gericht tegen de concrete beleidsbeslissingen uit 'hogere' plannen.

Het bestemmingsplan is bepalend voor de vraag of al dan niet een bouwvergunning kan worden verleend voor te bouwen woningen of te vestigen industrie in een bepaald gebied. Wanneer het bestemmingsplan aangeeft dat op een bepaald stuk grond woningbouw gepland is en er wordt een bouwvergunning voor woningen aangevraagd, dan kunnen B en W deze bouwvergunning niet weigeren. In de Woningwet is een limitatief aantal weigeringsgronden opgesomd voor het verlenen van een bouwvergunning. Een van de gronden is strijdigheid met het bestemmings-plan.

Uit de limitatieve opsomming van de weigeringsgronden in de Woningwet vloeit voort dat milieuhygiënische redenen op zichzelf geen reden vormen voor de weigering van de bouwvergunning voor een woonhuis. Wel is in de Woningwet een bepaling opgenomen die de bouwvergunning voor Wet milieubeheer-inrichtingen koppelt aan de milieuvergunning. Dit betekent dat pas een bouwvergunning verleend kan worden, als duidelijkheid bestaat over de milieuvergunning (zie § 6.7.7). Bij de aanvraag van een bouwvergunning voor een bouwwerk dat geen inrichting in de zin van de Wm is, hoeft een dergelijke toets niet plaats te vinden.

> Indien bijvoorbeeld een aanvraag voor een bouwvergunning van een woonhuis in de nabije omgeving van Schiphol wordt gedaan, kan deze aanvraag niet op grond van milieufactoren worden geweigerd als het bestemmingsplan voor het gebied woning-bouw toestaat.

Om de milieugevolgen van een bepaalde industrie in ruimtelijke zin te kunnen vertalen, is het derhalve noodzakelijk dat de milieugegevens in de bestemmings-plannen doorwerken. Met name bij problemen van overlast (geluid- en stankhinder) speelt deze vertaling in de ruimtelijke ordening een belangrijke rol. Een probleem hierbij is de praktijk is dat bestemmingsplannen in veel gevallen verouderd zijn, waardoor nieuwe inzichten betreffende milieu en veiligheid daar nog niet in zijn vertaald.

Nieuwe Wet op de Ruimtelijke ordening
Een voorstel voor een fundamentele herziening van de Wet op de ruimtelijke ordening is in behandeling bij de Tweede Kamer (Kamerstukken 28 916). Het voorstel voorziet, behalve in een versterking van het handhavingsinstrumentarium en een wijziging van de planschaderegeling, ook in belangrijke wijzigingen in het planstelsel.
Op elk bestuursniveau (rijk, provincie en gemeente) zouden niet-bindende structuurvisies vastgesteld kunnen worden. Het bestemmingsplan blijft het centrale instrument van de ruimtelijke ordening en houdt zijn bindende werking. Voorgesteld wordt om behalve gemeentelijke, ook provinciale en rijks-bestemmingsplannen mogelijk te maken. Het gemeentelijk bestemmingsplan behoeft niet langer de goedkeuring van gedeputeerde staten. Het rijk en de provincie kunnen echter wel algemene of specifieke eisen stellen aan het gemeentelijk bestemmingsplan. Die eisen kunnen bijvoorbeeld voortkomen uit rijks- of provinciale structuurvisies.
De nieuwe Wet op de ruimtelijke ordening geeft meer ruimte dan de huidige WRO, zoals door de jurisprudentie uitgelegd, om milieukwaliteitsnormen te verbinden aan bestemmingsplannen.

Afstandsnormen
Uit de beschrijving hiervoor blijkt dat de ruimtelijke ordening en het milieubeheer afzonderlijk geregeld zijn. In de wetgeving betreffende geluidhinder is een directe verbinding tussen de ruimtelijke ordening en het milieubeheer vastgelegd. Dat zijn de Wet geluidhinder, de Luchtvaartwet en de Wet luchtvaart. In deze wetten is aangegeven dat geluidszones moeten worden vertaald in ruimtelijke plannen. Deze

wetten zijn hiervoor behandeld in § 9.6.2.

Behalve voor geluidsoverlast worden ook afstandsnormen gehanteerd bij bronnen die stankoverlast of een risico voor de omgeving veroorzaken. De normen voor deze vormen van milieubelasting zijn af te leiden uit algemene maatregelen van bestuur, zoals bijvoorbeeld het Besluit externe veiligheid inrichtingen (Stb. 2004, 250) en het Vuurwerkbesluit (Stb. 2002, 33) en beleidsdocumenten, zoals de Richtlijn Veehouderij en stankhinder en de Nederlandse emissierichtlijnen (NeR). Hierin is aangegeven welke afstanden moeten worden gehanteerd tussen het milieubelastende bedrijf en een milieugevoelige functie. Onder milieugevoelige functie valt bijvoorbeeld woningbouw of een natuurgebied.

9.9   Agrarisch milieurecht

Eén van de belangrijkste milieubelastingen veroorzaakt door de agrarische sector is de overbemesting. Door de overmatige mestproductie in ons land is het noodzakelijk goede regels te maken om overbemesting van de bodem tegen te gaan. De overbemesting kan de bodemvruchtbaarheid aantasten, de kwaliteit van het grondwater en - door uitspoeling - de kwaliteit van het oppervlaktewater. Een andere belangrijke milieubelasting is de verzuring als gevolg van de depositie van ammoniak veroorzaakt door veehouderijen.

Voor het terugdringen van milieubelastingen die door de agrarische sector worden veroorzaakt is een omvangrijk en complex geheel aan regels tot stand gekomen. Deze regels kunnen gezamenlijk worden aangeduid als het agrarisch milieurecht. Tot het agrarisch milieurecht behoren onder meer de Bestrijdingsmiddelenwet 1962, de Meststoffenwet en de Wet Ammoniak en Veehouderij. Bedacht moet worden dat bedrijven in de agrarische sector (veehouderijen, land- en tuinbouwbedrijven enz.) ook onder de regulering van de Wet milieubeheer vallen en derhalve vergunningplichtig zijn of onder algemene regels op grond van art. 8.40 Wm vallen. In deze paragraaf behandelen we kort de Meststoffenwet en de regelgeving inzake de beperking van ammoniakemissies door veehouderijen.

Meststoffenwet
De Meststoffenwet (Stb. 1986, 598) bevat regels voor het verhandelen van meststoffen, de doelmatige afvoer van mestoverschotten, heffingen en regels ter voorkoming van een onverantwoorde uitbreiding van de productie van dierlijke meststoffen.

De Meststoffenwet kent verschillende instrumenten. Dat betreft in de eerste plaats de zogenaamde dierrechten. Daarbij wordt uitgegaan van mestproductierechten: de hoeveelheid dierlijke meststoffen per diersoort uitgedrukt in kilogrammen fosfaat die jaarlijks mogen worden geproduceerd. De hoeveelheid mest die men mag produceren hangt samen met de hoeveelheid dieren, de hoeveelheid landbouwgrond, de oorspronkelijke referentiehoeveelheid en de eventueel naar het bedrijf verplaatste productierechten. Voor het houden van varkens en pluimvee zijn inmiddels varkensrechten (Wet herstructurering varkenshouderijen) en pluimveerechten (art. 58 e.v. Meststoffenwet) ingevoerd en zijn derhalve geen mestproductierechten meer nodig. Op grond van de Wet verplaatsing mestproductie (1993, 686) is het onder bepaalde voorwaarden mogelijk de mest te verplaatsen.

Het voornemen bestaat de regeling voor mestproductierechten, varkens- en pluimveerechten te vereenvoudigen, waarbij de mestproductierechten voor melkveehouderijen en kleinere sectoren worden afgeschaft (Kamerstukken II 2003/04, 28385, nr. 26).

In de tweede plaats kent de meststoffenwet als instrument een mineralen-aangiftesysteem (MINAS). Dit betreft een heffingenstelsel op grond waarvan de veehouder jaarlijks wordt afgerekend op het verschil tussen aanvoer (bijvoorbeeld in de vorm van veevoer) en afvoer (bijvoorbeeld in de vorm van dierlijke mest) van mineralen (fosfaat en stikstof) op het bedrijf. Om dit goed te kunnen bepalen moet een uitgebreide mestboekhouding worden bijgehouden.

Dit systeem is ingevoerd ter implementatie van de Nitraatrichtlijn (91/676/EEG). In 2003 oordeelde het Hof van Justitie EG echter dat Nederland onvoldoende de verplichtingen van de Nitraatrichtlijn uitvoert (HvJEG 2 oktober 2003, zaak C-322/00 M en R 2003, nr. 116, m.nt. Van Rijswick). Een wijziging van de Meststoffenwet, waarbij het MINAS-systeem wordt vervangen door een systeem van gebruiksnormen, is daarom in behandeling bij de Tweede Kamer (Kamerstukken II 2004/05, 29 930). Het indirecte instrument van de regulerende heffingen wordt daarmee vervangen door een direct instrument. Voorgesteld is te bepalen dat het verboden is meststoffen op of in de bodem te brengen, waarbij dit verbod niet geldt indien de gebruiksnormen worden nageleefd.

Wet ammoniak en veehouderij

Een oorzaak van verzuring van natuurgebieden is de ammoniakemissie als gevolg van dierlijke mest. Op grond van de Wet milieubeheer kunnen in beginsel in vergunningen voor veehouderijen voorschriften gesteld worden ter beperking van de ammoniakemissie. In de Wet ammoniak en veehouderij (Wav, Stb. 2002, 93) is echter bepaald dat voor dit aspect de Wet milieubeheer wijkt: de ammoniakemissie voor vergunningplichtige veehouderijen wordt beoordeeld op grond van de Wav. Voor de overige aspecten van de veehouderij blijft de Wm wel het toetsingskader. De Wav heeft tot doel de bescherming van 'kwetsbare gebieden' tegen ammoniak. In kwetsbare gebieden en in zones van 250 meter daaromheen mogen in beginsel geen nieuwe veehouderijen met dierenverblijf worden opgericht. Uitzonderingen hierop zijn bijvoorbeeld het houden van dieren ten behoeve van natuurbeheer. Ook de uitbreiding van bestaande bedrijven wordt binnen deze zones sterk beperkt

Over de reikwijdte van de Wav, enerzijds de mogelijkheden tot inperking van het areaal kwetsbare natuur en anderzijds de vraag of de gebieden die zich kwalificeren als speciale beschermingszones in de zin van de Vogel- of Habitatrichtlijn voldoende beschermd worden door de Wav, is een discussie gaande en bestaat het voornemen de Wav te wijzigen.

Stank

De regulering van stankhinder als gevolg van veehouderijen vindt in beginsel op grond van de Wet milieubeheer plaats. Daartoe zijn in de Richtlijn Veehouderij en stankhinder 1996 normen gesteld, waarbij wordt gewerkt met mestvarkeneenheden en afstandstabellen. Daarnaast is het initiatief genomen om de uitgangspunten van de Richtlijn uit 1996 in een wet vast te leggen: de Wet stankemissie veehouderijen in landbouwontwikkelings- en verwevingsgebieden (Stb. 2002, 319). Deze wet bepaalt hoe het bevoegd gezag de stankhinder betrekt bij beslissingen inzake de aanvraag voor het oprichten en wijzigen van een veehouderij. De werking van de wet is echter beperkt tot de 'landbouwontwikkelingsgebieden', 'verwevenings-gebieden' en 'extensiveringsgebieden met het primaat natuur', waarvoor een reconstructieplan is gemaakt in de zin van de Reconstructiewet concentratie-gebieden (Stb. 2002, 115). Deze reconstructiewet concentratiegebieden heeft tot doel te komen tot een reconstructie van bepaalde gebieden, hoofdzakelijk gelegen in Gelderland en Overijssel (Oost) en in Noord-Brabant en Limburg (Zuid). Doel is het realiseren van varkensvrije zones, herstel en ontwikkeling van ecologisch waardevolle gebieden, vermindering van stankgehinderden en het aanwijzen van gebieden waar de ontwikkeling van varkenshouderijen wel mogelijk is.
Beslissingen inzake vergunningen voor veehouderijen die geheel of deels liggen in een gebied waarop de Wet stankemissie veehouderijen ziet, beoordeelt het bevoegd gezag zoals voorzien in die wet. Voor ander veehouderijen wordt de Richtlijn Veehouderij en stankhinder toegepast.

Algemene literatuur milieurecht

Milieurecht
Ch. Backes e.a. (red.), Deventer: Tjeenk Willink, vijfde druk, 2001.

Hoofdlijnen milieubestuursrecht
Ch.W. Backes e.a., Den Haag: Boom Juridische uitgevers 2004.

Wegwijzer Milieurecht 2004/2005
J.H.G van den Broek, Alphen aan den Rijn: Kluwer 2004.

Schets van het Nederlandse milieurecht
E.N. Neuerburg, P. Verfaille, Alphen aan den Rijn: Samsom H.D. Tjeenk Willink, vierde druk, 1995.

Basisboek milieurecht, milieuhygiëne, water, natuur en landschap
Jan Schreur e.a., Bussum: Coutinho 1994.

Milieurecht, theorie en praktijk
G.H. Verwoerd, Alphen aan den Rijn: Samsom, vierde druk, 1998.

Handboek Milieu en Onderneming, Juridische, technische en financiële aspecten van milieuregelgeving voor ondernemer en adviseur
L.F. Wiggers-Rust, E.P.J. Wasch (red.), Zwolle: Tjeenk Willink, tweede druk, 1996.

De Wet milieubeheer
F.C.M.A. Michiels, Deventer: Kluwer, vierde druk, 2003.

De Wet milieubeheer in bedrijf: een praktische handleiding voor ondernemer en adviseur
J.H.G. van den Broek (e.a.), Deventer: Kluwer, vierde druk, 1998.

Europees milieurecht in Nederland
J.H. Jans, H.G. Sevenster, H.H.B. Vedder (red.), Den Haag: Boom Juridische Uitgevers, derde druk, 2000.

Milieuprivaatrecht
E. Bauw en E.H.P. Brans, Deventer: Kluwer, derde druk, 1996.

Milieustrafrecht
L.E.M. Hendriks, J. Wöretshofer, Deventer: Kluwer 2002.

Hoofdlijnen natuurbeschermingsrecht
Ch.W. Backes, P.J.J. van Buuren, A.A. Freriks, Den Haag: Sdu uitgevers 2004.

Hoofdlijnen ruimtelijk bestuursrecht
P.J.J. van Buuren, Ch.W. Backes, A.A.J. de Gier, Deventer: Kluwer 2002.

Inleiding agrarisch recht
D.W. Bruil, W. Brussaard en P. de Haan (red.), Den Haag: Vermande 2004.

Tijdschriften over Nederlands milieurecht

Milieu & Recht, Kluwer

Tijdschrift voor omgevingsrecht, Boom Juridische uitgevers

TMA, Tijdschrift voor Milieuschade en Aansprakelijkheidsrecht, Sdu uitgevers

JM, Jurisprudentie Milieurecht, Vermande

Bouwrecht, Kluwer

Agrarisch Recht, Vermande

Journaal Flora en Fauna, Sdu uitgevers

Enkele voor milieurecht relevante websites

www.overheid.nl

www.rechtspraak.nl

www.raadvanstate.nl

www.minvrom.nl

www.minlnv.nl

www.minverkeerenwaterstaat.nl

www.infomil.nl

www.rivm.nl

www.milieurecht.net

www.eu-milieubeleid.nl

http://europa.eu.int/eur-lex.nl (EG-wetgeving)

www.curia.eu.int (Hof van Justitie EG)

http://europa.eu.int/comm/environment/(Europese Commissie, DG Milieu)

http://ue.eu.int (Raad van de EU)

www.europarl.eu.int (Europees Parlement)

http://europa.eu.int (Europese Unie)

www.unece.org/env (VN economische commissie Europa / milieu)

www.unep.org (VN milieuprogramma)

www.coe.int (Raad van Europa)

Trefwoordenregister

334